职业教育汽车类专业规划教材

汽车底盘构造与检修

荆旭龙 主编
于得江 金干华 郭海霞 副主编

清华大学出版社
北京

内容简介

本书主要内容包括汽车底盘概述、传动系统、行驶系统、转向系统和制动系统5个模块。各模块均包含了底盘相应系统的结构与检修的内容介绍、详细的实训操作步骤、实训项目作业单和习题。

本书既可作为高职高专院校、中等职业学校、技工学校的教材，也可作为企业培训教材，同时还可以供汽车行业相关从业人员和汽车爱好者学习时参考。

图书在版编目(CIP)数据

汽车底盘构造与检修/荆旭龙主编.--北京：清华大学出版社，2016(2021.1重印)
职业教育汽车类专业规划教材
ISBN 978-7-302-44025-3

Ⅰ.①汽… Ⅱ.①荆… Ⅲ.①汽车－底盘－结构－高等职业教育－教材 ②汽车－底盘－车辆修理－高等职业教育－教材 Ⅳ.①U472.41

中国版本图书馆CIP数据核字(2016)第178579号

责任编辑：刘翰鹏
封面设计：常雪影
责任校对：袁 芳
责任印制：杨 艳

出版发行：清华大学出版社
网　　址：http://www.tup.com.cn，http://www.wqbook.com
地　　址：北京清华大学学研大厦A座　　**邮　　编**：100084
社 总 机：010-62770175　　**邮　　购**：010-62786544
投稿与读者服务：010-62776969，c-service@tup.tsinghua.edu.cn
质量反馈：010-62772015，zhiliang@tup.tsinghua.edu.cn
印 装 者：北京嘉实印刷有限公司
经　　销：全国新华书店
开　　本：185mm×260mm　　**印　张**：20　　**字　　数**：455千字
版　　次：2016年8月第1版　　**印　　次**：2021年1月第4次印刷
定　　价：56.00元

产品编号：070132-02

职业教育汽车类专业规划教材
专家委员会

职业教育汽车类专业规划教材
编审委员会

编审委员会主任

周肖兴(中锐教育集团董事总经理、教育部全国机械职业教育教学指导委员会产教合作促进与指导委员会主任委员)

编审委员会副主任

夏令伟(中锐教育集团研究院副院长、无锡南洋职业技术学院汽车工程与管理学院院长、教授)

丁　岭(清华大学出版社职业教育分社社长、编审)

韩亚兰(中锐教育集团华汽事业部总经理)

钱　强(无锡南洋职业技术学院汽车工程与管理学院副院长、副教授)

编　委(按姓氏拼音字母排列,排名不分先后)

陈　荷　陈光忠　戴　华　丁雪涛　高培金　韩玉科　贾清华　荆旭龙　康　华
李　权　梁建和　刘佳霓　龙　超　鲁学柱　钱泉森　王金华　王晓峰　魏春雷
席振鹏　肖　翔　徐景山　薛　淼　杨运来　于得江　张　芳　章俊成　赵成龙
周有源

执行编委

周　强

编　辑

刘士平　帅志清　刘翰鹏　王剑乔

序

汽车业是国民经济的重要支柱产业之一。汽车工业是生产各种汽车主机及部分零配件或进行装配的工业部门。中国汽车制造业增势迅猛，2009年国内汽车销量突破1300万辆，超越美国成为全球最大的汽车市场。2014年，国内汽车年产销2200万辆。汽车是高科技的综合体，并且随着汽车工业的不断发展，新技术、新材料、新工艺、新车型不断涌现，给人们带来丰富多彩的汽车文化的同时，也给汽车从业人员和汽车专业的教学提出了新的挑战。

汽车后市场是指汽车销售以后，围绕汽车使用过程中的各种服务，涵盖了消费者买车后所需要的一切服务。商务部公布的汽车授权销售商已经突破9万个，其中24000家4S店；国内拥有600余家新车交易市场或汽车园区，拥有800余家二手车交易市场，拥有1000余家汽车配件和汽车用品市场。汽车后市场的繁荣形成了巨大的高技能人才需求。

职教领域汽车专业是随着汽车工业不断发展而衍生出来的一个专门服务于这个行业的专业系，主要包括汽车服务工程、汽车销售与评估、汽车检测与维修、汽车商务管理等学科，基本涵盖了汽车行业研发、制造、销售、售后服务等过程。目前一些职业院校人才培养还不能够适应行业发展需要，成为阻碍汽车行业发展的一个至关重要的问题。如何能够协调好行业发展与人才培养问题，需要切实解决在职业教育中汽车专业所需要面对的问题方法，从教学观念着手，切实改进教育方法，注重学生实际操作能力要求，加强学生实际工作能力，加强师资队伍建设，加强与企业的深度融合。

中锐教育集团与上海通用、上海大众、一汽奥迪、广汽本田、中国汽车流通协会以及国内众多的汽车经销商集团合作，学习并吸收国外先进的职业教育经验和人才培养模式，引入汽车主机厂的员工培训模式与方法，和清华大学出版社联合推出此系列规划教材。教材针对当前汽车产业所采用的大量新技术、汽车检测新技术和新设备的升级更新，针对汽车行业与企业对人才需求的新标准和新要求，针对学生今后就业岗位的职业岗位能力要求和职业素养要求，正满足汽车专业职业教育产教融合的需要。

随着国家提出创新驱动的战略，未来汽车行业对于技能型人才的需求还将继续扩大，同时国家正在致力推动汽车职业教育的转型升级，汽车行业职业教育面临着机遇和挑战并存的现状。希望通过双方共同的努力，逐步建立整套汽车专业设置的解决方案，完善汽车职业教育与汽车行业企业人才需求、课程内容与汽车职业标准，培养满足未来汽车行业要求的技能型人才。

写于清华园

2014 年 12 月

自序

职业教育培养的是技术技能型人才，为工业化转型和经济发展升级换代提供人力资源保障，发展职业教育是提升综合国力和核心竞争力的重要措施和手段，是实现中国梦的重要支撑。职业教育是现代国民教育体系的重要组成部分，在实施科教兴国和人才强国战略中具有重要的作用。党中央、国务院高度重视发展职业教育，《国家中长期教育改革和发展规划纲要(2010—2020)》和《现代职业教育体系建设规划(2014—2020)》等文件都强调要大力发展职业教育，明确未来要让职业学校的专业设置、教学标准和内容更加符合行业、企业岗位的要求。

中锐教育集团创始于1996年，是中锐控股集团旗下的主要成员，总部位于上海，是中国领先的职业教育投资商和服务商，经过多年的不懈努力，形成了涵盖基础教育、高等教育、国际教育、职业教育与企业培训的集团化教育课程体系，是目前国内教育业务范围最广、投资规模最大的教育集团之一。

2006年，中锐教育集团响应国家大力发展职业教育的号召，认真贯彻落实国家教育改革与发展纲要精髓，积极推动汽车制造与服务类专业改革与创新，力争教育教学质量和人才培养指标提升，为行业提供高素质人才。集团以汽车职业教育为龙头，创立“华汽教育”品牌，积极引进国外优质教育资源、课程体系、师资力量以及考试认证体系，整合行业资源，成功开发了符合中国国情、拥有自主知识产权的汽车职业教育课程体系。中锐教育集团把优化专业结构、创新人才培养模式、加强专业内涵建设和课程体系建设作为教育教学改革的重点核心任务，积极组织研发教材，旨在提高教育教学质量和办学水平。

近些年，中锐教育集团坚持教育改革，探索和建立完善的教学体系，围绕学生就业核心岗位的工作领域构建人才培养方案，形成公共教学平台、专业基础平台、专业模块加专业拓展平台的课程体系；针对专业所面向的行业(产业)与岗位群，以岗位通用技能与专门技能训练为基础，系统设计满足专业共性需求与专门化(或个性化)需求、校内校外相结合的实训体系；围绕专业人才培养方案，以培养职业岗位能力和提高职业素养为重点，在校企之间

搭建信息化平台，将企业资源引入教学中，建设开放式的专业教学支持系统，创建先进的数字化学习空间，实现信息化教学资源在专业内的广泛共享。

中锐教育集团不断改革与完善课程结构，自2007年以来，开发了华汽1.0版本、2.0版本和3.0版本的教材。在前三个版本基础上开发了4.0版本教材。4.0版本教材针对现代汽车上采用了大量的新技术、汽车检测新技术、新设备的升级更新、针对汽车行业与企业对人才需求的新标准与新要求，针对学生今后就业岗位的职业岗位能力要求和职业素养要求，教材建设要体现思路新、内容新、题材新。中锐教育集团积极与上海通用、上海大众、一汽奥迪、广汽本田和全国机械职业教育教学指导委员会、机械工业教育发展中心、中国汽车流通协会，以及与全国众多的汽车经销商集团合作，学习吸收国外先进的职业教育先进经验和人才培养模式与方法，引入汽车主机厂的员工培训模式与方法，将岗前培训的要求与内容引入课程中，将职业岗位能力要求嵌入课程，课程建设始终贯彻建立以服务地方经济为目标，以学生就业为导向，加强职业素质训导、强化职业道德教育，强化任务驱动、项目导向、“教—学—做”一体化的教学模式。

为了适应教学改革的需要，积极发展信息化教学。4.0版教材有纸质版与电子版两种版本，纸质版教材多数采用彩色印刷，图文并茂，更符合高职高专学生的学习要求。中锐教育集团积极开发O2O在线教学与管理平台，将电子版教材放入“电子书包”中，同时与微课、微视频、操作技能培训视频、错误操作纠错视频、原理动画等相配套。与教学互动、在线考试相结合，充分利用信息化教学平台，激发学生的学习积极性和主观能动性，提高教学质量，提高职业岗位能力的培养。

本丛书组建了高等院校、高等职业技术学院、汽车工程学术组织、汽车技术研究机构、汽车生产企业、汽车经销商服务企业、汽车维修行业协会、汽车流通行业协会及汽车职业技能培训机构等各方人士相结合的教材编审委员会，以保证教材质量。

真诚地希望本丛书的出版能对我国的职业教育和技能培训有所裨益，热切期待广大读者提出宝贵意见和建议，使教材更臻完善。

2014年12月

前 言

当前，我国的汽车工业飞速发展，汽车的产销量日益增长，人们对汽车的了解也从最初的陌生到现在的熟知，汽车显然已成为大部分人生活中不可或缺的一部分。

近年来，世界各大汽车品牌之间频现技术合作，汽车上的新型科技不断涌现，因此各院校汽车专业的教学内容、教学模式和教学方法也须随之更新。为适应新形势下的教学需求，为提升高职院校汽车专业学生的专业技能和综合竞争力，中锐教育集团特组织具有丰富教学经验的专业教师和汽车行业专家编写此教材，并针对各院校为汽车底盘构造与检修课程所配备的实训设备，编写了可操作性较强的实训项目作业单，以便为后续课程打下坚实的基础。

本书以理论与实践相结合为出发点，以能力为本，以必需、实用为度，运用了大量的实物和操作演示照片，使学生能非常直观地辨识汽车底盘各总成及零部件的外观、内部结构及其在实车上的安装位置。此外，本书突出实训操作指导，规范学生的操作，培养学生自主学习和综合分析问题的能力。本书理论内容实用简洁，实训内容可操作性强，既可作为教师教学的实训指导和备课参考，又可作为学生和汽车爱好者的自学教材。

本书由无锡南洋职业技术学院教师负责编写，荆旭龙担任主编并编写模块 1 和模块 2；于得江担任副主编并编写模块 3；金干华担任副主编并编写模块 5；郭海霞担任副主编并编写模块 4；李丕毅担任主审。

本书在编写过程中参阅了大量的文献资料，在此对相关作者表示衷心的感谢。

由于编者水平有限，书中如有不妥之处，恳请广大读者朋友批评、指正。

编　者

2016 年 7 月

目 录

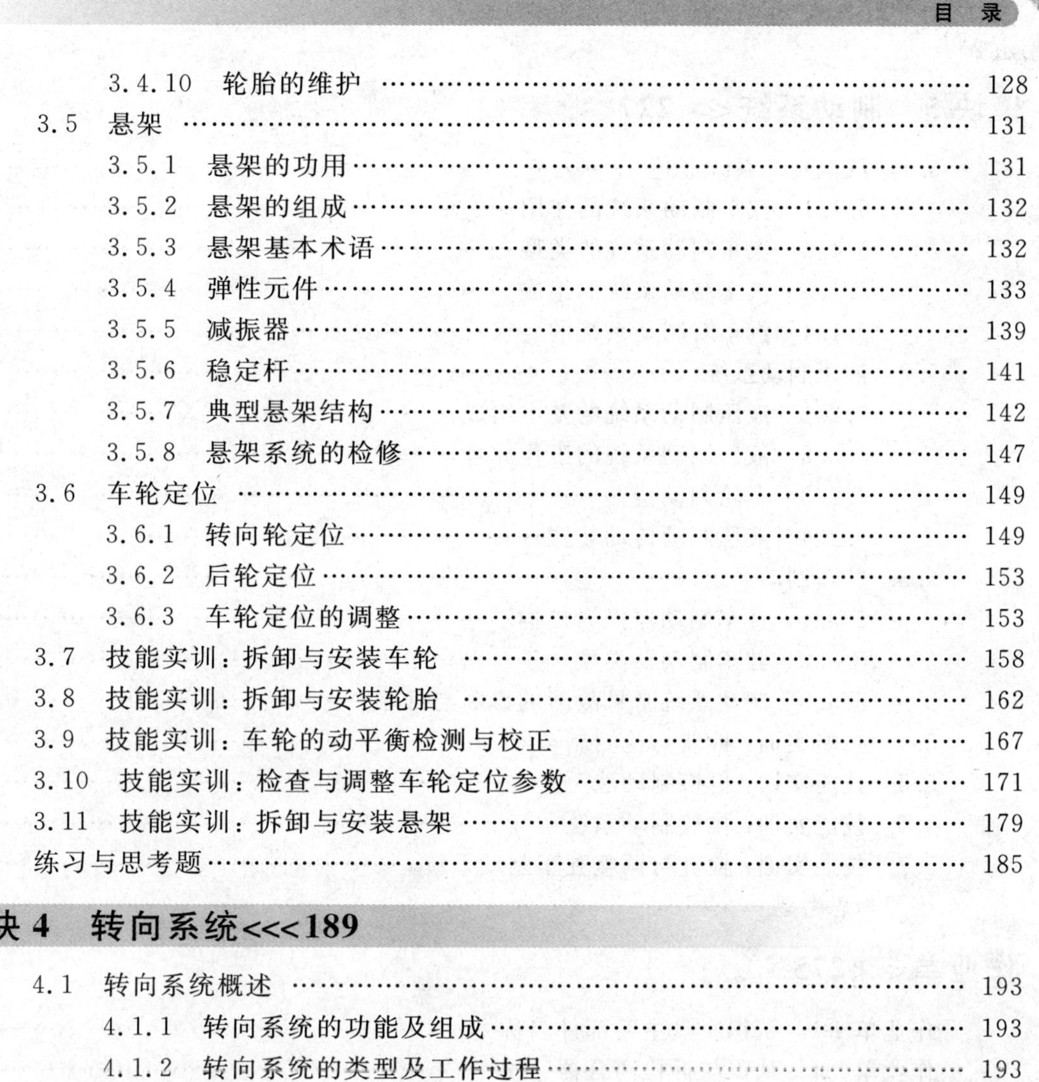

模块 5　制动系统<<<227

作业单<<<275

参考文献<<<303

模块1

汽车底盘概述

◎学习目标

1. 知识目标

（1）熟悉底盘各系统的常见类型。

（2）熟悉底盘四个系统的名称。

（3）能认识底盘各系统主要组成部分的名称。

（4）掌握底盘各系统的主要组成部分的功用。

（5）掌握底盘各系统的主要功用。

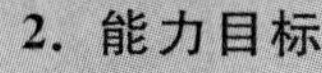

2. 能力目标

（1）掌握底盘各部件安装位置的查找方法。

（2）掌握底盘各部件的基本功能。

◎案例导入

某客户某日去上海大众4S店购车，提出查看所购车辆底盘的要求，销售顾问即带领该客户前往维修区域。将车辆举升后，客户要求销售顾问介绍车辆底盘的总体情况。客户听完介绍后表示满意，随即顺利完成购车流程。

◎服务方案

（1）了解客户的情况。

（2）听取客户的需求。

（3）确定介绍方案，包括汽车底盘的四个系统、底盘各系统的组成、每个系统组成的安装位置及功用。

拓 扑 图

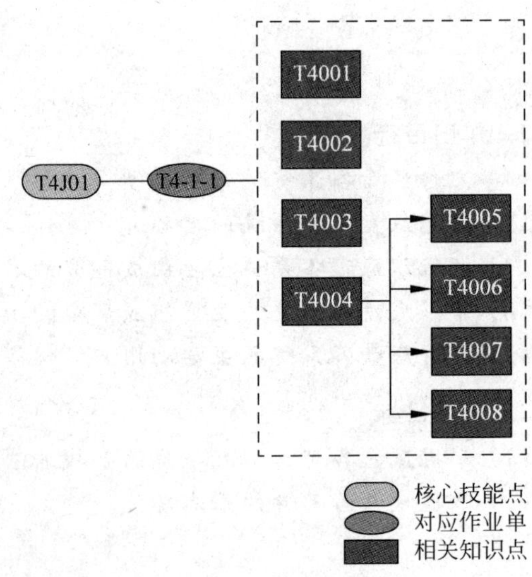

核心技能点

T4J01　认识汽车底盘的总体结构

对应作业单

T4-1-1　认识底盘主要部件名称

相关知识点

T4001　汽车底盘的组成

T4002　汽车底盘的功用

T4003　底盘总体结构

T4004　底盘各系统的结构

T4005　传动系统的结构

T4006　行驶系统的结构

T4007　转向系统的结构

T4008　制动系统的结构

1.1 汽车底盘的组成及功用

汽车工业的发展已历经百年，在此期间各种先进技术不断应用于汽车的制造与研发，因此而形成的汽车种类也在逐渐增加，如内燃机汽车、混合动力汽车、纯电动汽车，或是前驱汽车、后驱汽车以及四驱汽车等。

然而无论如何发展，以内燃机汽车为例，其基本结构依然由发动机、底盘、车身和电子与电气系统所构成。其中，底盘是构成一辆汽车最为基本的一个部分。

1.1.1 汽车底盘的组成

通常可以将汽车的底盘可以分成四个部分，分别是传动系统、行驶系统、转向系统和制动系统，每个系统又包括了若干个零部件总成，如变速器、传动轴、转向盘、车架和悬架等。底盘的主要组成及安装位置如图 1-1 所示。

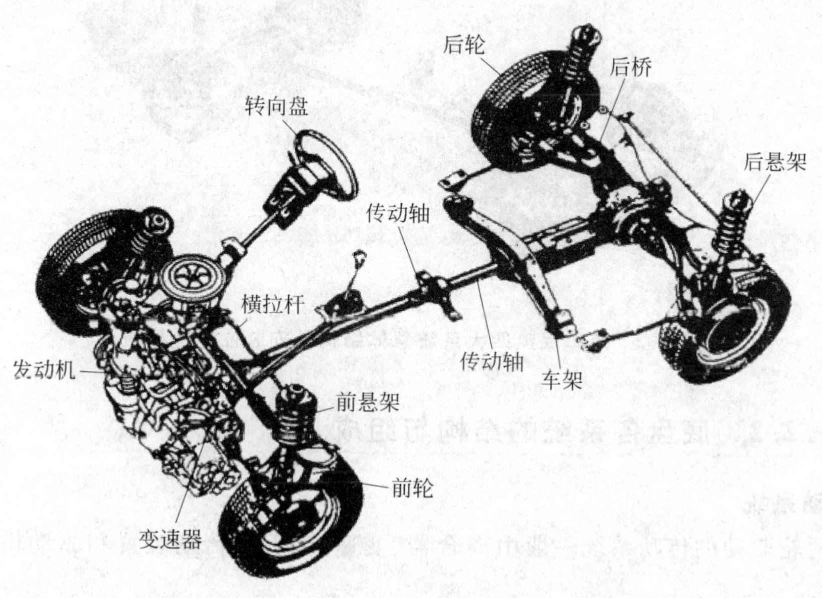

图 1-1 底盘的主要组成及安装位置示意图

1.1.2 汽车底盘的功用

总的来说，汽车的底盘可以用来支撑或安装发动机和其他零部件总成，同时，还可以用来接收发动机输出的动力，最终使汽车的车轮产生旋转运动，并能让汽车能按驾驶人的意志进行操纵，从而使其正确行驶。

传动系统的功用主要是将发动机的动力传至驱动轮。

行驶系统的功用主要是将汽车各相关总成连接成一个整体，承受汽车总质量；传递并承受路面作用于车轮上的各种力和力矩，保证汽车正常行驶。

转向系统的功用主要是控制汽车行驶方向，保证汽车按驾驶人选定的方向行驶。

制动系统的功用主要是使汽车减速或停车，并保证驾驶人离开车后汽车能可靠地停驻原地。

1.2 汽车底盘的总体结构

1.2.1 底盘总体结构介绍

在 1.1.1 小节中已经介绍了底盘的四个系统，分别是传动系统、行驶系统、转向系统以及制动系统，它们在汽车上的总体结构和安装位置如图 1-2 所示。

图 1-2 汽车底盘四大系统总体结构及安装位置示意图

1.2.2 底盘各系统的结构与组成

1. 传动系统

普通两轮驱动的传动系统一般由离合器、变速器、万向传动装置和驱动桥等组成，如图 1-3 所示。

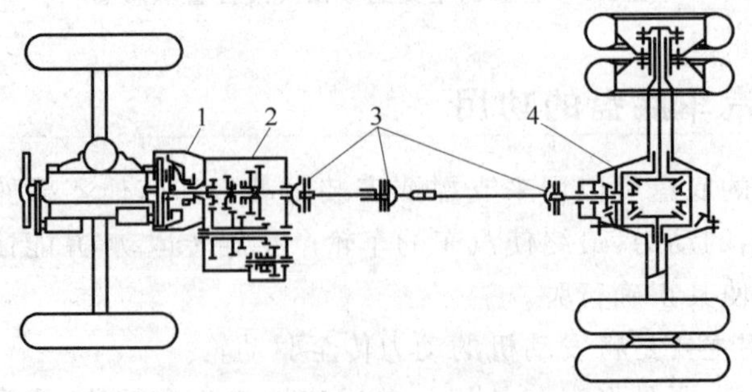

图 1-3 传动系统的结构与组成示意图

1—离合器；2—变速器；3—万向传动装置；4—驱动桥

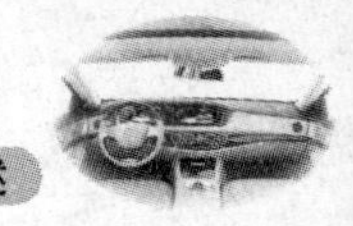

部分四驱车辆的传动系统与两驱车辆有所区别，新增了分动器，并且具有前后两套传动轴和驱动桥，如图 1-4 所示。

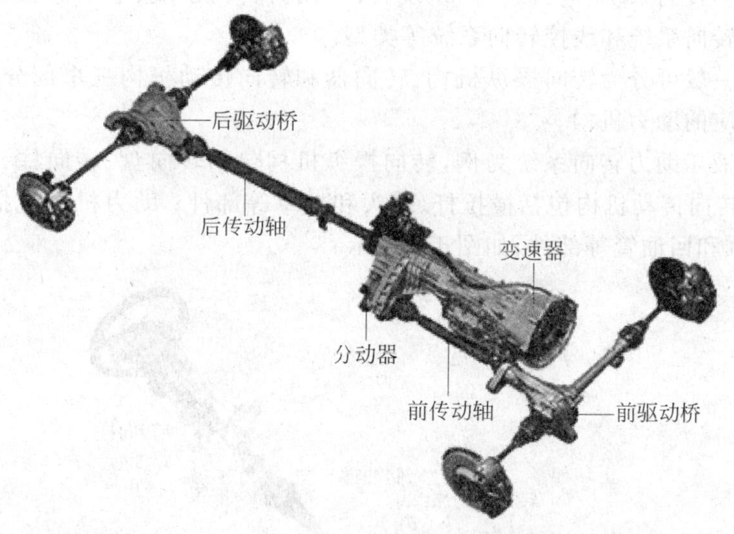

图 1-4　四驱车辆传动系统的结构与组成

2. 行驶系统

行驶系统有轮式、半履带式、全履带式和车轮履带式等类型。目前的汽车一般使用轮式行驶系统，其主要由车架、车桥、悬架和车轮等组成，如图 1-5 所示。

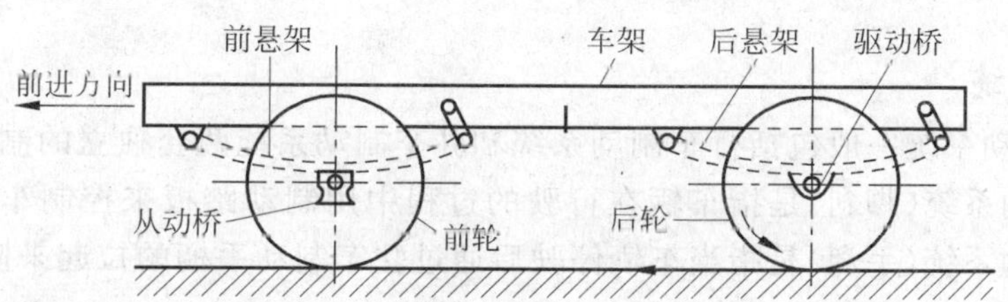

图 1-5　行驶系统的组成示意图

需特别说明的是，在轿车的行驶系统中，车架被整体框架结构式的车身取代，其结构更加复杂，车身强度更高，如图 1-6 所示。

图 1-6　轿车的整体式车架

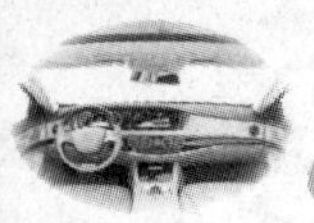

3. 转向系统

常见的汽车转向系统有机械转向系统、液压助力转向系统、电子液压助力转向系统、电子机械助力转向系统和线控转向系统等类型。

转向系统一般可分为转向操纵机构、转向器和转向传动机构三个部分。助力转向系统还应具有相应的助力机构。

以常见的液压助力转向系统为例，转向操纵机构包括转向盘、转向柱、护罩和转向传动轴等部件；转向传动机构包括横拉杆、球头和护罩等部件；助力机构包括储油罐、转向助力泵、动力缸和回油管等部件，如图 1-7 所示。

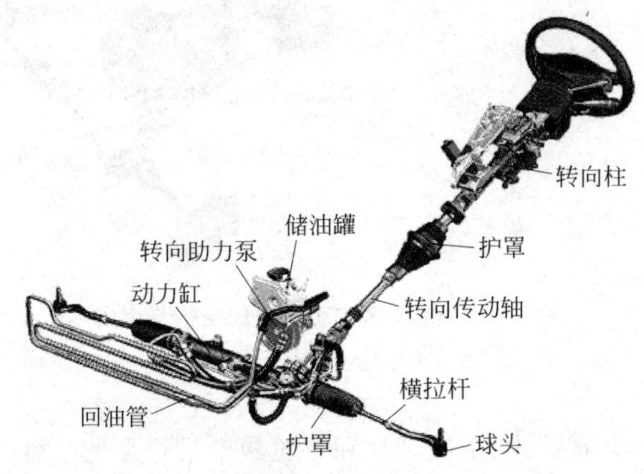

图 1-7　液压助力转向系统的组成示意图

4. 制动系统

汽车的制动系统一般包括行车制动系统和驻车制动系统两套独立的制动装置。顾名思义，行车制动系统（脚刹）是指车辆在行驶的过程中用制动踏板来控制车辆的减速或停车，而驻车制动系统（手刹）是指当车辆停驶后通过驻车制动手柄的拉起来防止车辆移动。这两套制动系统在车辆上的安装位置如图 1-8 所示。

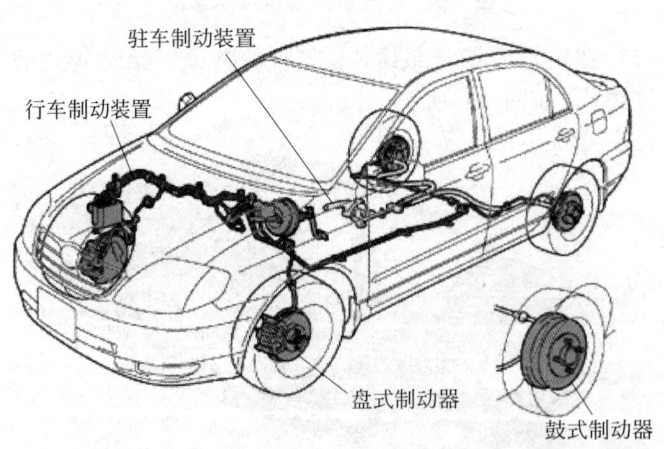

图 1-8　行车制动系统及驻车制动系统安装位置示意图

行车制动系统一般包括制动踏板、制动助力器、总泵、制动管路、比例阀和制动器等部件，驻车制动系统一般包括驻车制动器和制动拉线等部件，其结构组成如图1-9所示。

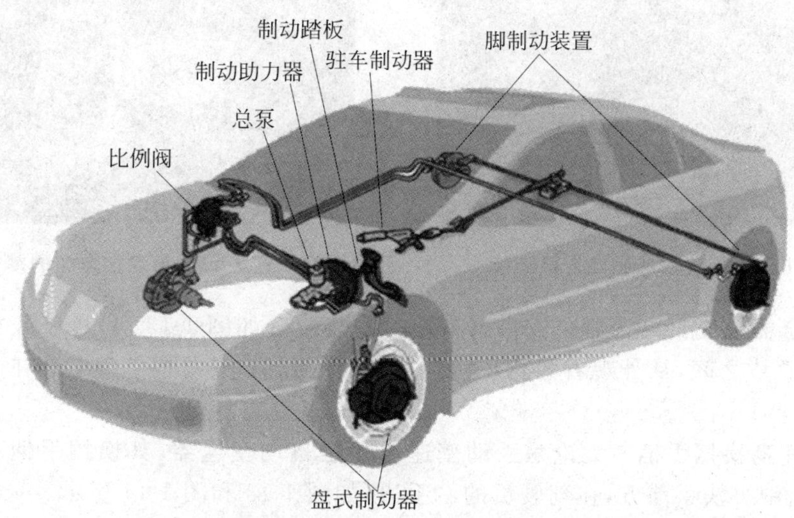

图1-9 制动系统的结构

1.3 技能实训：认识汽车底盘的总体结构

1. 安全要求及注意事项

(1) 不允许赤脚、穿拖鞋或高跟鞋、穿裙子上课，留长发者要戴工作帽。

(2) 上课时要集中精神，不允许说笑、打闹。

(3) 进入汽车实训场地后，未经教师批准，不得动用实训车上的各项设备。

(4) 实训时，未经教师批准，不允许进入车厢底部，防止汽车意外起动造成重大事故。

(5) 发动机运行时，严禁将手伸入发动机舱内。

(6) 实习结束，关闭发动机舱盖前，应注意观察其他同学的情况，防止放下发动机舱盖时压到同学的手。

(7) 实习结束，整理、清洁工具和场地。

2. 设备、工具、耗材的要求

(1) 设备：举升机及各品牌整车若干台(根据学生数配备)。

(2) 工具、耗材：手电、抹布若干。

3. 传动系统主要部件的认识

1) 离合器

(1) 离合器踏板。离合器踏板的位置位于方向盘下方，驾驶员的左脚边。在如图1-10所示的三个踏板中，最左边的踏板即为离合器踏板。

另外，对于自动挡车型，在该位置没有离合器踏板，只有刹车踏板和加速踏板，如图1-11所示。

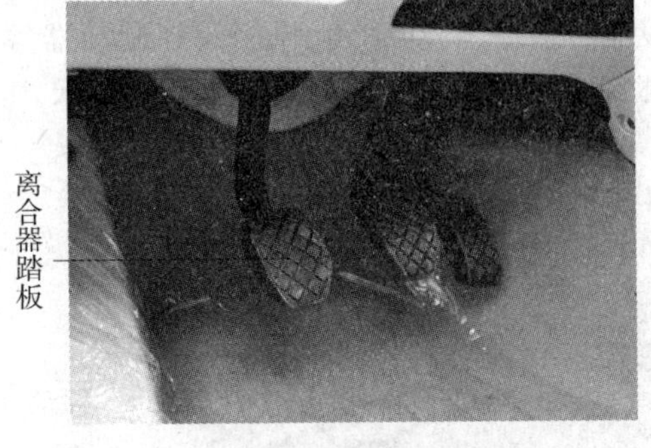

图 1-10 手动挡车型的离合器踏板

图 1-11 自动挡车型的踏板

(2) 离合器总成。离合器总成在汽车上的安装位置如图 1-12 所示，一般安装在发动机与变速器总成之间，从外观看只能观察到离合器的壳体，其总成部件安装在壳体内部。

2) 变速器

(1) 变速器换挡手柄。无论是手动变速器还是自动变速器，其换挡手柄一般均位于中控台下方，中央扶手前方，在驾驶员的右手边，如图 1-13 和图 1-14 所示。

图 1-12 离合器总成在汽车上的安装位置(方框内)

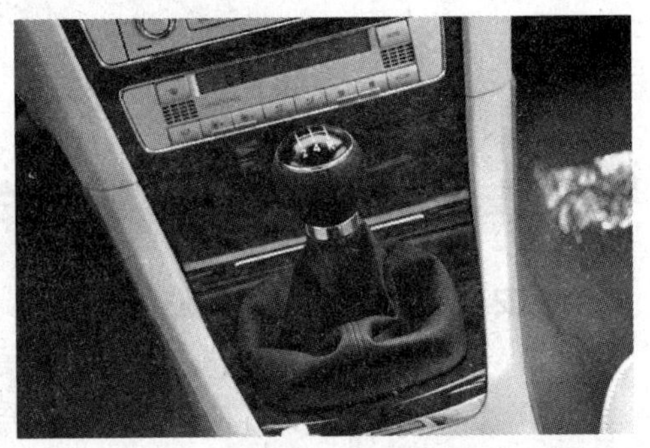
图 1-13 手动挡帕萨特领驭换挡手柄的位置

(2) 变速器总成(含驱动桥)。变速器总成在汽车上的安装位置如图 1-15 所示，其一般在发动机附近，与离合器总成相邻。

图 1-14 自动挡帕萨特领驭换挡手柄的位置

图 1-15 变速器总成在汽车上的安装位置(方框内)

3) 传动轴

在前驱汽车上，其传动轴(即半轴)在汽车的左右各有一根，分别称为左半轴和右半

轴，如图 1-16 和图 1-17 所示。

图 1-16　前驱汽车左右半轴的安装位置

图 1-17　半轴结构

在后驱或者四驱的汽车上，除左右半轴之外，还有一根纵置的传动轴，在该传动轴上还配有万向传动装置，如图 1-18 所示。

4. 行驶系统主要部件的认识

(1) 车架(或车身)。在现代的汽车中，货车或客车等大型车辆依然保存着传统的车架结构，其一般由两根纵梁和若干根横梁焊接或铆接而成，如图 1-19 所示。

图 1-18　后驱汽车传动轴的安装位置

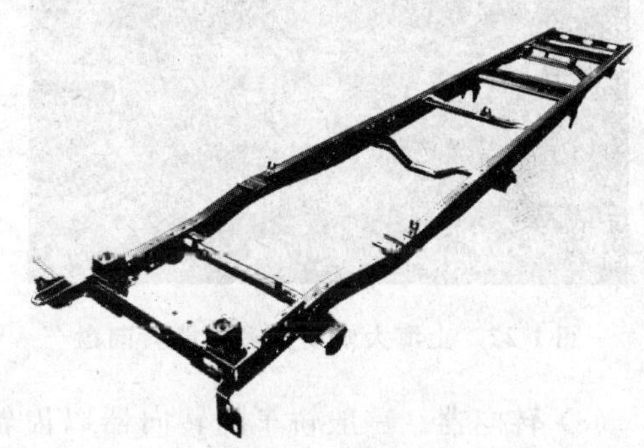
图 1-19　货车的车架

在轿车上，其车架已被整体框架式车身代替，其具有更高的强度和较合适的刚性，结构更为复杂，如图 1-20 所示。

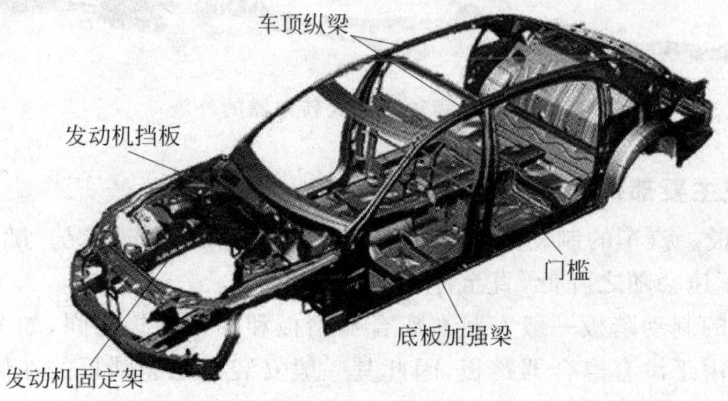

图 1-20　轿车的车架(车身)

(2) 悬架。汽车的悬架安装在车桥和车架(车身)之间,一般由减振器、弹性元件和导向元件构成,其结构和在汽车上的安装位置如图 1-21 所示。

图 1-21 悬架的结构及安装位置

5. 转向系统主要部件的认识

(1) 转向盘。汽车的转向盘用来控制汽车的行驶方向。此外,有的转向盘上还集成了喇叭、安全气囊以及音响控制按钮等功能,此类转向盘称为多功能转向盘,其结构和安装位置如图 1-22 所示。

(2) 转向传动轴。转向传动轴的安装位置一般在驾驶员膝盖以及踏板的前方。在转向传动轴上均装有万向传动装置,以便于转向器的安装与布局。其结构和在汽车上的安装位置如图 1-23 所示。

图 1-22 上海大众朗逸多功能转向盘

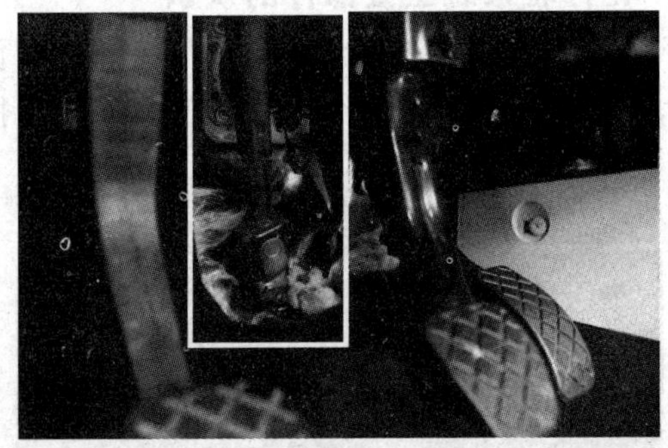

图 1-23 上汽大众朗逸的转向传动轴(方框内)

(3) 转向器。一般轿车的转向器以齿轮齿条式居多,它可以将驾驶员转动转向盘的动作转换成拉动两侧转向轮偏转的动作。其一般安装在汽车发动机舱的底部,两个转向轮的中间,在实车上较难观察,其外观如图 1-24 所示。

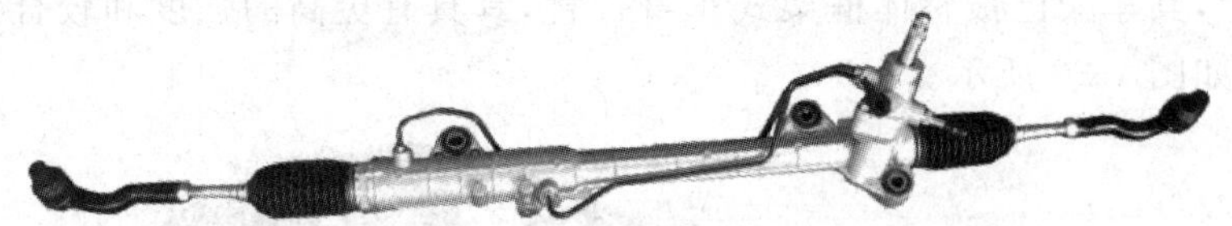

图 1-24 齿轮齿条式转向器的外观

6. 制动系统主要部件的认识

(1) 制动踏板。汽车的制动踏板用于控制制动系统的工作情况。随着驾驶员踩下制动踏板,汽车的车速会随之降低,直至停车。

手动挡汽车的制动踏板一般安装在离合器踏板和加速踏板之间,如图 1-25 所示。

自动挡汽车由于没有离合器踏板,因此其一般安装在加速踏板的左侧,且外形比加速踏板稍大,如图 1-26 所示。

图 1-25　手动挡朗逸汽车的制动踏板　　图 1-26　自动挡朗逸汽车的制动踏板

(2) 真空助力器及制动总泵。制动总泵用来产生制动力,真空助力器可以借助真空将制动力放大,一般位于汽车的发动机舱内,其安装位置如图 1-27 所示。

(3) ABS 组件。现代汽车的制动系统一般均配有 ABS(防抱死制动系统)功能,汽车的 ABS 组件一般位于发动机舱内,如图 1-28 所示。其作用是在必要时(如紧急制动)调节制动力,并将调节好的制动力传递给制动器分泵。

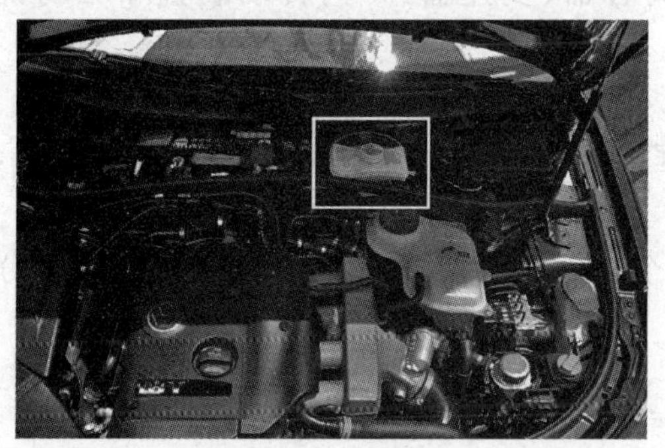

图 1-27　帕萨特真空助力器及制动总泵安装位置(方框内)

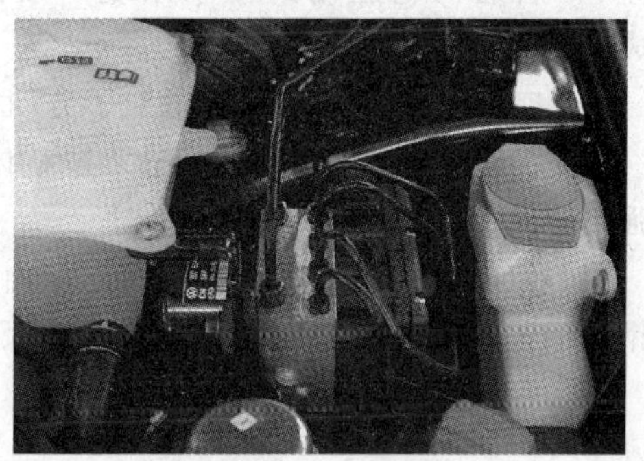

图 1-28　ABS 组件的安装位置

(4) 制动器。制动器是通过摩擦产生制动作用,从而使车轮减速或停转的机件,一般安装在车轮内侧。其可分为盘式制动器和鼓式制动器两种,分别如图 1-29 和图 1-30 所示。

图 1-29　盘式制动器的外观

图 1-30　鼓式制动器的结构

练习与思考题

1. 判断题(正确的打√,错的打×)

(1) 内燃机汽车由发动机、底盘、车身和电子与电气系统所构成,底盘是构成一辆汽车最为基本的一个部分。 ( )

(2) 常可以将汽车的底盘可以分成四个部分,分别是传动系统、行驶系统、转向系统以及制动系统。 ( )

(3) 传动系统的功用主要是将发动机的动力传至车轮。 ( )

(4) 行驶系统的功用主要是将汽车各相关总成连接成一个整体,承受汽车总质量,传递并承受路面作用于车轮上的各种力和力矩,保证汽车正常行驶。 ( )

(5) 转向系统的功用主要是控制汽车行驶方向,保证汽车按驾驶人选定的方向行驶。 ( )

(6) 制动系统的功用仅仅是使汽车减速或停车。 ( )

(7) 普通两轮驱动的传动系统一般由离合器、变速器、万向传动装置和驱动桥等组成。 ( )

(8) 四驱汽车的传动系统增加了分动器,可以将动力有效地传至四个车轮。 ( )

(9) 在轿车的行驶系统中,车架被整体框架结构式的车身取代,其结构更加复杂,车身强度更高。 ( )

(10) 对于轿车而言,其框架式车身由多个部分焊接而成。其中,车头和车尾部分所用钢材的强度要高于乘客舱的钢材强度。 ( )

2. 不定项选择题

(1) 现代车辆的行驶系统有多种类型,其中最为常见的形式是( )。

A. 轮式　　B. 半履带式

C. 全履带式　　D. 车轮履带式

(2) 下列( )转向系统是目前最为先进的。

A. 液压助力　　B. 电子液压助力

C. 电子机械助力　　D. 线控

(3) 下列( )不属于转向系统的主要工作部件。

A. 转向盘　　B. 转向传动轴　　C. 转向器　　D. 转向灯

(4) 下列关于制动系统的描述,正确的是( )。

A. 行车制动系统一般包括制动踏板、制动助力器、总泵、制动管路、比例阀和制动器等部件

B. 驻车制动系统一般包括驻车手柄以及制动拉线等部件,而且轿车通常通过对两个前轮进行制动来实现驻车制动

C. 行车制动系统一般是指车辆在行驶的过程中用来减速或者停车的

D. 驻车制动系统一般是指在车辆停驶后用来防止溜坡或其他非正常移动的

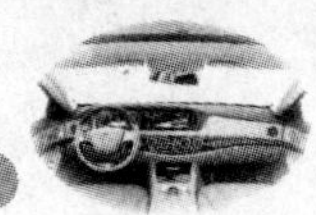

(5) 目前汽车上的常见的制动盘类型有(　　)。

A. 实心盘　　B. 通风盘　　C. 划线盘　　D. 打孔盘

3. 简答题

(1) 汽车底盘四大系统的组成分别有哪些?

(2) 汽车底盘各系统的作用是什么?

(3) 简述汽车底盘的发展方向。

4. 知识拓展题

(1) 驻车制动系统除了传统的拉线式,还有哪些更为先进的类型?

(2) 汽车的制动系统中除了配有ABS系统外,还有哪些辅助制动系统?

模块 2

传动系统

◎学习目标

1. 知识目标

(1) 熟悉传动系统的类型、组成、功用以及布置形式。

(2) 能认识传动系统各总成主要组成的名称。

(3) 掌握传动系统各总成的功用及结构特点。

(4) 掌握传动系统各总成的工作原理。

2. 能力目标

(1) 掌握传动系统各总成的工作过程及操作方法。

(2) 掌握传动系统各总成的检修方法。

(3) 掌握传动系统各总成的常见故障的诊断方法。

◎案例导入

有一辆上海大众帕萨特领驭 1.8T 手动挡汽车,该车总行驶里程数近 15 万 km,某天车主在行驶过程中发现该车换挡较为困难,即使将离合器踏板踩到底依然难以挂挡,且有时发动机舱传出焦糊味。经查,发现该车手动变速器的齿轮油极脏,且离合器磨损严重,已达使用极限,需对该车辆的传动系统进行检修。

◎服务方案

(1) 听取客户保修的故障现象,客户填写保修单。

(2) 服务顾问填写客户有关数据,检查收取行驶证、保修单。

(3) 验证客户叙述的故障,与客户沟通维修方案:拆检后再确定维修方案。

(4) 拆检后根据传动系统内部损害情况和维修成本,确定维修方案。若有修理价值,对离合器及手动变速器进行大修;若没有修理价值,则更换相应总成。

(5) 任何一种维修方案都必须了解汽车构造与工作原理。

拓 扑 图

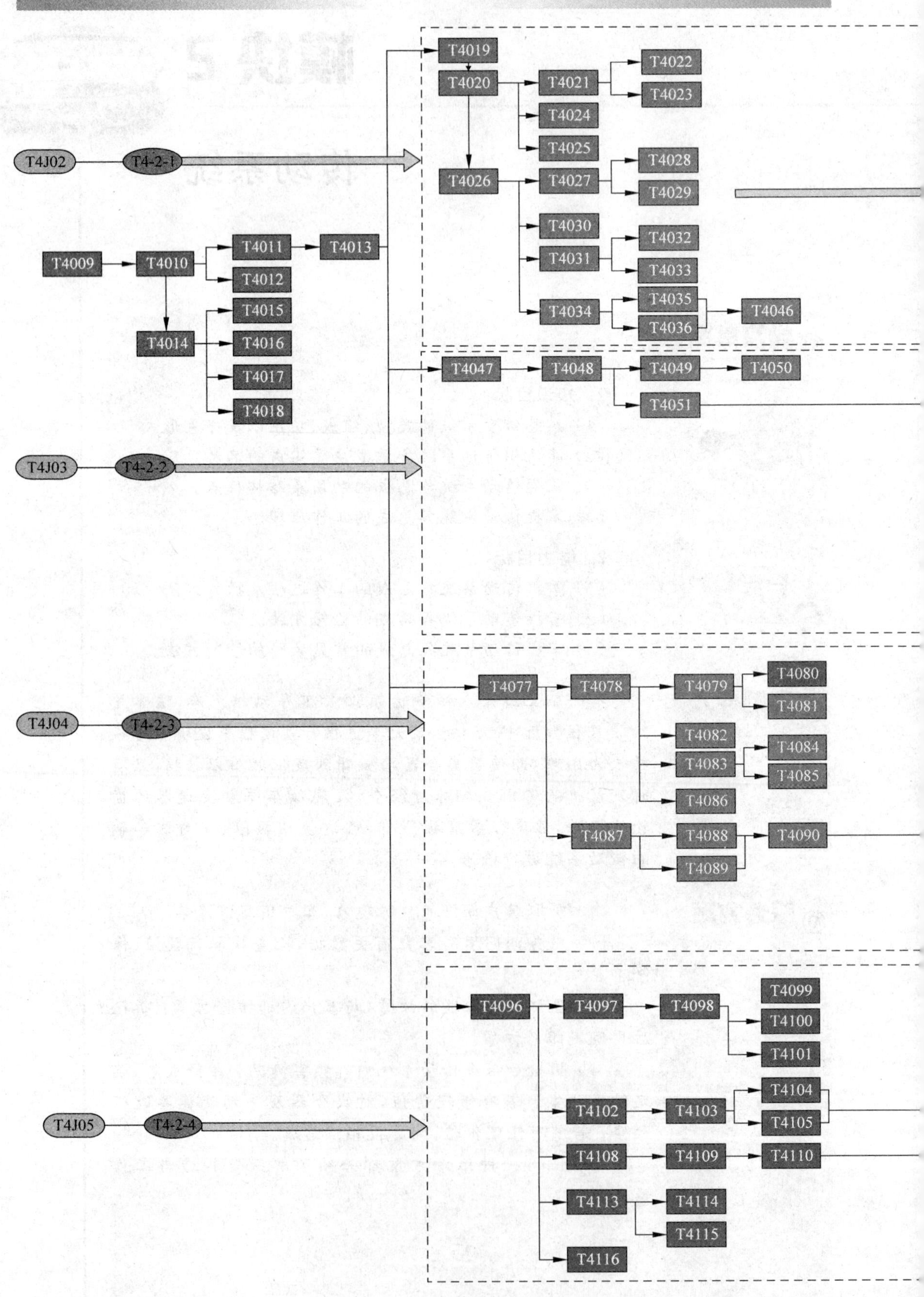

T4J02
T4-2-1
T4019
T4020
T4021
T4022
T4023
T4024
T4025
T4026
T4027
T4028
T4029
T4030
T4031
T4032
T4033
T4034
T4035
T4036
T4046
T4009
T4010
T4011
T4013
T4012
T4014
T4015
T4016
T4017
T4018
T4047
T4048
T4049
T4050
T4051
T4J03
T4-2-2
T4J04
T4-2-3
T4077
T4078
T4079
T4080
T4081
T4082
T4083
T4084
T4085
T4086
T4087
T4088
T4089
T4090
T4J05
T4-2-4
T4096
T4097
T4098
T4099
T4100
T4101
T4102
T4103
T4104
T4105
T4108
T4109
T4110
T4113
T4114
T4115
T4116

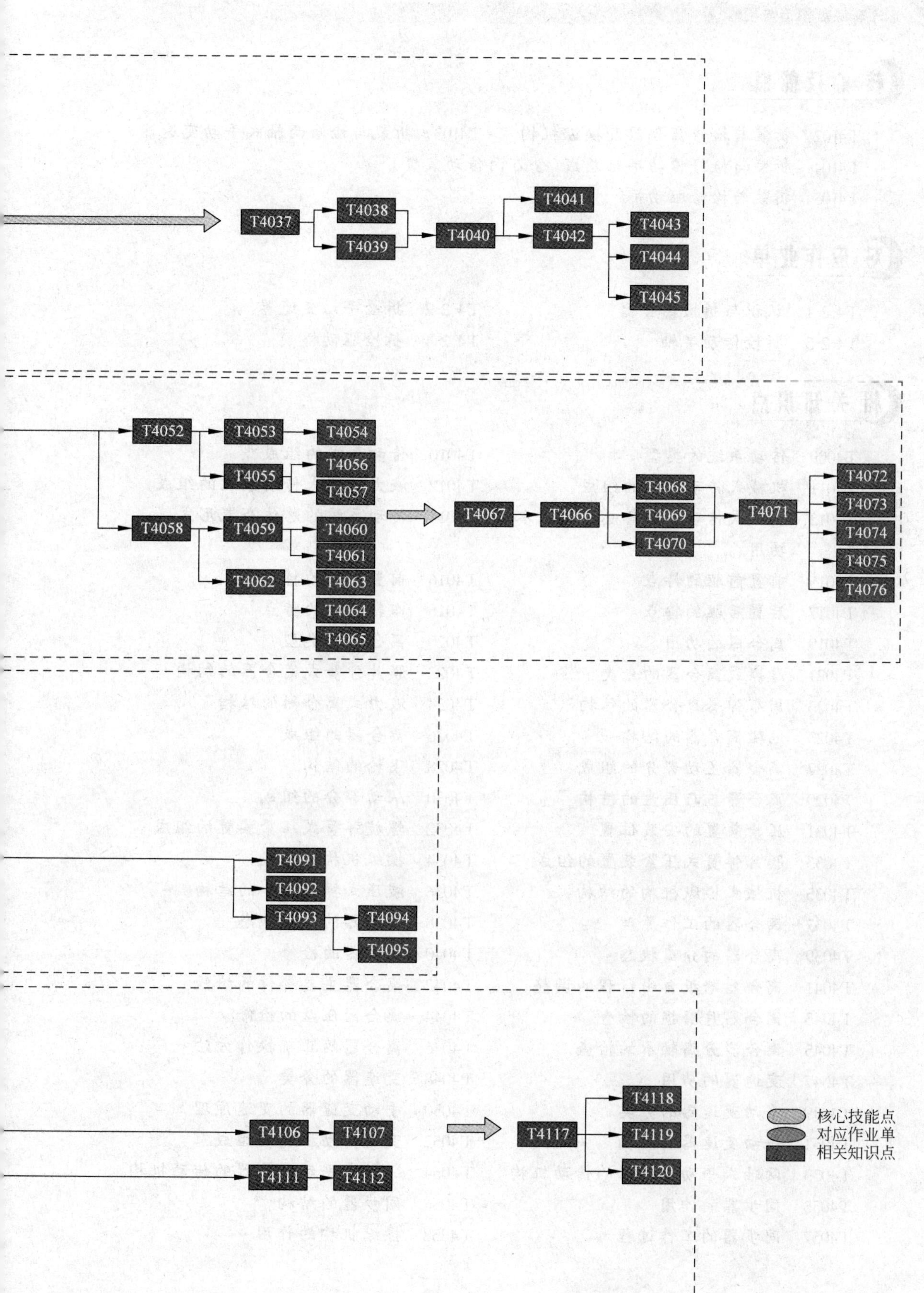

T4037
T4038
T4039
T4040
T4041
T4042
T4043
T4044
T4045
T4052
T4053
T4054
T4055
T4056
T4057
T4058
T4059
T4060
T4061
T4062
T4063
T4064
T4065
T4067
T4066
T4068
T4069
T4070
T4071
T4072
T4073
T4074
T4075
T4076
T4091
T4092
T4093
T4094
T4095
T4106
T4107
T4111
T4112
T4117
T4118
T4119
T4120
核心技能点
对应作业单
相关知识点

核心技能点

T4J02 拆装与检修离合器及操纵机构
T4J03 拆装与检修两轴式手动变速器
T4J04 拆装与检修传动半轴总成(含万向传动装置)
T4J05 拆装与检修驱动桥

对应作业单

T4-2-1 认识与拆检离合器
T4-2-2 拆检手动变速器
T4-2-3 拆检传动半轴
T4-2-4 拆检驱动桥

相关知识点

T4009 传动系统的类型
T4010 传动系统的组成
T4011 机械式传动系统的组成
T4012 液力机械式传动系统的组成
T4013 机械式传动系统各总成的基本功用
T4014 传动系统的总体布置形式
T4015 前置前驱的特点
T4016 前置后驱的特点
T4017 后置后驱的特点
T4018 四轮驱动的特点
T4019 离合器的功用
T4020 离合器的类型
T4021 摩擦式离合器的分类
T4022 膜片弹簧式离合器的结构
T4023 周布弹簧离合器的结构
T4024 液力式离合器的结构
T4025 电磁离合器的结构
T4026 离合器的组成
T4027 离合器主动部分的组成
T4028 飞轮的结构
T4029 离合器盖与压盘的结构
T4030 从动部分的组成
T4031 压紧装置的安装位置
T4032 螺旋弹簧式压紧装置的组成
T4033 膜片弹簧式压紧装置的组成
T4034 操纵机构的组成
T4035 机械式操纵机构的结构
T4036 液压式操纵机构的结构
T4037 离合器的工作原理
T4038 离合器的结合状态
T4039 离合器的分离状态
T4040 离合器的检修
T4041 离合器踏板自由行程的调整
T4042 离合器主要部件的检修
T4043 离合器片磨损的检查
T4044 离合器压盘的检修
T4045 离合器分离轴承的检查
T4046 离合器的正确操作方法
T4047 变速器的功用
T4048 变速器的分类
T4049 手动变速器的分类
T4050 手动变速器的变速原理
T4051 手动变速器的结构
T4052 变速传动机构的组成
T4053 两轴式手动变速器的传动机构
T4054 三轴式手动变速器的传动机构
T4055 同步器的作用
T4056 同步器的结构
T4057 同步器的工作过程
T4058 操纵机构的作用

T4059	操纵机构的类型	T4060	直接操纵式的组成
T4061	远距离操纵式的组成	T4062	操纵机构的功能
T4063	自锁的作用及原理	T4064	互锁的作用及原理
T4065	倒挡锁的作用及原理	T4066	手动变速器的检修要求
T4067	手动变速器的挡位及结构特点	T4068	变速器型号的识别
T4069	手动变速器的操作注意事项	T4070	大众车型手动变速器主要部件的检修要点
T4071	手动变速器的常见故障	T4072	脱挡的故障现象和原因
T4073	乱挡的故障现象和原因	T4074	挂挡困难的故障现象和原因
T4075	异响的故障现象和原因	T4076	发热与漏油的故障现象和原因
T4077	万向传动装置的应用	T4078	万向节的分类
T4079	十字轴式万向节的特点	T4080	十字轴式万向节的结构
T4081	十字轴式万向节的速度特性	T4082	准等速万向节的特点
T4083	等速万向节的特点	T4084	球笼式等速万向节的特点
T4085	球叉式等速万向节的特点	T4086	挠性万向节的特点
T4087	传动轴与中间支承	T4088	传动轴的组成
T4089	中间支承的组成	T4090	万向传动装置的检修
T4091	万向节的检修	T4092	传动轴的检修
T4093	万向传动装置的常见故障分析	T4094	传动轴噪音的故障现象和原因
T4095	传动轴振动的故障现象和原因	T4096	驱动桥的作用
T4097	驱动桥的组成	T4098	驱动桥的类型
T4099	非断开式驱动桥的特点	T4100	断开式驱动桥的特点
T4101	驱动桥的要求	T4102	主减速器的作用
T4103	主减速器的类型	T4104	单级主减速器的结构
T4105	双级主减速器的结构	T4106	主减速器的工作原理
T4107	主减速器的工作特点	T4108	差速器的作用
T4109	差速器的类型	T4110	差速器的组成
T4111	差速器的工作原理	T4112	差速器的扭矩特性
T4113	半轴的功用	T4114	全浮式半轴的组成
T4115	半浮式半轴的组成	T4116	桥壳的分类
T4117	驱动桥的检修	T4118	主减速器和差速器的检修
T4119	差速器的检查调整	T4120	半轴的检修

2.1 传动系统概述

传动系统是底盘最重要的系统之一，该系统可以将发动机的动力通过传动系统各部件，并最终传至驱动轮，从而驱动车辆前进或者倒退。

2.1.1 传动系统的类型

目前汽车传动系统的类型较多，按照不同的分类方式可以对其进行以下几种分类。

按能量传递方式的不同，可分为机械传动、液力传动、液压传动、电传动等类型。

按传动比变化不同，可分为有级传动和无级传动。

按传动比的变换方式不同，可分为强制操纵式、自动操纵式、半自动操纵式。

现代汽车上普遍采用机械式和液力机械式传动系统。

2.1.2 传动系统的组成及功用

1. 机械式传动系统

发动机前置、后轮驱动的机械式传动系统如图 2-1 所示，常用于普通双轴货车上，它主要由离合器、变速器、万向节和传动轴组成的万向传动装置、主减速器、差速器、半轴等组成。发动机发出的动力依次经过各总成传给驱动轮，驱动汽车行驶。

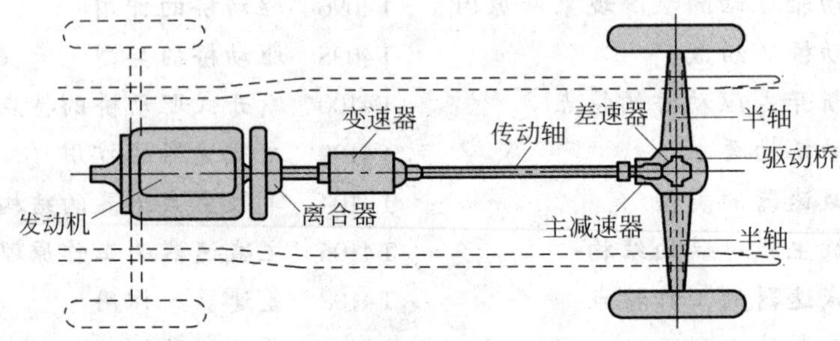

图 2-1　机械传动系的组成

机械式传动系统各总成的基本功用分别如下。

(1) 离合器。离合器按照需要适时地切断或结合发动机与传动系之间的动力传递。

(2) 变速器。变速器用于改变发动机输出转速的高低、转矩的大小及旋转方向，也可以切断发动机向驱动轮的动力传递。

(3) 万向传动装置。万向传动装置将变速器输出的动力传递给主减速器，并适应两者之间距离和轴线夹角的变化。

(4) 主减速器。主减速器用于降低转速、增大转矩，改变动力的传递方向。

(5) 差速器。差速器用于将主减速器传来的动力分配给左、右两半轴，并允许左、右两半轴以不同角速度旋转，以满足左、右两驱动轮在行驶过程中差速的需要。

(6) 半轴。半轴用于将差速器传来的动力分别传给左右驱动轮，使驱动轮获得旋转的动力。

对于四轮驱动的汽车，在变速器与万向传动装置之间还装有分动器，其功用是将发动机的动力分配给前、后驱动桥。

2. 液力机械式传动系统

液力机械式传动系统是组合运用液力传动和机械传动，以液力机械变速器取代机械式传动系统中的摩擦式离合器和普通齿轮式变速器，其他组成部件及布置形式均与机械式传动系统相同。

液力机械变速器由液力传动装置和有级式机械变速器组成。

液力传动装置有液力耦合器和液力变矩器两种。其中，液力耦合器只能传递转矩，而不能改变转矩大小，可以代替离合器的部分功用；液力变矩器除了具有液力耦合器的全部功能，还能实现一定的变矩作用，即可使发动机的输出转矩增大，因此目前应用较为广泛。但是，液力变矩器的转矩变化范围还不能满足汽车的使用要求，故一般在其后还要再串联一个有级式机械变速器。

2.1.3　传动系统的总体布置形式

汽车传动系统的总体布置形式类型较多，其一般与发动机的布置形式（横向或纵向）、安装位置（前置、中置或后置）和汽车的驱动方式（前驱或后驱）等因素有关，主要可分为前置前驱（FF）、前置后驱（FR）、后置后驱（RR）和四轮驱动（4WD）等，传动系统的总体布置形式如图2-2所示。

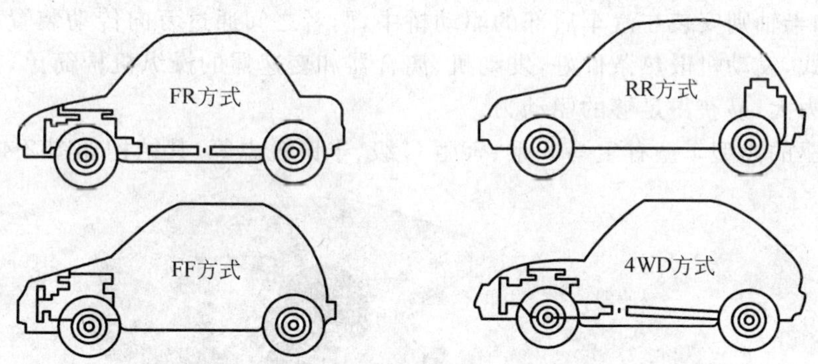

图2-2　底盘的总体布置形式示意图

1. 前置前驱(FF)

前置前驱的其全称为发动机前置、前轮驱动，变速器、主减速器和差速器合为一体并与发动机、离合器一起集中安装在汽车前部。这种布置形式除了具有发动机散热条件好、操纵方便等优点外，还有传动轴短、效率高，传动系结构紧凑，整车重心降低，汽车高速行驶稳定性好等优点，故主要用于重心较低的轿车上。但上坡时前轮附着力减小，易出现打滑现象。

前置前驱的典型车型有上海大众桑塔纳、朗逸、帕萨特，丰田花冠和别克凯越等，其结

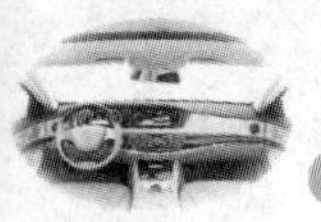

构如图 2-3 所示。

图 2-3 桑塔纳前置前驱传动系统布置形式

2. 前置后驱(FR)

前置后驱的全称为发动机前置、后轮驱动，是目前普通货车广泛采用的一种传动系统布置形式。它一般是将发动机、离合器和变速器连成一个整体安装在汽车前部，而主减速器、差速器和半轴则安装在汽车后部的驱动桥中，两者之间通过万向传动装置相连。采用这种布置形式，发动机散热条件好，发动机、离合器和变速器的操纵机构简单，且重载时驱动轮的附着力大，易获得足够的驱动力。

前置后驱的典型车型有宝马 3 系、奔驰 C 级、丰田锐志等，其结构如图 2-4 所示。

图 2-4 宝马前置后驱传动系统的布置形式

3. 后置后驱(RR)

后置后驱的全称为发动机后置、后轮驱动，发动机、离合器和变速器合为一体布置在

汽车后部的驱动桥之后。这样可以大大缩短传动轴的长度,传动系结构紧凑,质心有所降低,前轴不易过载,后驱动轮附着力大,并能更充分地利用车厢面积。但由于发动机后置,其散热条件较差。发动机、离合器和变速器的远距离操纵机构较为复杂,维修调整不便。多用在大型客车上,有些轿车也采用这种布置形式。发动机也有横向布置和纵向布置之分。

后置后驱的典型车型有金龙、宇通等客车,其结构如图 2-5 所示。

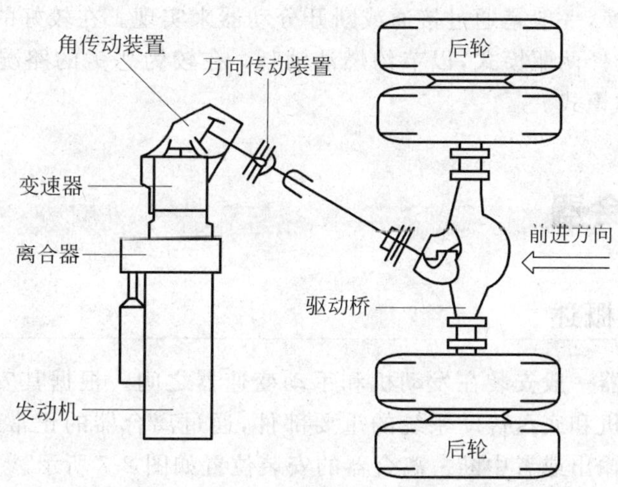

图 2-5　后置后驱传动系统的布置形式

4. 四轮驱动(4WD、4×4)

为了充分利用所有车轮与地面之间的附着力,以获得尽可能大的驱动力,越野汽车必要时可采用全轮驱动。4×4 越野汽车传动系统的布置形式与发动机前置、后轮驱动的 4×2 汽车相比较,其前桥既是转向桥,也是驱动桥。为了将发动机传给变速器的动力分配给前、后驱动桥,在变速器后增设了分动器,并相应的增设了从变速器通向分动器、从分动器通向前、后两驱动桥之间的力向传动装置。由于转向桥又是驱动桥,所以左、右半轴均采用两段式,并用万向节相连。其结构如图 2-6 所示。

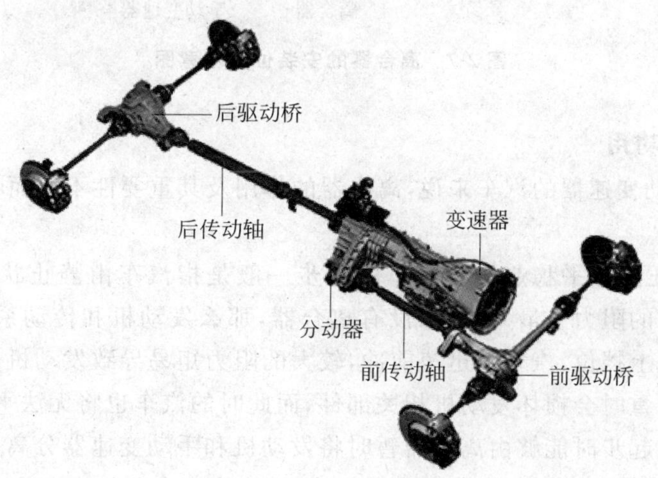

图 2-6　四轮驱动传动系统布置形式

此外，四驱系统还分为全时四驱和分时四驱两种。

全时四驱是指汽车在行驶过程中始终保持四轮驱动的形式，发动机的输出扭矩以固定的比例分配给四个车轮。这种四驱模式的优点是可以使汽车随时都具有较好的越野性能和操控性能，缺点是不能根据路况的变化而做出扭矩分配比例的调整，而且油耗较高。

分时四驱是指汽车在行驶的过程中可以由驾驶员根据实际情况在四驱模式和两驱模式之间进行自由切换，一般是通过接通或断开分动器来实现。在较好的路况下（如城市路况或高速路况）可选择两驱模式，以节约燃油消耗；在较为恶劣的路况下（如冰雪路况或石砾路况）可选四驱模式。

2.2 离合器

2.2.1 概述

汽车上的离合器一般安装在发动机和手动变速器之间。根据其安装位置可以看出，离合器是连接发动机和底盘传动系统的重要部件，通过离合器的正常工作可以有效地将发动机的动力进行输出或者中断。离合器的安装位置如图 2-7 所示。

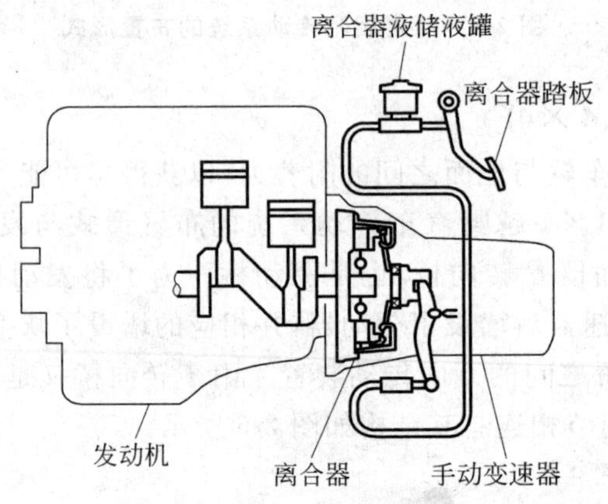

图 2-7　离合器的安装位置示意图

1. 离合器的功用

对于装备手动变速器的汽车来说，离合器的作用及其重要性不言而喻，总的来说主要有以下几点功用。

(1) 可以保证汽车平稳起步。汽车的起步一般是指汽车由静止状态转变至行驶状态，因此认为此时的阻力为最大，如果没有离合器，那么发动机和传动系统将变成刚性连接，变速器一旦挂上挡位，汽车将迅速前冲，较大的阻力矩易导致发动机熄火，对发动机造成较大的冲击，严重时会损坏发动机相关部件，而此时的汽车也将无法平稳起步。

相反，如果在起步时能够由离合器暂时将发动机和手动变速器分离，然后再通过其缓慢结合，将发动机的动力逐渐传递至变速器，并且随着离合器结合紧密程度逐渐增大，发

动机传至驱动轮的转矩也随之增加，此时，汽车便可以缓慢而平稳地进行起步。

(2) 便于手动变速器平顺换挡。汽车行驶时需经常更换不同的变速器挡位，以适应各种不同的路况。如果没有离合器将发动机与变速器暂时分离，那么变速器中啮合的传动齿轮会因为载荷没有卸除，导致其啮合齿面间的压力很大而难以分开，不利于换挡。若强行换挡，将会产生较大的齿间冲击，容易损坏机件。

如装设离合器，换挡前可以先踩下离合器，暂时切断动力传递，然后进行换挡操作，以保证换挡操作过程的顺利进行，并减轻或消除换挡的冲击，使换挡变得柔和平顺。

(3) 防止传动系统过载。汽车紧急制动时，车轮转速急剧降低，而与发动机相连的传动系统由于惯性仍保持原有转速，此时的传动系统中会产生很大的惯性力矩，从而造成传动系统过载而使其机件损坏。由于离合器是靠摩擦力矩来传递转矩的，所以当传动系统承受的载荷超过离合器所能传递的转矩时，离合器的主、从动部分就会自动打滑。利用离合器的打滑来防止传动系统过载，起到了保护作用。

2. 离合器的类型

常见的离合器类型有摩擦式离合器、液力式离合器(也称液力偶合器)以及电磁离合器等。汽车上一般采用摩擦式离合器居多。

1) 摩擦式离合器

摩擦式离合器主要通过专设的机械弹簧产生正压力，并依靠其内部的主从动部件之间相互产生摩擦作用进行传力，属于机械式离合器。

摩擦式离合器一般有膜片弹簧式和周布弹簧式两种，一般轿车上使用膜片弹簧式离合器，而货车或者其他大型车辆上通常使用周布弹簧式离合器。

(1) 膜片弹簧式离合器。膜片弹簧是这种离合器的主要部件之一，其材料为弹簧钢，形状呈碟形，由整块弹簧钢板压制而成。另外，这种离合器为总成件，且全部为铆钉连接，因此不可调，如图 2-8 所示。

(2) 周布弹簧式离合器。这种离合器的弹簧为普通的螺旋弹簧，并且沿圆周分布，螺旋弹簧的数量一般为 9 个或者 12 个。该离合器由于采用普通螺栓连接，因此其高度可调，如图 2-9 所示。

图 2-8　膜片弹簧式离合器

图 2-9　周布弹簧式离合器

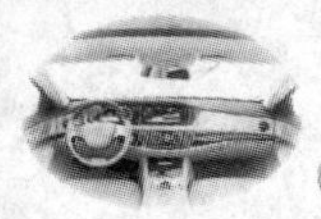

2）液力式离合器

液力式离合器依靠其内部工作液的流动，对主从动轮产生冲击力，以此来传动动力。由于液力式离合器易产生动力损耗，因此其逐渐被液力变矩器所取代，一般在装备自动变速器的汽车上使用。

3）电磁离合器

电磁离合器依靠电磁线圈的通断电来控制离合器的接合与分离，部分电磁离合器在主从动件之间放置磁粉，以增大其接合力。电磁离合器传递的力矩不如摩擦式离合器大，因此主要在一些电子控制系统中使用。

此外，电磁离合器按照离合器片的数目可分为单片式、双片式和多片式；按压紧弹簧的形式及布置形式可分为膜片弹簧式、周向布置螺旋弹簧式、中央弹簧式和斜置弹簧式等；按操纵机构可分为机械式（拉杆式和拉索式）、液压式、气压式和空气助力式等。

2.2.2 离合器的组成

通常来说，一套完整的离合器总成包括离合器壳、飞轮、压盘、压紧弹簧、分离套筒和分离轴承总成等主要部件，其总体结构如图 2-10 所示。

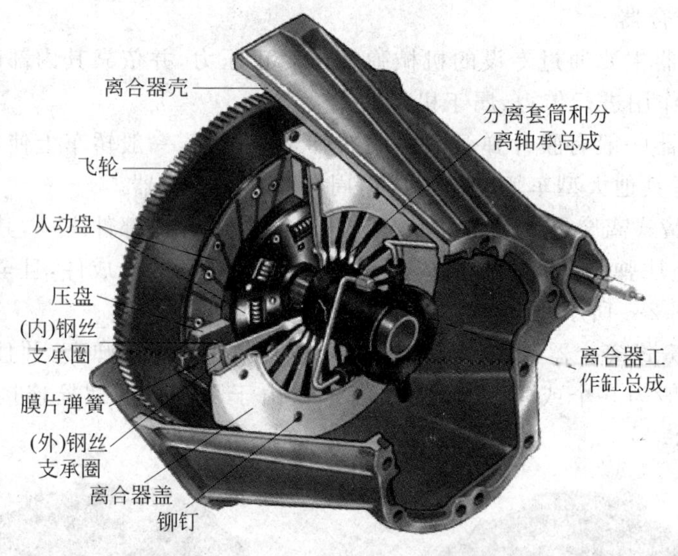

图 2-10 离合器的总体结构示意图

以目前汽车上最常用的摩擦式离合器为例，其类型虽多，但其工作原理和组成基本相同，且均可将其分成主动部分、从动部分、压紧装置和操纵机构四个组成部分。

1. 主动部分

摩擦式离合器的主动部分包括飞轮、离合器盖和压盘等部件，其负责接收发动机的动力。

1）飞轮

飞轮中间与发动机的曲轴相连，四周有若干个螺纹孔，通过螺纹连接的方式与离合器盖相连，负责将发动机的动力传入至离合器，如图 2-11 所示。

2）离合器盖和压盘

大多数轿车的离合器盖和压盘是一个总成件，不可拆卸。其结构如图 2-12 和图 2-13 所示。

图 2-11 飞轮的结构

图 2-12 离合器盖的外观

离合器盖和压盘的主要作用是连接或切断发动机动力。离合器盖通过螺栓与飞轮相连，压盘与离合器盖之间是通过周向均布的几组从动片和分离杠杆来传递转矩。压盘在弹簧力作用下，将离合器片压紧在飞轮上。

2. 从动部分

离合器的从动部分主要是指从动盘，通常称为离合器片或摩擦片。

离合器片主要由从动盘本体、摩擦片和从动盘毂三个基本部分组成，此外还有用以连接的铆钉和用来减振的波形弹簧片。

为了避免转动方向的共振，缓和传动系受到的冲击载荷，大多数汽车都在离合器片上装有扭转减振器（及沿圆周布置的螺旋弹簧），如图 2-14 所示。

图 2-13 压盘的外观

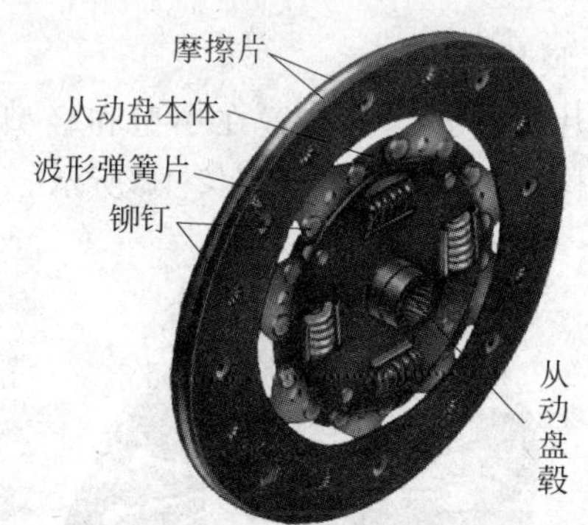

图 2-14 装有扭转减振器的从动盘结构

离合器片位于飞轮和压盘之间，离合器片的前、后摩擦片接触压盘和飞轮的摩擦面除了可以传送动力，还可以缓和离合器啮合时的冲击。

离合器片可以分为单片式、双片式、多片式。轿车和轻中型货车一般采用单片式离合器片。它将从飞轮传来的动力通过摩擦传给变速器的输入轴。

离合器接合时,发动机转矩经飞轮和压盘传给离合器片两侧的摩擦片,带动离合器片本体与离合器片本体铆接在一起的减振器盘转动。离合器片本体和减振器盘又通过减振器弹簧把转矩传给了离合器片毂。因为有弹性环节的作用,所以传动系统受的转动冲击可以在此得到缓和。

传动系统中的扭转振动会使离合器片毂相对于离合器片本体和减振器盘来回转动,夹在它们之间的阻尼片靠摩擦消耗扭转振动的能量,将扭转振动衰减下来。

3. 压紧装置

压紧装置主要是指螺旋弹簧或者膜片弹簧,一般位于离合器盖与压盘之间。其作用是以离合器盖为依托,将压盘压向飞轮,从而将离合器片压紧,产生正压力,从而形成摩擦力矩,并以此来传递扭矩。

1）螺旋弹簧式

螺旋弹簧式压紧装置一般常见于大型车辆的离合器,其压紧装置由若干个沿圆周方向布置的螺旋弹簧构成,如图 2-15 和图 2-16 所示。

图 2-15　螺旋弹簧的外观

图 2-16　螺旋弹簧式离合器的外观

2）膜片弹簧式

膜片弹簧式压紧装置在小型和轻型汽车的离合器上应用较多,其由一个呈碟形的片状弹簧构成,如图 2-17 和图 2-18 所示。

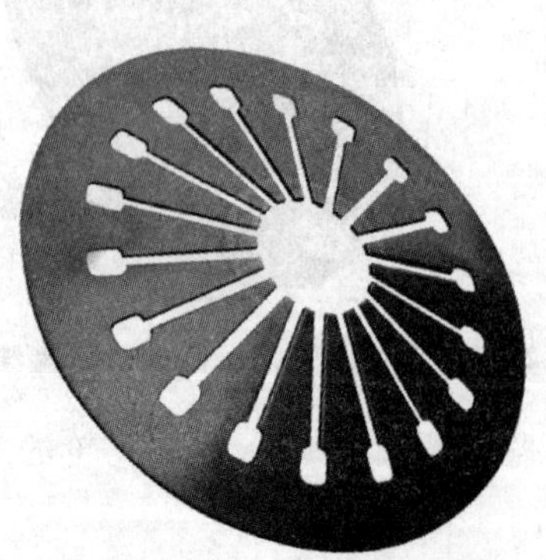

图 2-17　膜片弹簧的外观

图 2-18　膜片弹簧式离合器的外观

4. 操纵机构

离合器操纵机构是驾驶员可以使离合器分离，而后又使之柔和接合的一套机构，一般有机械式和液压式两种类型，有的重型汽车上还装有气压加力装置。

机械式操纵机构由离合器踏板、拉杆（或绳索）、分离拨叉、分离轴承和套筒等组成。机械式操纵机构利用拉杆或拉线将离合器与踏板相连，结构简单、工作可靠，操纵时有直观的感觉，目前应用最广。

液压式操纵机构主要由总泵、分泵和管路系统组成。离合器踏板力由总泵通过油压传递到分泵，操纵分离拨叉，使离合器分离。由于其操纵力小、重量轻，布置方便、接合柔和，因此在中、大型汽车上应用广泛。

1）机械式操纵机构

机械式操纵机构又分为杆式和绳索式两种。

早期的汽车离合器一般采用杆式操纵机构，该机构的装置中关节点多，所以摩擦损失大，车身和车架的变形会影响其工作。由于金属杆件较难弯曲布局，因此当离合器需要远距离操控时，杆式操纵机构较难适应，如图 2-19 所示。

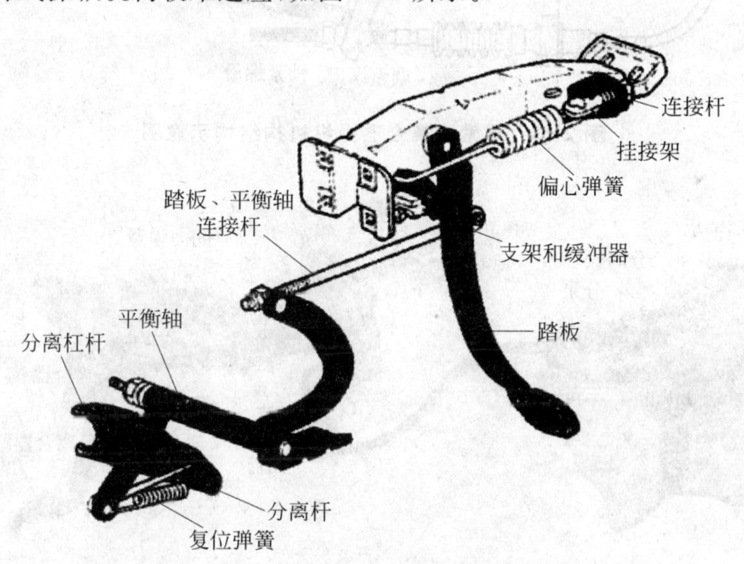

图 2-19　杆式离合器操纵机构结构示意图

绳索式操纵机构结构简单，布置灵活，不受车身和车架变形的影响，但传递的力比较小，多用于轻型和微型汽车，由于钢丝绳索弯曲自如，因此该种类型的操纵机构应用较广泛，如图 2-20 所示。

2）液压式操纵机构

液压式离合器操纵机构目前应用最为广泛，其具有摩擦阻力小，传递效率高，接合平顺等优点。它结构比较简单，便于布置，不受车身和车架的变形的影响。

其主要工作部件有离合器踏板、助力弹簧、总泵、低压管路、储液壶、分泵、分离板以及分离轴承等，如图 2-21 所示。

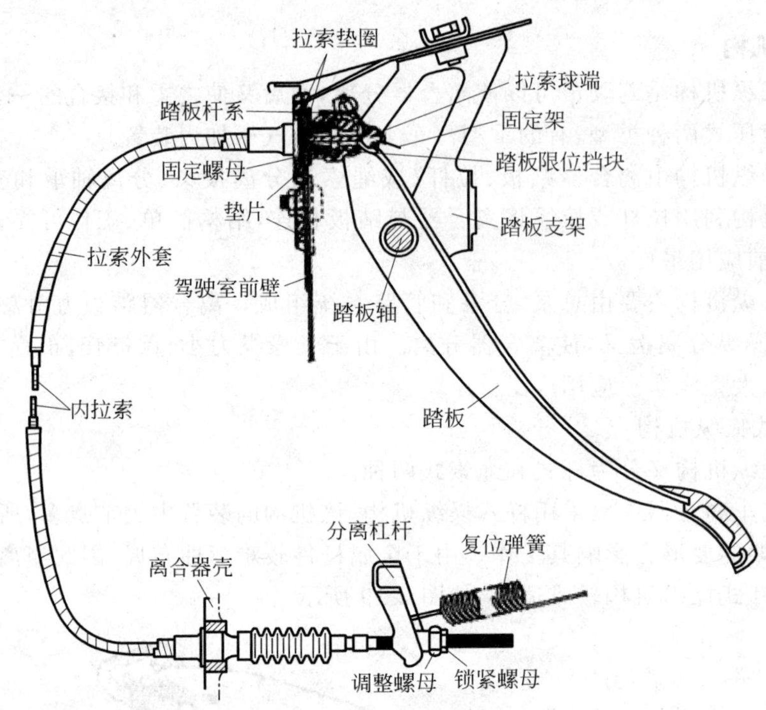

图 2-20 绳索式离合器操纵机构结构示意图

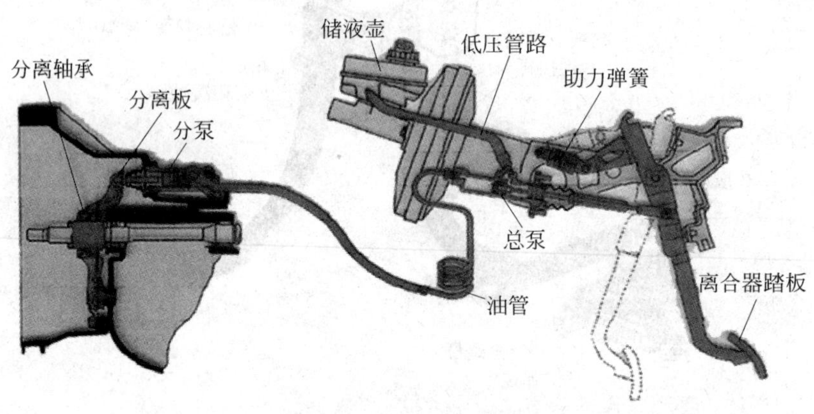

图 2-21 液压式离合器操纵机构结构示意图

2.2.3 离合器的工作原理

离合器的工作过程主要体现为两个不同的状态，分别是结合状态和分离状态。在汽车的行驶过程中，离合器大多数时间处于结合状态，只有当进行换挡等操作时，才短暂地处于分离状态。

1. 结合状态

踏板未踩下，离合器处于结合状态，此时飞轮、从动盘和压盘三者在弹簧自身的弹力之下相互压紧，动力从飞轮传至从动盘中间的花键轴(即变速器输入轴)处，如图 2-22 所示。

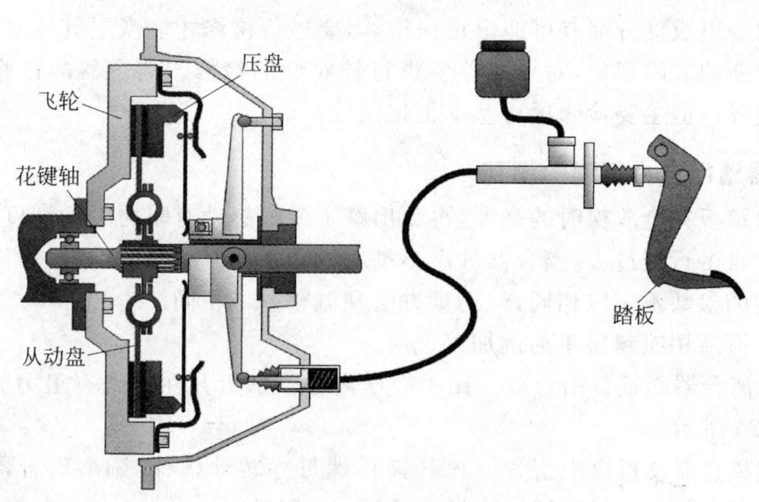

图 2-22　离合器的结合状态示意图

2. 分离状态

踩下踏板，离合器处于分离状态。此时踏板推动总泵工作，总泵产生液压力并将该力传至分泵，分泵的推杆将推动分离板以及分离轴承动作。由于分离轴承压向膜片弹簧内端，所以膜片弹簧的外端将拉动压盘，飞轮、从动盘和压盘形成间隙，这三者之间的摩擦力消失，由此而中断动力传递，如图 2-23 所示。

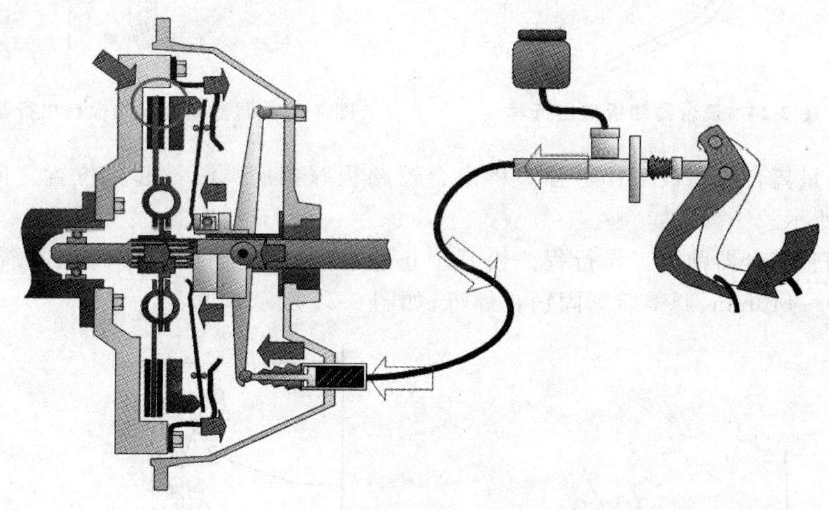

图 2-23　离合器的分离状态示意图

2.2.4　离合器的检修

离合器在汽车行驶过程中，由于频繁地接合与分离，易造成技术状况发生变差，产生打滑、分离不彻底、发抖和发响等故障现象。

离合器出现上述故障说明在使用过程中，离合器的压盘、离合器片、压紧弹簧、分离机

构和操纵机构等组成部分都有可能出现损伤，需要进行检修才能恢复其技术状况。

根据离合器的故障现象，对离合器要进行针对性的检修。离合器的检修要求在不同车型上略有差异。但主要检修项目基本是相同的。

1. 离合器踏板自由行程的调整

首先测出踏板完全放松时的高度，再测出踩下踏板感动有阻力时的高度，两者之差即为自由行程。自由行程过大，离合器分离不彻底；反之，离合器打滑。每种车型的离合器踏板自由行程的参数不一定相同，但测量方法和调整基本相同。

下面以上海通用凯越轿车为例加以说明。

(1) 确定离合器踏板自由行程。用手轻压离合器踏板并在感到有阻力时测量踏板的位移，如图 2-24 所示。

(2) 调整离合器踏板自由行程。松开锁止螺母并转动推杆，调整离合器踏板自由行程处于 6～12mm，调整后紧固锁止螺母，如图 2-25 所示。

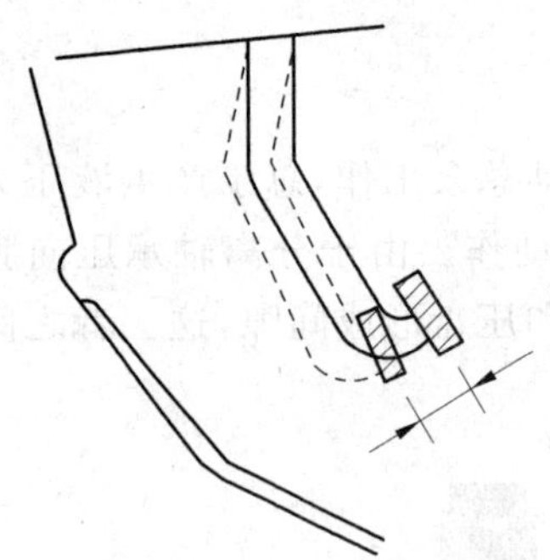

图 2-24 离合器踏板自由行程

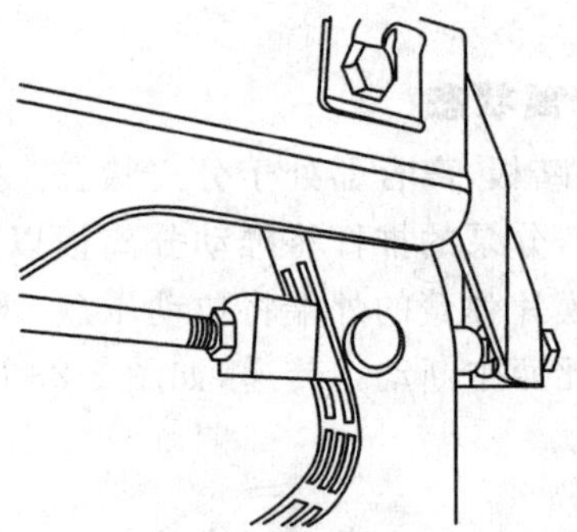

图 2-25 调整离合器踏板自由行程

(3) 测量离合器踏板工作行程。将离合器踏板踩到底。测量起止位置之间的距离，如图 2-26 所示。

(4) 调整离合器踏板工作行程。松开锁止螺母并转动推杆，调整离合器踏板工作行程应在 130～140mm，调整后紧固锁止螺母，如图 2-27 所示。

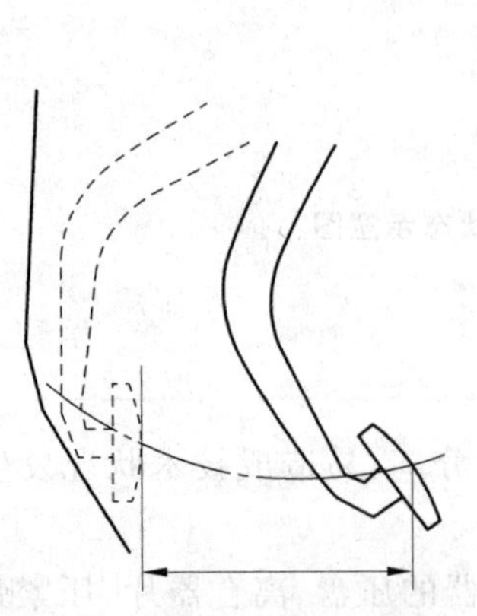

图 2-26 测量离合器踏板行程

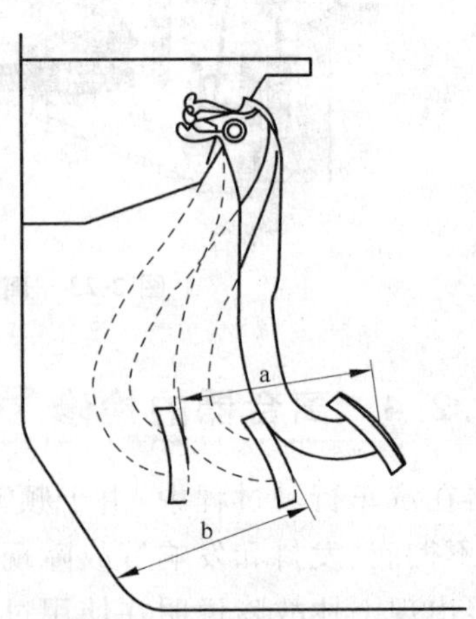

图 2-27 离合器踏板行程图

其中,离合器踏板分离行程a为120～130mm,离合器接合前离合器踏板与地板间的间隙b为50～60mm。

起动发动机后,检查踏板与地板间的间隙是否在规定参数范围内。如果不能进行离合器调整,应检查离合器踏板是否受到干扰。如果未发现干扰或障碍物,则为离合器拉线可能磨损,应需要更换。

2. 离合器主要部件的检修

1）离合器片磨损的检查

检查离合器片的磨损(见图2-28),用卡尺测量离合器片铆钉头至端面的深度,不得小于0.3mm,否则应更换离合器片。

2）离合器压盘的检修

(1) 压盘端面跳动检查。将压盘固定在芯轴上,用百分表检查其端面跳动,使用极限为0.2mm。亦可用直尺和厚薄规检查,如图2-29所示。如压盘铆接点损坏或开铆,应更换压盘。

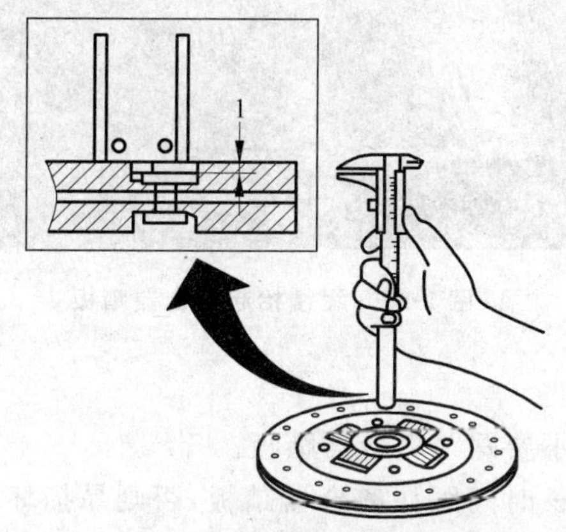

图2-28 检查离合器片的磨损

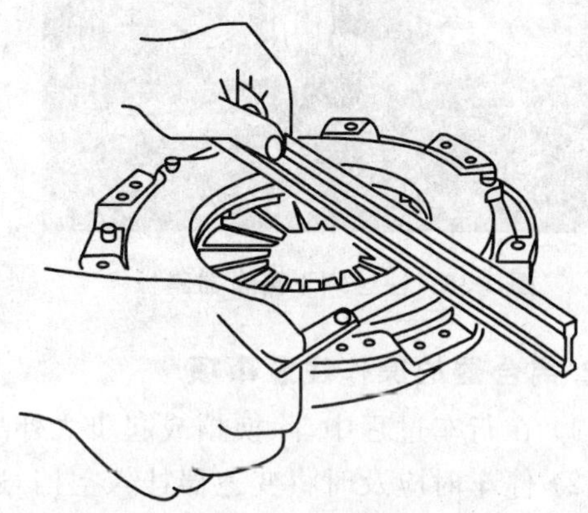

图2-29 检查离合器压板端面

(2) 膜片弹簧高度的检查。膜片弹簧高度若发生变化,表示膜片弹簧弹力不足,必须更换。可用卡尺检查膜片弹簧的高度,其与标准高度相差不应大于0.5mm。螺旋弹簧式离合器的检查方法相同,技术参数参阅原厂资料。

(3) 膜片弹簧内端面的检查。膜片弹簧内端面(分离杠杆端面)磨损的检查用卡尺检查。离合器压盘上膜片弹簧的内端与分离轴承接触磨损的痕迹,深度不得大于0.6mm。

(4) 检查膜片弹簧(或螺旋弹簧)是否损伤。检查压盘表面是否磨损或开裂,压盘表面是否有油污,必要时更换压盘。

3）离合器分离轴承的检查

用手转动分离轴承,应灵活自如,没有噪声和阻力。分离轴承为封闭式,不能拆卸清洗或充注润滑剂,若损坏时必须更换。

2.2.5 离合器的正确操作方法

在驾驶装备手动挡变速器的汽车时,需经常使用离合器,如起步、换挡以及停车等过程中均有涉及。如不能正确地操作离合器，其使用寿命会急剧降低，从而增加用车成本，因此，正确的使用离合器的操作方法至关重要。

1. 离合器的操作方法

总体来说，离合器操作需遵循三个原则，即“一快”、“二慢”、“三联动”。

(1)“快”。“快”是指踩下离合器踏板应该迅速果断，使离合器尽快分离，以中断动力传递，如图 2-30 所示。

(2)“慢”和“联动”。“慢”和“联动”是指在抬起离合器踏板时，需做到缓慢抬起，并且要注意离合器的结合状态，同时需根据发动机动力输出的大小，再逐渐把油门踏板踩下去，使汽车平稳地起步，如图 2-31 所示。

图 2-30 快速踩下离合器踏板

图 2-31 缓慢抬起离合器踏板

2. 离合器的操作注意事项

(1) 在行车过程中，除换挡或起步之外尽量不要踩踏离合器踏板。

(2) 停车时应及时将变速器挂入空挡，避免长时间踩住离合器踏板，否则易损坏离合器相关部件(如分离轴承)。

(3) 在换挡过程中，应严格按照离合器正确的使用方法进行规范操作，否则易缩短离合器使用寿命，损坏变速器相关部件(如同步器)。

(4) 离合器从动盘到达磨损极限后，应及时更换，否则易引起离合器打滑及换挡困难等故障。

2.3 手动变速器

2.3.1 概述

1. 变速器的功用

一般来说，汽车的变速器的功用主要有以下三点。

(1) 改变汽车的行驶速度和汽车驱动轮上扭矩。

(2) 在发动机旋转方向不变的前提下，利用倒挡实现汽车倒向行驶。

(3) 在发动机不熄火的情况下，利用空挡中断动力传递，可以使驾驶员松开离合器踏板离开驾驶位置，且便于汽车起动、怠速、换挡和动力输出。

2. 变速器的分类

随着汽车技术的不断发展，汽车上的变速器种类也逐渐增多。按照不同的分类方法，对变速器的类别可以作如下划分。

1) 按传动比变化方式分

(1) 有级变速器。采用齿轮传动，具有若干个定值传动比，从而将变速器的传动比呈阶梯式变化。按采用轮系形式的不同，有轴线固定式变速器(即普通齿轮变速器)和轴线旋转式变速器(即行星齿轮变速器)两种，如图 2-32 和图 2-33 所示。

图 2-32 普通齿轮变速器的结构

图 2-33 行星齿轮变速器的结构

就目前来看，普通齿轮系一般用作手动变速器，而行星齿轮系一般都在自动变速器中。行星齿轮系由于其结构更加紧凑，更易实现和满足高挡位变速器中的动力传动，但其结构较普通齿轮系复杂得多，因此维修更为困难。

目前，大部分轿车的有级变速器中通常有 5～9 个前进挡传动比和 1 个倒挡传动比；中小型货车及大型载货汽车的有级变速器通常有 6～8 个前进挡传动比和 1～2 个倒挡传动比。

每一个传动比对应一个挡位，据此可以看出，即使将有级变速器的挡位数增加，该变速器的传动比数量也是特定的、有限的。

(2) 无级变速器。无级变速器的传动比可以在一定范围内连续变化，因此从某种角度上可以认为，这种变速器有无数个传动比。

常见的有电力式和液力式两种。电力式无级变速器的变速传动部件为直流串激电动机；液力式无级变速器多采用液力变矩器以及锥形轮带的结构(见图 2-34)来完成动力的传递。目前在用车的无级变速器以液力式居多，如图 2-35 所示。

(3) 综合式变速器。由液力变矩器和齿轮式有级变速器组成的液力机械式变速器，其传动比可在几个区段内无级变化，为部分无级式。这种结构既可得到较大的传动比，又

可实现无级变速，目前应用较多。

图 2-34　锥形轮带传动示意图

图 2-35　液力式无级变速器的结构

2）按操纵方式不同分

（1）手动变速器。手动变速器是指由驾驶员直接操纵换挡杆进行各个挡位的变换。

这种变速器的换挡机构简单，工作可靠，驾驶员的参与度较高，因此具有较高的驾控乐趣，目前应用较广泛，如图 2-36 所示。

（2）自动变速器。自动变速器的前进挡挡位选择和切换是由自动变速器控制单元来控制和决定，但其他挡位（如倒挡等）依然由驾驶员通过拨动换挡杆来控制，如图 2-37 所示。

图 2-36　手动变速器的换挡手柄

图 2-37　自动变速器的换挡手柄

自动变速器控制单元可以根据发动机负荷、车速以及冷却液温度等其他相关信号来控制换挡系统的执行元件，实现机械变速机构传动比的变换。

这种变速器由于驾驶员的参与度降低，因此丧失部分驾控乐趣，但却可以减轻驾驶员的疲劳强度，提升驾驶舒适性，因此其在汽车上的应用越来越广泛和普及。

（3）半自动变速器。此种变速器有两种形式：一种是几个常用挡位可自动操纵，其余几个挡位由驾驶员操纵；另一种是预选式的，即驾驶员先用按钮选定挡位，在踩下离合器踏板或松开加速踏板时，接通自动控制和执行机构进行自动换挡，如图 2-38 所示。

3. 手动变速器分类

手动变速器又称机械式变速器（Manual Transmission，MT）。最常见的手动变速器

多为6挡位(5个前进挡、1个倒挡),也有的汽车采用7挡位变速器,并且通常带同步器,换挡方便,噪声小。

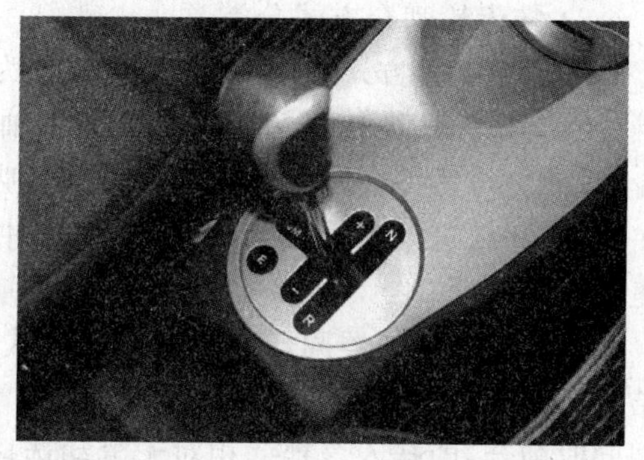

图 2-38　半自动变速器的换挡手柄

1) 按传动轴的数量分类

手动变速器按传动轴的数量分类,常见的是两轴式变速器和三轴式变速器。

(1) 两轴式手动变速器。内部用来传动的轴只有两根,即第一轴(输入轴)和第二轴(输出轴)。在前进挡时,都只有一对齿轮副参与动力的传递;在倒挡时,有两对齿轮副参与动力传递,如图2-39所示。两轴式变速器主要应用于发动机前置、前轮驱动的轿车。例如,丰田花冠、上海桑塔纳2000、别克凯越、别克赛欧等。

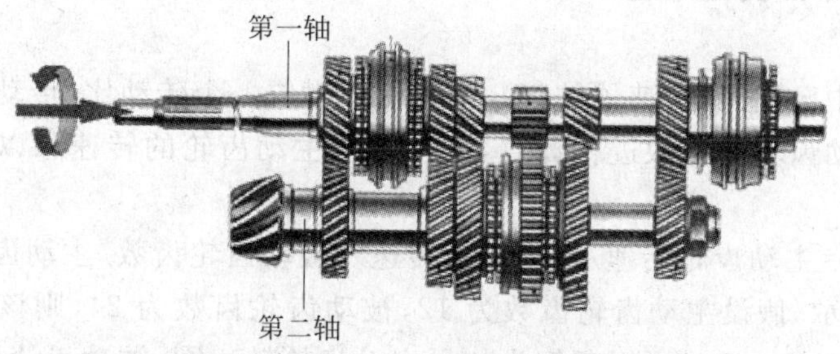

图 2-39　两轴式手动变速器内部结构示意图

(2) 三轴式手动变速器。三轴式手动变速器是指除了输入轴和输出轴外,还有一根中间轴参与动力传递。三轴式变速器每个挡位都是由两对齿轮传动,因此输入轴与输出轴的旋转方向相同(倒挡时两轴旋转方向相反),如图2-40所示。这种变速器适应于发动机前置、后轮驱动的布置形式,在中型以上汽车和部分小轿车上应用。例如,解放CA1091、北京切诺基、南京依维柯、丰田皇冠3.0等。

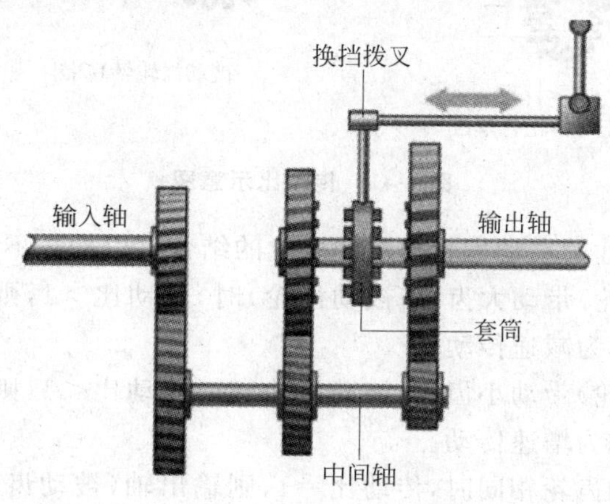

图 2-40　三轴式手动变速器内部结构示意图

2）按齿轮啮合方式分类

按齿轮啮合方式不同，手动变速器分为滑动选择式、结合套式和同步啮合式变速器。

滑动选择式变速器采用平行的两根轴或多根轴，通过移动直齿啮合齿轮副中的一个齿轮，使之与另一个齿轮进行啮合或退出啮合，从而实现挂挡或退挡。当其中一个齿轮正在转动，那么进入啮合相当困难，传动中冲击大、噪声大、承受能力低，因此这种类型的变速器越来越少。

结合套式变速器同样应用于平行轴式变速器，其轴上装有啮合齿轮。通过使用滑动结合套锁定空转齿轮来实现速比的改变。需挂挡时，拨动结合套使之与花键毂及结合齿圈同时啮合，即挂入该挡。相对于滑动选择式变速器，其齿轮和结合套上的花键齿均有圆角，使换挡冲击减小，但在齿轮换挡时仍有齿轮碰撞。

同步啮合式变速器在挂挡时可借助同步器的工作来提高换挡时间，缩小换挡冲击，从而提升换挡品质。目前各类手动变速器几乎均采用操纵方便的同步啮合式变速器。

4. 手动变速器的变速原理

1）传动比

在上述内容中已提出，变速器的每一个挡位即对应一个传动比，传动比可以用被动齿轮的齿数除以主动齿轮的齿数进行计算，也可以用主动齿轮的转速除以被动齿轮的转速进行计算。即

传动比＝主动齿轮转速/被动齿轮转速＝被动齿轮齿数/主动齿轮齿数

如图 2-41 所示，假设主动齿轮齿数为 12，被动齿轮齿数为 24，则该齿轮传动的传动比为 24/12，即等于 2。此时可以理解为如果主动齿轮转 1 圈，被动齿轮则转半圈，但较大的被动齿轮上的输出扭矩则是主动齿轮上的输入转矩的两倍。

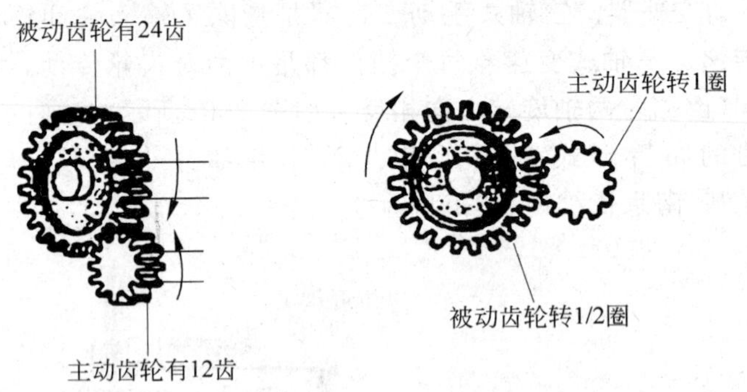

图 2-41 传动比示意图

由此可见，不同尺寸的主动齿轮与被动齿轮的结合可以构成不同的传动比。

当小齿轮（主动齿轮）带动大齿轮（被动齿轮）时，传动比＞1，则输出轴（被动齿轮）的转速下降，转矩增加，称为减速传动。

当大齿轮（主动齿轮）带动小齿轮（被动齿轮）时，传动比＜1，则输出轴（被动齿轮）的转速增加，转矩下降，称为增速传动。

当主动齿轮和被动齿轮相同时，传动比＝1，则输出轴（被动齿轮）的转速和转矩都不变，称为等速传动。

2）手动变速器各挡位传动原理

以三轴式变速器为例，其内部的齿轮有输入轴齿轮、中间轴齿轮、输出轴齿轮以及倒挡齿轮。其传动原理如下所述，如图 2-42 所示。

(1) 在低速挡时(见图 2-42(a))，输入轴齿轮带动中间轴齿轮转动，与中间轴相连的齿轮都转速相同，中间轴上的小齿轮带动输出轴上的较大齿轮，形成减速传动。

(2) 在高速挡时(见图 2-42(b))，输入轴齿轮仍带动中间轴齿轮转动，由于中间轴上的齿轮和输出轴上齿轮大小一样，所以输出轴转速比抵挡时要高，形成增速传动，但转矩减小。

(3) 在倒挡时(见图 2-42(c))，输入轴齿轮仍带动中间轴齿轮转动不变，在中间轴的齿轮和输出轴的齿轮中间增加了倒挡齿轮(惰轮)，因此输出轴旋转方向不变，实现倒向行驶。

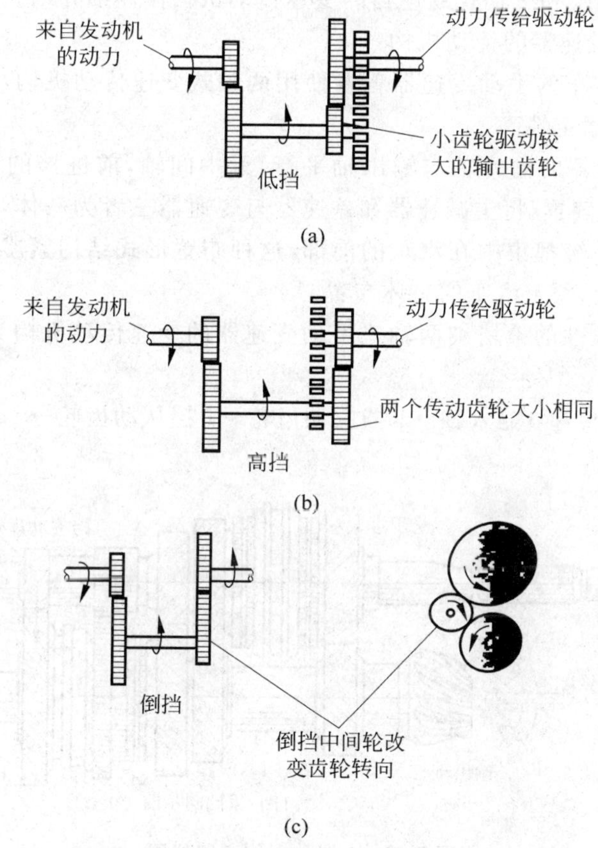

图 2-42　手动变速器各挡位传动原理示意图

3）各工况下手动变速器挡位的选择

(1) 起步。当汽车起步时，需要大量的动力，因此要使用具有最大驱动力的 1 挡。

(2) 驱动。起步之后，要使用 2 挡或 3 挡，此时不需要太多的驱动力，主要增加车辆速度。

(3) 高速行驶。高速行驶时，要使用 4 挡、5 挡或 6 挡，以进一步增加车辆速度。采用高挡位可保持发动机适当的负荷率和经济转速，改善燃油消耗量。

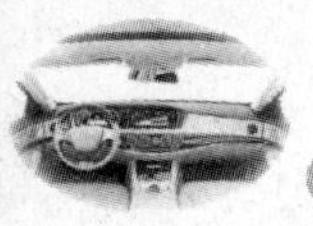

(4) 倒车。使用倒挡时,因加装倒挡惰轮,倒挡齿轮及输出轴反转,所以车辆便能倒车。

2.3.2 手动变速器的结构与组成

各车型手动变速器的组成存在少许差异,但总的来说,可以将手动变速器分成两个部分,即变速传动机构以及操纵机构。

1. 变速传动机构

变速传动机构主要由若干对相互啮合的齿轮副、传动轴以及壳体等组成,其主要作用是改变发动机曲轴输出的转速、转矩和转动方向。

下面分别对两轴式和三轴式变速器的变速传动机构作详细介绍。

1) 两轴式手动变速器的传动机构

目前前置前驱轿车的手动变速器普遍使用两轴式变速传动机构,该类型的传动机构结构简单可靠性强、稳定性高。

两轴式手动变速器的输入轴与输出轴平行,无中间轴,前进挡的动力经一对齿轮传递;取消了万向传动装置,将主减速器和差速器与变速器三者为一体,共同安装于变速器壳体内。整个传动系统都集中在汽车的前部,这种布置形式结构紧凑,传动效率高,有效地减少了体积和重量,便于汽车的总体布置。

下面以最具代表性的桑塔纳两轴式手动变速器的变速传动机构为例,介绍其各挡位的动力传递过程。

(1) 1 挡。动力传递:输入轴→1 挡主动齿轮→1 挡从动齿轮→1 挡、2 挡同步器→输出轴,如图 2-43 所示。

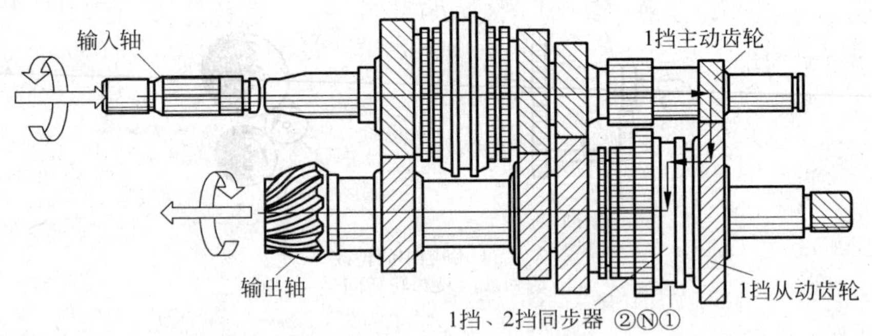

图 2-43　1 挡动力传递路线图

(2) 2 挡。动力传递:输入轴→2 挡主动齿轮→2 挡从动齿轮→1 挡、2 挡同步器→输出轴,如图 2-44 所示。

(3) 3 挡。动力传递:输入轴→3 挡、4 挡同步器→3 挡主动齿轮→3 挡从动齿轮→输出轴,如图 2-45 所示。

(4) 4 挡。动力传递:输入轴→3 挡、4 挡同步器→4 挡主动齿轮→4 挡从动齿轮→输出轴,如图 2-46 所示。

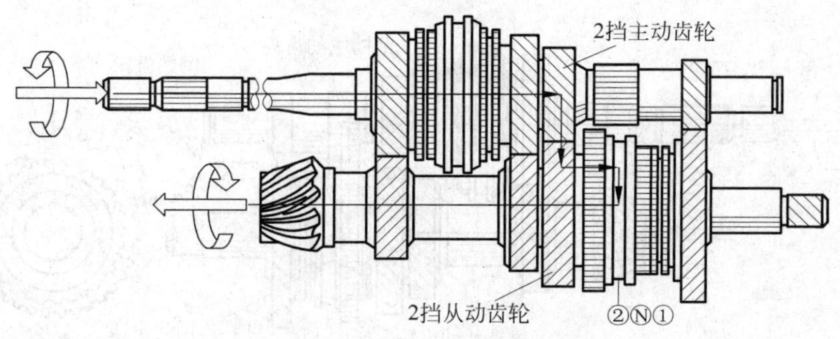

图 2-44 2 挡动力传递路线图

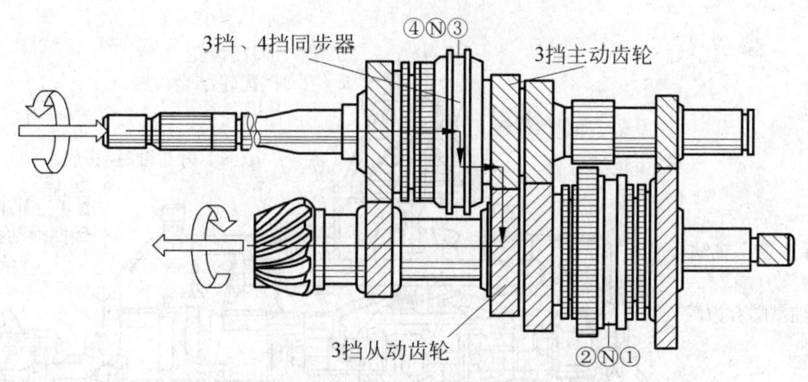

图 2-45 3 挡动力传递路线图

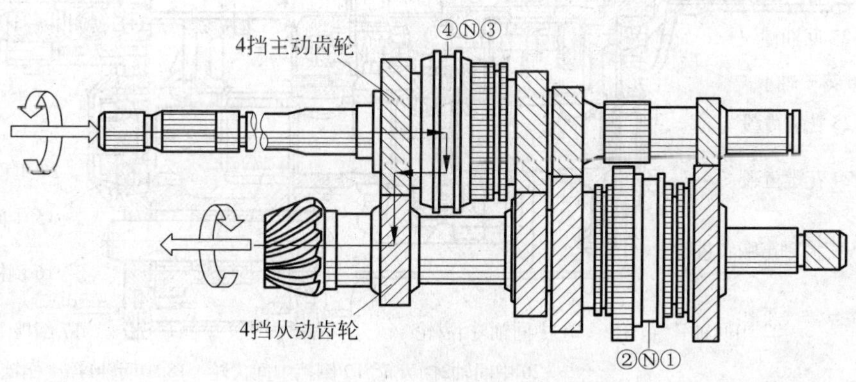

图 2-46 4 挡动力传递路线图

(5) 倒挡。动力传递：输入轴→倒挡主动齿轮→倒挡齿轮（惰轮）→倒挡从动齿轮→1 挡、2 挡同步器→输出轴，如图 2-47 所示。

2）三轴式手动变速器的传动机构

三轴式手动变速器一般用于发前置后驱动布的汽车上，跟两轴式相比，其内部除第一轴和第二轴外，还有一根中间轴，因此该类型变速器的传动机构较两轴式更为复杂。

以东风 EQ1090E 型汽车的三轴式 5 挡手动变速器为例，该变速器共有 5 个前进挡和 1 个倒挡(见图 2-48)。

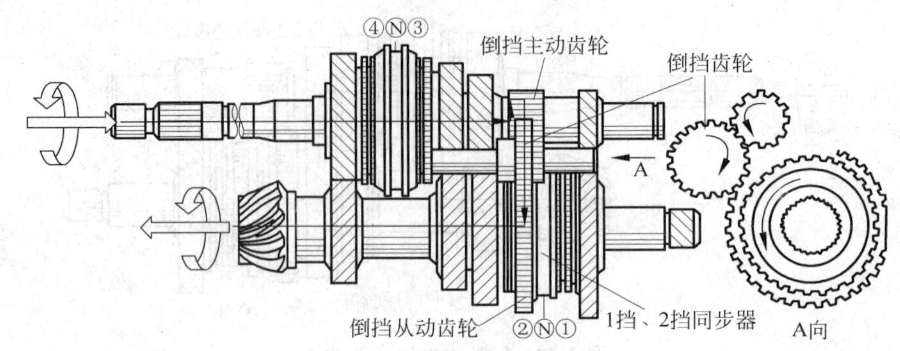

图 2-47 倒挡动力传递路线图

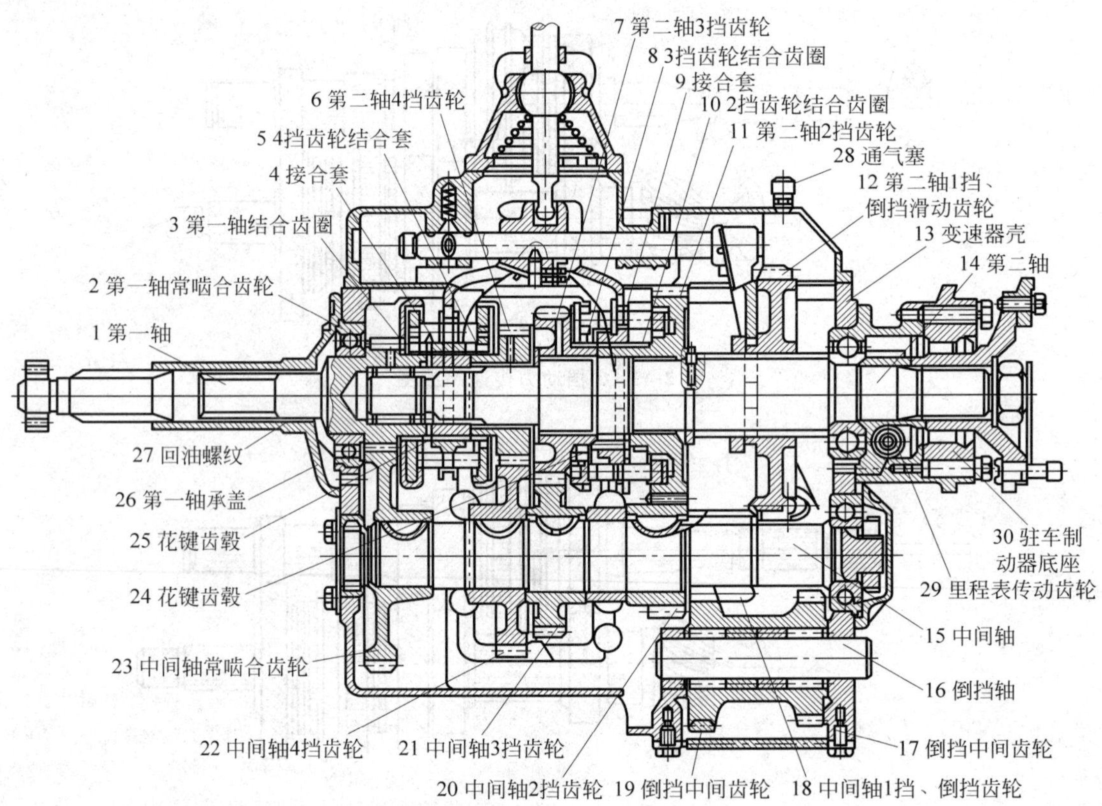

图 2-48 东风 EQ1090E 型汽车的三轴式 5 挡手动变速器内部结构图

第一轴为变速器的输入轴。前端的花键部分安装离合器的从动盘，与发动机曲轴相连，接受动力。前端的轴颈由轴承支承在曲轴后端的孔内；后端的轴颈由轴承支承在变速器轴承孔内。后端的齿轮与轴制成一体，与中间轴上的齿轮组成常啮合齿轮副。

第二轴为变速器的输出轴。前端轴颈用滚针轴承支承在第一轴后端的轴承孔内，后端轴颈由轴承支承在壳体轴承孔内。第二轴上的各挡位齿轮与中间轴相应的各挡位齿轮均为常啮合齿轮副。后端通过凸缘与万向传动装置相连将动力输出。

中间轴由轴承支承在壳体上。中间轴上齿轮都固定在中间轴上，除与输入轴齿轮啮合之外，中间轴上的其他齿轮都作为主动轮分别与第二轴上相应的齿轮相互啮合，构成变速器各挡位的第二级齿轮传动。

为了便于理解和识别，可将图 2-48 简化为图 2-49，形成该变速器内部的结构简图，下面将根据图 2-48 对三轴式手动变速器各挡位的动力传递路线进行介绍。

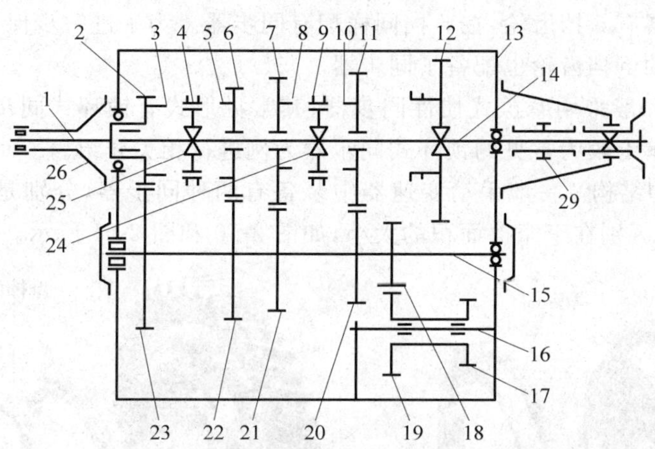

图 2-49　东风 EQ1090E 三轴式手动变速器结构简图

(1) 1 挡动力传递过程。前移第二轴上的 1 挡、倒挡滑动齿轮 12 与中间轴 1 挡、倒挡齿轮 18 接合。传动路线：第一轴→第一轴常啮合齿轮齿轮 2→中间轴常啮合齿轮 23→中间轴→中间轴 1 挡、倒挡齿轮 18→第二轴 1 挡、倒挡滑动齿轮 12→第二轴。

(2) 2 挡动力传递过程。后移第二轴上的 2 挡、3 挡同步器的接合套 9 与第二轴 2 挡齿轮 11 接合。传动路线：第一轴→第一轴常啮合齿轮 2→中间轴常啮合齿轮 23→中间轴→中间轴 2 挡齿轮 20→第二轴 2 挡齿轮 11→第二轴 2 挡、3 挡同步器→第二轴。

(3) 3 挡动力传递过程。前移第二轴上的 2 挡、3 挡同步器的接合套 9 与第二轴 3 挡齿轮 7 接合。传动路线：第一轴→第一轴常啮合齿轮齿轮 2→中间轴常啮合齿轮 23→中间轴→中间轴 3 挡齿轮 21→第二轴 3 挡齿轮 7→第二轴 2 挡、3 挡同步器→第二轴。

(4) 4 挡动力传递过程。后移第二轴上的 4 挡、5 挡同步器的接合套 4 与第二轴 4 挡齿轮 6 接合。传动路线：第一轴→第一轴常啮合齿轮 2→中间轴常啮合齿轮 23→中间轴→中间轴 4 挡齿轮 22→第二轴 4 挡齿轮 6→第二轴 4 挡、5 挡同步器→第二轴。

(5) 5 挡动力传递过程。前移第二轴上的 4 挡、5 挡同步器的接合套 4 与第一轴常啮合齿轮 2 接合。动力直接由第一轴传至第二轴，传动比为 1，称为直接挡，第二轴转速与第一轴相同。

(6) 倒挡动力传递过程。后移第二轴上的 1 挡、倒挡滑动齿轮 12 与倒挡中间齿轮 17 接合。传动路线：第一轴→第一轴常啮合齿轮 2→中间轴常啮合齿轮 23→中间轴→中间轴 1 挡、倒挡齿轮 18→倒挡中间齿轮 19→倒挡中间齿轮 17→第二轴 1 挡、倒挡滑动齿轮 12→第二轴(与第一轴转向相反)。

3) 同步器

手动变速器中的同步器可以缩短换挡时间，提高换挡效率，因此同步器是手动变速器中最重要的部件之一。

具体来说,同步器可使接合套与待啮合的齿圈迅速同步,缩短换挡时间;防止待啮合的齿轮达到同步之前产生轮齿冲击。因此,在现代汽车的手动变速器中,前进挡齿轮都配有同步器。以常见的如图 2-46 所示的两轴式变速器为例,共有两个同步器,一个同步器在输出轴上位于 1 挡齿轮和 2 挡齿轮之间,另一个在输入轴上位于 3 挡齿轮和 4 挡齿轮之间。如果变速器有 5 挡齿轮,在 5 挡同样配有同步器。为了进一步保证挂挡平顺,部分轿车手动变速器的倒挡齿轮也配备了同步器。

目前汽车上一般采用摩擦式惯性同步器,其常见形式有锁环式同步器和锁销式同步器。下文将以轿车上较为常见的锁环式同步器为例进行相关介绍。

(1) 同步器的结构。一般手动变速器中装备有两种同步器,分别是单锥面式和三锥面式,二者的主要区别在于摩擦面积的大小,如图 2-50 和图 2-51 所示。

图 2-50　单锥面式同步器的结构　　**图 2-51　三锥面式同步器的结构**

三锥面式同步器几乎是同一尺寸单锥面式同步器的双倍摩擦面积。它越来越被厂家所广泛选用,性能越来越稳定。三锥面式同步器常用于 1 挡、2 挡同步器中,其他同步器常用单锥面同步器。

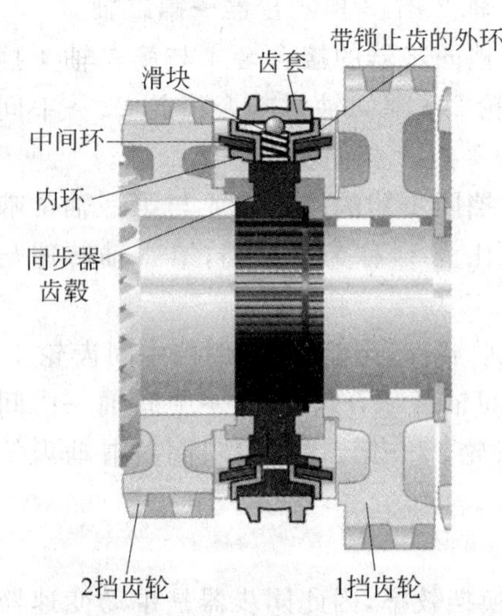

图 2-52　同步器的结构

以图 2-52 所示的三锥面同步器为例,一套完整的同步器主要由挡位齿轮、同步器齿毂、同步环(内环、中间环及外环)、齿套以及滑块等构成。

(2) 同步器的工作过程。当要挂入某个挡位时,由于齿圈与锁环的转速不相等,所以两者一经接触,便在锥面之间产生摩擦力矩。齿圈便通过摩擦力矩的作用带动锁环相对于接合套转过一个角度,接合套的齿与锁环的齿相互错开了约半个齿宽,从而使接合套的齿端倒角与锁环齿端倒角恰好互相抵住,阻止了接合套的移动,使其不能进入啮合,如图 2-53 所示。

此时,若要使接合套与锁环进入啮合,则必须使锁环相对于接合套转过一个角度。由于驾驶员始终对接合套施加一个轴向推力 F_1,此轴向力通

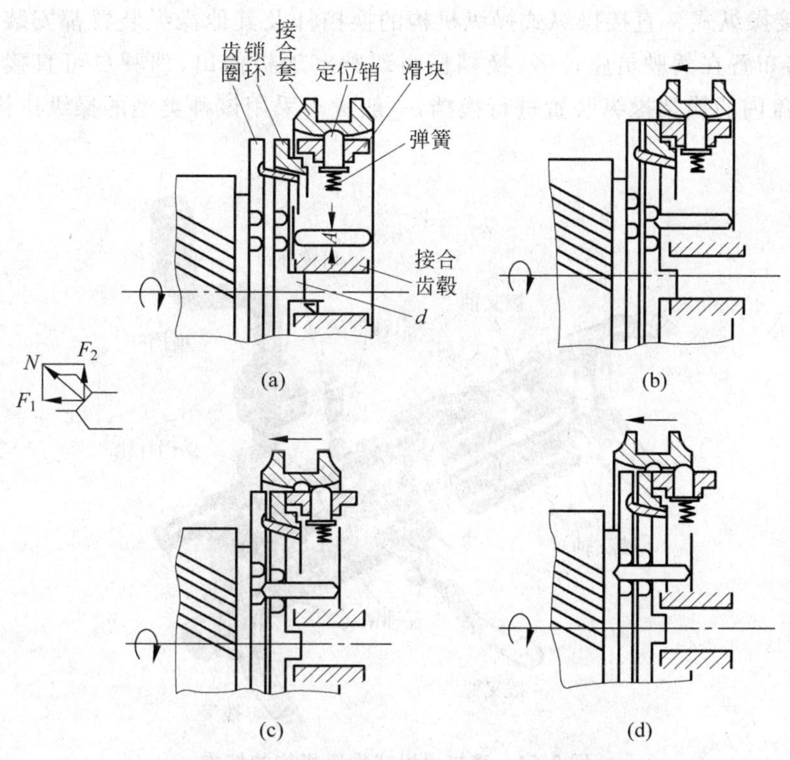

图 2-53　锁环式同步器的工作过程示意图

过接合套作用在锁环齿端倒角面上，形成倒角斜面上的法向正压力 N，N 又分解为圆周方向分力 F_2，便形成一个力图拨动锁环相对于接合套后退的拨环力矩。轴向力 F_1 使锁环与齿圈两者的锥面产生摩擦力矩，使两者转速迅速接近。

以上分析可知，在齿圈与锁环及接合套之间尚未达到同步之前，锁环上作用着两个方向相反的力矩：一个是齿端倒角上力图拨动锁环相对于接合套向后退转的拨环力矩，另一个是摩擦锥面上阻止锁环向后退转的惯性力矩，在转速尚未达到同步之前，两个锥面间摩擦力矩的数值与齿圈的惯性力矩相等。

如果拨环力矩＞惯性力矩，锁环即可相对于接合套向后退转一个角度，以便接合套进入啮合；如果拨环力矩＜惯性力矩锁环，则不能向后退转，而通过其齿端锁止角阻止接合套进入啮合。

不论驾驶员通过操纵机构作用在接合套上的轴向推力有多大，接合套齿端与锁环齿端总是互相抵触而不能接合，这就是锁环的锁止作用。

2. 操纵机构

变速器的操纵机构也称为换挡机构，是用来执行驾驶员换挡操作动作的部件，可以通过操纵机构将变速器挂入与实际路况相符的相应挡位。

1）操纵机构的类型

根据变速器换挡杆与变速器的相互位置关系不同，可将操纵机构分为直接操纵式和远距离操纵式两种类型。

(1) 直接操纵式。直接操纵式操纵机构的换挡杆及其他操纵装置都安装在变速器壳体上,变速器布置在驾驶员座位旁,换挡杆由驾驶室地板伸出,驾驶员可直接操纵换挡杆拨动变速器盖内的换挡操纵装置进行换挡,一般货车采用该种类型的操纵机构,如图 2-54 所示。

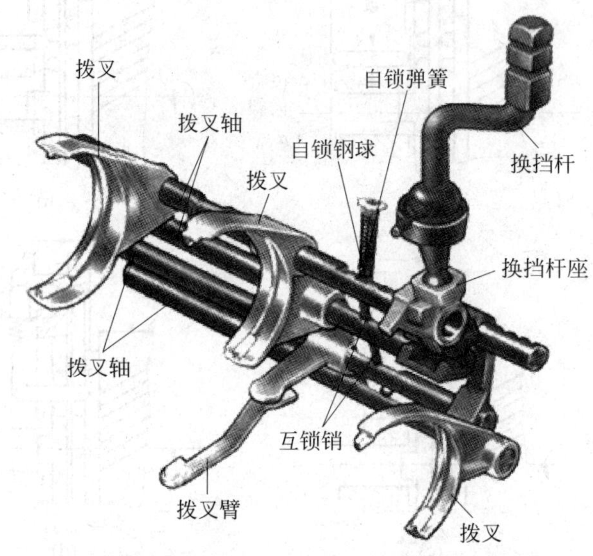

图 2-54　直接操纵式操纵机构的结构

(2) 远距离操纵式。在某些汽车上,由于变速器安置位置离驾驶员座位较远,换挡杆及其他操纵装置不能安装在变速器壳体上,两者之间须加装一些辅助传动机构,从而形成远距离操纵的形式,一般轿车采用该种类型的操纵机构,如图 2-55 所示。

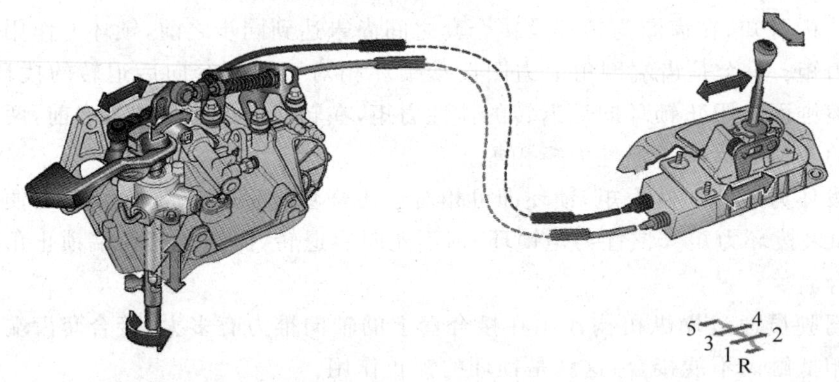

图 2-55　远距离操纵式操纵机构的结构

远距离操纵式操纵机构由外部操纵机构和内部操纵机构两个部分构成。

外部操纵机构由换挡拉索或拉杆以及换挡杆等组成,它们通过控制拨叉轴的运动与变速器壳体内的操纵机构连接,从而实现选挡和换挡,如图 2-56 所示。

内部操纵机构由换挡盘、换挡凸耳以及锁球等构成,如图 2-57 所示。

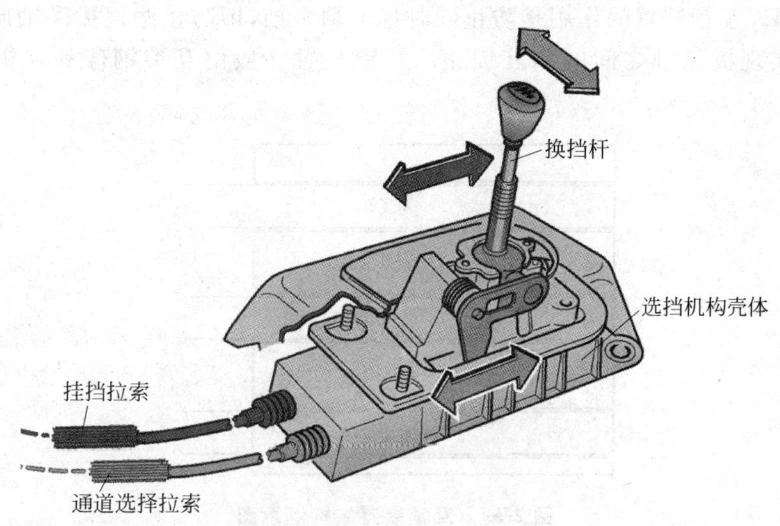

图 2-56　外部操纵机构的结构

2）操纵机构的功能

通常而言，要使手动变速器能够稳定而可靠地工作，变速器操纵机构必须满足下列要求：

(1) 防止变速器自动换挡或自动脱挡。

(2) 保证变速器不会同时换入两个挡位。

(3) 防止误入倒挡。

根据上述三项要求，手动变速器的操纵机构需具备与其对应的三个功能，即自锁、互锁和倒挡锁，下面逐一介绍。

(1) 自锁。自锁装置的作用是防止自动脱挡，并能保证齿轮在全齿长上啮合。变速器的自锁装置通常都是采用定位钢球对拨叉轴进行轴向定位锁止，每个换挡拨叉轴上有三个凹槽，每个凹槽的位置即对应相应的挡位位置，每次换挡时定位钢球被弹簧推入相应凹槽，实现锁止，如图 2-58 所示。

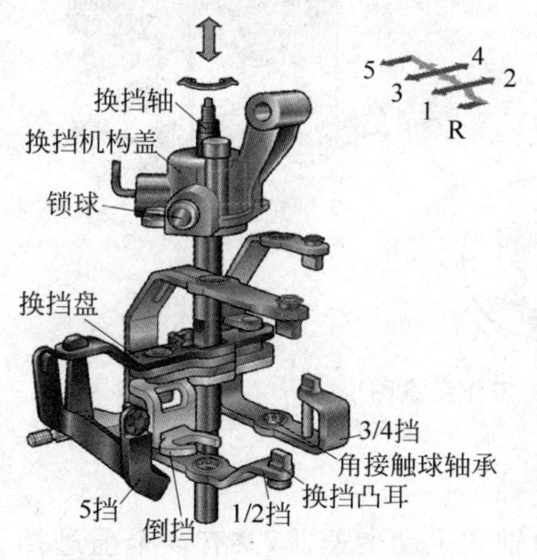

图 2-57　内部操纵机构的结构

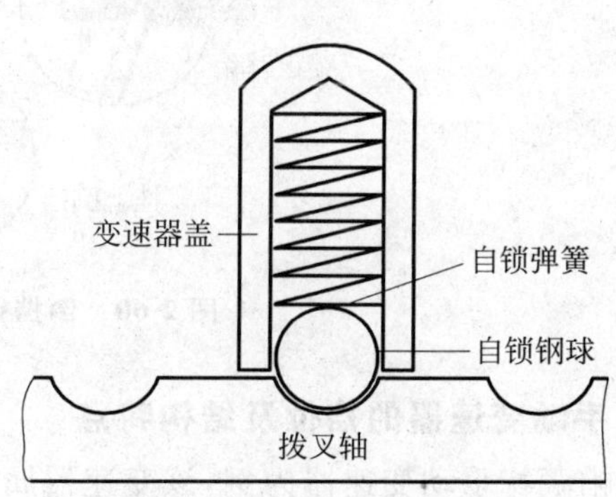

图 2-58　自锁装置结构示意图

(2) 互锁。互锁装置的作用是防止同时挂上两个挡，即防止两根拨叉轴同时移动，通过互锁装置实现拨叉轴之间的相互锁止。互锁装置一般由互锁钢球和互锁销组成，如图 2-59 所示。

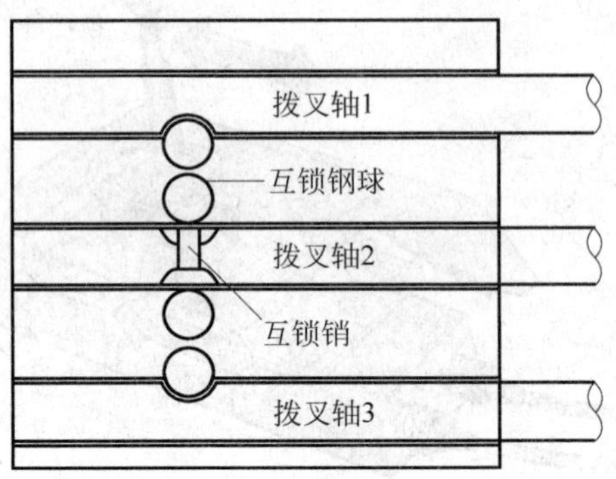

图 2-59　互锁装置结构示意图

当移动拨叉轴 1 时，下方的互锁钢球被推入拨叉轴 2 的凹槽中，拨叉轴 2 被锁止；同时，该钢球推动互锁销，互锁销将另外两颗互锁钢球向下推入拨叉轴 3 的凹槽中，拨叉轴 3 也被锁止。

需要说明的是，如果要移动另外两根拨叉轴，需先将拨叉轴 1 回到初始位置，将互锁钢球和互锁销的锁止解除，方能进行后续操作。

(3) 倒挡锁。为了避免汽车在前进中因驾驶员操作失误而挂入倒挡，因此要求挂倒挡与挂前进挡时应有不同的操纵方式，或者对变速杆施加不同的操纵力。由此可以看出，倒挡锁的作用更多是为了提醒驾驶员误挂倒挡，其工作过程如图 2-60 所示。

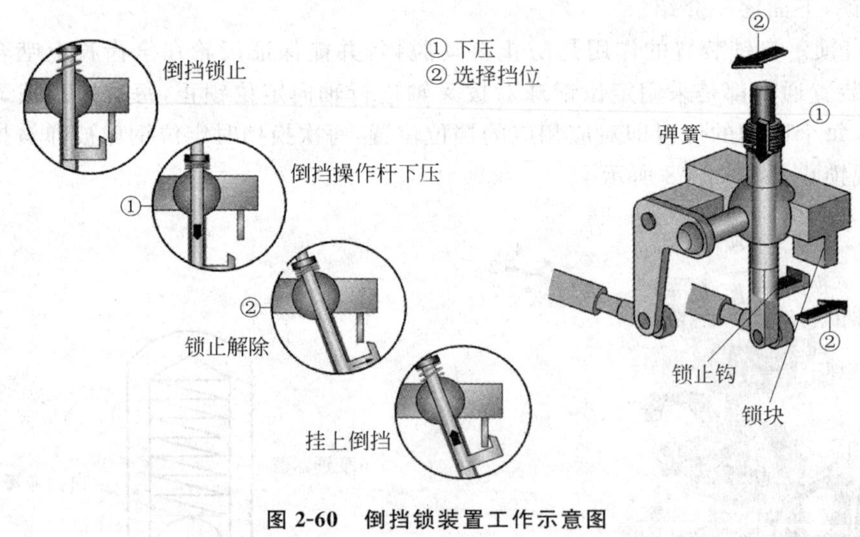

图 2-60　倒挡锁装置工作示意图

3. 手动变速器的挡位及结构特点

以帕萨特手动变速器为例，该变速器属于两轴式手动变速器，共有 5 个前进挡和 1 个倒挡。其中 1 挡、2 挡由 1 挡、2 挡同步器控制换挡，3 挡、4 挡由 3 挡、4 挡同步器控制换挡，5 挡、倒挡由 5 挡、倒挡同步器控制换挡，如图 2-61 所示。

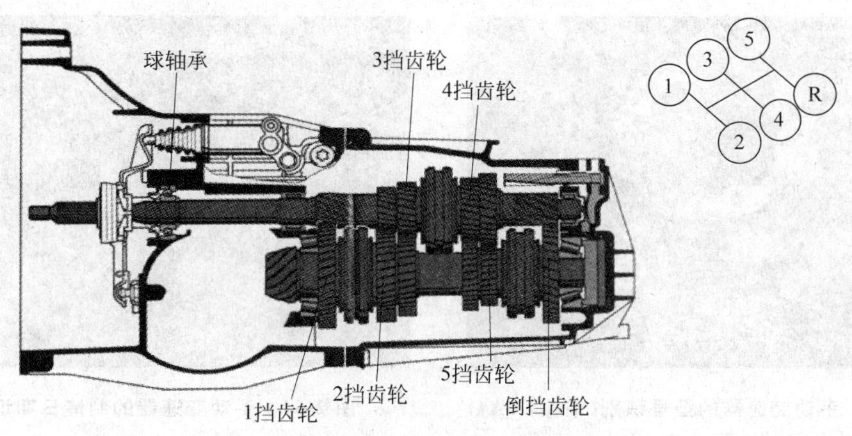

图 2-61 帕萨特手动变速器的挡位及结构

3 挡、4 挡同步器安装在输入轴上，1 挡、2 挡同步器及 5 挡、倒挡同步器安装在输出轴上。

2.3.3 手动变速器的检修

随着行驶里程和使用年限的增加，对手动变速器进行不正常的换挡操作，润滑条件下降，导致零部件的磨损、变形随之增加，随之会出现换挡困难、换挡异响、自行脱挡、噪声及渗漏等故障现象。

因此，必须对手动变速器进行正确的维护，必要时对变速器的同步器、齿轮、轴和轴承等进行检修，恢复变速器良好的技术状况，延长变速器的使用寿命。

1. 型号识别

对手动变速器进行任何维修工作之前，首先应确认所维修的手动变速器型号，以获取准确无误的维修数据，确保后续的工序、特殊过程处理及安装的正确。一种型号的变速器，也有可能供多种型号的汽车使用，如大众 0A4 变速器既在上汽大众途安上使用，也在一汽大众迈腾上使用。

确定变速器型号最常用的方法是根据变速器标识牌来识别。标牌上通常标出变速器代码、生产日期、制造厂商等信息。变速器识别码打印或以标牌的形式标在变速器壳体上。

以图 2-62 所示的上汽大众途安车型所装备的 0A4 手动变速器为例，其型号和制造日期均能在壳体上进行查找，箭头 1 所指的位置可查询到生产日期，箭头 2 所指的位置可查询到变速器型号。

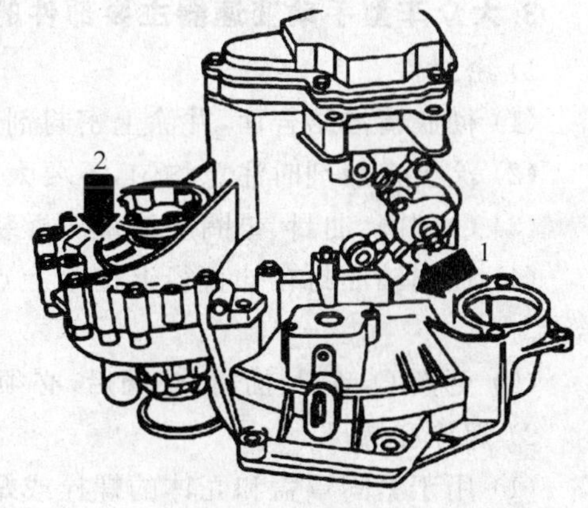

图 2-62 上汽大众途安 0A4 手动变速器的标示识别位置

0A4 手动变速器的型号识别位置如图 2-63 所示，箭头所指的位置即为该变速器的型号。

0A4 手动变速器的制造日期识别位置如图 2-64 所示(方框内)。

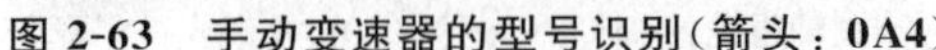
图 2-63　手动变速器的型号识别(箭头：0A4)

图 2-64　手动变速器的制造日期识别

对于该变速器的编码(QSX 29065),期注释如图 2-65 所示。

QSX	29	06	5
型号代码	日	月	生产年份:2015年

图 2-65　手动变速器型号代码及制造日期注释

2. 手动变速器的操作注意事项

为防止手动变速器过早磨损及不正常损坏,在使用中需注意以下几点。

(1) 在换挡前应该将离合器踏板迅速踩到底,以避免变速器操纵机构受损。

(2) 在行驶过程中,不要长时间将手放在换挡杆上,否则容易引起变速器换挡拨叉过早磨损。

(3) 在挂倒挡时,应该让车辆处于静止状态。

(4) 车辆行驶过程中换挡时,应选好合适的换挡时机,以避免损坏变速器内部运动组件。

3. 大众车型手动变速器主要部件的检修要点

1) 密封件

(1) 彻底清洁结合面,并涂上密封剂。

(2) 涂上密封剂时注意均匀,不要太厚。

(3) O 型圈、油封、垫圈应该每次拆装更新。

(4) 径向轴油封在外直径上稍微上点油,密封唇之间的空隙(箭头)用密封油脂填至半满。

(5) 更换 O 型圈、油封、垫圈后,必须检查齿轮油油面。

2) 螺栓和螺母

(1) 用于紧固罩盖和壳体的螺栓或螺母沿对角松开或紧固。

(2) 不要损坏特别敏感的部件。例如,离合器压盘。用对角方式松开或拧紧螺栓和螺母。

(3) 规定的扭矩适用于未上油的螺栓和螺母。

(4) 每次更换自锁螺栓和螺母。

(5) 对所有的螺栓连接,需确认接触面、螺栓和螺母,如有必要,在装配后打蜡。

(6) 用钢丝刷清洁用过固化剂螺栓螺纹,然后在螺栓上涂上固化剂,再旋入螺栓。

(7) 涂过固化剂螺栓的螺纹孔,必须用毛刷清理固化剂残留物。否则,下一次螺栓拆下时会损害螺纹孔上的螺纹。

3) 轴承

(1) 安装配套供货的新滚锥轴承,但不要额外进行润滑。

(2) 安装滚针轴承,带标记的一面(钢板更厚)朝向安装工具。

(3) 安装在一根轴上的滚锥轴承必须成套更换。使用同一制造商的轴承。

(4) 锥形滚柱轴承的内座圈在安装前先用加热器加热至100℃。安装时要按压到底,从而没有轴向间隙。

(5) 轴承的外座圈和内座圈尺寸相同,不要混淆。轴承是配对使用的。

(6) 飞轮上用于变速箱输入轴支撑的滚柱轴承记得要涂油脂。

(7) 装入轴承到变速箱壳体要用齿轮油涂抹。

4) 同步环

(1) 不要互换。如果需要再次使用同步环,应当总是安装在原来的同步齿轮上。

(2) 检查是否磨损,必要时更换。

(3) 检查同步环 A 的槽(箭头 1)和内环是否有扁平现象(槽磨损)。

(4) 如果同步环有涂层,涂层不允许损坏。

(5) 如果安装了中间环 B,应检查此中间环的外摩擦面(箭头 2)和内摩擦面(箭头 3)是否有异常磨损的“烧焦”、“痕迹”和“(因过热而发生的)蓝色褪色现象”,如图 2-66 所示。

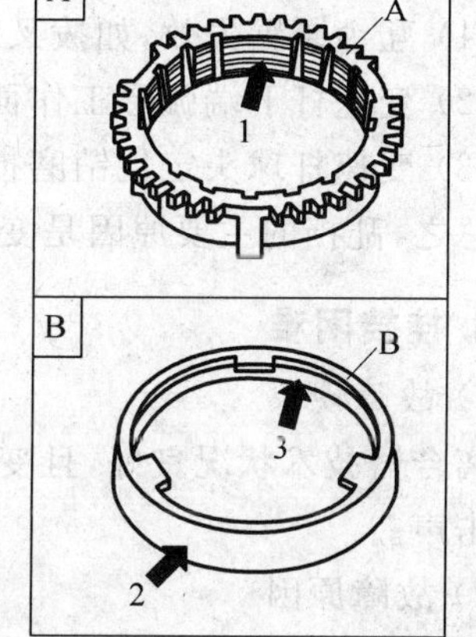

图 2-66 同步环检修位置示意图

(6) 检查同步齿轮的椎体是否有“烧焦”和“异常磨损的痕迹”。

(7) 安装前用齿轮油湿润同步啮合机械机构。

5) 齿轮和同步器齿毂

(1) 同步器齿毂在压入前进行清洁,并加热到大约 100°。

(2) 齿轮在压入前加热到大约 140°。

(3) 可以使用轻便电炉或专用电磁炉来加热。

(4) 可以用专用温度计检测温度。

(5) 记录安装位置。

2.3.4 手动变速器的常见故障分析

手动变速器的常见故障有脱挡、乱挡、挂挡困难、异响、发热和漏油等。

1. 脱挡

1）故障现象

汽车在某1挡位行驶时，变速杆自动跳回空挡位置（一般在加、减速以及汽车剧烈跳动时较易发生）。

2）故障原因

(1) 自锁装置的钢球或凹槽磨损严重，自锁弹簧疲劳过软或折断。

(2) 挂入挡后，轮齿未达到全齿长啮合。

(3) 齿轮、齿圈或齿套的轮齿，在啮合端沿齿长方向磨损成锥形。

(4) 输入轴、输出轴的轴承磨损过于松旷。

(5) 同步器两侧的常啮合齿轮轴向或径向间隙过大。

(6) 各轴的轴向或径向间隙过大。

2. 乱挡

1）故障现象

在离合器技术状况正常情况下，变速器同时挂入两个挡位，或不能挂入所需要的挡位。

2）故障原因

(1) 互锁装置失效，如拨叉轴、顶销或钢球磨损过甚等。

(2) 变速杆下端弧形工作面磨损或拨叉轴上导块凹槽磨损过大。

(3) 变速杆球头定位销磨损或脱出，或球头磨损过于松旷。

总之，乱挡的主要原因是变速操纵机构失效。

3. 挂挡困难

1）故障现象

离合器技术状况良好，且变速操纵机构工作正常的情况下，变速器不能挂挡或挂挡时有撞击声。

2）故障原因

(1) 同步器技术状况不良。

(2) 换挡机构故障。

4. 异响

1）故障现象

变速器在工作挡位或在空挡时，发出不正常的声响。

2）故障原因

(1) 齿轮啮合响：新更换的齿轮副啮合不正常；齿轮磨损成阶梯状；齿轮牙齿折断；齿轮齿侧间隙过大等。

(2) 轴承响：轴承磨损松旷；轴承损坏；润滑油的油品油质不符合要求等。

(3) 其他原因发响：润滑油油量不过；油品油质不符合要求；花键与毂配合松旷；紧固螺栓松动等。

5. 发热与漏油

1）故障现象

汽车行驶一段路程后，用手触摸变速器外壳有烫手感觉，即为变速器发热故障。变速器漏油是齿轮油从轴承盖或接合部位渗漏出来。

2）故障原因

变速器发热主要原因有：轴承装配过紧、齿轮啮合间隙过小、缺少齿轮油或齿轮油选用不当等。

变速器漏油主要原因有：衬垫密封不良、油封损坏、壳体破裂、紧固螺栓松动、齿轮油过多或通气孔堵塞等。

2.4　万向传动装置

在汽车上有些传动轴之间存在着轴间夹角，且两根转轴的相对位置经常发生变化，此时需要万向传动装置来满足这些特殊情况下的动力传递需求。

万向传动装置一般由万向节和传动轴组成，对于传动距离较长的分段式传动轴，还需加装中间支承，如图 2-67 所示。

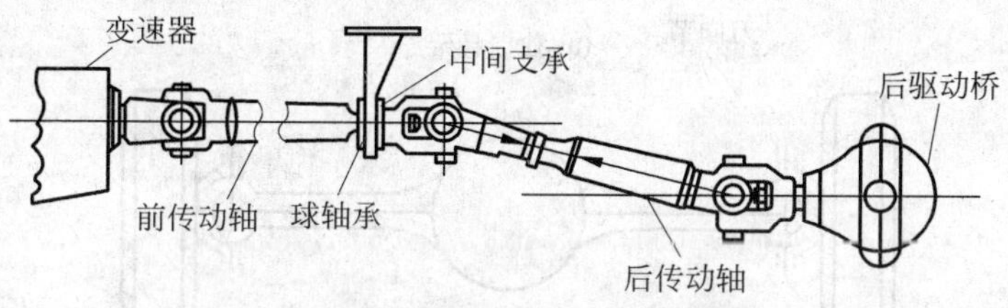

图 2-67　万向传动装置结构示意图

2.4.1　万向传动装置的应用

万向传动装置在汽车上应用较广、场合较多，底盘的转向系统、传动系统等均有涉及，下面作详细介绍。

1. 应用于转向操纵机构

大部分汽车的转向操纵机构受整体布置的限制，转向盘轴线与转向器输入轴轴线不能重合，因此转向操纵机构中需采用万向传动装置，如图 2-68 所示。

2. 应用于前置前驱轿车的传动半轴

在前置前驱汽车的转向驱动桥中，前轮经常出现在偏转的同时仍需传递动力，此时驱动桥输出轴的轴线与驱动轮的轴线发生偏转，因此需要采用万向传动装置，如图 2-69 所示。

3. 应用于变速器与驱动桥之间

前置后驱的汽车一般将发动机、离合器及变速器作为一个装配总成安装在汽车的前

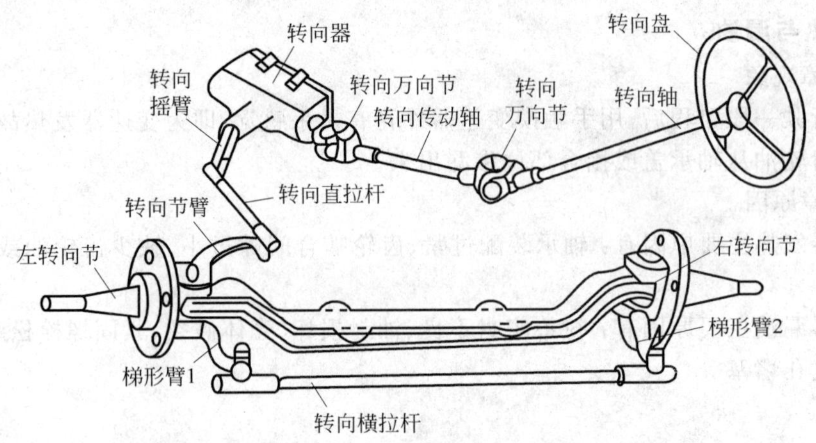

图 2-68 万向传动装置在转向操纵机构中的应用

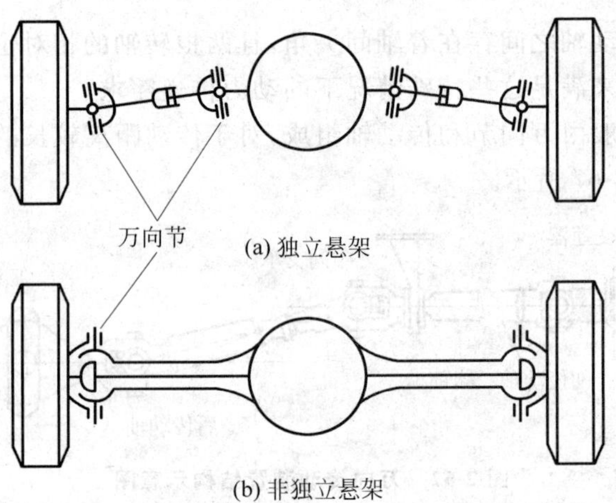

(a) 独立悬架

(b) 非独立悬架

图 2-69 万向传动装置在传动半轴中的应用

部，而驱动桥则与汽车后部的悬架相连。汽车行驶时，变速器输出轴与主减速器的输入轴之间不但轴线不重合，而且由于地面不平引起弹性元件变形，使两轴的相对位置在不断变化。因此，为了在任何情况下两轴之间均能传递动力，必须采用万向传动装置，如图 2-70 所示。

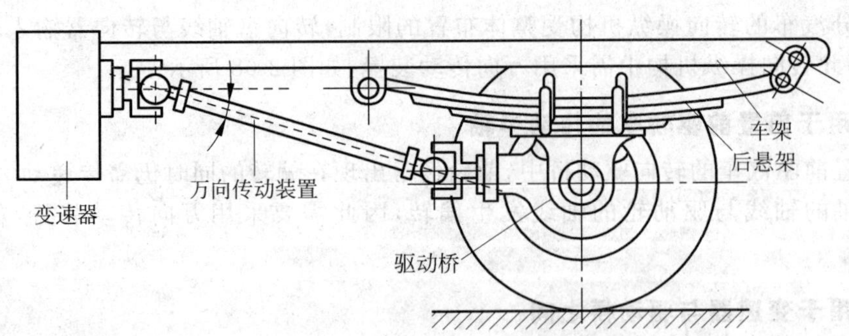

图 2-70 万向传动装置在变速器与驱动桥之间的应用

2.4.2　万向节

万向节是万向传动装置中实现变角度传动最主要的部件，万向节有刚性和挠性之分。

刚性万向节又可分为不等速万向节(十字轴式)、准等速万向节(双联式、三销轴式等)和等速万向节(球笼式、球叉式等)。

挠性万向节一般用橡胶件作为连接件，利用橡胶可变形的特性实现变角度传动。

1. 十字轴式万向节(不等速万向节)

十字轴式万向节是目前汽车上应用最广泛的普通万向节之一，其结构简单和功能准确，它允许相邻两轴的最大夹角为 15°～20°，十字轴万向节的外观如图 2 71 所示，十字轴的外观如图 2-72 所示。

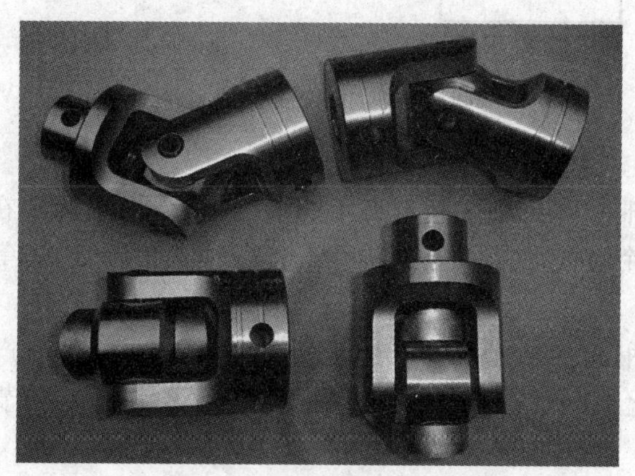

图 2-71　十字轴万向节的外观

图 2-72　十字轴的外观

1) 十字轴式万向节的结构

十字轴式万向节一般由一个十字轴、两个万向节叉和四个滚针轴承等部件组成。两个万向节叉轴分别与主、从动轴相连，万向节的两对孔通过四个滚针轴承分别与十字轴的两对轴颈相铰接。当主动轴转动时，从动轴既可随之转动，又可绕十字轴中心在任意方向摆动，如图 2-73 所示。

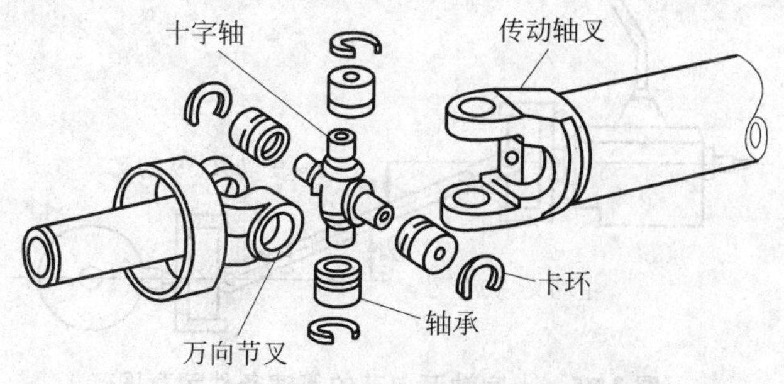

图 2-73　十字轴式万向节的结构

此外，十字轴内还设有互相贯通的润滑油道，通向轴颈，对其润滑，如图 2-74 所示。

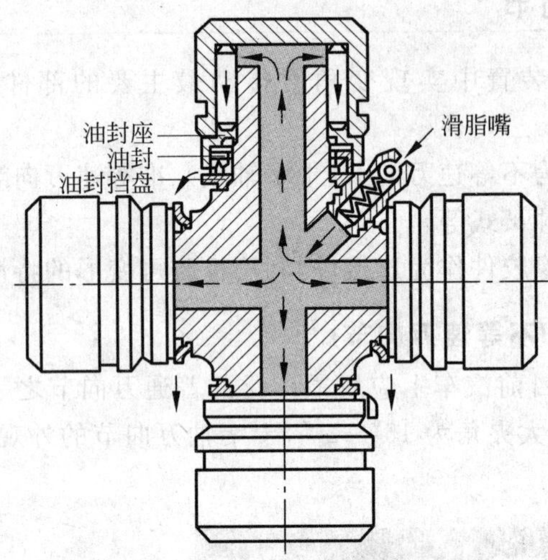

图 2-74　十字轴内部润滑示意图

2）十字轴式万向节的速度特性

使用单个万向节传动时，在输入轴和输出轴之间有夹角的情况下，会出现两轴在同一圆周运动中角速度不相等，此即为单个万向节的不等速特性。且两轴夹角越大，不等速特性越严重。

不等速特性会使从动轴及与其相连的传动部件产生严重的扭转振动，从而产生附加的交变载荷，影响部件寿命。因此，在汽车上一般很少采用单个十字轴万向节进行传动。

由于十字轴万向节具有不等速特性，因此在汽车上如需采用，一般应满足下列条件。

(1) 两个十字轴万向节成对使用。

(2) 第一节万向节两轴间的夹角与第二节万向节两轴间的夹角须相等($\alpha_1=\alpha_2$)。

(3) 传动轴两端的两个万向节叉(即第一节万向节的从动叉与第二节万向节的主动叉)在同一平面内，如图 2-75 所示。

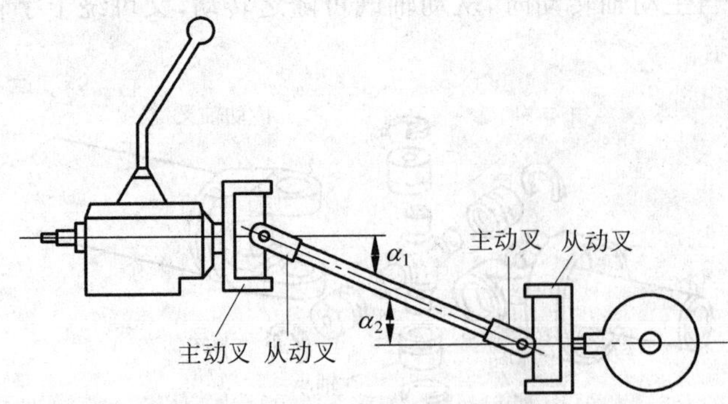

图 2-75　十字轴万向节的等速条件示意图

2. 准等速万向节

准等速万向节是根据两个十字轴式刚性万向节的变形来实现等速传动的，因此只能近似地实现等速传动，因此称为准等速万向节。常见结构有双联式和三销轴式两种，下面以应用较为广泛的双联式万向节为例。

双联式万向节的双联叉实质上是将两个万向节叉中间的传动轴无限缩短，将两个万向节叉直接相连，从而形成双联叉。因此这种万向节如需等速传动，也须满足“$\alpha_1=\alpha_2$”这一条件，如图 2-76 所示。

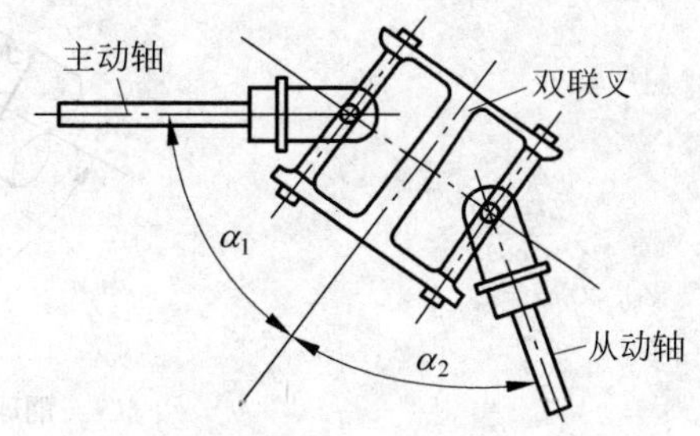

图 2-76　双联式万向节的结构示意图

3. 等速万向节

由于等速万向节在传动时较易实现等速，因此其在汽车上的使用最为广泛。

等速万向节的等速原理是传力点始终位于两轴夹角的平分面上，如图 2-77 所示。

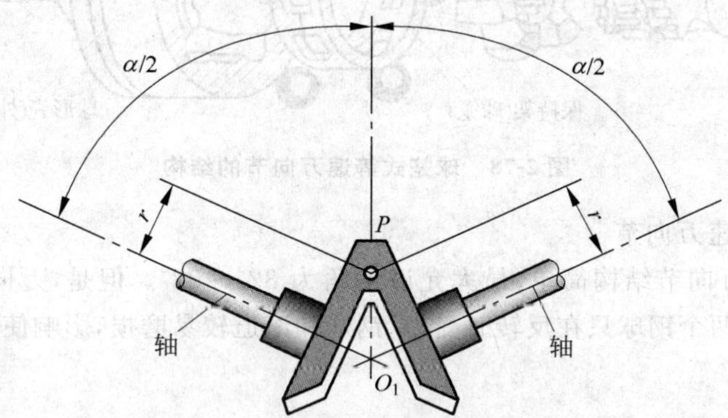

图 2-77　等速万向节的等速原理示意图

两齿轮啮合点 P 位于夹角的平分面上，由 P 点到两轴的距离都等于 r。在 P 点处两齿轮的圆周速度相等，因此两个齿轮旋转的角速度也相等，从而得到等速的效果。

常见的等速万向节有球笼式和球叉式两种，下面逐一介绍。

1）球笼式等速万向节

球笼式等速万向节允许两轴间最大夹角为 15°～21°，能轴向滑动，寿命长，强度高，不但满足了车轮和转向性能的要求，还具有结构简单、尺寸小、重量轻等优点。

球笼式等速万向节的结构如图 2-78 所示，其由球形壳（外滚道）、保持架（球笼）、钢球以及钢带箍等组成。

半轴与内滚道（钢带箍）的内花键连接，传力钢球分别位于六条由内滚道和球形壳形成的凹槽内，与球笼保持在同一平面内。动力由半轴输入，经钢球和球形壳输出。桑塔纳 2000、丰田花冠等前轮驱动轿车均采用这种类型的万向节。

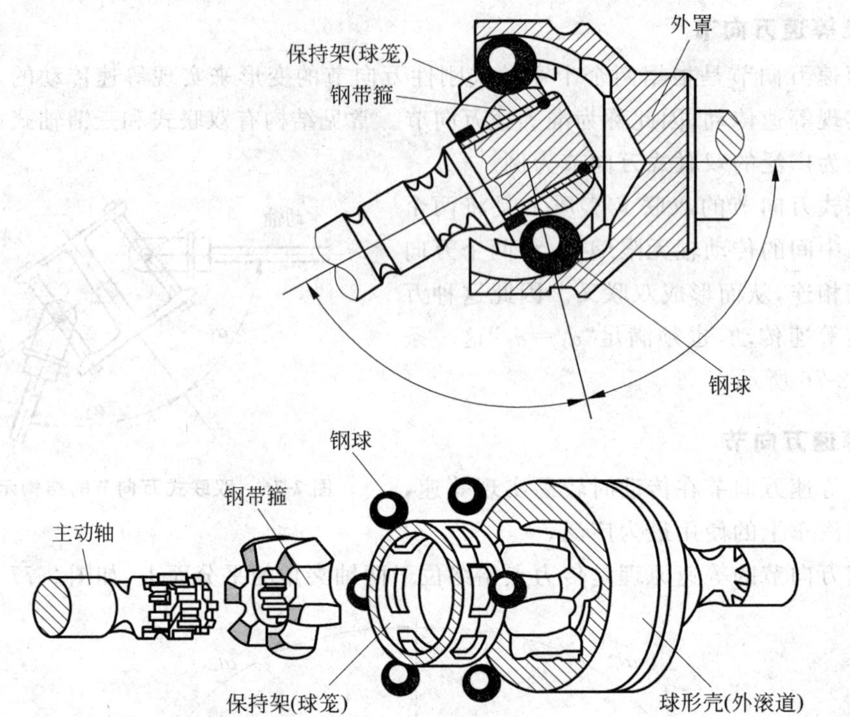

图 2-78 球笼式等速万向节的结构

2）球叉式等速万向节

球叉式等速万向节结构简单，最大允许夹角为 32°～33°。但是，万向节工作时只有两个钢球传力，另外两个钢球只在反转时受力，钢球和滚道较易磨损，影响使用寿命，如图 2-79 所示。

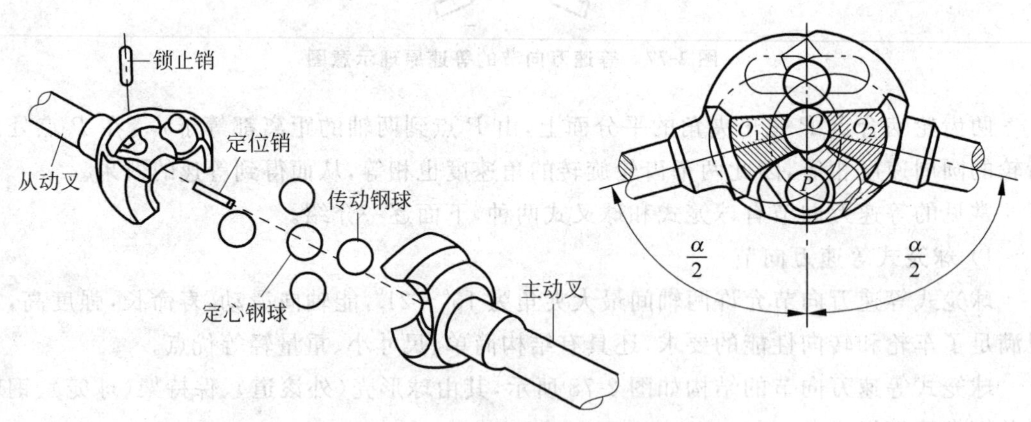

图 2-79 球叉式等速万向节的结构

球叉式等速万向节主要由主动叉、从动叉、4 个传动钢球和 1 个定心钢球组成。主、从动叉上各有四个弧形凹槽，两个叉对合后形成四个钢球的滚道。四个传力钢球分别放置在滚道之中，两叉中心的凹槽中放置定心钢球以定中心。

4. 挠性万向节

挠性万向节不但结构简单，不需要润滑，而且还具有缓冲和减振作用。这种万向节应用范围很窄，只在某些大型车上采用。在某些最新的前置发动机后轮驱动的小客车中，使用零角度的传动轴，装有挠性万向节以保证振动和噪声小。

挠性万向节的特点是：其传力元件采用夹布橡胶盘、橡胶块、橡胶环等弹性元件，从而保证相交两轴间不发生机械运动干涉。由于弹性元件变形量有限，因此挠性万向节一般用于夹角较小（3°～5°）的两轴间以及有微量轴向位移的传动系统，如图 2-80 所示。

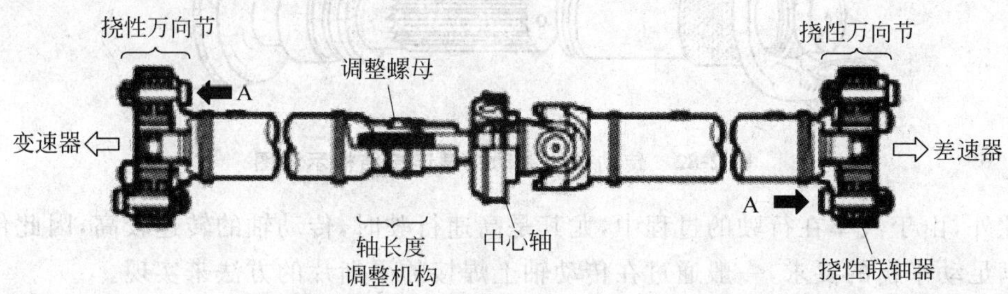

图 2-80　挠性万向节的安装示意图

2.4.3　传动轴与中间支承

1. 传动轴

传动轴属万向传动装置中较重要的部件之一，一般由空心钢管构成。其两端用万向节分别与变速器和驱动桥连接。装配时传动轴两端的万向节叉在同一平面内就保证满载时实现等速传动，如图 2-81 所示。

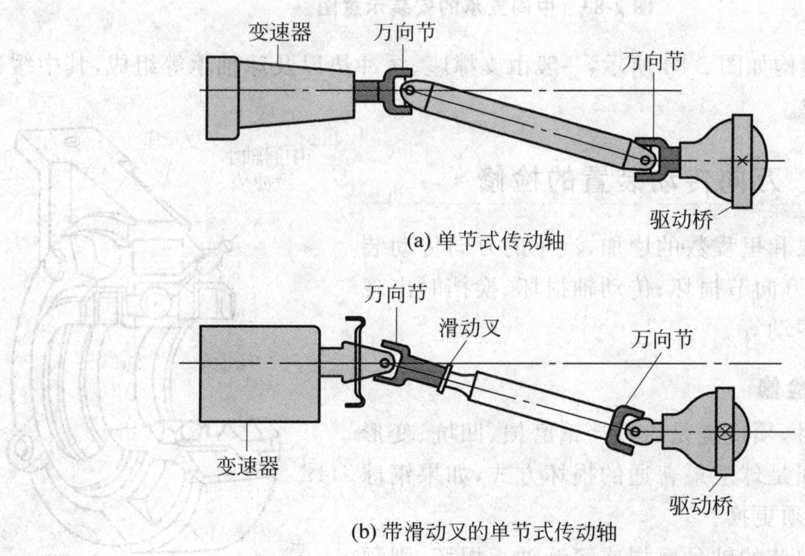

图 2-81　传动轴的安装示意图

由图 2-81 可以看出，汽车行驶时其驱动桥会因路面的高低而上下跳动，从而导致传动轴长度的变化，因此传动轴在安装时须有一处为活动连接，要求可伸缩，以满足传动轴的长度可自由变化。通常情况下，传动轴上的这种活动连接为滑动花键连接的结构，如图 2-82 所示。

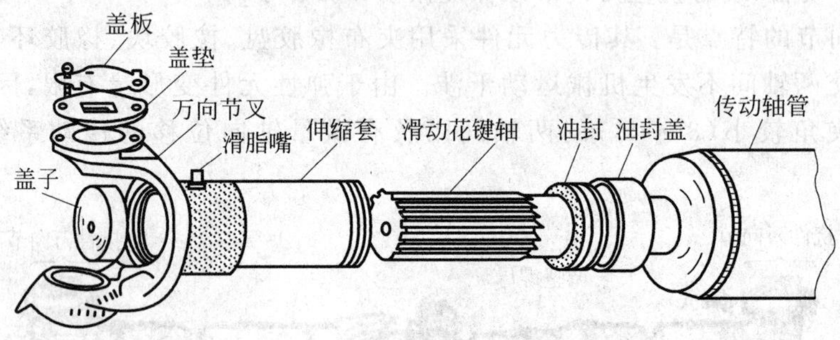

图 2-82　传动轴的滑动花键连接结构示意图

此外，由于汽车在行驶的过程中，尤其是高速行驶时，传动轴的转速较高，因此传动轴还需满足动平衡的要求，一般通过在传动轴上焊接的平衡片的方法来实现。

2. 中间支承

如果万向传动装置传递的动力较远，传动轴中间会分段，并加中间支承，如图 2-83 所示。

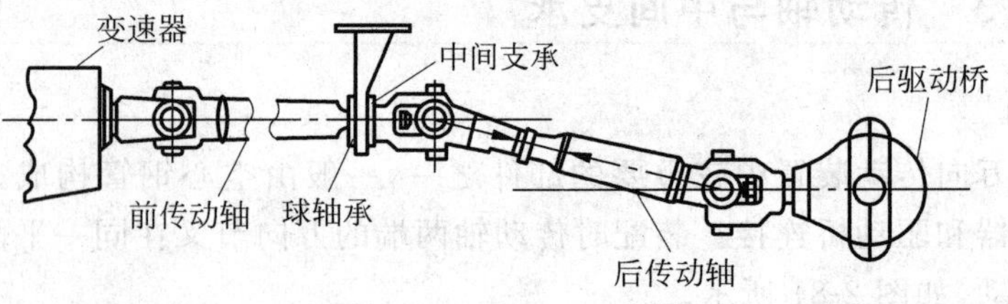

图 2-83　中间支承的安装示意图

中间支承的结构如图 2-84 所示，一般由支撑座、缓冲垫以及球轴承等组成，其中缓冲垫的材料一般为橡胶。

2.4.4　万向传动装置的检修

随着使用年限和里程数的增加，汽车的万向传动装置易出现故障，如万向节损坏、传动轴损坏、换挡时出现金属撞击声以及振动等。

1. 万向节的检修

检查万向节时，须检查是否有严重磨损、凹坑、变形或断裂。沟槽磨损是球道最普通的损坏方式，如果钢球磨损或转动困难，须更换。

若十字轴万向节的轴颈磨损或滚针轴承损坏，则须更换。

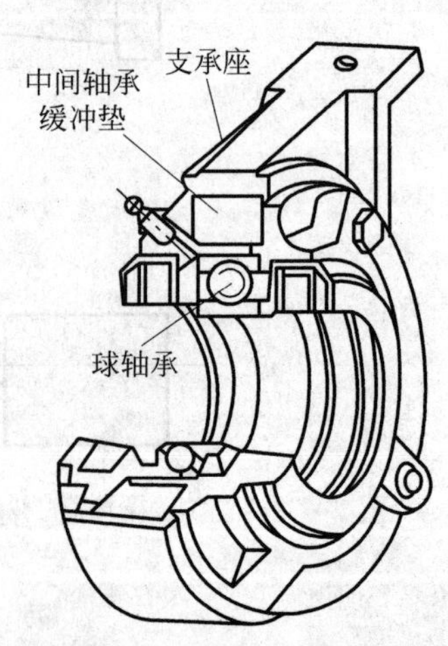

图 2-84　中间支承的结构示意图

2. 传动轴的检修

检查传动轴时，如出现万向节叉损坏或变形，则须更换传动轴总成。原厂安装的传动轴通常加以密封，不需要定期润滑，但是应注意清理轴上堆积的污物、灰尘或其他杂质等。堆积物会影响传动轴的平衡，清理时注意不要损坏或丢失轴上的平衡重。对汽车底盘进行保护性喷涂时，必须将传动轴隔离，以免破坏平衡。从车上拆下传动轴后，要用溶剂清洁连接叉，用液体密封润滑剂润滑密封内径。

3. 常见故障分析

1）传动轴噪声

万向节磨损或损坏会导致较刺耳的噪声，且该噪声频率会随车速增加而增大。这种噪声的产生原因可能是万向节润滑不良，或者U型固定螺栓过紧。

若汽车完全停车后加速起步或运行中换挡时出现金属撞击声，且是金属之间刚性连接发出的声音，可能是由于万向节磨损或损坏，或者伸缩套接头与外伸壳衬套之间间隙过大、配对凸缘松动以及上、下摆臂衬套螺栓松动等原因而导致的噪声。

2）传动轴振动

若汽车以60km/h以下的速度低速行驶时产生振动，可能是轴和万向节的安装角度不正确。如果振动发生在80～90km/h的中高速产生振动，则应检查后轴弹簧是否磨损、松弛或存在其他可能引起后面万向节工作角度改变的故障。此外，汽车超载，悬架变形，也会改变后万向节的运转角。有时由于缺少润滑，万向节卡住，也可能造成低速振动。

若振动随车速增加而增大，可能是传动轴表面堆积了一层底漆或涂料，或传动轴上的平衡片丢失，造成传动轴不平衡，也可能是变速器和发动机支座磨损或失效、车轮轴承磨损或松动、轮胎和车轮组件不平衡。

2.5 驱动桥

2.5.1 驱动桥概述

驱动桥是传动系统进行动力传递的关键所在，它位于传动系统的终端，负责将动力输出至驱动轮，以驱动汽车行驶。

1. 驱动桥的功用与组成

驱动桥的功用是将万向传动装置传来的发动机动力经过降速增扭、改变传动方向后分配到驱动车轮，并且允许左、右驱动轮以不同转速旋转。

驱动桥一般由主减速器、差速器、半轴和驱动桥壳等组成。

2. 驱动桥的类型

按驱动轮与桥壳的连接关系可以将驱动桥分为非断开式驱动桥和断开式驱动桥。

1）非断开式驱动桥

非断开式驱动桥的结构如图2-85所示，这种驱动桥一般将驱动桥的壳体通过半轴套

管向两边进行延伸，左右两侧的驱动轮安装在半轴套管上，而半轴套管与驱动桥壳相连，因此而形成一个整体。

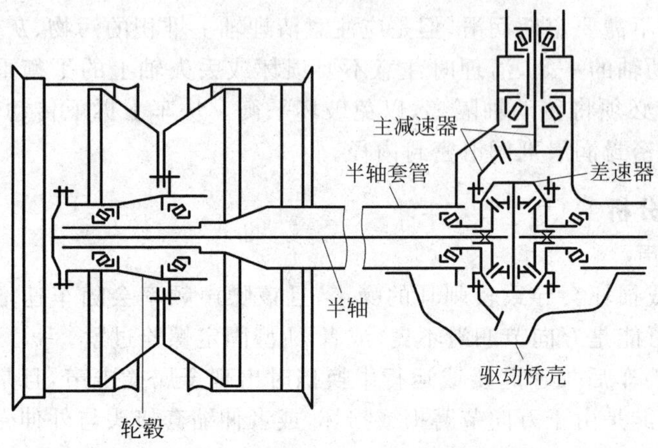

图 2-85　非断开式驱动桥的结构

由于这种非断开式的驱动桥相当于一根刚性梁，轴的整个质量均属于非簧载质量部分。因此，汽车的行使平顺性、操纵的稳定性及通过性均不佳。但其结构简单，制造工艺性好，可靠耐用且维修方便，这种非断开式驱动桥一般在货车及部分越野汽车上应用较为广泛。

2）断开式驱动桥

由图 2-86 所示断开式驱动桥的结构图可以看出，其半轴的外部没有套管，驱动桥与驱动轮之间的半轴通过万向节连接，摆臂通过球头连接，因此这两者之间可发生高低错位，故称之为断开式驱动桥。

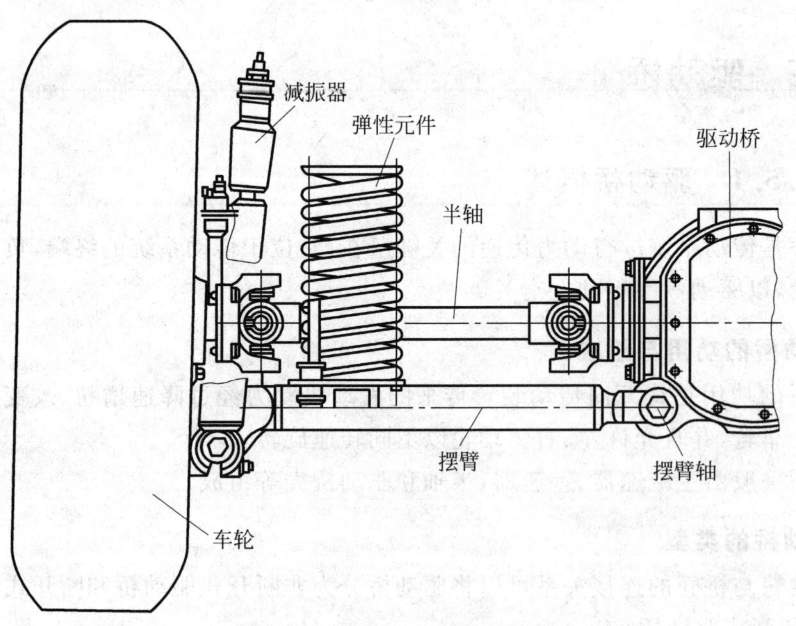

图 2-86　断开式驱动桥的结构

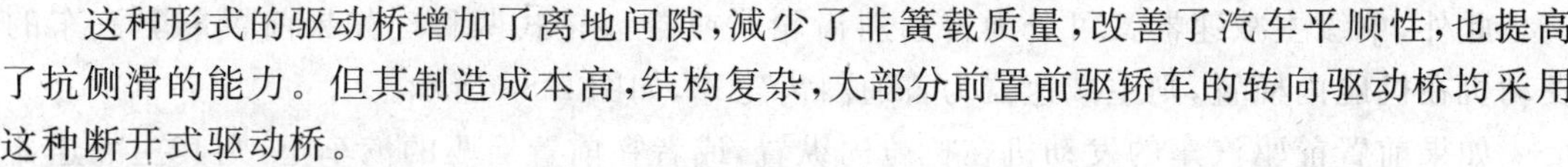

这种形式的驱动桥增加了离地间隙，减少了非簧载质量，改善了汽车平顺性，也提高了抗侧滑的能力。但其制造成本高，结构复杂，大部分前置前驱轿车的转向驱动桥均采用这种断开式驱动桥。

3. 驱动桥的要求

驱动桥的工作环境恶劣，但其在传动系统中的重要性较高，因此驱动桥应当满足如下基本要求。

(1) 驱动桥的主减速比应能保证汽车具有最佳的动力性和燃料经济性。

(2) 外形尺寸尽可能小，以保证汽车具有充足的离地间隙。

(3) 具有足够的强度、合适的刚度，在各种条件下均具有较高的传动效率。

(4) 应与悬架的导向机构有较好的配合度，若为转向驱动桥，还应与转向机构的配合良好。

(5) 结构尽可能简单，在进行拆装、调整等维修工作时的便利性高。

2.5.2　主减速器

主减速器是传动系统中起降低转速、增大转矩作用的最主要的部件，且当发动机纵置时，主减速器还具有改变转矩旋转方向的作用。

1. 主减速器的类型

按参加减速传动的齿轮副数目分，可分为单级主减速器和双级主减速器。除了一些要求大传动比的中、重型车采用双级主减速器外，一般微、轻、中型车基本采用单级主减速器。

1) 单级主减速器

单级主减速器只有一对齿轮传动，具有结构简单、体积小，重量轻和传动效率高等优点，因此被各品牌的轿车广泛采用，如图 2-87 所示。

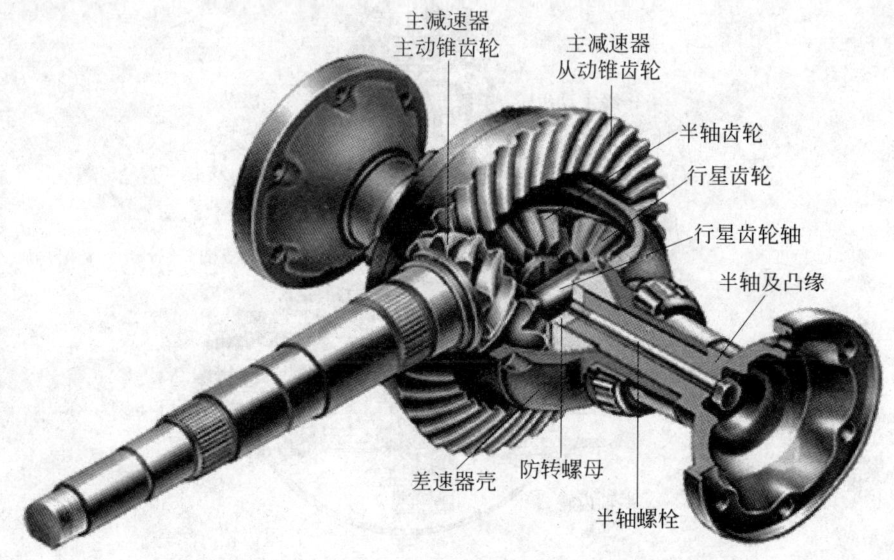

图 2-87　桑塔纳汽车的单级主减速器结构

此外，单级主减速器又可分为普通斜齿轮式或锥齿轮式两种。如果前置前驱汽车的发动机在机舱内横置，则主减速器为普通斜齿轮式，如图 2-88 所示。

如果前置前驱汽车的发动机在机舱内纵置，或者在前置后驱的汽车上，则其主减速器为锥齿轮式，如图 2-89 所示。

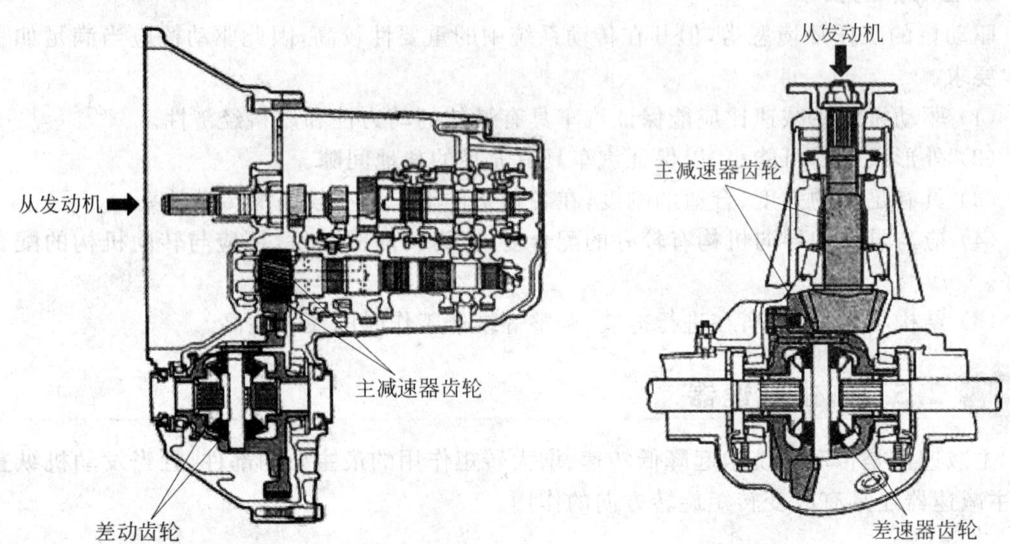

图 2-88　普通斜齿轮式单级主减速器结构　　**图 2-89　锥齿轮式单级主减速器结构**

2）双级主减速器

双级主减速器由一对螺旋锥齿轮传动和一对圆柱斜齿轮传动，其结构较单级主减速器复杂，但其通过二次减速，可以得到较大的传动比，如图 2-90 所示。

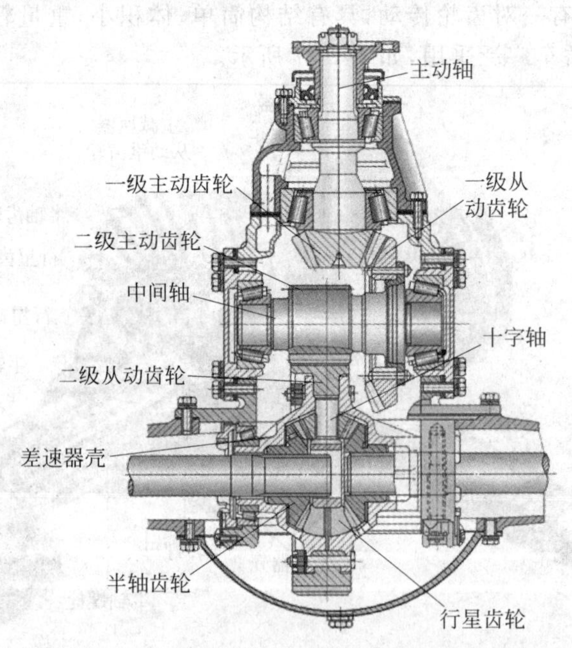

图 2-90　解放牌货车的双级主减速器结构示意图

2. 主减速器的工作原理

主减速器的工作原理较为简单，即通过主动小齿轮带动从动大齿轮，利用较大的传动比来实现降低转速，增大转矩。同时，采用圆锥齿轮传动还可改变转矩旋转方向。

主减速器传动比的计算与变速器的传动比类似，由于主减速器主动小齿轮的齿数较少，而从动大齿轮的齿数较多，即小齿轮带动大齿轮，从而实现减速增扭的功能。

通常而言，单级主减速器的传动比 $i \leqslant 7$，双级主减速器的传动比 i 为 7～12。

3. 主减速器的工作特点

主减速器传递的转矩较大，受力复杂，具有以下工作特点。

(1) 主从动锥齿轮要有正确的相对位置，可以通过改变齿轮轴的轴向位置进行调整，以啮合印迹和齿侧间隙来检查。

(2) 要求有较高的支承刚度，以确保传递转矩的过程中主从动锥齿轮正确的相对位置不发生改变。

(3) 要用圆锥滚子轴承支承，以承受锥齿轮传动的轴向力。

(4) 圆锥滚子轴承的预紧度可调。

2.5.3 差速器

汽车在转向时，在相同的时间下，内侧车轮和外侧车轮滚过的距离不等，因此其速度也不等；即使汽车没有转向而行驶在直线道路时，也会因为两侧车轮所接触的地面高低不平或两侧轮胎磨损偏差而导致两轮的滚动距离不一致。所以为了保证各个车轮都可能以不同的角速度旋转，驱动桥内装设了差速器装置，它由主减速器从动齿轮驱动。

1. 差速器的类型

差速器按其安装位置可分为轮间差速器和轴间差速器。轮间差速器装在同一驱动桥两侧驱动轮之间，而轴间差速器装在多轴驱动汽车的各驱动桥之间。

按其工作特性又可分为普通锥齿轮式差速器和防滑差速器两大类，下文将着重介绍汽车上较为常见的普通锥齿轮式差速器。

2. 差速器的组成

以上汽大众桑塔纳轿车的普通锥齿轮式差速器为例，差速器一般由行星齿轮、半轴齿轮、行星齿轮轴、球形垫圈以及差速器壳体等组成，如图 2-91 所示。

两个半轴齿轮与两个行星齿轮相互啮合，两个行星齿轮安装在行星齿轮轴上，半轴齿轮与行星齿轮的背部均呈球状，由球形垫圈包裹，一起安装在差速器壳体内部。

3. 差速器的工作原理

若将差速器的内部结构进行简化，则形成如图 2-92 所示的运动学分析图，当差速器壳转速为零时，若一侧半轴齿轮受其他外来力矩而转动，则另一侧半轴齿轮即以相同转速反向转动。

图 2-91　桑塔纳轿车差速器的结构

1）直线行驶

当汽车汽车直线行驶时，主减速器的从动锥齿轮驱动差速器壳旋转，差速器壳驱动行星齿轮轴旋转，行星齿轮轴驱动行星齿轮公转，半轴齿轮在行星齿轮的夹持下同速同向旋转。此时，行星齿轮只有公转，没有自转，左右车轮和转速等于从动锥齿轮的转速，如图 2-93 所示。

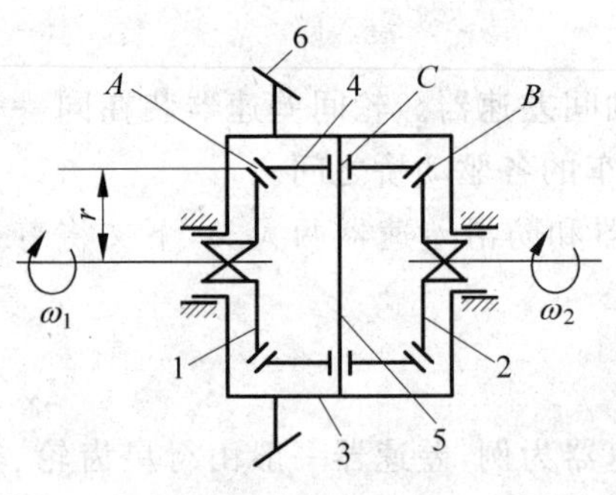

图 2-92　差速器的内部运动分析图

1，2—半轴齿轮；3—差速器壳；4—行星齿轮；

5—行星齿轮轴；6—主减速器的从动锥齿轮

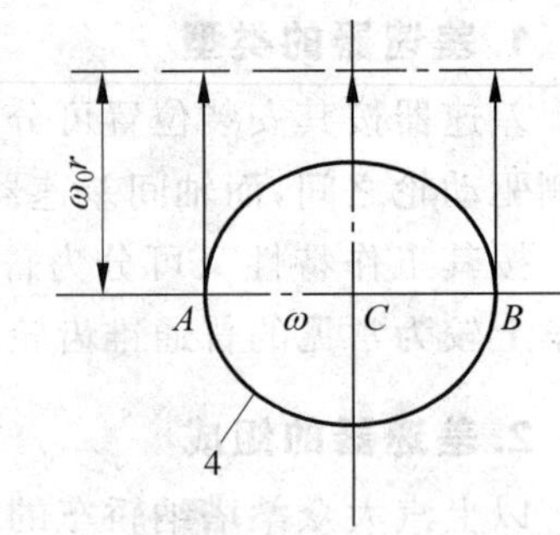

图 2-93　直线行驶时的运动状态分析

4—行星齿轮

2）转向行驶

汽车转弯时，行星齿轮在公转的同时，产生了自转，即绕行星齿轮轴的旋转。一侧半轴齿轮转速增加，而另一侧半轴齿轮转速降低，两侧车轮以不同的转速旋转。此时，一侧车轮增加的转速等于另一侧车轮减少的转速，如图 2-94 所示。

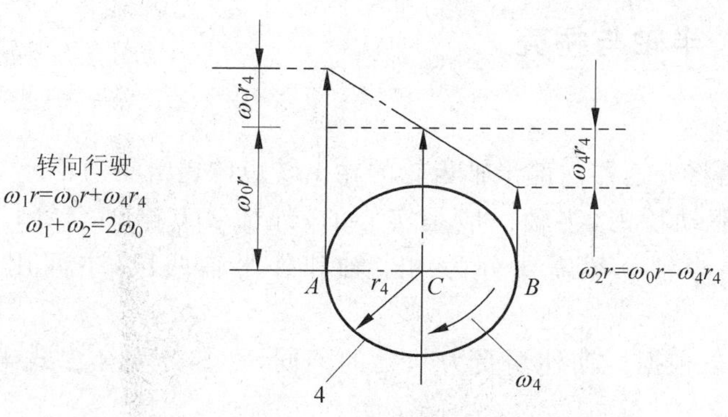

图 2-94　转向行驶时的运动状态分析

4—行星齿轮

3）结论

根据上述差速器的工作原理分析，可得出以下两点结论。

（1）当差速器壳转速为零时，若一侧半轴齿轮受其他外来力矩而转动，则另一侧半轴齿轮即以相同转速反向转动。

（2）当任何一侧半轴齿轮的转速为零时，另一侧半轴齿轮的转速为差速器壳转速的两倍。

4. 差速器的扭矩特性

如图 2-95 所示，在传力过程中行星齿轮相当于一个等臂杠杆，两半轴齿轮半径相等，行星齿轮没有自转时，转矩均分给两半轴齿轮，即 $M_1=M_2=0.5\ M_0$。

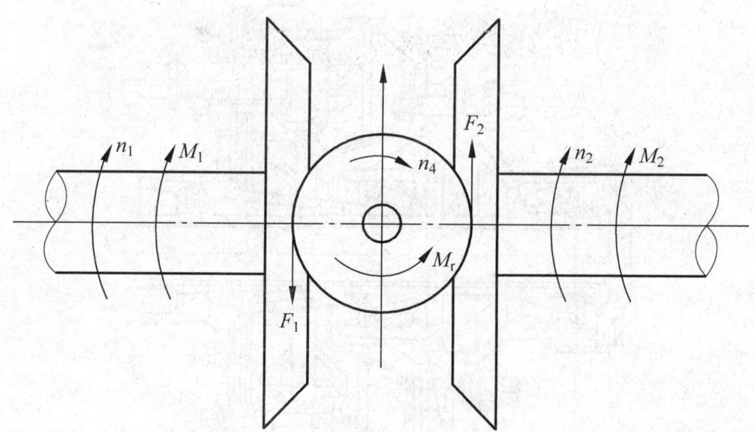

图 2-95　差速器的扭矩特性示意图

行星齿轮自转时，行星齿轮受到摩擦力矩 M_r 作用且与自转方向相反。M_r 使行星齿轮分别对左右半轴齿轮附加作用了两个圆周力 F_1、F_2，故 $M_1=0.5(M_0-M_r)$，$M_2=0.5(M_0+M_r)$，于是，$M_2-M_1=M_r$。即左右驱动轮上的转矩之差等于差速器的内摩擦力矩 M_r。

2.5.4 半轴与桥壳

1. 半轴

半轴的作用是将差速器内部半轴齿轮的输出转矩传递给驱动轮。

在非断开式驱动桥内，半轴一般是实心的，外部装有半轴套管；在断开式驱动桥（转向驱动桥）内，半轴一般需要分为内半轴和外半轴两段，中间用等角速万向节相连接。

因此，通常可以根据半轴外端受力状况的不同，将其分为全浮式半轴和半浮式半轴两种。

1）全浮式半轴

全浮式半轴的特点是一般只传递扭矩，不传递弯矩，内侧通过花键与半轴齿轮相连，外侧用凸缘与驱动轮的轮毂相连，其结构如图 2-96 所示，在汽车上的装配情况如图 2-97 所示。

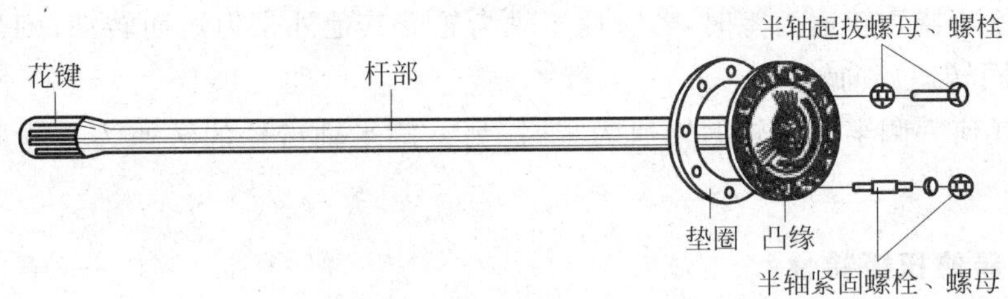

图 2-96 全浮式半轴的结构

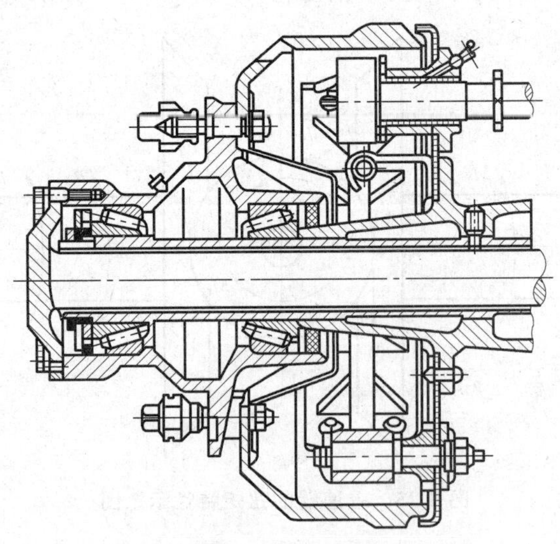

图 2-97 全浮式半轴的装配示意图

由于这种半轴的外部装有套管，因此其弯矩由套管承受，其在拆装时较为方便，只需将半轴螺栓拆除后即可直接将半轴从套管内抽出，一般在装有非断开式车桥的货车上应用较为广泛，如图 2-98 所示。

图 2-98 全浮式半轴的拆装示意图

2）半浮式半轴

半浮式半轴的特点是外端通过轴承支承在桥壳上，作用在车轮的力都直接传给半轴，再通过轴承传给驱动桥壳体，一般即传递扭矩，又传递弯矩，一般轿车及其他轻型汽车采用这种结构的半轴，其结构如图 2-99 所示。

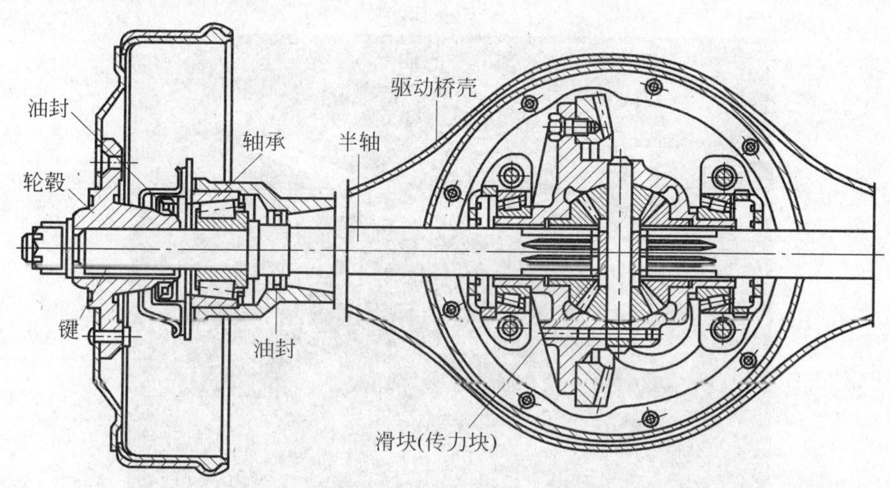

图 2-99 半浮式半轴的结构

2. 桥壳

货车的驱动桥桥壳一般有两种，整体式桥壳和分段式桥壳，其材料一般为铸铁，结构较大。

整体式桥壳由后桥壳、半轴套管以及后盖等组成，这种桥壳维修结构简单，维修方便，如图 2-100 所示。

分段式驱动桥桥壳由左桥壳、右桥壳、左右半轴壳等组成，其特点是宜于铸造，加工简便，但装车后不便于驱动桥的维修，如图 2-101 所示。

此外，在目前较为常见的前置前驱轿车上，其驱动桥桥壳一般与变速器壳体作为一个整体同时出现，且材料为铸铝，重量更轻。例如，在上汽大众途安汽车上，其变速器与驱动桥的壳体即为一个整体部件，而该驱动桥则可称之为变速器驱动桥，如图 2-102 所示。

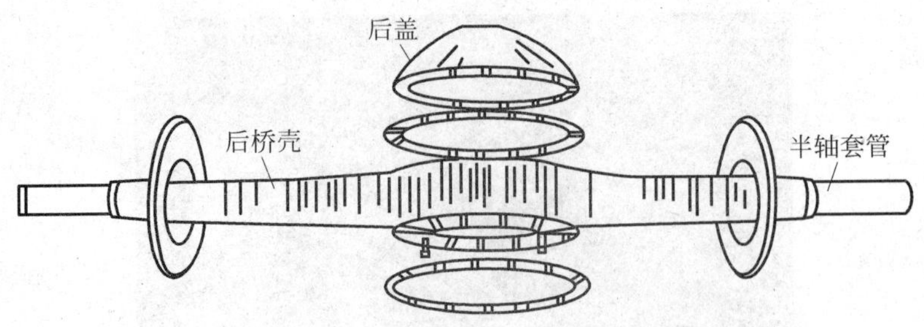

图 2-100 整体式桥壳的结构

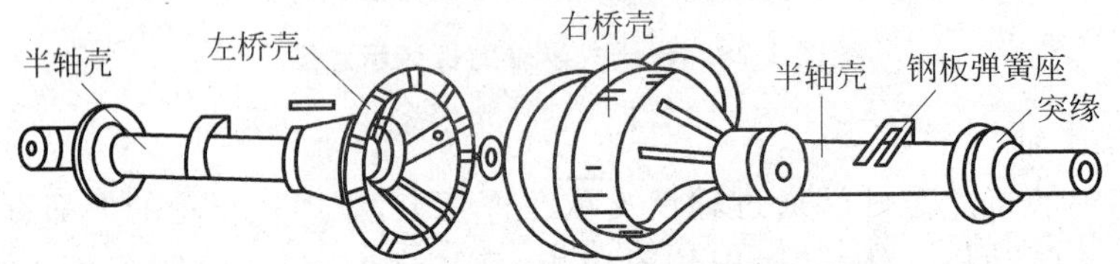

图 2-101 分段式桥壳的结构

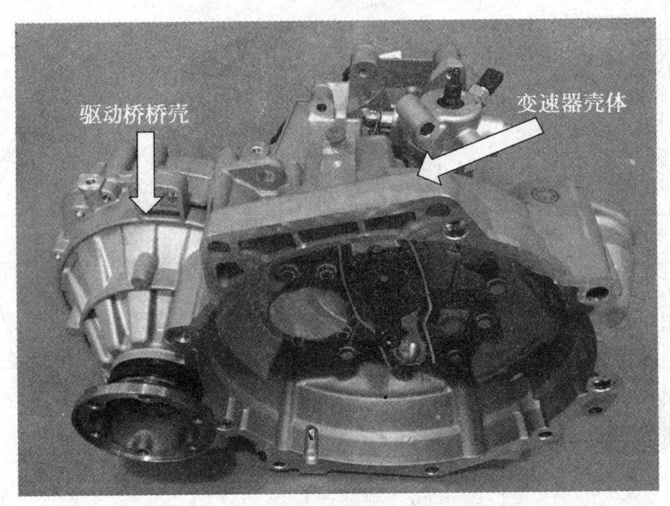

图 2-102 上汽大众途安汽车的驱动桥桥壳

 2.5.5 驱动桥的检修

1. 主减速器和差速器的检修

1）主减速器的调整

主减速器的调整分为原始调整和使用调整。

原始调整是指一对新齿轮的调整，包括新车使用的新齿轮和旧车成对更换的一对新齿轮，要求保证合适的齿侧间隙和正确的啮合印迹。

使用调整是指齿轮和轴承磨损，齿轮相互位置发生变化时所进行的调整，只要求保证正确的啮合印迹。当齿侧间隙过大时，就要成对更换主从动锥齿轮，如图 2-103 所示。

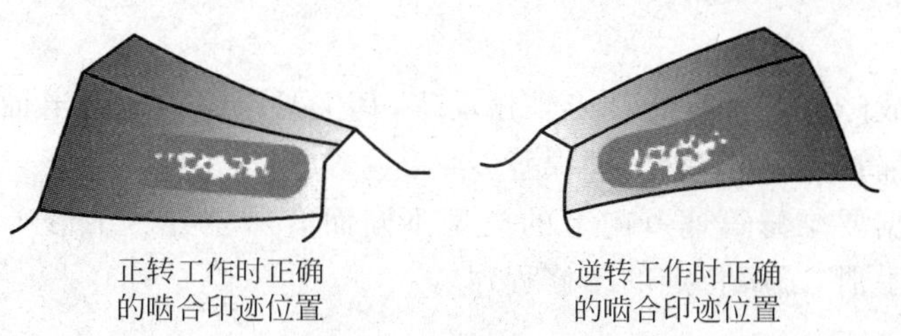

图 2-103 主减速器从动锥齿轮的正确啮合位置

2）调整的内容

（1）小齿轮轴承预紧度。

（2）大齿轮轴承预紧度。

（3）小齿轮位置。

（4）大齿轮位置。

2. 差速器的检查调整

检查并调整行星齿轮、半轴齿轮与差速器壳体之间的垫片，其间隙应符合原厂规定。

差速器轴承预紧力就是主减速器从动锥齿轮轴承预紧力，通常需要用调整垫片或调整螺母进行预紧力调节。

以别克凯越为例，其调整的方法和要求是：

（1）对于新的轴承，需要使用 1N·m 的扭矩转动差速器，转速为 1r/s。

（2）对于已使用过的轴承，需要使用 2N·m 的扭矩转动差速器，转速为 1r/s。

（3）安装轴承调节环固定板螺栓并紧固，如图 2-104 所示。

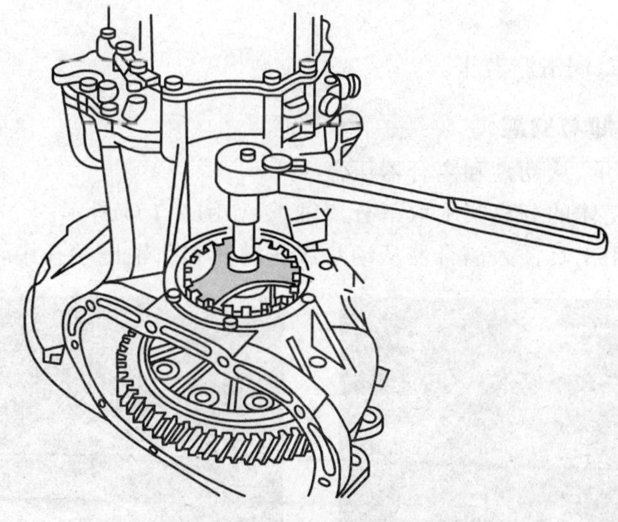

图 2-104 差速器调整示意图

3. 半轴的检修

汽车在公路上高速行驶时，半轴和万向节往往是以高速转动。要保证半轴的正常工作，半轴必须很直，万向节也不能有磨损。如果半轴稍有摆动，就会导致剧烈的振动和噪

声等故障。

半轴的常见故障有半轴噪音和半轴振动等，其主要原因一般由半轴的弯曲，万向节防尘罩破裂而导致漏油，万向节钢球磨损等。

维修程序根据要维修等速万向节的类型不同而有所差异。维修车辆半轴时，一定要参阅该车的维修手册，了解特定的维修程序。

2.6 技能实训：拆装与检修离合器及操纵机构

1. 安全要求及注意事项

(1) 不允许赤脚、穿拖鞋或高跟鞋、穿裙子上课，留长发者要戴工作帽。

(2) 上课时要集中精神，不允许说笑、打闹。

(3) 进入汽车实训场地后，未经教师批准，不得动用实训车上的各项设备。

(4) 正确使用举升机和工具。

(5) 在进行变速器总成的拆装时，应注意变速器在变速器托架上的位置是否合适。

(6) 变速器前壳体端面比较锋利，应注意安全。

(7) 取下离合器压盘及从动盘时应注意，防止其落地，造成零部件的损坏或人身伤害。

(8) 实习结束，整理、清洁工具和场地。

2. 设备、工具、耗材的要求

(1) 设备：举升机及各品牌手动挡或自动挡整车若干台(根据学生数配备)。

(2) 工具：导向专用工具、6mm 内六角扳手、厚薄规、直尺、10mm 开口扳手、13mm 开口扳手。

(3) 耗材：抹布、润滑脂若干。

3. 离合器的拆卸与安装

1) 拆卸分离轴承、从动盘和离合器压盘

(1) 在变速器壳体的分离叉上取下分离轴承，如图 2-105 所示。

(2) 将导向专用工具插入离合器从动盘毂花键孔和曲轴尾端孔中，如图 2-106 所示。

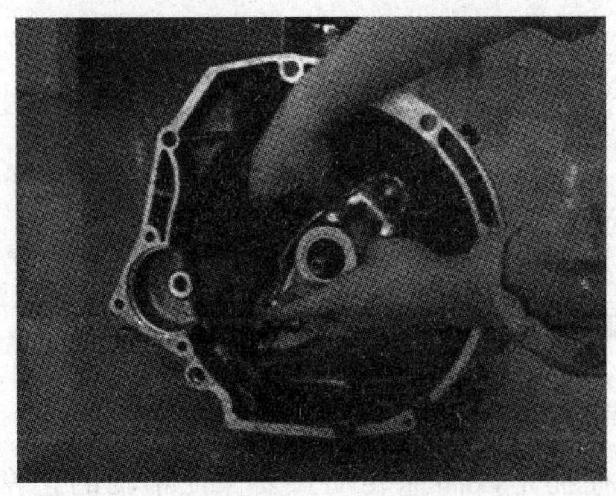

图 2-105 取下分离轴承

图 2-106 插入导向工具

(3) 拧下离合器盖上的 6 个压缩螺栓，如图 2-107 所示。

注意：拧松压缩螺栓时要按照“对角多遍”的要求进行。

(4) 取下离合器压盘、从动盘。

2) 安装分离轴承

(1) 用抹布清洁分离叉、变速器壳，如图 2-108 所示。

图 2-107　拧下螺栓

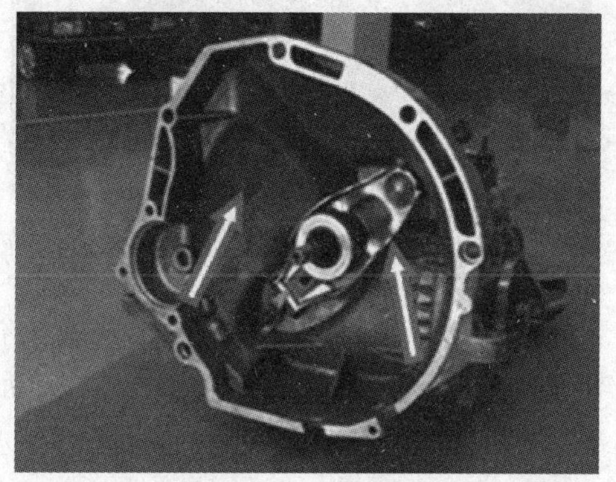

图 2-108　清洁壳体

(2) 在分离轴承座孔内均匀涂抹适量润滑脂，以加强分离轴承座孔与套筒间润滑，减小滑动阻力，如图 2-109 所示。

(3) 一手扶住分离叉，一手将轴承座推入分离叉安装孔内。分离轴承和轴承座安装好后，要反复推拉分离叉，使分离轴承及轴承座在套筒上滑动，确保轴承座安装到位，检查分离叉的复位情况，如果复位不良，应拆下分离叉，在其叉轴上涂抹适量润滑脂，视情更换弹性复位钢片，如图 2-110 所示。

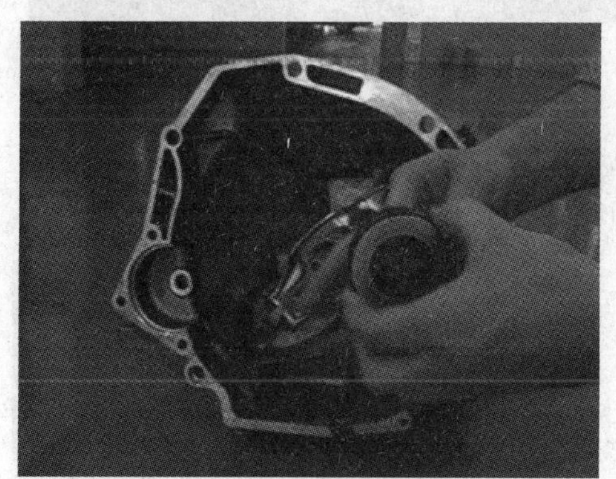

图 2-109　涂抹润滑脂

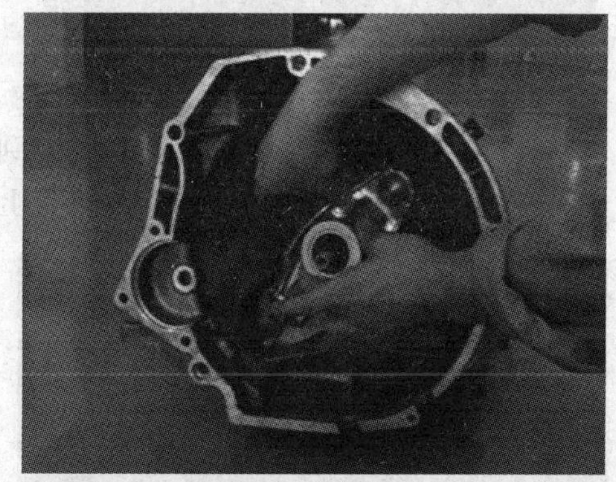

图 2-110　装上分离轴承

3) 安装离合器压盘及从动盘

(1) 用手指转动变速器输入轴导向轴承，检查轴承是否良好，如图 2-111 所示。

(2) 在输入轴导向轴承内加入适量润滑脂，如图 2-112 所示。

注意：不能加入过多，过多的润滑脂会飞溅到离合器摩擦表面，造成离合器打滑。

图 2-111 检查导向轴承

图 2-112 加入润滑脂

(3) 将长毂一面贴合在离合器压盘工作表面上,如图 2-113 所示。

(4) 将导向专用工具穿过离合器从动盘毂花键孔,其前端轴插入曲轴尾端孔中,如图 2-114 所示。

图 2-113 安装从动盘

图 2-114 安装导向工具

(5) 将离合器压盘及从动盘一起安装到飞轮上,如图 2-115 所示。

(6) 将离合器盖上的定位孔与飞轮盘上的定位销对准,如图 2-116 所示。

图 2-115 压盘及从动盘的安装

图 2-116 对准定位销孔

(7) 对角逐步拧紧离合器盖上的6个压紧螺栓,拧紧力矩25N·m,如图2-117所示。

注意:拧紧压缩螺栓时要按照“对角多遍”的要求进行。

(8) 安装变速器总成,如图2-118所示。

图2-117 拧紧压紧螺栓

图2-118 安装变速器总成

4. 离合器踏板位置检测与调整

1) 用直尺测量离合器踏板高度

(1) 桑塔纳GLi乘用车离合器踏板高度为(150±5)mm。如果测量高度不在规定范围之内,应检查踏板助力弹簧的弹力是否正常,以及踏板是否出现变形等损坏,必要时应更换新件。

(2) 如果离合器踏板高度不在规定范围之内,将会影响离合器操纵性能和使用性能。

(3) 测量时,将直尺垂直与地板面,观察踏板上平面在直尺上显示数值,该数值即为踏板高度。

2) 用直尺测量离合器踏板自由行程

(1) 桑塔纳GLi乘用车离合器踏板自由行程为15~25mm。如果测量数值不在规定范围内,将会影响离合器正常工作性能,测量数值过大,离合器分离不彻底,变速器换挡困难;数值过小,离合器打滑,车速下降,加剧离合器相关部件的磨损。

(2) 测量时,将直尺保持与地板垂直,踏板处于自然状态。确认此时踏板高度值后,用手稍用力下压踏板,当感觉阻力增大时,停止下压,观察踏板上平面在直尺上显示的数值,计算出两个数值的差值,即为离合器自由行程。

3) 用直尺测量离合器踏板的总行程

(1) 离合器总行程=自由行程+有效行程。如果自由行程适当,总行程变小,则有效行程就变小,那么与离合器分泵相连的推杆移动距离缩短,离合器压板后移量便减小,造成离合器分离不彻底,导致离合器换挡困难。

(2) 桑塔纳GLi乘用车离合器踏板总行程为131.8~139.1mm。

(3) 测量时,首先将直尺垂直与地板,然后确认离合器踏板自然状态下的高度值,接下来用力踩下离合器踏板至极限位置。观察此时直尺所显示的数值,两高度差就是离合器踏板的总行程。

(4) 如果总行程小于规定值,应检查离合器总泵、分泵、推杆、分离叉等相关部件,是否出现卡滞、变形等现象。排除故障后,再次测量离合器踏板总行程,直到符合规定为止。

4) 离合器踏板位置的调整

用10mm开口扳手和13mm开口扳手拧松离合器推杆锁紧螺母,然后用手转动推杆调整其长度,来改变离合器踏板的自由行程。

注意:在调整调整推杆长度时,要反复测量踏板自由行程,直到符合规定要求为止。

离合器踏板自由行程调整完毕以后,要检查推杆与离合器总泵之间的间隙。将厚薄规的0.05规片,插入推杆与离合器总泵活塞连接处,轻轻拉动规片,感觉稍微有阻力,为两者配合间隙正常。

5. 离合器常见故障诊断与排除(见表2-1)

表2-1 离合器常见故障诊断与排除方法

<table>
<tr><th>故障现象</th><th>故障原因</th><th>排除方法</th></tr>
<tr><td rowspan="5">离合器打滑</td><td>踏板自由行程过小或没有</td><td>调整踏板自由行程</td></tr>
<tr><td>摩擦片磨损变薄、硬化、有油</td><td>更换摩擦片</td></tr>
<tr><td>压盘严重磨损</td><td>更换压盘</td></tr>
<tr><td>膜片弹簧弯曲变形</td><td>校正或更换膜片弹簧</td></tr>
<tr><td>压盘与飞轮的固定螺栓松动</td><td>紧定压盘与飞轮的固定螺栓</td></tr>
<tr><td rowspan="4">离合器分离不彻底</td><td>踏板自由行程过大</td><td>调整踏板自由行程</td></tr>
<tr><td>膜片弹簧指处不在同一平面上</td><td>调整膜片弹簧</td></tr>
<tr><td>从动盘翘曲、铆钉松脱、新换的摩擦片过厚</td><td>更换摩擦片</td></tr>
<tr><td>从动盘键槽与变速器输入轴键锈蚀,使从动盘移动困难</td><td>清洗除锈,涂油润滑</td></tr>
<tr><td rowspan="6">离合器异响</td><td>分离轴承磨损或缺油</td><td>注油或更换轴承</td></tr>
<tr><td>轴承回位弹簧过软,脱落或折断</td><td>更换回位弹簧</td></tr>
<tr><td>从动盘花键与变速器输入轴配合松旷</td><td>更换从动盘</td></tr>
<tr><td>从动盘扭转减振弹簧折断</td><td>更换从动盘</td></tr>
<tr><td>踏板回位弹簧脱落、过软</td><td>检修或更换踏板回位弹簧</td></tr>
<tr><td>紧固件松动</td><td>紧定松动的紧固件</td></tr>
<tr><td rowspan="5">离合器发抖</td><td>从动盘翘曲</td><td>更换从动盘</td></tr>
<tr><td>摩擦片上有油或硬化,铆钉外露</td><td>更换摩擦片</td></tr>
<tr><td>扭转减振弹簧失效</td><td>更换从动盘</td></tr>
<tr><td>膜片弹簧弯曲变形</td><td>校正膜片弹簧</td></tr>
<tr><td>变速器与飞轮或离合器盖与飞轮固定螺栓松动</td><td>紧定松动的螺栓</td></tr>
</table>

2.7 技能实训：拆装与检修两轴式手动变速器

1. 安全要求及注意事项

(1) 不允许赤脚或穿拖鞋、高跟鞋和裙子上课，留长发者要戴工作帽。

(2) 上课时要集中精神，不允许说笑、打闹。

(3) 进入汽车实训场地后，未经教师批准，不得动用实训车上的各项设备。

(4) 正确使用压床、举升机及工具。

(5) 齿轮边缘比较锋利，应防止划伤。

(6) 使用压床压出输入、输出轴时，应用手托住输入、输出轴，防止零件落地。

(7) 分解、安装同步器时，防止止动弹簧飞出。

(8) 实习结束，整理、清洁工具和场地。

2. 设备、工具、耗材的要求

(1) 设备：桑塔纳 GLi 乘用车一台、桑塔纳 5 挡手动变速器一台、压床一台。

(2) 工具：32mm 套筒、13mm 套筒、6mm 内六角扳手、8mm 内梅花扳手、22 梅花扳手、可调扭力扳手、棘轮扳手、卡簧钳、一字起子、橡胶锤、铜棒、锤子、管子钳、厚薄规、錾子、自制套筒、机油壶、手摇杆。

(3) 耗材：机油、钢丝刷、抹布、润滑脂若干。

3. 手动变速器的分解

(1) 敲出 1 挡、2 挡拖钩定位销将拖钩逆时针旋转，以便拆卸内换挡杆，如图 2-119 所示。

(2) 取下 1 挡、2 挡拖钩，用锤子和錾子敲出 3 挡、4 挡拨叉定位销，并用铜棒和锤子敲击 3 挡、4 挡拨叉轴，克服自锁，如图 2-120 所示。

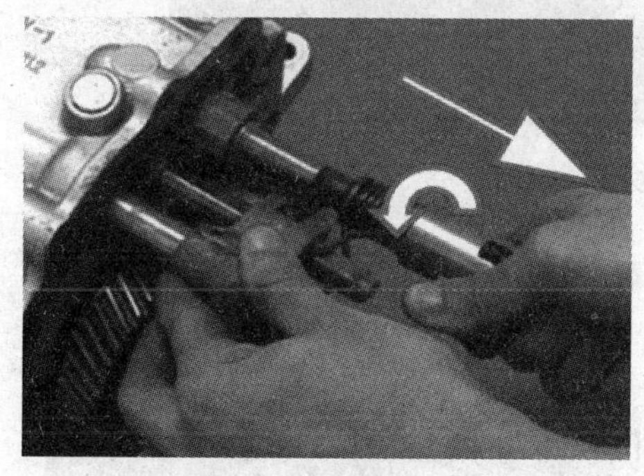

图 2-119 拆卸内换挡杆

图 2-120 拆卸 3 挡、4 挡拨叉轴

(3) 克服自锁后将 3 挡、4 挡拨叉轴拔出，取下互锁销，如图 2-121 所示。

(4) 取下输入轴 5 挡齿轮管套、5 挡同步环，敲出 5 挡拨叉定位销，用橡胶锤敲击 5 挡拨叉，如图 2-122 所示。

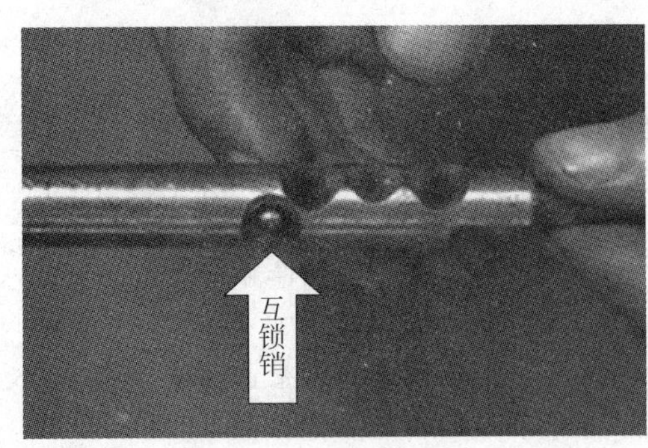

图 2-121　取下互锁销

图 2-122　拆卸 5 挡拨叉

(5) 取下同步器组合、5 挡拨叉和 5 挡两个滚针轴承，如图 2-123 所示。

图 2-123　取下滚针轴承

(6) 分解 5 挡同步器花键毂和接合齿套。

注意：分解时两手护住同步器，防止滑块和止动弹簧弹出，取出 3 个滑块，取下 2 个止动弹簧，如图 2-124 所示。

(7) 将变速器挂入 1 挡，使输出轴和输入轴有传动连接，一人用管子钳锁住输入轴，另一人用扭力扳手和 32mm 套筒拧松输出轴锁紧螺母，旋下输出轴锁紧螺母，如图 2-125 所示。

(8) 用拉马将输出轴 5 挡齿轮拉出输出轴，如图 2-126 所示。

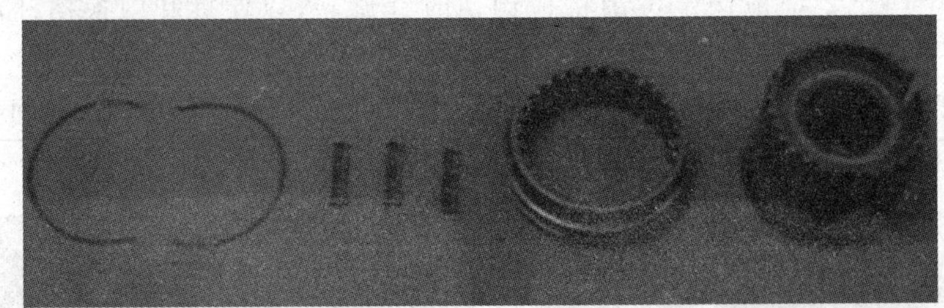

图 2-124　5 挡同步器分解图

图 2-125　拆卸输出轴锁紧螺母

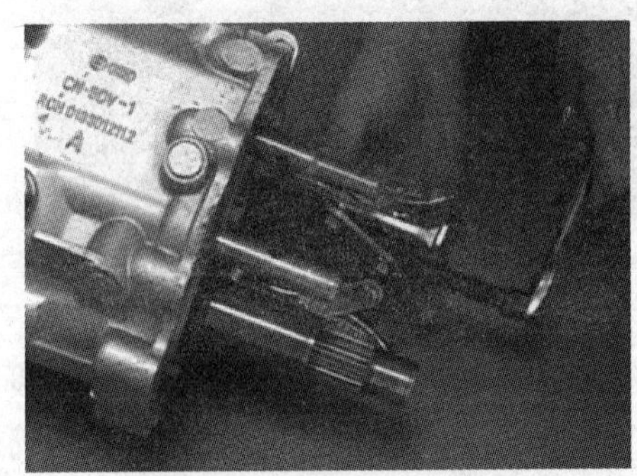

图 2-126　拆卸 5 挡齿轮

(9) 将变速器壳体放在压床工作台上用压床轻压输出轴，使输出轴轴承和轴承座有一定的间隙、输出轴可以晃动，这样便于输入轴的拆卸；旋开压床回油螺栓，使压床活塞收缩调整变速器位置，用手扶住输入轴，用压床压出输入轴，取下 5 挡齿轮轴承套和固定垫圈，如图 2-127 所示。

(10) 旋下倒挡锁螺栓，拧松倒挡拨叉支撑螺栓，旋下倒挡拨叉支撑螺栓，取出倒挡拨叉，如图 2-128 所示。

图 2-127　压出输出轴

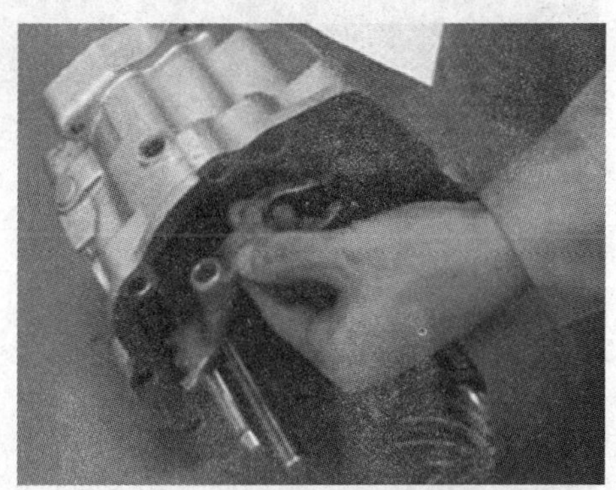

图 2-128　取出倒挡拨叉

(11) 敲出倒挡轴和倒挡齿轮，如图 2-129 所示。

(12) 将 5 挡、倒挡拨叉轴从变速器壳体中拔出，将变速器壳体放在压床工作台上，用手扶住输出轴，以防输出轴掉落，用压床压出输出轴和 1 挡、2 挡拨叉轴，输入轴拆卸完毕，如图 2-130 所示。

图 2-129　敲出倒挡轴及齿轮

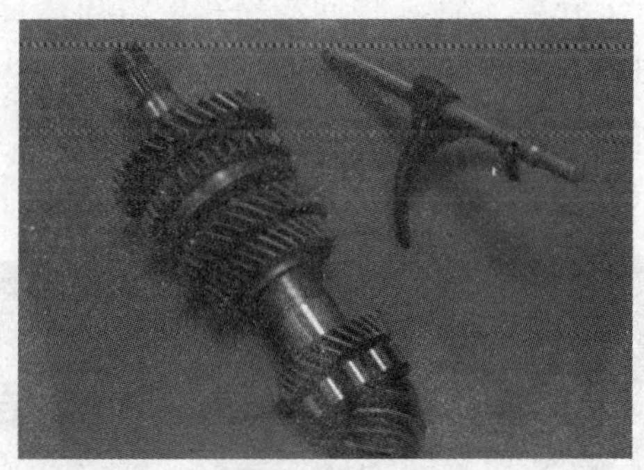

图 2-130　输出轴总成

4. 输入轴的分解

(1) 用卡簧钳拆下 4 挡齿轮卡簧，取下 4 挡齿轮，如图 2-131 所示。

(2) 取下 4 挡齿轮滚针轴承，取下 4 挡同步环，如图 2-132 所示。

(3) 取出输入轴 3 挡、4 挡同步器花键毂的定位卡簧，如图 2-133 所示。

(4) 用压床垫块支撑输入轴 3 挡齿轮，压出 3 挡、4 挡同步器、3 挡齿轮和 3 挡同步环，取出 3 挡齿轮滚针轴承，如图 2-134 所示。

图 2-131　拆下 4 挡齿轮卡簧

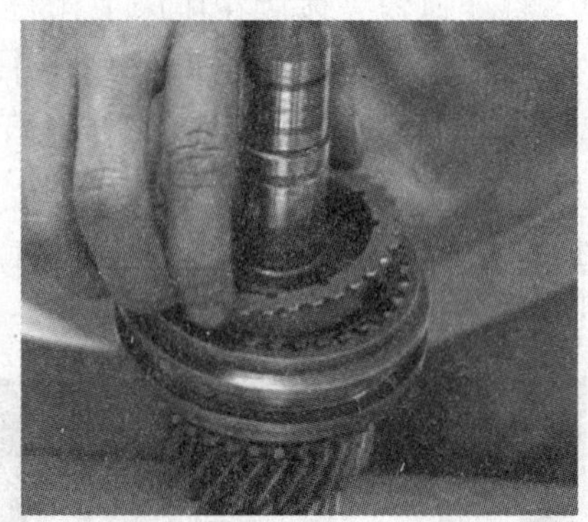

图 2-132　取下 4 挡同步环

图 2-133　拆卸定位卡簧

图 2-134　取出 3 挡齿轮滚针轴承

(5) 分解 3 挡、4 挡同步器花键毂和接合齿套

注意：分解时两手护住同步器，防止滑块和止动弹簧弹出，取出 3 个滑块，取下 2 个止动弹簧，如图 2-135 所示。

(6) 分解后的输入轴如图 2-136 所示。

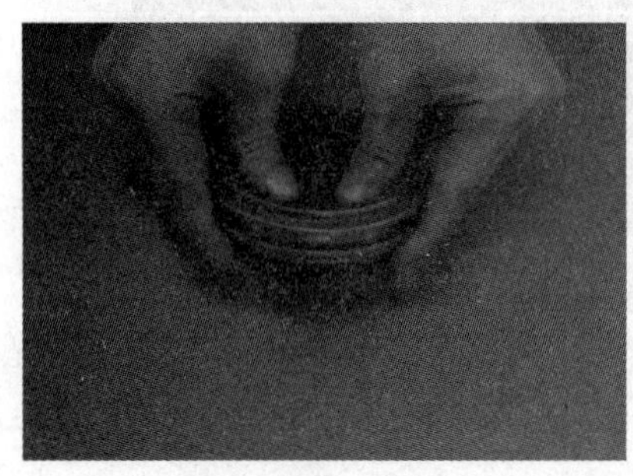

图 2-135　分解 3 挡、4 挡同步器

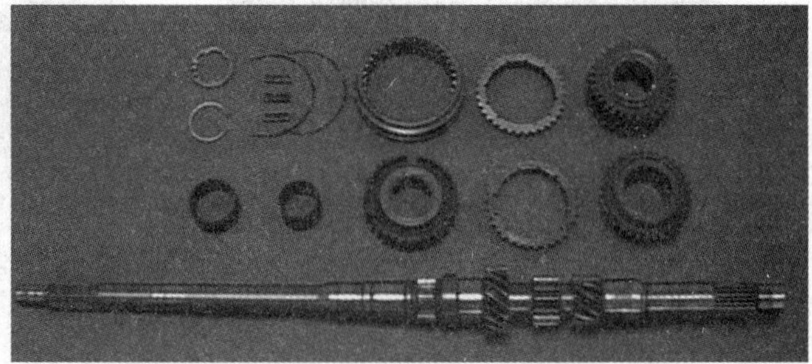

图 2-136　分解后的输入轴

5. 输出轴的分解

(1) 用压床垫块支撑输入轴 1 挡齿轮，用压床压输出轴，将输出轴内轴承和 1 挡齿轮压出，如图 2-137 所示。

图 2-137　压出内轴承和 1 挡齿轮

(2) 取出 1 挡齿轮滚针轴承和 1 挡同步环，并用压床垫块支撑输入轴 2 挡齿轮，用压床压输出轴，将输出轴 2 挡齿轮、1 挡、2 挡同步器、2 挡同步环和 1 挡齿轮滚针轴承的轴承套压出，取出 2 挡滚针轴承，如图 2-138 所示。

图 2-138　取出 1 挡齿轮滚针轴承和 1 挡同步环

(3) 分解 1 挡、2 挡同步器的花键毂和接合齿套。

注意：分解时两手护住同步器，防止滑块和止动弹簧弹出，取出 3 个滑块和 2 个止动弹簧，如图 2-139 所示。

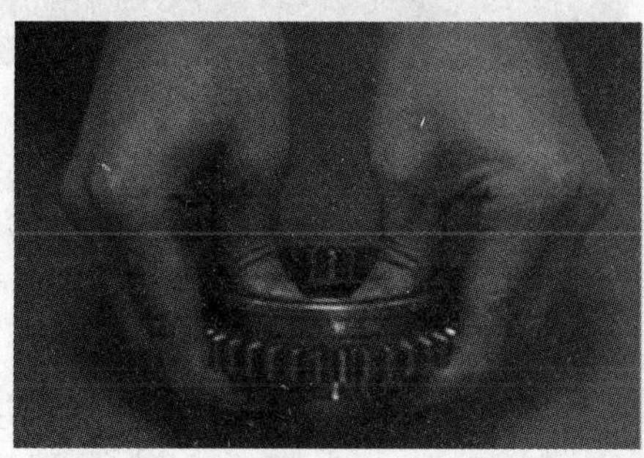

图 2-139　分解 1 挡、2 挡同步器的花键毂和接合齿套

6. 变速器主要易损件的检修

(1) 检查主减速器主动锥齿轮的情况，主动锥齿轮损伤的齿数不多于 2 个，而且受损

伤的齿不能相邻,否则应同主减速器从动锥齿轮一同更换。检查轴承,如有损坏,需更换新件,如图 2-140 所示。

(2) 用钢丝刷清洁同步环的内锥面,并将同步环贴在极其平滑的表面上(平板、玻璃等),检查同步环是否扭曲变形,有则需要更换同步环,如图 2-141 所示。

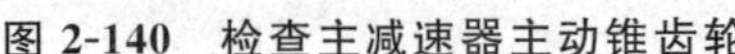

图 2-140　检查主减速器主动锥齿轮

图 2-141　清洁同步环的内锥面

(3) 检查同步器中的止动弹簧是否弯曲变形。如果有弯曲变形,则需要更换,如图 2-142 所示。

(4) 将同步环压在各自齿轮的锥面上,用厚薄规测量各同步环与齿轮的间隙。如果测量间隙不在规定范围之内,则应更换同步环,如图 2-143 所示。同步环与齿轮的间隙标准如图 2-144 所示。

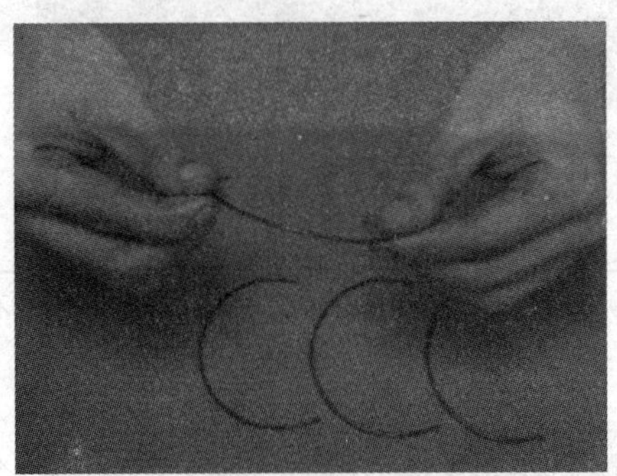

图 2-142　检查同步器中的止动弹簧

图 2-143　测量各同步环与齿轮的间隙

同步环	间隙A	
	新的零件	磨损的限度
1挡和2挡	1.10～1.17	0.05
3挡和4挡	1.35～1.90	0.05
5挡	1.10～1.70	0.05

图 2-144　同步环与齿轮的间隙标准

(5) 检查壳体是否有变形、裂纹。如变形或裂纹严重,则必须更换壳体。

(6) 检查壳体内的轴承转动是否自如,有无松动、异响、损坏等现象,如现象严重,则必须更换轴承。

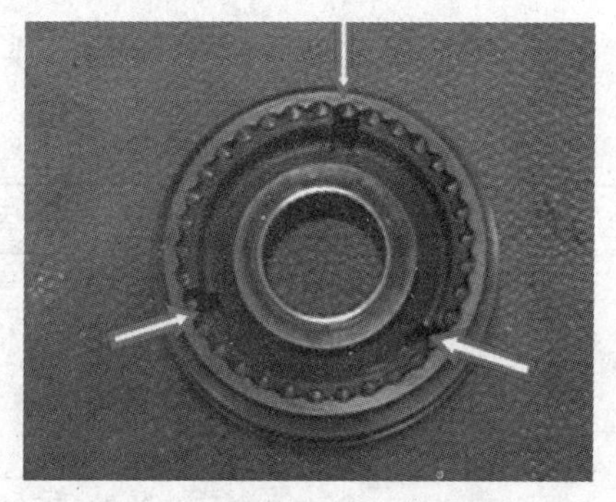
图 2-145 缺口对准凹槽

7. 手动变速器的组装

手动变速器的组装顺序基本与拆卸顺序相反，下面着重介绍几个关键总成件的装配方法和装配时需注意的要点。

1）同步器的装配

（1）将花键毂上的3个缺口对准接合齿套内的3个凹槽，如图2-145所示。

（2）将3个滑块装入花键毂的3个缺口中，滑块凹槽朝向花键毂中心，如图2-146所示。

（3）安装2个止动弹簧，将止动弹簧带钩的一端装到其中一个滑块凹槽中，用手按压止动弹簧，将止动弹簧卡在花键毂内圈，卡住3个滑块，如图2-147所示。

图 2-146 安装滑块

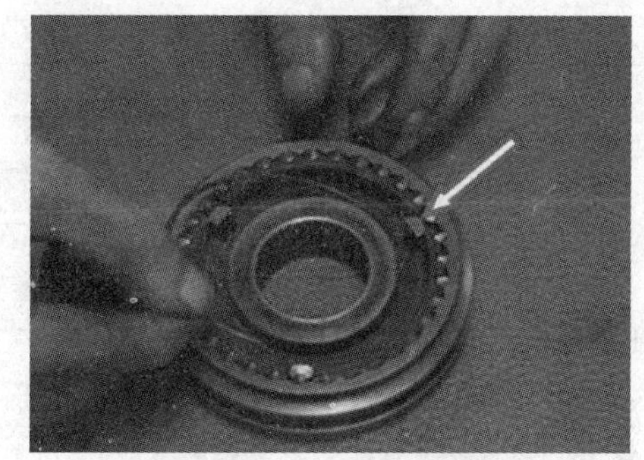
图 2-147 安装止动弹簧

（4）反转同步器，安装另一个止动弹簧。安装时注意，为了保证三个滑块受力均衡，止动弹簧带钩的一端不能安装在同一个滑块中，要相隔120°。

2）同步器总成的安装方向

（1）将3挡、4挡同步器安装到输入轴上时需注意花键毂上有标记槽的一面向上即朝向4挡齿轮，如图2-148所示。

（2）将1挡、2挡同步器安装到输出轴上时需注意将接合齿套有齿的一端向上，即朝向1挡齿轮，如图2-149所示。

图 2-148 3挡、4挡同步器的安装标记

图 2-149 1挡、2挡同步器的安装标记

8. 变速器常见故障的诊断与排除(见表 2-2)

表 2-2 变速器常见故障的诊断与排除方法

故障现象	故障原因	排除方法
变速器跳挡	换挡杆调整不正确	检查、调整换挡杆
	齿轮或齿套齿形磨损成锥形	更换齿轮
	轴、轴承或齿轮磨损松旷或轴向窜动量过大	更换轴承、轴或齿轮,轴向窜动大应该进行调整
	拨叉轴的定位凹槽或定位球磨损,定位弹簧折断	更换损坏件
	同步器锁环(同步环)锥面磨损、变形或损坏	更换同步器锁环
	变速器与发动机连接螺栓松动或紧度不一致	按规定扭矩拧紧
变速器乱挡	变速杆定位销磨损松旷、丢失	更换定位销
	互锁销磨损	更换互锁销
	变速杆下端拨球磨损	修复或更换变速杆
换挡困难	离合器分离不彻底	查明原因,予以排除
	拨叉轴弯曲,或拨叉轴与孔锈蚀	清洗、校正拨叉轴
	操纵杆调整不当	正确调整操纵杆
	同步器损坏	更换同步器
变速器异响	变速器缺油或油变质	更换润滑油
	轴承磨损或损坏	更换轴承
	齿轮啮合不良,修理时没有成对更换齿轮	重新成对更换齿轮
	齿面疲劳脱落或齿套齿形损坏	更换齿轮
	同步器磨损或损坏	更换同步器
	变速器内掉有异物	分解变速器,取出异物

2.8 技能实训:拆装与检修传动半轴总成(含万向传动装置)

1. 安全要求及注意事项

(1) 不允许赤脚、穿拖鞋或高跟鞋、穿裙子上课,留长发者要戴工作帽。

(2) 上课时要集中精神,不允许说笑、打闹。

(3) 进入汽车实训场地后,未经教师批准,不得动用实训车上的各项设备。

(4) 正确使用举升机及工具。

(5) 清洗球笼时,应注意防火措施,加强安全操作。

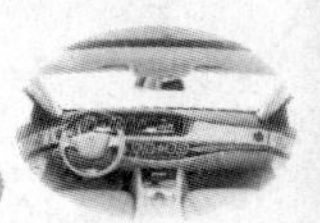

(6) 用撬杆分离下摇臂和转向节时,应注意安全。

(7) 实习结束,整理、清洁工具和场地。

2. 设备、工具、耗材的要求

(1) 设备:桑塔纳乘用车一台、桑塔纳五挡手动变速器一台、压床一台。

(2) 工具:17mm 套筒、30mm 套筒、8mm 内梅花扳手、17mm 梅开扳手、指针扭力扳手、可调扭力扳手、一字起子、十字起子、尖嘴钳、橡胶锤、木柄手锤、卡簧钳、铜棒、撬杆、棘轮扳手、接杆。

(3) 耗材:洗涤油盆、润滑脂、刷子、毛巾、抹布、润滑脂若干。

3. 传动半轴总成的拆卸

(1) 对角旋松车轮的固定螺栓,举升车辆,使车轮离地 1m 左右(一般与维修人员的腰平齐),旋下车轮的 4 个固定螺栓,拆下车轮,如图 2-150 所示。

注意:车辆举升到位,锁止举升支臂。

(2) 用起子插入制动盘散热孔内限制传动轴转动,旋下传动轴凸缘的 6 个固定螺栓,如图 2-151 所示。

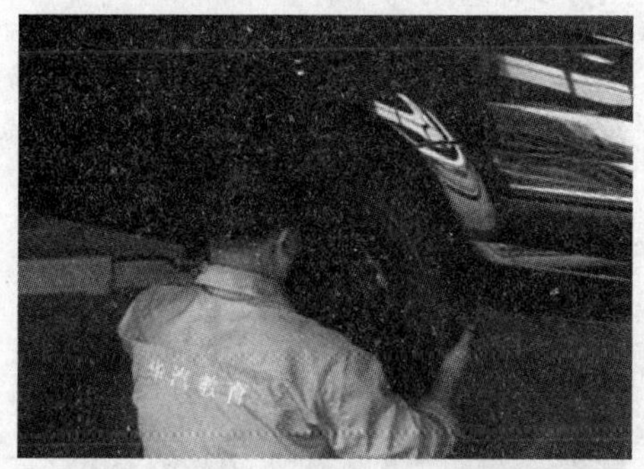

图 2-150 拆卸车轮

图 2-151 拆卸传动轴凸缘的固定螺栓

(3) 旋下下摇臂球头销定位螺栓的螺母,取出下摇臂球头销定位螺栓,如图 2-152 所示。

(4) 使用撬杆向下压下摇臂,使下摇臂球头与减振器下支架分离,如图 2-153 所示。

图 2-152 拆卸下摇臂球头销定位螺栓

图 2-153 撬压下臂,分离下摇臂球头及支架

(5) 将外传动轴从车轮轴承壳内拉出,如图 2-154 所示。

(6) 取下传动轴总成,如图 2-155 所示。

图 2-154 拉出外传动轴

图 2-155 取下传动轴总成

4. 传动半轴总成的安装

(1) 将传动轴外万向节花键轴装入轮毂轴孔内,如图 2-156 所示。

(2) 将下摇臂球头销装入减振器下支架,如图 2-157 所示。

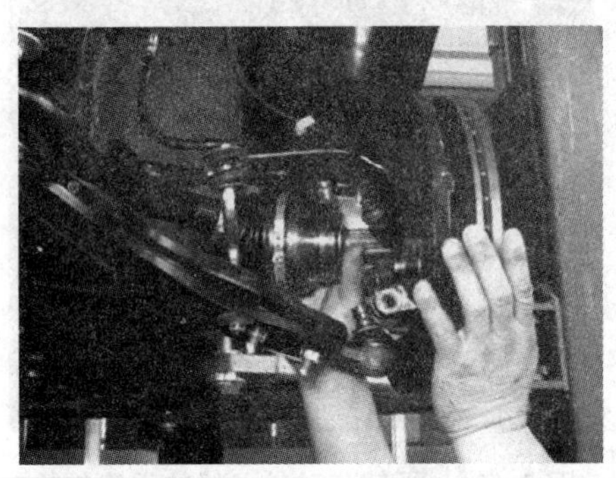

图 2-156 装入外万向节花键轴

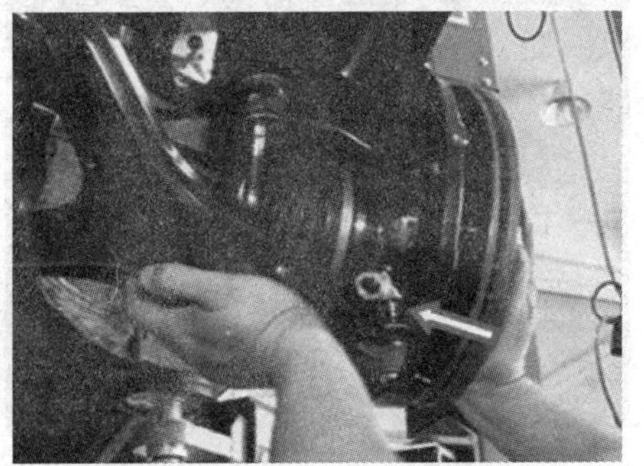

图 2-157 装入下摇臂球头销

(3) 装上下摇臂球头销定位螺栓、螺母,如图 2-158 所示。

(4) 旋紧下摇臂球头销定位螺栓的螺母,旋紧紧力矩为 50N·m,如图 2-159 所示。

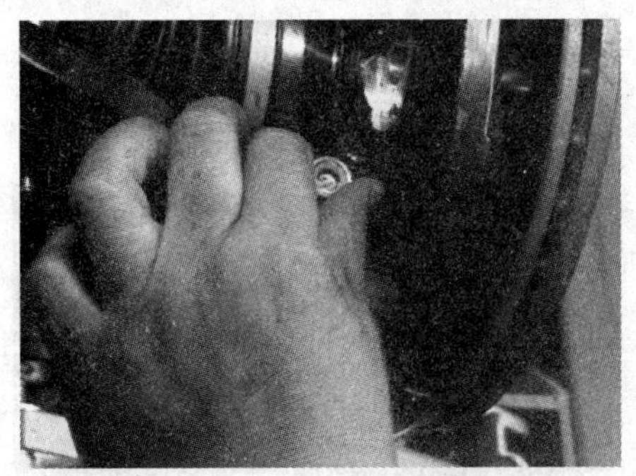

图 2-158 安装下摇臂球头销定位螺栓、螺母

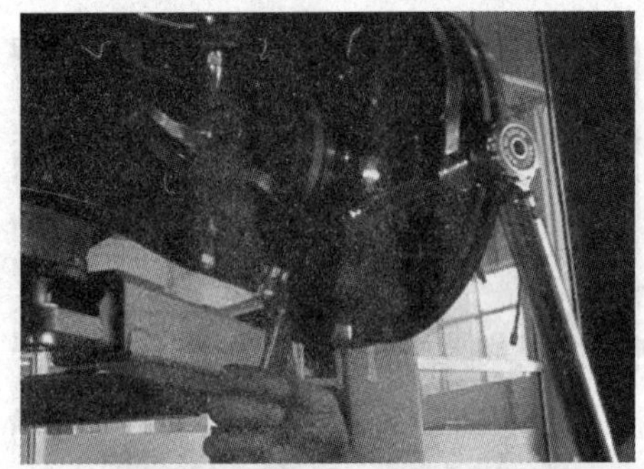

图 2-159 旋紧下摇臂球头销定位螺栓的螺母

（5）装入轴承垫圈，旋上传动轴与轮毂的紧固螺母，如图 2-160 所示。

（6）旋上传动轴凸缘的 6 个固定螺栓，如图 2-161 所示。

图 2-160　旋上传动轴与轮毂的紧固螺母

图 2-161　旋上传动轴凸缘的固定螺栓

（7）用一字起子插入制动盘散热孔内限制传动轴转动，旋紧传动轴凸缘的 6 个固定螺栓，旋紧力矩为 40N·m，如图 2-162 所示。

（8）安装车轮，旋上车轮固定螺栓，如图 2-163 所示。

图 2-162　旋紧传动轴凸缘的固定螺栓

图 2-163　安装车轮

（9）将车辆下降，降至车轮着地为止，旋紧传动轴与轮毂的固定螺母，旋紧力矩为 230N·m，如图 2-164 所示。

（10）对角旋紧车轮的固定螺栓，旋紧力矩为 110 N·m，如图 2-165 所示。

图 2-164　旋紧传动轴与轮毂的固定螺母

图 2-165　旋紧车轮的固定螺栓

5. 传动半轴总成常见故障的诊断与排除(见表 2-3)

表 2-3　传动半轴总成常见故障的诊断与排除方法

故障现象	故障原因	排除方法
传动轴异响	装配不当	重新装配
	万向节圆周间隙磨损过大	更换万向节
驱动桥漏油	RF 节或 VL 节橡胶护套损坏	更换橡胶护套
	油封损坏	更换油封

2.9　技能实训：拆装与检修驱动桥

1. 安全要求及注意事项

(1) 不允许赤脚或穿拖鞋、高跟鞋和裙子上课,留长发者要戴工作帽。

(2) 上课时要集中精神,不允许说笑、打闹。

(3) 进入汽车实训场地后,未经教师批准,不得动用实训车上的各项设备。

(4) 在安装行星齿轮时,应防止行星齿轮夹伤手指。

(5) 实习结束,整理、清洁工具和场地。

2. 设备、工具、耗材的要求

(1) 设备：桑塔纳驱动桥总成一台。

(2) 工具：13mm 套筒、17mm 套筒、22mm 套筒、22mm 梅花扳手、橡胶锤、可调扭力扳手、锤子、拉马、起子、錾子、铜棒、台虎钳、摇杆、接杆。

(3) 耗材：洗涤油盆、润滑脂、刷子、毛巾、抹布、润滑脂若干。

3. 驱动桥的拆卸

(1) 在左半轴法兰盘上拧上两个螺栓,将起子插入两个螺栓中间固定其中一个法兰半轴,旋下另一半轴的固定螺栓,如图 2-166 所示。

(2) 拔出左右半轴,如图 2-167 所示。

图 2-166　拆卸半轴法兰

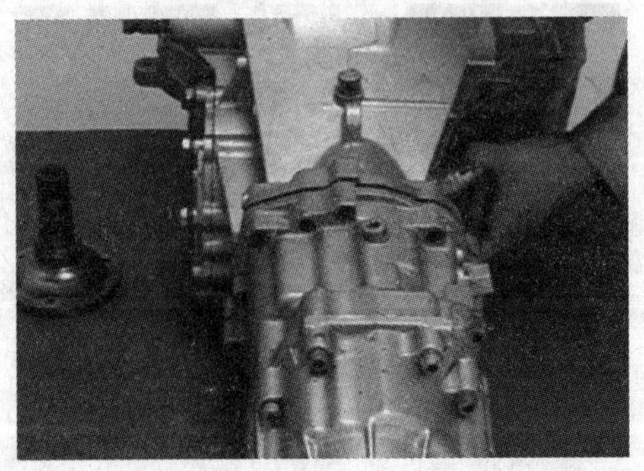

图 2-167　拔出左右半轴

(3) 拧下车速里程表从动齿轮螺栓,如图 2-168 所示。

(4) 取出从动齿轮,如图 2-169 所示。

图 2-168 拧下车速里程表从动齿轮螺栓

图 2-169 取出从动齿轮

(5) 车速里程表从动齿轮,如图 2-170 所示。

(6) 对角旋松主减速器盖上的固定螺栓,如图 2-171 所示。

图 2-170 车速里程表从动齿轮

图 2-171 旋松主减速器盖上的固定螺栓

(7) 取下主减速器轴承盖,如图 2-172 所示。

(8) 将主减速器、差速器从变速器壳体中取出,如图 2-173 所示。

图 2-172 取下主减速器轴承盖

图 2-173 取出主减速器和差速器

(9) 拆装结束，主减速器、差速器如图 2-174 所示。

图 2-174　主减速器和差速器外观

4. 驱动桥的安装

(1) 将主减速器、差速器总成装入变速器壳体中，如图 2-175 所示。

(2) 将主减速器轴承盖螺栓孔对准变速器壳体螺栓孔装在变速器壳体上，如图 2-176 所示。

图 2-175　安装主减速器和差速器

图 2-176　安装主减速器轴承盖

(3) 对角旋上两个螺栓，以确保定位准确，如图 2-177 所示。

(4) 将主减速器轴承盖敲入变速器壳体，如图 2-178 所示。

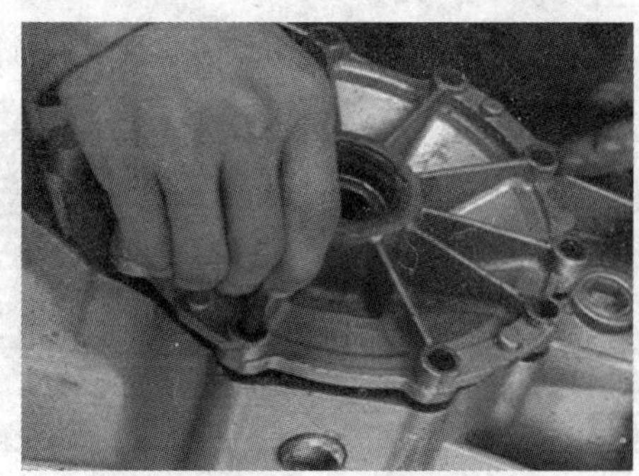

图 2-177　对角旋上两个螺栓

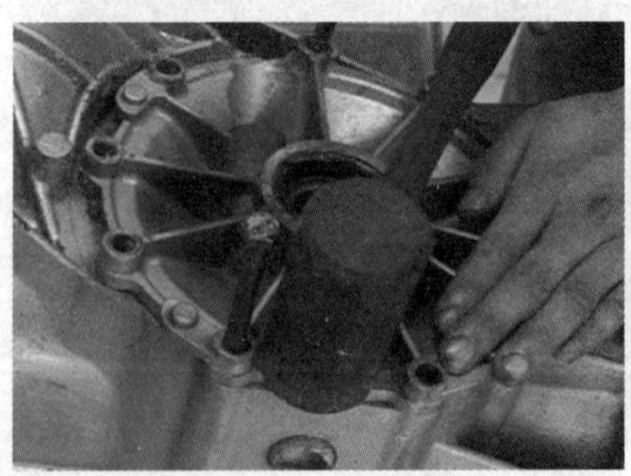

图 2-178　敲入轴承盖

(5) 用手旋上10个主减速器盖的固定螺栓，如图2-179所示。

(6) 对角拧紧10个主减速器盖的固定螺栓，拧紧力矩为25N·m，如图2-180所示。

图2-179　旋上固定螺栓

图2-180　拧紧固定螺栓

(7) 安装半轴，用手转动半轴齿轮，以确保半轴花键与半轴齿轮花键接合，如图2-181所示。

(8) 用手旋入半轴的固定螺栓，如图2-182所示。

图2-181　安装半轴

图2-182　用手旋入半轴的固定螺栓

(9) 在左半轴法兰盘上拧上两个螺栓，将起子插入两个螺栓中间固定右半轴，如图2-183所示。

(10) 拧紧右半轴的固定螺栓，拧紧力矩为20N·m，如图2-184所示。

图2-183　固定右半轴

图2-184　拧紧右半轴的固定螺栓

(11) 在右半轴法兰盘上拧上两个螺栓,将起子插入两个螺栓中间固定左半轴,如图 2-185 所示。

(12) 拧紧左半轴的固定螺栓,拧紧力矩为 20N·m,如图 2-186 所示。

图 2-185　固定左半轴

图 2-186　拧紧左半轴

(13) 安装车速里程表的从动齿轮,如图 2-187 所示。

(14) 用手旋上车速里程表的从动齿轮螺栓,如图 2-188 所示。

图 2-187　安装车速里程表的从动齿轮

图 2-188　旋上车速里程表的从动齿轮螺栓

(15) 拧紧车速里程表的从动齿轮螺栓,拧紧力矩为 20N·m,如图 2-189 所示。

(16) 安装完毕,如图 2-190 所示。

图 2-189　拧紧车速里程表的从动齿轮螺栓

图 2-190　安装完成的驱动桥

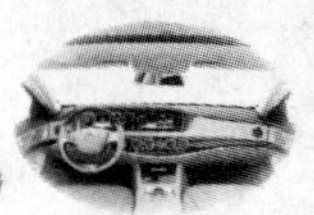

5. 驱动桥常见故障的诊断与排除(见表 2-4)

表 2-4 驱动桥常见故障的诊断与排除方法

故障现象	故 障 原 因	排 除 方 法
驱动桥异响	润滑油不足,变质或用油不当	加足或更换润滑油
	主、从动圆锥齿轮啮合间隙过大,产生撞击	调整主、从动圆锥齿轮啮合间隙
	主减速器或差速器齿轮损坏	更换主减速器或差速器齿轮
驱动桥漏油	RF 节或 VL 节橡胶护套损坏	更换橡胶护套
	油封损坏	更换油封

练习与思考题

1. 判断题(正确的打√,错的打×)

(1) 汽车传动系统的基本功用是将发动机发出的动力传给车轮,使汽车行驶。
( )

(2) 一般家用轿车的传动系统为发动机前置前驱布置形式。 ( )

(3) 传动系统的布置形式与发动机的布置和驱动形式无关。 ( )

(4) 离合器主从动盘之间摩擦面积越大,所传递的转矩越大。 ( )

(5) 汽车离合器的主动部分主要由飞轮、压盘、离合器盖、摩擦盘等组成。 ( )

(6) 汽车离合器的作用之一是降低转速,增大扭矩。 ( )

(7) 离合器踏板自由行程过大,使分离轴承压在分离杠杆上,造成离合器打滑。 ( )

(8) 膜片弹簧离合器的结构特点之一是:用膜片弹簧取代压紧弹簧和分离杠杆。
( )

(9) 离合器液压操纵系统管路中有空气,会造成离合器分离不彻底。 ( )

(10) 汽车离合器盖与压盘松动不会有异响发生。 ( )

(11) 从动盘或压盘翘曲变形,飞轮工作端面的端面圆跳动严重会造成起步发抖现象。 ( )

(12) 变速器的锁止结构是锁止拨叉,使拨叉不能拨动齿轮。 ( )

(13) 同步器能够保证:变速器换挡时,待啮合齿轮的圆周速度迅速达到一致,以减少冲击和磨损。 ( )

(14) 限制汽车变速器不发生乱挡的机构称为自锁装置。 ( )

(15) 汽车变速器的一个作用是用于切断动力。 ( )

(16) 变速器倒挡传动比数值设计得较大,一般与 1 挡传动比数值相近。这主要是为了倒车时,汽车应具有足够大的驱动力。 ( )

(17) 变速器在换挡时,为避免同时挂入两挡,必须装设自锁装置。 ( )

(18) 变速器的挡数都是指前进挡的个数与倒挡的个数之和。 ( )

(19) 桑塔纳轿车两轴式变速器3挡、4挡同步器装在输出轴上。( )
(20) 桑塔纳轿车两轴式变速器全部采用锁环式惯性同步器换挡。( )
(21) 变速器齿轮应成对更换。( )
(22) 汽车变速器自锁装置可防止自动脱挡和挂错挡。( )
(23) 汽车万向传动装置异响在汽车不同的运行状态下均可能发生。( )
(24) 万向传动装置只用于汽车的传动系统上。( )
(25) 为了防止传动轴的共振,常将传动轴分成两段。( )
(26) 在装配传动轴时,应按规定的力矩拧紧螺母。( )
(27) 汽车万向节轴承松动是万向传动装置异响的原因之一。( )
(28) 球叉式万向节是不等速万向节。( )
(29) 汽车传动系统中的万向传动装置,一般包括万向节、传动轴、中间支承等。( )
(30) 目前汽车传动系统中应用得最多的是十字轴式万向节,它允许相邻两轴的最大交角为5°。( )
(31) 汽车行驶中,传动轴的长度通过花键连接可以自动变化。( )
(32) 十字轴上安全阀的作用是保护油封,使其不致因油压过高而被破坏。( )
(33) 驱动桥主要是由主减速器、差速器、半轴和桥壳等组成。( )
(34) 主减速器在结构上可分为单级主减速器和双级主减速器。通常单级主减速器是由一对锥齿轮组成;双级主减速器由一对直齿齿轮和一对锥齿轮组成。( )
(35) 后桥壳是用来安装的基础件,一般可以分为整体式和分段式两种。( )
(36) 差速器起作用时,半轴齿轮和行星齿轮之间没有相对运动。( )
(37) 半浮式支承的半轴易于拆装,不需拆卸车轮就可将半轴抽下。( )
(38) 前置前驱的汽车中,主减速器的类型取决于发动机布置形式。( )
(39) 主减速器的功能是升速降扭。( )
(40) 驱动桥壳是传动系统的组成部分,不是行驶系统的组成部分。( )

2. 不定项选择题

(1) 下列不属于机械传动系统总成件的是( )。
A. 差速器 B. 半轴
C. 液力变矩器 D. 离合器

(2) 下列选项中不属于传动系功用的是( )。
A. 变速 B. 中断动力
C. 改善汽车行驶稳定性 D. 减速增扭

(3) 属于离合器从动部分零件的是( )。
A. 压板 B. 离合器盖
C. 扭转减振器 D. 压紧弹簧

(4) 关于离合器打滑原因的错误说法是( )。
A. 离合器踏板没有自由行程,使分离轴承压在分离杠杆上
B. 离合器踏板自由行程过大
C. 从动盘摩擦片、压盘或飞轮工作面磨损严重,离合器盖与飞轮的连接松动

D. 从动盘摩擦片油污、烧蚀、表面硬化、铆钉外露、表面不平，使摩擦系数下降

(5) 膜片弹簧离合器的膜片弹簧的作用为(　　)。

A. 压紧弹簧　　B. 分离杠杆　　C. 从动盘　　D. A和B

(6) 起步发抖的原因是(　　)。

A. 分离轴承套筒与导管油污、尘腻严重，使分离轴承不能回位

B. 从动盘或压盘翘曲变形，飞轮工作端面的端面圆跳动严重

C. 分离轴承缺少润滑剂，造成干磨或轴承损坏

D. 新换的摩擦片太厚或从动盘正反装错

(7) 当离合器处在结合状态时，(　　)。

A. 压盘、飞轮和从动盘之间没有压紧力

B. 离合器处于滑磨状态

C. 弹簧将压盘、飞轮及从动盘相互压紧

D. 飞轮和压盘之间互相没有接触

(8) 当离合器处于完全接合时，变速器第一轴的状态是(　　)。

A. 不转动　　B. 与发动机曲轴转速不相同

C. 与发动机曲轴转速相同　　D. 转速不能确定

(9) 离合器打滑原因是自由行程(　　)。

A. 过大　　B. 过小　　C. 均不对　　D. 与其无关

(10) 膜片弹簧不具备的特点是(　　)。

A. 轴向尺寸小　　B. 分离杠杆安装方便

C. 高速行驶压力稳定　　D. 弹簧力分布均匀

(11) 关于离合器分离不彻底的原因的错误说法是(　　)。

A. 离合器踏板自由行程过大

B. 分离杠杆调整不当，其内端不在同一平面内或内端高度太低

C. 新换的摩擦片太厚或从动盘正反装错

D. 压力弹簧疲劳或折断，膜片弹簧疲劳或开裂，使压紧力下降

(12) 变速器自锁装置失效，将导致变速器(　　)。

A. 自动跳挡　　B. 乱挡　　C. 异响　　D. 挂不上挡

(13) 下列(　　)齿轮传动比表示超速传动。

A. 2.15∶1　　B. 1∶1

C. 0.85∶1　　D. 以上都不表示

(14) 前进挡和倒挡有噪声，而空挡没有。故障可能是(　　)。

A. 输出轴总成损坏　　B. 输入轴总成损坏

C. A和B　　D. 以上都不是

(15) 变速器中某常啮合齿轮副只更换了一个齿轮，可能导致(　　)。

A. 异响　　B. 挂不上挡　　C. 脱挡　　D. 换挡困难

(16) 关于乱挡原因，下列说法错误的是(　　)。

A. 互锁装置失效：如拨叉轴、互锁销或互锁钢球磨损过甚

B. 变速杆下端弧形工作面磨损过大或拨叉轴上拨块的凹槽磨损过大

C. 变速杆球头定位销折断或球孔、球头磨损过于松旷

D. 自锁装置的钢球或凹槽磨损严重，自锁弹簧疲劳过软或折断

(17) 两轴式变速器的特点是输入轴与输出轴(　　)。

A. 重合　　B. 垂直　　C. 平行　　D. 斜交

(18) 搭载三轴5挡手动变速器的汽车，在倒车行驶时变速箱中的第二轴(　　)。

A. 不转动

B. 转动，其方向与离合器之转动方向相同

C. 转动，其方向与离合器之转动方向相反

D. 转动，与主轴之转动方向相同

(19) 变速器中的主动轴为(　　)。

A. 输入轴　　B. 中间轴　　C. 倒挡轴　　D. 输出轴

(20) 普通齿轮式变速器属于(　　)。

A. 有级变速器　　B. 无级变速器

C. 综合式变速器　　D. 自动变速器

(21) (　　)高速时有噪声。

A. 直齿轮　　B. 斜齿轮

C. A和B都有　　D. 锥齿轮

(22) 所有普通十字轴式万向节"传动不等速性"是指主动轴匀角速度旋转时(　　)。

A. 从动轴的转速不相等　　B. 从动轴在一周中的角速度是变化的

C. 从动轴的转速是相等的　　D. 从动轴在一周中的角速度是相等的

(23) 汽车传动轴上经常会有镶装的铁片，它的作用是(　　)。

A. 制造工艺所需　　B. 配重平衡所需

C. 维修焊补的痕迹　　D. 生产厂的标记

(24) 前驱动桥的半轴上安装的是(　　)。

A. 普通万向节　　B. 十字轴万向节

C. 准等速万向节　　D. 等速万向节

(25) 关于引起传万向节松旷的原因，以下说法错误的是(　　)。

A. 凸缘盘连接螺栓松动

B. 传动轴上的平衡块脱落

C. 万向节主、从动部分游动角度太大

D. 万向节十字轴磨损严重

(26) 球叉式万向节组成有主动叉、从动叉、定位锁止销和(　　)。

A. 2个钢球　　B. 3个钢球　　C. 4个钢球　　D. 5个钢球

(27) 为了提高传动轴的强度和刚度，传动轴一般都做成(　　)。

A. 空心的　　B. 实心的　　C. 半空半实的　　D. 无所谓

(28) 汽车转弯时，使左右两侧驱动车轮保持纯滚动是通过下列(　　)起作用的。

A. 变速器　　B. 差速器　　C. 离合器　　D. 主减速器

(29) 当行驶中的汽车一侧车轮陷入泥泞中打滑时，另一侧在好路面上的车轮将(　　)。

A. 正常转动　　B. 以比原来转速大一倍的速度转动

C. 停止转动　　D. 反向转动

(30) 汽车转弯行驶时，差速器中的行星齿轮(　　)。

A. 只有自转，没有公转　　B. 只有公转，没有自转

C. 既有公转，又有自转　　D. 停止转动

(31) 汽车直线行驶时无异响，当汽车转弯时驱动桥处有异响说明(　　)。

A. 主、从动锥齿轮啮合不良

B. 差速器行星齿轮半轴齿轮不匹配，使其啮合不良

C. 制动鼓内有异物

D. 齿轮油加注过多

(32) 前驱动桥的半轴上均安装(　　)。

A. 普通万向节　　B. 十字轴万向节

C. 准等速万向节　　D. 等速万向节

(33) 驱动桥的功用有(　　)。

A. 将变速器输出的转矩依次传到驱动轮，实现减速增矩

B. 将变速器输出的转矩依次传到驱动轮，实现减速减矩

C. 实现差速作用，但不能改变动力传递方向

D. 减振作用

(34) 差速器具有转矩平均分配的特点，因此当左轮打滑时，右轮获得的转矩(　　)。

A. 大于左轮转矩　　B. 小于左轮转矩

C. 等于左轮转矩　　D. 等于零

(35) 驱动桥按结构形式可分为(　　)。

A. 四轮驱动　　B. 非断开式和断开式驱动桥

C. 综合式和单一式驱动桥　　D. 断开式和综合式驱动桥

3. 简答题

(1) 机械传动系统由哪些总成件组成？

(2) 汽车常见的驱动形式有哪些？列举其代表车型。

(3) 膜片弹簧离合器与螺旋弹簧离合器相比有何优缺点？

(4) 汽车传动系统中为何要安装离合器？

(5) 变速器主要作用是什么？由哪几部分组成？

(6) 简述5挡二轴式变速器的动力传递过程。

(7) 变速器中同步器的作用是什么？由哪几部分组成？有哪些类型？

(8) 变速器操纵机构的定位锁止装置有哪些？各有何作用？

(9) 简述手动变速器常见故障的现象和原因。

(10) 简述十字轴万向节的速度特性。

(11) 简述等角速万向节的等速原理。

(12) 简述万向传动装置常见故障的现象和原因。

(13) 驱动桥由哪几部分组成？它的功用是什么？

(14) 简述单级主减速器的结构组成。

(15) 简述差速器的速度和转矩特性。

4. 知识拓展题

(1) 双十字万向节实现等速条件应满足什么条件？

(2) 什么是离合器踏板的自由行程？为什么要自由行程？

(3) 简述主减速器主、从动齿轮的检查和调整方法。

(4) 驱动桥常见故障的现象和原因有哪些？

模块 3

行驶系统

◎学习目标

1. 知识目标

(1) 熟悉行驶系统的类型和功用。

(2) 熟悉行驶系统各总成的功用、类型以及布置形式。

(3) 能认识行驶系统各总成主要组成的名称。

(4) 熟悉行驶系统各部件的连接方式及结构特点。

(5) 掌握行驶系统主要零部件的工作原理。

2. 能力目标

(1) 掌握前、后悬架的拆装方法、步骤和注意事项。

(2) 掌握车轮的拆装方法、步骤和注意事项。

(3) 掌握轮胎剥胎机的使用方法和剥胎时的注意事项。

(4) 掌握车轮动平衡检测与校正方法。

(5) 熟悉四轮定位仪的使用方法和各定位参数的调整方法。

◎案例导入

有一辆上海大众帕萨特领驭 1.8T 手动挡汽车，该车总行驶里程数近 16 万 km，车主感觉汽车不能保持直线方向行驶，会自动偏向一边。经查，发现该车车轮偏磨严重，需对该车辆悬架系统和车轮定位参数进行检查。

◎服务方案

(1) 听取客户保修的故障现象，客户填写保修单。

(2) 服务顾问填写客户有关数据，检查收取行驶证、保修单。

(3) 验证客户叙述的故障，与客户沟通维修方案：拆检后再确定维修方案。

(4) 检查悬架系统，对车辆进行四轮定位检查，对车轮定位参数进行调整，检查轮胎磨损情况，并对车辆进行合理的车轮换位。

(5) 以上维修方案必须了解行驶系统的结构及行驶系统各部件的装配关系。

拓 扑 图

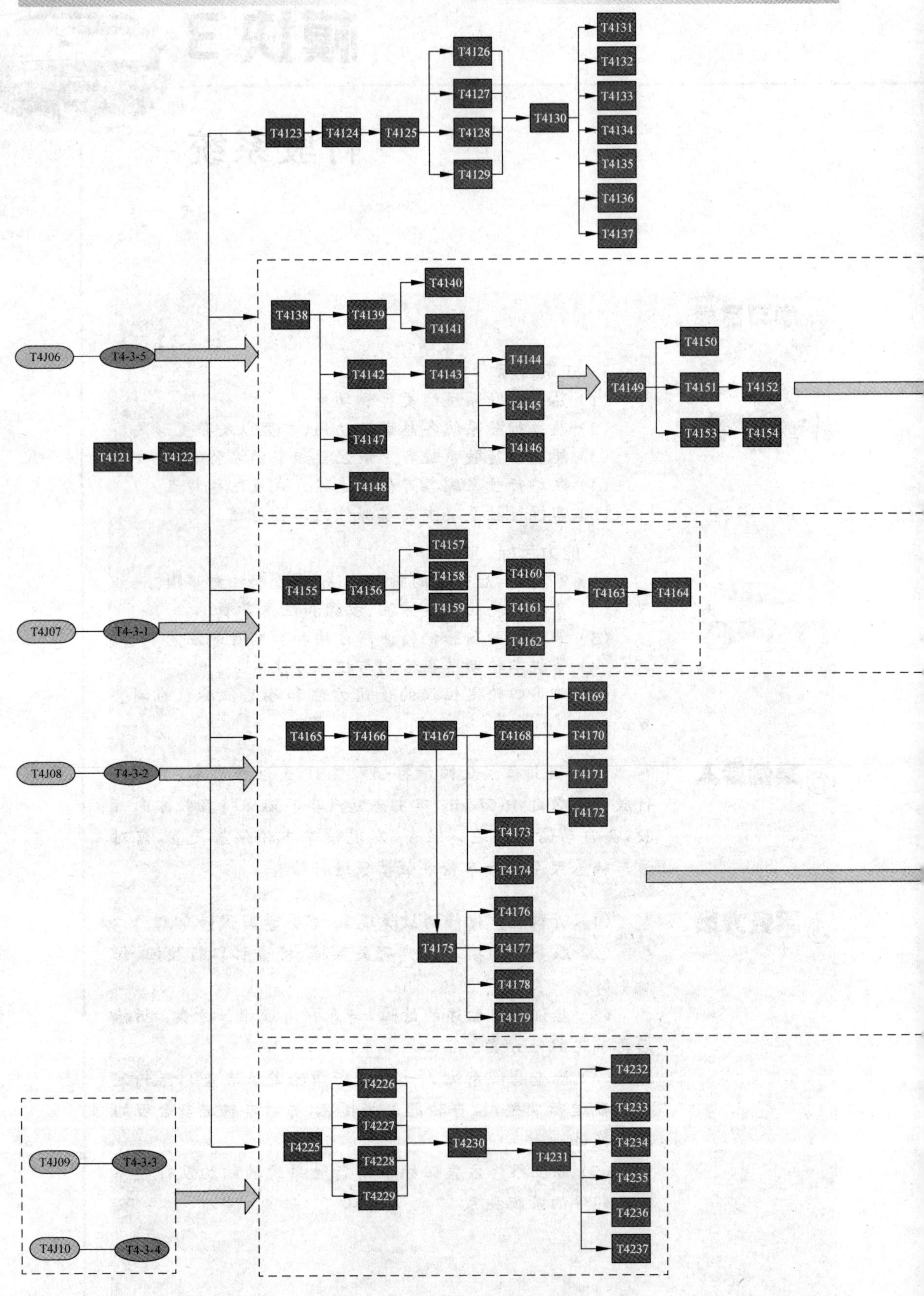

T4123
T4124
T4125
T4126
T4127
T4128
T4129
T4130
T4131
T4132
T4133
T4134
T4135
T4136
T4137
T4138
T4139
T4140
T4141
T4142
T4143
T4144
T4145
T4146
T4147
T4148
T4149
T4150
T4151
T4152
T4153
T4154
T4J06
T4-3-5
T4121
T4122
T4155
T4156
T4157
T4158
T4159
T4160
T4161
T4162
T4163
T4164
T4J07
T4-3-1
T4165
T4166
T4167
T4168
T4169
T4170
T4171
T4172
T4173
T4174
T4175
T4176
T4177
T4178
T4179
T4J08
T4-3-2
T4225
T4226
T4227
T4228
T4229
T4230
T4231
T4232
T4233
T4234
T4235
T4236
T4237
T4J09
T4-3-3
T4J10
T4-3-4

T4199
T4200
T4201
T4198
T4202
T4195
T4203
T4192 T4193 T4194 T4196
T4204
T4197
T4205 T4206 T4207 T4208
T4209
T4210

T4211
T4212
T4213
T4214
T4215
T4216
T4217
T4218 T4219
T4220
T4224
T4221 T4222
T4223

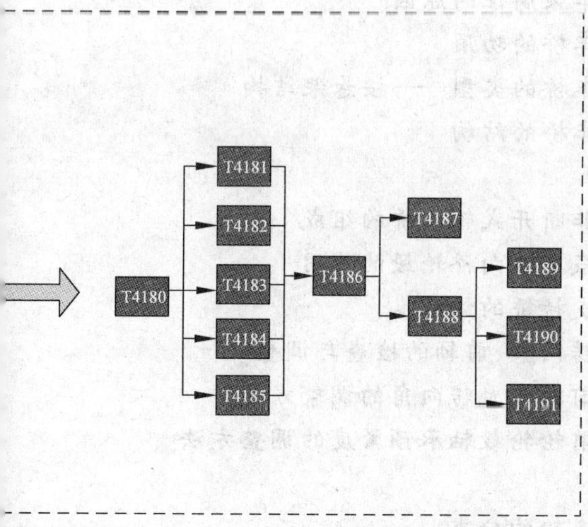

核心技能点
对应作业单
相关知识点

核心技能点

T4J06 拆卸与安装悬架
T4J07 拆卸与安装车轮
T4J08 拆卸与安装轮胎
T4J09 车轮的动平衡检测与校正
T4J10 检查与调整车轮定位参数

对应作业单

T4-3-1 拆卸与安装车轮
T4-3-2 拆卸与安装轮胎
T4-3-3 车轮的动平衡检测与校正
T4-3-4 检查与调整车轮定位参数
T4-3-5 拆卸与安装悬架

相关知识点

T4121 行驶系统的功用
T4122 行驶系统的组成
T4123 车架的功用
T4124 车架的类型
T4125 车架的结构
T4126 边梁式车架的组成
T4127 中梁式车架的组成
T4128 综合式车架的组成
T4129 承载式车身的组成
T4130 车架常见损伤形式
T4131 车架侧向弯曲(侧摆)的原因
T4132 车架向下弯曲(下陷)的原因
T4133 车架纵弯曲的原因
T4134 车架菱形变形的原因
T4135 车架的裂纹的原因
T4136 车架腐蚀的原因
T4137 连接松旷的原因
T4138 车桥的功用
T4139 车桥的类型
T4140 车桥的类型——按悬架结构
T4141 车桥的类型——按车轮所起作用
T4142 车桥的结构
T4143 转向桥的功用
T4144 非断开式转向桥的组成
T4145 断开式转向桥的组成
T4146 汽车转向桥轮毂的作用
T4147 转向驱动桥的组成
T4148 支持桥的结构
T4149 转向桥的检修
T4150 转向节、前轴的检查与调整
T4151 前轮最大转向角的检查方法
T4152 前轮最大转向角的调整方法
T4153 前轮轮毂轴承预紧度的检查方法
T4154 前轮轮毂轴承预紧度的调整方法
T4155 车轮的组成及功用
T4156 车轮的分类
T4157 辐盘式车轮的组成
T4158 辐条式车轮的组成
T4159 轮辋的分类
T4160 深槽轮辋的结构特点
T4161 平底轮辋的结构特点
T4162 对开式轮辋的结构特点
T4163 车轮的结构参数
T4164 车轮的固定
T4165 轮胎的功用
T4166 轮胎的类型

T4167 轮胎的结构
T4168 外胎的结构
T4169 胎面的结构
T4170 胎体帘布层和带束的结构
T4171 内衬层的作用
T4172 胎圈的作用
T4173 轮胎内胎的作用
T4174 垫带的作用
T4175 轮胎规格标记
T4176 轮胎的类型
T4177 轮胎尺寸参数
T4178 载荷指数
T4179 速度额定值
T4180 轮胎磨损的形式
T4181 胎肩或轮胎中心的磨损
T4182 内侧或外侧磨损
T4183 羽毛状磨损(前轮前束磨损)
T4184 前端和后端磨损
T4185 斑状磨损(环状槽形磨损)
T4186 轮胎的维护
T4187 轮胎/车轮总成的换位
T4188 轮胎/车轮的平衡
T4189 轮胎/车轮的平衡类型
T4190 轮胎/车轮的平衡方法
T4191 轮胎/车轮的平衡步骤
T4192 悬架的功用
T4193 悬架的组成
T4194 悬架的基本术语
T4195 簧载质量
T4196 固有频率
T4197 阻尼
T4198 弹性元件的类型
T4199 钢板弹簧的特点
T4200 螺旋弹簧的特点
T4201 扭杆弹簧的特点
T4202 橡胶弹簧的特点
T4203 空气弹簧的特点
T4204 油气弹簧的特点
T4205 减振器的功用
T4206 减振器的安装位置
T4207 减振器的结构与原理
T4208 双向作用筒式减振器的原理
T4209 单筒式减振器的原理
T4210 稳定杆的功用
T4211 典型悬架结构的类型
T4212 钢板弹簧式非独立悬架的组成
T4213 螺旋弹簧式非独立悬架的组成
T4214 麦弗逊式独立悬架的组成
T4215 双横臂式独立悬架的组成
T4216 多连杆式独立悬架的组成
T4217 悬架系统的检修
T4218 非独立悬架的检修
T4219 钢板弹簧的检修
T4220 减振器的检修
T4221 独立悬架的检修
T4222 螺旋弹簧的检修
T4223 横向稳定杆的检修
T4224 悬架系统的常见故障现象
T4225 转向轮定位的目的
T4226 主销后倾角 γ 的作用
T4227 主销内倾角 β 的作用
T4228 前轮外倾角 α 的作用
T4229 前轮前束的作用
T4230 后轮定位的作用
T4231 车轮定位的调整
T4232 车轮定位调整前的试驾和目测
T4233 车轮定位调整前的车轮后置现象
T4234 车轮定位调整前的行驶高度
T4235 车轮前束的调整
T4236 车轮外倾和主销后倾的调整
T4237 道路试验

3.1 行驶系统概述

行驶系统有半履带式、全履带式、车轮履带式及轮式等类型，如图 3-1 所示。但应用最为广泛的显然是轮式行驶系统，本章主要介绍轮式行驶系统。

(a) 半履带式

(b) 全履带式

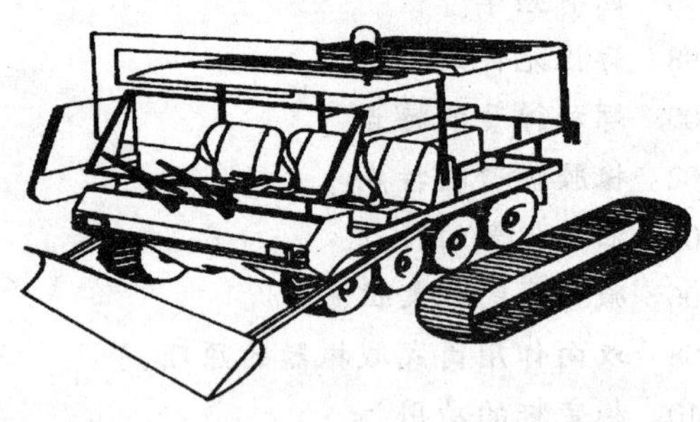

(c) 车轮履带式

(d) 轮式

图 3-1 行驶系统类型

3.1.1 行驶系统的功用

行驶系统的功用是将汽车各相关总成连接成一个整体，接受传动系统传来的发动机转矩并产生驱动力；承受汽车总质量，传递并承受路面作用于车轮上的各种力和力矩，保证汽车正常行驶；缓冲减振，保证汽车行驶的平顺性；与转向系统协调配合工作，控制汽车的行驶方向。

3.1.2 行驶系统的组成

行驶系统主要由车架(或承载式车身)、车桥(包括从动桥和驱动桥)、悬架(包括前悬架和后悬架)和车轮(包括前轮和后轮)等组成，如图 3-2 所示。

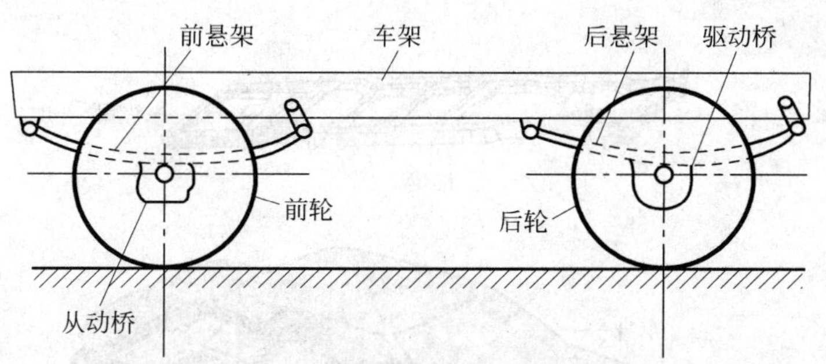

图 3-2 轮式汽车行驶系统

3.2 车架

3.2.1 车架的功用

汽车车架俗称“大梁”，用于安装汽车的发动机、变速器、传动轴、前、后桥和车身等总成和部件，使各总成保持正确的相对位置，并承受汽车内外的各种载荷。

3.2.2 车架的类型

现代许多轿车和大客车上没有车架，车架的功能由轿车车身或大客车车身骨架承担，故称其为承载式车身。

目前，汽车车架的类型主要有边梁式车架、中梁式车架（也称脊骨式车架）和综合式车架 3 种。

3.2.3 车架的结构

1. 边梁式车架

边梁式车架由两根位于两边的纵梁和若干根横梁组成，用铆接法或焊接法将纵梁与横梁连接成坚固的刚性构架，如图 3-3 所示。

纵梁和横梁一般使用低碳合金钢板冲压而成，常见的断面多为槽形，也有箱形和管形，如图 3-4 所示。横梁用来连接左、右两边纵梁，使之成为完整的框架构件，并保证车架的扭转刚度和承受纵向载荷。

2. 中梁式车架

中梁式车架只有一根位于中央贯穿前后的纵梁和若干根横向托架组成，因此亦称为脊骨式车架，如图 3-5 所示。中梁的断面一般为管形。中梁式车架具有较大强度及扭转刚度，车轮运动空间较大，适用于独立悬架和大的转向角。整车质量小，质心较低，提高行驶稳定性。

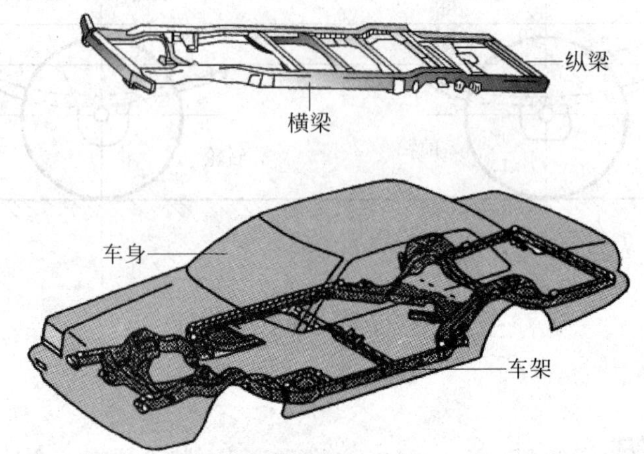

图 3-3　边梁式车架

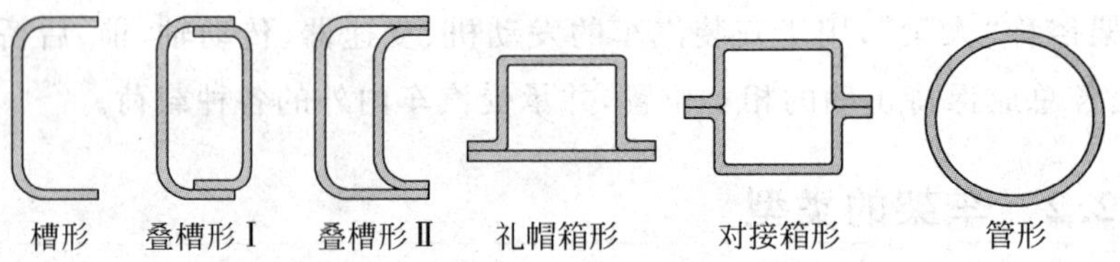

图 3-4　边梁式车架纵梁和横梁断面形状

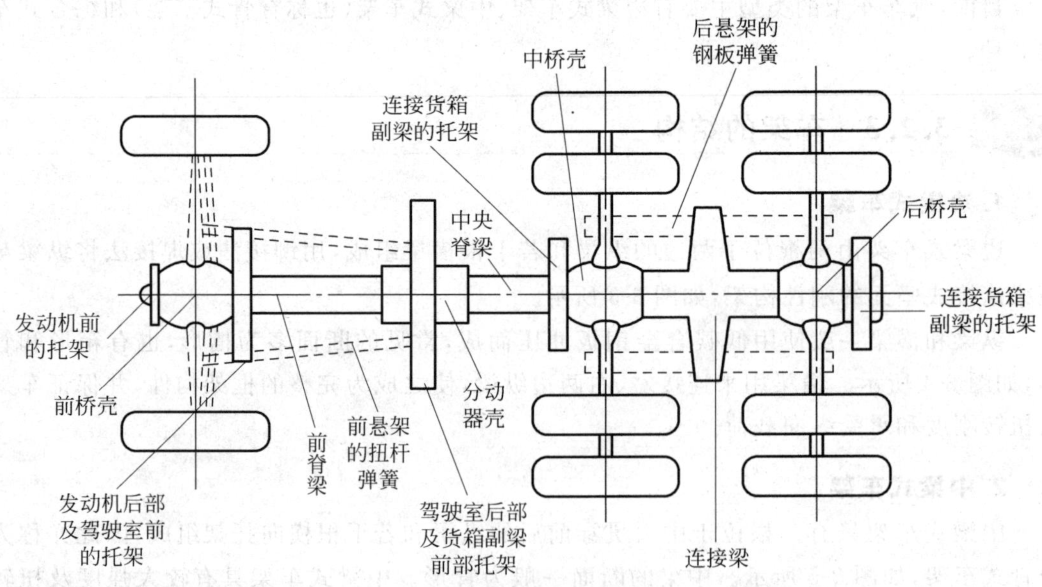

图 3-5　中梁式车架

3. 综合式车架

车架前部是边梁式，而后部是中梁式，这种车架称为综合式车架(也称复合式车架)，如图 3-6 所示。它同时具有中梁式和边梁式车架的特点。

4. 承载式车身

大多数轿车和部分大型客车取消了车架，而以车身兼代车架的作用，即将所有部件固定在车身上，所有的力也由车身来承受，这种车身称为承载式车身，如图 3-7 所示。

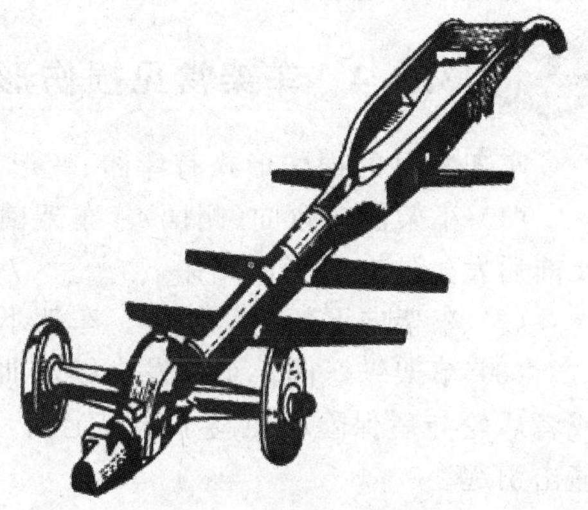

图 3-6　综合式车架

承载式车身由于无车架，可以减轻整车质量；可以使地板高度降低，使上、下车方便。

某些高级轿车采用了 IRS 型车架，如图 3-8 所示。后部车架与前部车架用活动铰链连接，后驱动桥总成安装在后车架上，半轴与驱动轮之间用万向节连接。后独立悬架连接在后车架上。这样不仅由于独立悬架可使汽车获得良好的行驶平顺性，而且活动铰链点处的橡胶衬套也使整车获得一定的缓冲，从而进一步提高了汽车行驶平顺性。

图 3-7　承载式车身

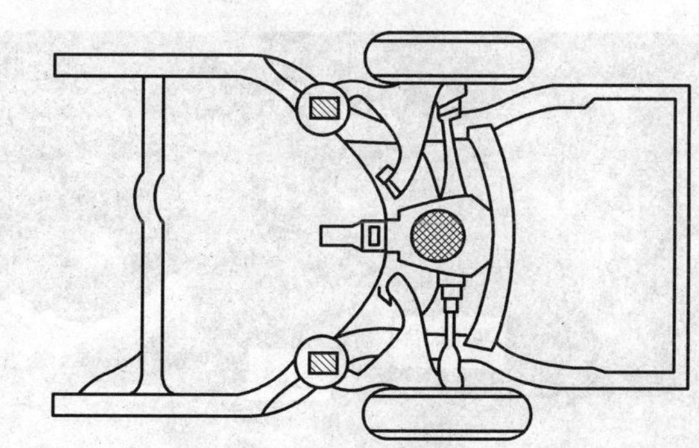

图 3-8　IRS 型车架

由两个边梁式车架用铰接机构(转盘式和球铰式)连接，称为铰接式车架，常用于公共汽车。

用于竞赛汽车及特种汽车的桁架式车架，由钢管组合焊接而成，这种车架兼有车架和车身的作用。

平台式车架是一种将底板从车身中分出来，而与车架组成一个整体的结构，车身通过螺栓与车架相连接。

3.2.4 车架常见损伤形式及其原因

车架常见的损伤形式有弯曲、变形、裂纹、腐蚀和连接松旷等。

(1) 车架侧向弯曲(侧摆)。车架前部或后部的侧向弯曲通常是指车辆受到撞击使车架前后发生侧向变形的结果。

(2) 车架向下弯曲(下陷)。车架下弯曲通常由车架前部或后部直接受到撞击所致。

(3) 车架纵弯曲。车架发生纵弯曲时，发动机罩与前保险杠之间的距离小于规定值，或者后轮与后保险杠距离小于规定值，即车架的纵弯曲是由于车架正前方或正后方受到撞击引起。

(4) 车架菱形变形。车架菱形变形出现在车架撞击受损而不再保持相互垂直的时候。这时，车架的几何形状发生改变，可通过对角线法测量来进行分析判断。

(5) 车架的裂纹。车架由于受到交变载荷的影响，容易产生裂纹。此时，可采用焊修、加固等方法修复。

(6) 车架腐蚀。车架发生腐蚀现象，应及时进行清除，并涂上涂层。

(7) 连接松旷。车架纵、横梁连接铆钉松动后，将影响车架的刚度和弹性。应取掉松动的铆钉，重新铆接铆钉。

3.3 车桥

3.3.1 车桥的功用

车桥通过悬架与车架(或承载式车身)相连，车桥两端安装车轮，如图 3-9 所示。

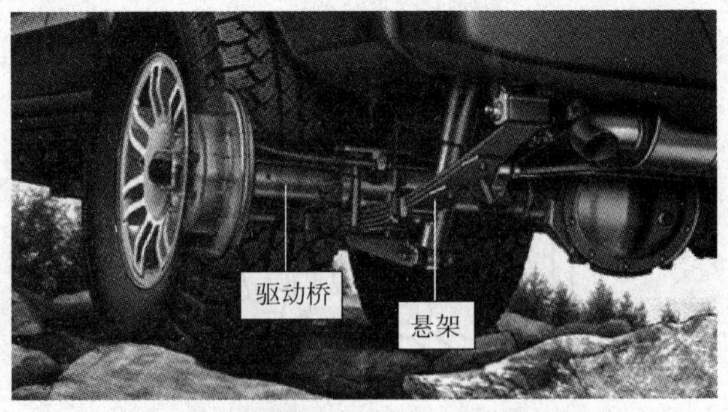

图 3-9　汽车驱动桥与悬架的连接关系

车桥的功用是传递车架和车轮之间的各个方向的作用力，并承受这些力所形成的弯矩和扭矩。

3.3.2 车桥的类型

1. 按悬架结构

按悬架结构的不同，车桥可分为整体式车架和断开式车架两种。通常，断开式车桥配用独立悬架，非断开式车桥配用非独立悬架。

2. 按车轮所起作用

按车轮所起作用的不同，车桥可分为转向桥、驱动桥、转向驱动桥和支持桥四种类型。其中，转向桥和支持桥都属于从动桥。一般汽车多以前桥为转向桥，后桥或中、后桥为驱动桥，越野汽车和某些轿车的前桥则为转向驱动桥。驱动桥在传动系统中已详细讲解，这里不再叙述。

3.3.3 车桥的结构

1. 转向桥

转向桥的功用是利用转向节的摆动使车轮偏转一定角度，以实现汽车的转向，同时承受车轮与车架(或承载式车身)之间的垂直载荷、纵向的道路阻力、制动力和侧向力，以及这些力形成的力矩。转向桥通常位于汽车的前部，因此也常称为前桥。

由于汽车行驶的道路条件较为复杂，因此要求转向桥具有足够的强度和刚度。转向桥分为非断开式转向桥和断开式转向桥。

1）非断开式转向桥

非断开式转向桥主要由前轴、转向节和主销组成，如图3-10所示。前轴用中碳钢铸造，断面呈工字形或圆形，以提高抗弯强度。两端过渡到方形断面，以提高抗扭强度。中部两处用以支承钢板弹簧的底座，其上有四个安装骑马螺栓的通孔和一个位于中心的钢板弹簧定位凹坑。前轴中部向下弯曲，使发动机位置降低，降低汽车质心，减小传动轴与变速器输出轴之间夹角。前轴两端各有一个拳形，主销插入孔内。主销中部切有槽，用楔形锁销将主销固定在拳部孔内。

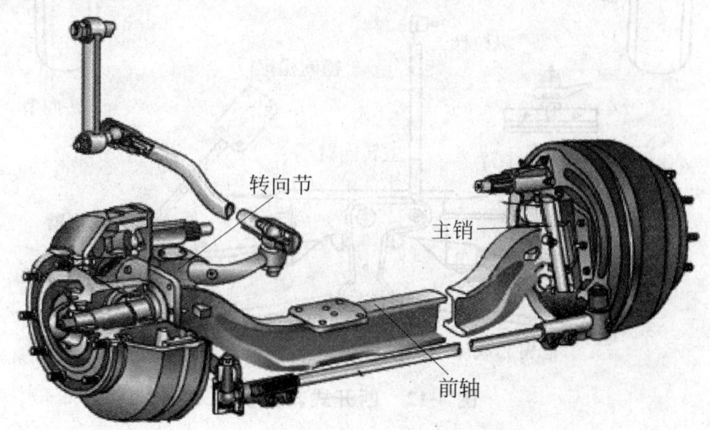

图3-10 非断开式转向桥

转向节是一个叉形部件，上、下两叉制有同轴销孔，通过主销与前轴拳部相连，使前轮可以绕主销偏转一定角度而使汽车转向，如图 3-11 所示。为了减小磨损，转向节销孔内压入青铜或尼龙衬套，衬套上开有油槽，用油嘴注入润滑脂润滑。为使转向灵活轻便，在转向节下销孔与前轴拳部下端面之间装有推力轴承。上销孔与拳部上端面之间有调整垫片。

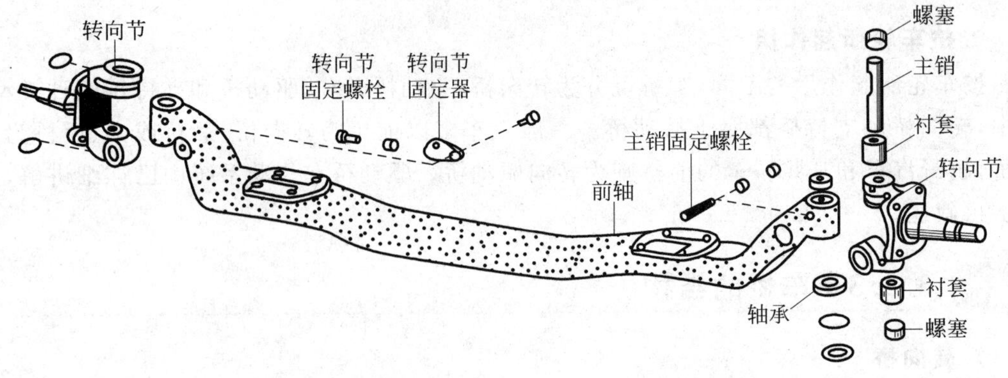

图 3-11　非断开式转向桥结构图

2）断开式转向桥

断开式转向桥与独立悬架相匹配，其组成与非断开式相比有较大的不同，主要由转向节、悬臂等组成，如图 3-12 所示。通常，轿车中不设独立的主销，而用上、下球头连接转向节，转向节中心的连线为主销的轴线。

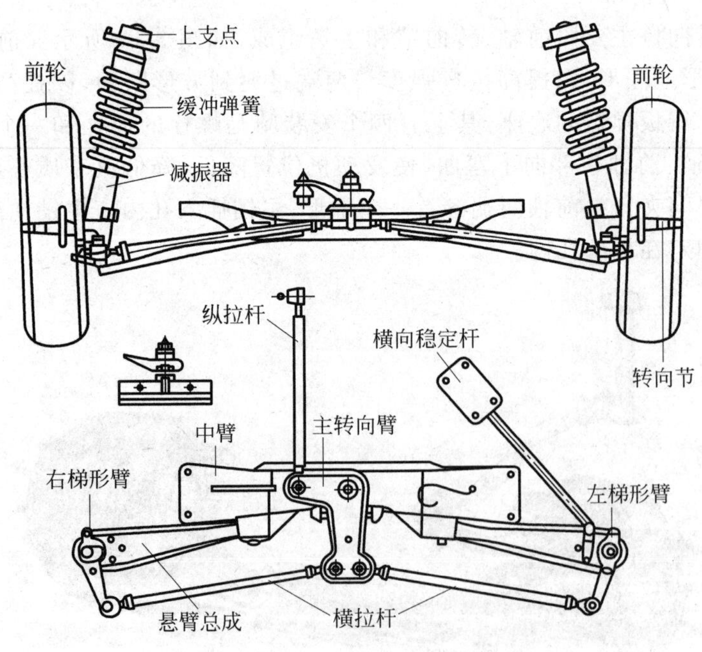

图 3-12　断开式转向桥

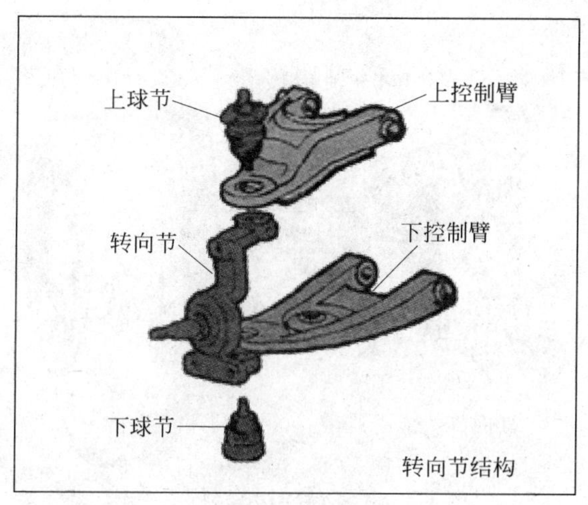

图　3-12（续）

3）汽车转向桥轮毂

车轮轮毂通过两个圆锥滚子轴承支承在转向节轴颈上，轴承的松紧度可用调整螺母加以调整。轮毂内侧装有油封，以防止润滑脂进入制动器内。轮毂外端装有金属罩，以防止泥水和尘土侵入，如图 3-13 所示。

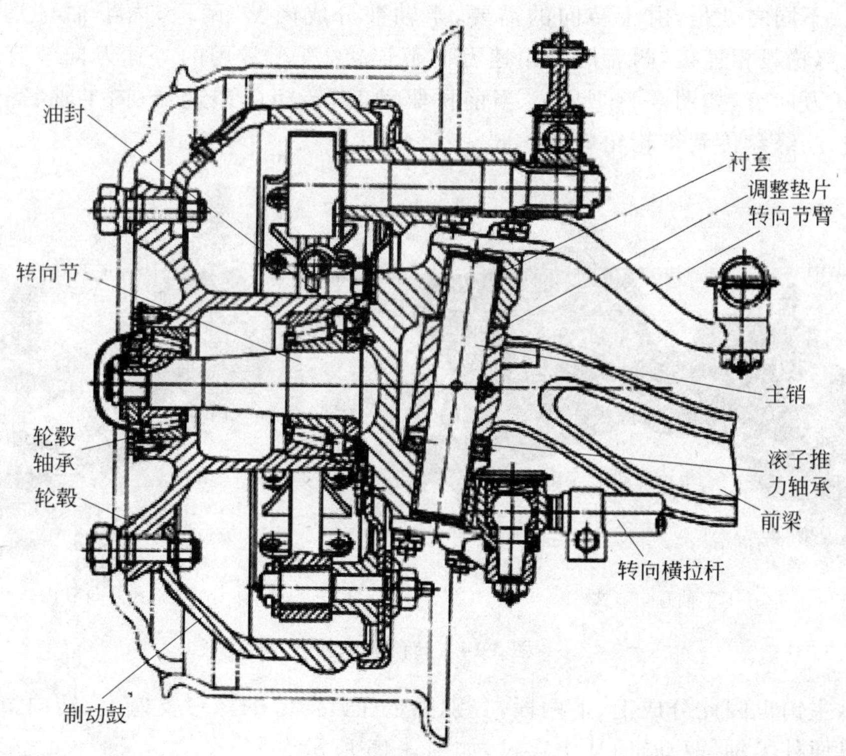

(a) 货车转向桥轮毂

图 3-13　汽车转向桥轮毂

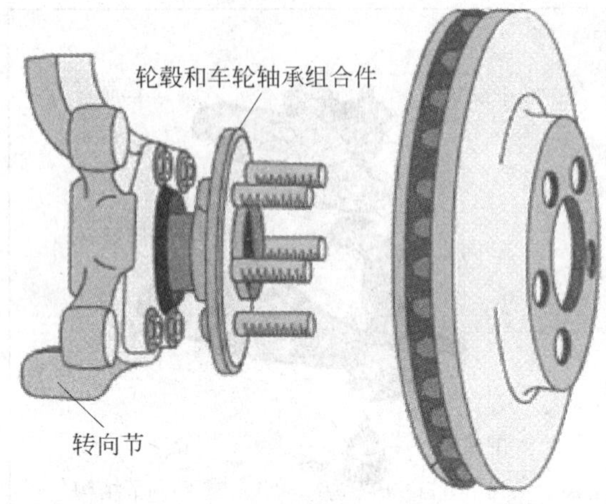

(b) 轿车转向桥轮毂

图 3-13(续)

2. 转向驱动桥

许多轿车和全轮驱动越野车的前桥既是转向桥又是驱动桥,称为转向驱动桥。

转向驱动桥有一般驱动桥的主减速器、差速器和半轴,也有一般转向桥所有的转向节和主销等。不同之处是,由于转向的需要,半轴被分成内、外两段,内半轴与差速器相连接,外半轴与轮毂相连接,两者用等角速万向节连接,汽车常用的等速万向节有十字万向节和球笼式万向节,如图 3-14 所示。当前桥驱动时,转矩由差速器、内半轴、等角速万向节、外半轴、凸缘盘传到车轮轮毂上。

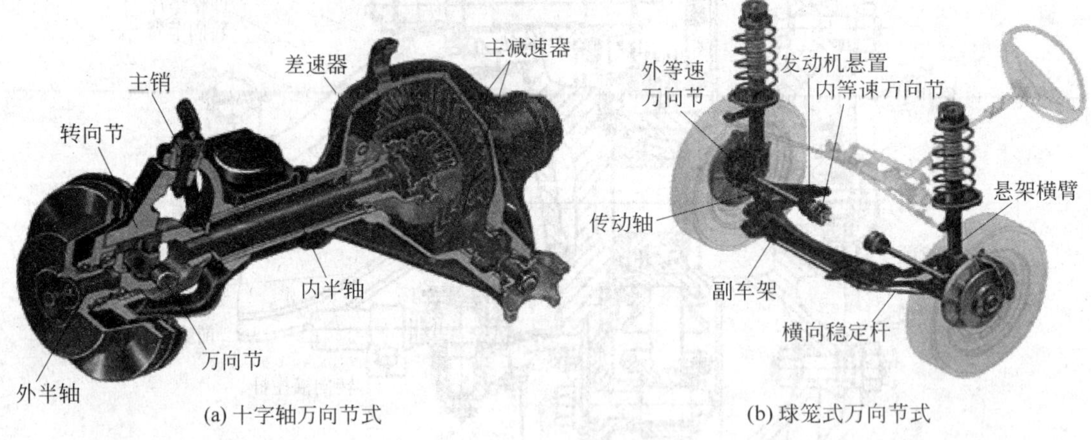

(a) 十字轴万向节式　　(b) 球笼式万向节式

图 3-14　转向驱动桥

同时,主销也因此分成上、下两段,分别固定在万向节的球形支座上,转向节轴颈做成空心的,以便外半轴(驱动轴)从中穿过,如图 3-15 所示。

汽车转向时,转向系统转动转向节使车轮绕主销转动,从而使前轮偏转。

现代轿车常用的转向驱动桥如图 3-16 所示。它以减振支柱作为转向节,支柱上端通

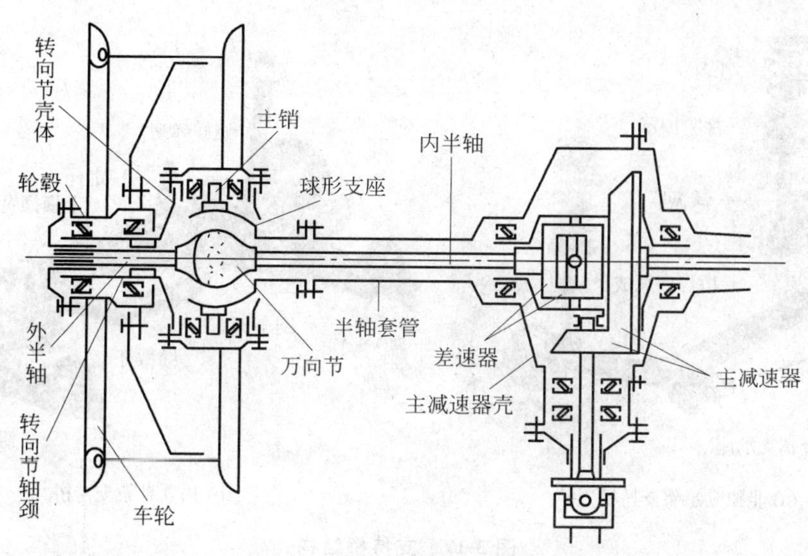

图 3-15 转向驱动桥示意图

过减振支柱座与车身连接，支柱下端则通过下摆臂与副车架铰接式连接，轮毂轴承也装在支柱孔中。当汽车运行时，固定在减振支柱上的减振活塞杆既可作绕车身的转动，使车轮实现转向；又可以在路面不平时，沿减振器做轴向移动并相对于车身作少量摆动。横向稳定杆采用四个橡胶支承分别与副车架和两下摆臂固定，以减小转弯时汽车的倾斜度。

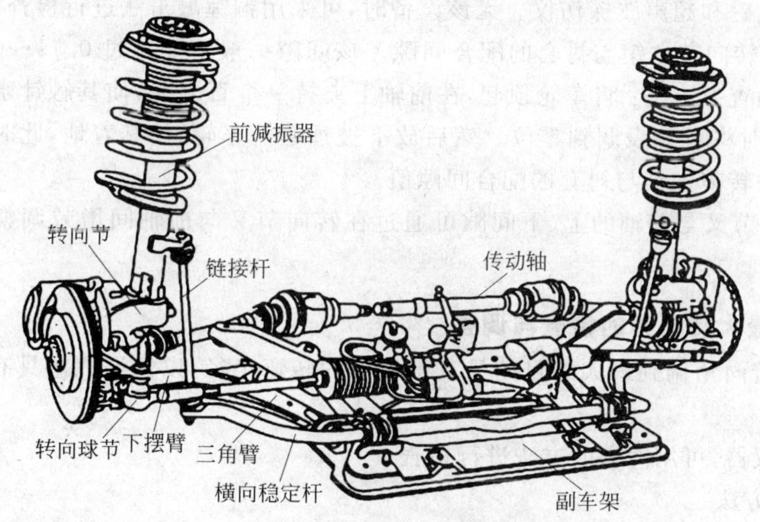

图 3-16 现代轿车转向驱动桥

3. 支持桥

既无转向功能，又无驱动功能的桥称为支持桥，前置前驱轿车的后桥为典型的支持桥。支持桥的结构根据悬架类型(3.5 节会介绍悬架类型)的不同，结构有所不同，如图 3-17 所示。

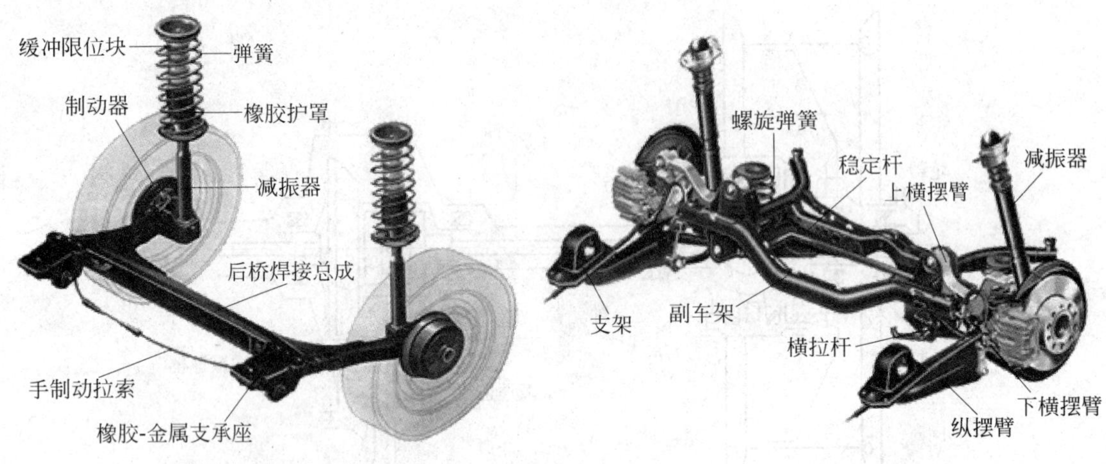

(a) 非独立悬架支持桥　　(b) 独立悬架支持桥

图 3-17　支持桥结构

3.3.4　转向桥的检修

1. 转向节、前轴的检查与调整

(1) 检视转向节轴端螺纹与螺母的配合情况。检查转向节有无损伤或裂纹。检查裂纹最好使用电磁和超声波探伤仪。无该设备时，可采用铜锤敲击法进行检查。

(2) 检查转向节主销与衬套的配合间隙。该间隙一般不能超过 0.15～0.20mm。一般不解体的检查方法是：将车轮顶起，在前轴上夹持一个百分表，使其触针水平抵住制动底板下部，此时将百分表调到零位。然后放下被顶起的车轮，使其着地，此时百分表中读数的一半即为转节主销与衬套的配合间隙值。

(3) 转向节叉与前轴的上、下间隙可通过在转向节叉与前轴间增减调整垫片的方法进行调整。

2. 前轮最大转向角的检查与调整

将前轮转向角调到最大的目的是获得最小的转弯半径，以保证汽车具有良好的通过性能。

如没有仪器，可用简易的方法进行检查。

1) 检查方法

(1) 将前桥顶起，使前轮处于直线位置。

(2) 左、右轮胎下面垫一块木板和白纸(固定在板上)，将木尺紧靠轮胎外边缘，用铅笔在上划出车轮平行的直线，再把方向盘向右转到底划出第二条线，然后用量角器测量出最大右转向角。

(3) 用同样的方法检查左轮的最大左转向角。

2) 调整方法

经测量转向角不符合规定时，可旋出或旋入转向节上的转向角限位螺栓，或转动转向

节上的一个调整螺栓进行调整，调整完毕后，须旋紧锁紧螺母。

转向角最简易检查调整方法是：将方向盘向左或向右打到底，前轮胎不与翼子板、钢板、直拉杆等机件碰擦，并有 8～10mm 的距离为合适，各种车辆规定不同的转向角，就是从既能保证转向的灵活性，又能保证轮胎不与其他机件碰擦而予以规定的。

3. 前轮轮毂轴承预紧度的检查与调整

1）检查

用千斤顶将车轮顶起，车轮应能灵活地在轮毂轴承上旋转而无卡滞，轴向松动量不能过大或过小。过大，是由于车轮轮毂轴承间隙过大或转向节衬套磨损产生的，造成磨损加剧；过小，使车轮旋转卡滞发热。

2）调整

根据车型不同，调整方法与要求也有所不同，具体调整可以查阅相应车型的维修手册，按照其要求和方法调整到合适预紧度。

3.4 车轮与轮胎

车轮与轮胎是汽车行驶系中的重要部件，位于车身与路面之间。功用是支承汽车和装载重量；传递汽车与路面之间的各种力和力矩；缓和来自路面的冲击力；产生驱动力、制动力和侧向力；产生回正力矩；保持汽车的行驶方向。

3.4.1 车轮的组成及功用

车轮是介于轮胎和车轴之间承受负荷的旋转组件，主要由轮辋、轮毂和连接部分组成，如图 3-18 和图 3-13 所示。轮辋用于安装轮胎，连接部分是介于车轴和轮辋之间的支承部分。其功用是把轮胎固定在车辆上，并传递和承受轮胎、车桥之间的各种力和力矩。

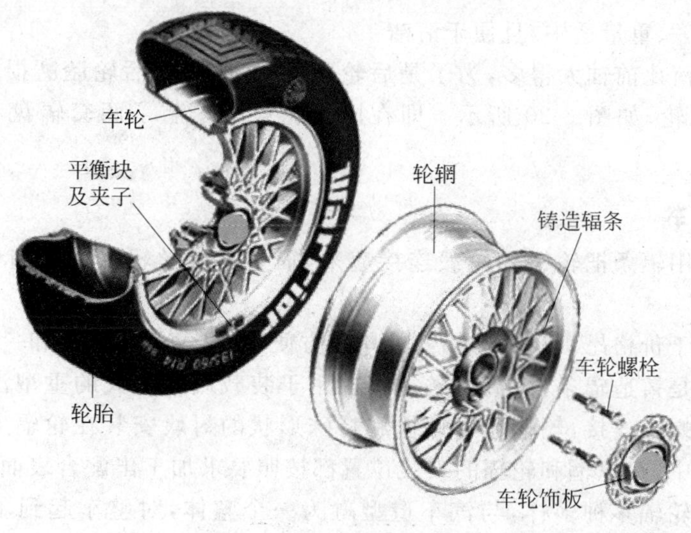

图 3-18 车轮

对于负重车轮而言，它必须符合以下要求。

(1) 重量轻：减少非簧载质量，从而改善车辆行驶性能，并减少施加于减振器上的压力。

(2) 坚固：能承受正常负载、并抵御可能的意外损害。

(3) 刚度强：能承受转弯时的弯曲力或偏转力。

(4) 必须能够固定轮胎：允许轮胎的卸除和安装，而不会对车轮或轮胎造成损害。允许气流通过制动部件，以免降低制动效率。

3.4.2 车轮的结构

按连接部分的构造，可以将车轮分为辐盘式车轮和辐条式车轮；按车轴一端安装的轮胎数目，车轮可分为单式车轮和双式车轮。

1. 辐盘式车轮

辐盘式车轮轮辋和轮毂是由钢制圆盘(辐盘)连接起来，如图 3-19 所示。

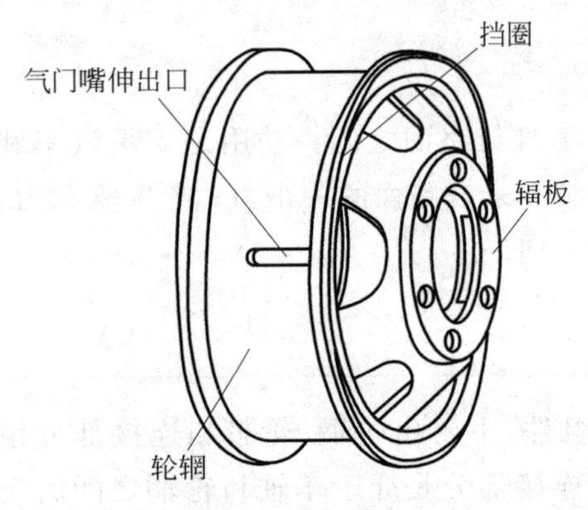

图 3-19 辐盘式车轮

辐盘大多是冲压制成，也有铸造的，辐盘与轮辋通过焊机或铆接固定成一体。辐盘上制有两侧都加工成锥形的螺栓孔，用端部有球面凸起的螺母与轮毂相连接，以便在安装时对正中心和车轮互换。辐盘外缘还开有几个通孔，这不但能减轻重量，有利于制动鼓散热，方便于接近气门嘴，还可作为拆装车轮时的把手处。

轮辋上开设有气门嘴伸出口。轮辋中部形成一个深槽，便于轮胎的轻松卸除和安装。轮胎使用挡圈定位在轮辋上。胎圈与轮辋接触的地方逐渐倾斜，以确保车轮和轮胎之间的紧密配合。辐盘式车轮造价低廉、重量适中，且便于清洁。

货车后轴载荷比前轴大得多，为了是后轮胎不致过载，前后轮胎磨损趋于相等，后桥一般使用双式后轮，如图 3-20 所示。即在同一轮毂上安装了两套辐盘和轮辋，内外可互换。

2. 辐条式车轮

辐条式车轮用辐条把轮辋和轮毂连接起来，辐条有钢丝辐条或铸造辐条，如图 3-21 所示。

钢丝辐条由于价格昂贵且维修和安装均不方便，所以仅用于赛车和一些高级轿车上。现在用得较多的是铸造辐条，铸造辐条式车轮用于装载质量较大的重型汽车上。其轮辐和轮毂一般都用螺栓连接，轮辋通过螺栓和特殊形状的衬块安装在轮辐上。为了使轮辋和轮辐很好地对中，在轮辋和轮辐的安装位置都按照要求加工出配合表面。

现代汽车的轮辐多种多样，与汽车造型融为一个整体，对整车起到了很好的装饰作用。采用少辐板的车轮，有利于制动器的散热，如图 3-22 所示。

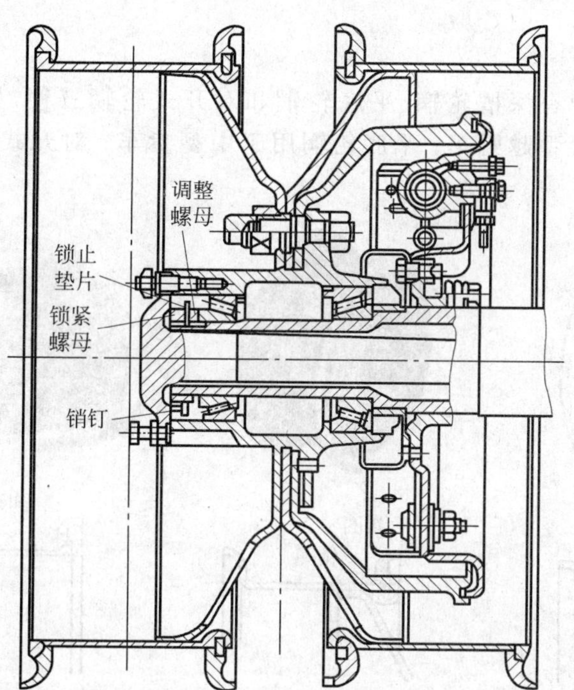

图 3-20 货车双辐盘式车轮

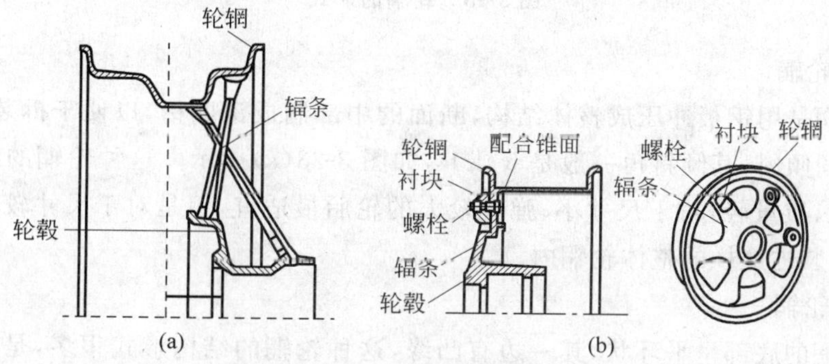

图 3-21 辐条式车轮

图 3-22 少辐板的车轮

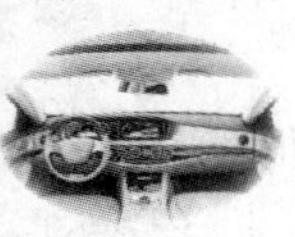

3. 轮辋

常见的轮辋类型有深槽轮辋、平底轮辋和对开式轮辋三种，如图 3-23 所示。深槽轮辋用于轿车和轻型越野车；平底轮辋用于中型货车；对开式轮辋用于中重型越野车。

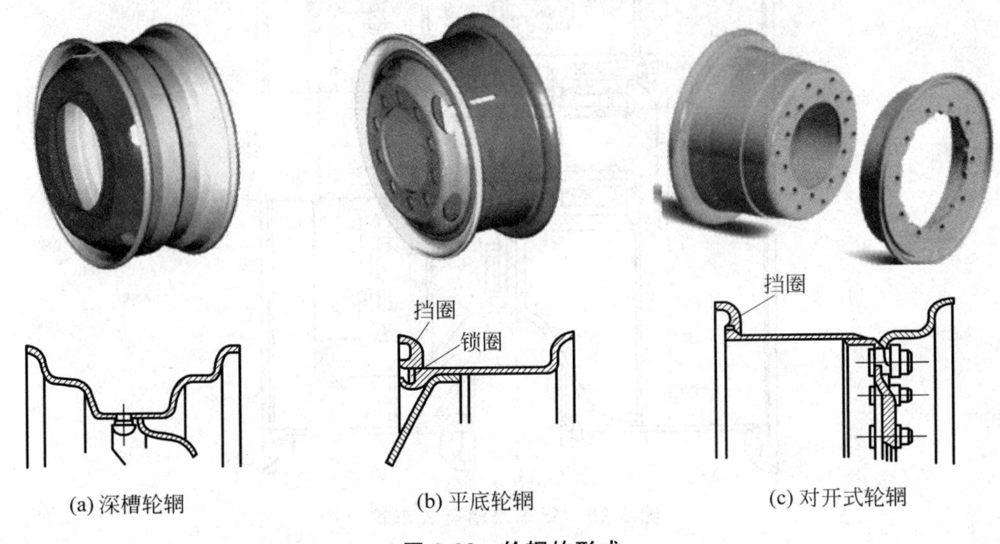

图 3-23　轮辋的形式

1）深槽轮辋

深槽轮辋是用钢板冲压成整体结构，断面的中部制成深凹槽，以便于拆装轮胎，凹槽两侧略向中间倾斜，其倾斜角一般是 5°±1°，如图 3-23(a)所示。这种轮辋的特点是结构简单、刚度大、质量轻，对于尺寸小、弹性较大的轮胎最适宜，但是对于尺寸较大又较硬的轮胎，则很难装进这样的整体轮辋内。

2）平底轮辋

平底轮辋的底部呈平环状，其一边有凸缘，这种轮辋的结构形式很多，是我国货车常用的一种形式，如图 3-23(b)所示。挡圈是整体的，而用一个开口弹性锁圈来防止挡圈脱出。安装轮胎时，先将轮胎套在轮辋上，而后套上挡圈，并将它向内推，直至越过轮辋上的环形槽，再将开口的弹性锁圈嵌入环形槽中。

3）对开式轮辋

对开式轮辋由两部分组成，其内外轮辋的宽度可以相等，也可以不相等，二者用螺栓连成一体，如图 3-23(c)所示。拆装轮胎时，只需拆卸螺栓即可。挡圈是可拆的，有的无挡圈，而由与内轮辋制成一体的轮缘代替挡圈的作用，内轮辋与辐板焊接在一起。这种轮辋的特点是拆装方便，多用于越野车上。

3.4.3　车轮的结构参数

车轮的结构参数主要有车轮宽度、高度、偏置量、中心孔和法兰盘，如表 3-1 所示。

表 3-1 车轮的结构参数

结构参数	图 解	定 义
宽度		车轮的宽度是横过轮辋两侧的唇边之间的距离
高度		车轮的高度(直径)是在胎圈座区域从车轮的顶部到底部所测得的距离
安装法兰盘		在安装法兰盘上沿着一个圆圈均匀地分布着一些孔
偏置距		车轮的偏置距是从车轮的中心线到安装法兰盘之间的距离。增加该距离可以得到更宽的车轮
中央凹槽	中央凹槽区域 气门杆孔	在车轮的中央凹槽上有个安放气门杆的孔。它使得轮胎的拆卸和安装比较容易
凸耳螺母		凸耳螺母或者是螺栓把车轮紧固在轮毂上
中心孔		车轮上有一个中心孔,直接与轮毂接触,并把车轮定中心在轮毂上

轮辋是装配和固定轮胎的基础，当轮胎装入不同的轮辋时，其变形位置和大小也会发生变化。因此，每一种规格的轮胎最好配用与其相应的标准轮辋，必要时也可配用规格与标准轮辋相近的轮辋（容许轮辋）。如果轮辋选用不当，会造成轮胎早期损坏，特别是使用在过窄的轮辋上时。

如果替换车轮与原车轮的宽度、直径、偏距、承载能力、安装轮廓不同，则会严重影响汽车的转向性能、操纵性能、轮胎寿命和车轮轴承寿命。如果轮辋使用不当，可能会造成轮胎磨损异常，汽车性能下降，甚至造成人身伤害。

目前轮辋轮廓类型有 7 种，分别是深槽轮辋（代号 DC），深槽宽轮辋（代号 WDC），半深槽轮辋（代号 SDC），平底轮辋（代号 FB），平底宽轮辋（代号 WFB），全斜底轮辋（代号 TB），对开式轮辋（代号 DT）。

3.4.4 车轮的固定

车轮的固定方法有两种：一种方法是使用锥面或圆锥面的螺母将车轮定中心于轮毂上。另一种方法是在轮毂上使用一个定位法兰盘，将车轮定中心，并用平头螺栓或螺母固定住车轮。

大型货车为防止车轮螺母因车轮旋转产生的力而松脱。汽车两侧车轮采用不同旋向的螺纹，左侧用左旋螺纹，右侧用右旋螺纹。

3.4.5 轮胎的功用

轮胎是车辆上最重要的部件之一，它具有以下五个主要功能。

(1) 支撑车辆的全部质量。

(2) 轮胎与车辆悬架系统一起合作，作为一种弹簧吸收和缓和道路冲击和振动，以保证汽车具有良好的乘坐舒适性和行驶平顺性。

(3) 将车辆的驱动力和制动力传至路面，从而控制起动、加速、减速、停车。

(4) 保证车轮与路面良好附着而不打滑，使汽车行驶平稳。

(5) 实现车辆转向。

由此可见，车轮和轮胎对汽车的使用性能有很大的影响，车轮的合理使用关系到汽车的安全行驶、能源的节约和汽车运输成本的降低。

3.4.6 轮胎的类型

按轮胎内空气压力的大小，轮胎可分为高压胎（充气压力 0.5～0.7MPa）、低压胎（充气压力 0.15～0.45MPa）和超低压胎（充气压力 0.15MPa 以下）。

充气轮胎由于保持空气方法的不同，其组成结构也不同，又可分为有内胎轮胎和无内胎轮胎两种。无内胎轮胎在轿车上广泛采用，并开始在货车上使用。

充气轮胎按胎体中帘线排列方向不同，可分为子午线轮胎和普通斜交轮胎。

现代汽车多采用充气轮胎，且几乎全部使用低压胎。

3.4.7 轮胎的结构

普通充气轮胎由外胎、内胎和垫带组成，如图 3-24 所示。在深槽轮辋上使用的有内胎轮胎没有垫带，无内胎的轮胎既无内胎也无垫带。

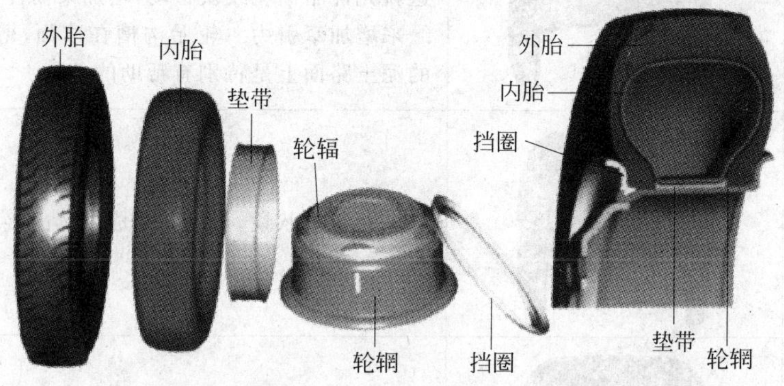

图 3-24 有内胎轮胎的组成

1. 外胎的结构

外胎结构由胎面(包括胎冠、胎肩和胎侧)、胎体帘布层、带束、内衬层和胎圈等组成，如图 3-25 所示。

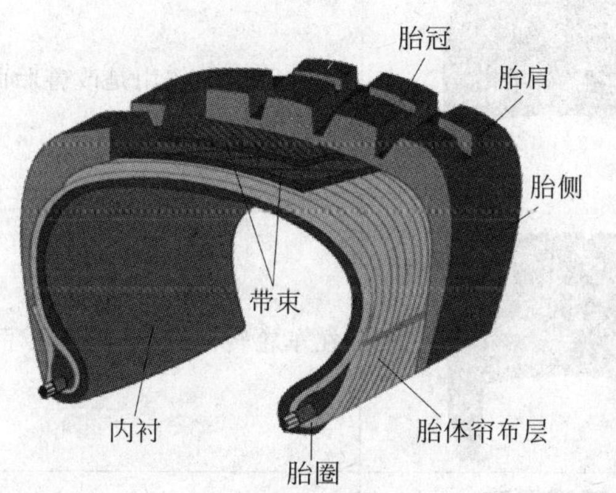

图 3-25 外胎结构

1）胎面

胎面是轮胎的外表面，可分为胎冠、胎肩和胎侧三部分。

胎冠是轮胎与路面直接接触的部分，具备极高的抗磨损性和抗撕裂性。

胎肩是较厚的胎冠和较薄的胎侧间的过渡部分，一般也有各种花纹，以提高该部分的散热性能。在车轮转向时，胎肩提供了与路面连续的接触面。

胎侧又称胎壁，它由数层橡胶构成，覆盖轮胎两侧，保护内胎免受外部损坏。胎侧在行驶过程中不断地在载荷作用下弯曲变形。胎侧上标有厂家名称、轮胎尺寸及其他资料。

胎面上的轮胎沟槽、开槽、胎面花纹块、肋条、凹坑、空隙比和胎肩，如表 3-2 所示。它们在干燥、潮湿、泥浆和雨雪路面状况下均能提供牵引力，帮助车辆避免打滑。

表 3-2 胎面结构

胎面结构	图　　解	说　　明
轮胎沟槽		在胎面花纹块中的一些小的切槽。当轮胎在路面上行驶时,轮胎沟槽张开后可以产生更多的接触表面区域。这就允许胎面花纹块移动,增加柔韧性,产生尖锐的边缘来增加牵引力。轮胎沟槽在冰面、薄雪路面和松散的泥土路面上是特别有帮助的
肋条		肋条是一条状块,与路面形成连续的接触条带
胎面花纹块		胎面花纹块构成胎面的主要部分,提供牵引力
凹坑		添加凹坑的作用是改善胎面的冷却
胎肩		在车轮转向时,胎肩提供了与路面连续的接触面
空隙比		空隙比是胎面上开口空间所占的数量。开口空间越大,轮胎的排水能力就越强。开口空间越小,轮胎与路面的接触面就越大
开槽		开槽是用于加强轮胎的排水能力

在轮胎上有各种不同纹式的胎面,不对称的、对称的和单方向的,如表3-3所示。轮胎是根据其侧壁上的标记来进行安装的。

表 3-3 胎面花纹

胎面花纹	图 解	说 明
不对称的		不对称的胎面纹式是用于子午线轮胎,其内侧和外侧的胎面纹式是不同的。胎面纹式不对称的轮胎能在两个方向转动
对称的		对称的胎面纹式是用于子午线轮胎,横过胎面的纹式是一致的。胎面的两半侧有相同的设计纹式。胎面纹式对称的轮胎能在两个方向转动
单方向的		单方向纹式的胎面用于子午线轮胎,具有单一的胎面纹式,设计成只能一个方向转动

2)胎体帘布层和带束

帘布层是外胎的骨架,用以保持外胎的形状和尺寸,并使其有足够的强度。帘布层和带束通常用橡胶复合物和多层的尼龙、聚酯、钢丝或者其他材料制成,相邻的帘布交叉排列。胎冠区域比侧壁有更多的分层,帘布层数越多,轮胎的强度越大,但弹性下降。轮胎帘布层结构有斜交帘布层、带束斜交帘布层、子午线帘布层三种类型,如表3-4所示。

表 3-4 轮胎帘布层结构

轮胎帘布层	图 解	说 明
斜交帘布层	胎面中心线	斜交帘布层结构的轮胎帘布与胎面中心线呈小于90°角排列,并且一侧胎边穿过胎面到另一侧胎边,层层相重叠。斜交帘布层结构的轮胎使用在比较老式的车辆上,如今的车辆上已经不太使用了。 优点:轮胎噪声小,外胎面柔软、制造容易,价格也较子午线轮胎便宜。 缺点:转向行驶时,接地面积小,胎冠滑移大,抗侧向力能力差;高速行驶时稳定性差,滚动阻力较大,油耗偏高,承载能力也不如子午线轮胎

续表

轮胎帘布层	图　解	说　明
带束斜交帘布层		带束斜交帘布层结构的轮胎是与斜交帘布层结构的轮胎相同的，再附加有多条沿轮胎圆周方向安置的带束。带束斜交帘布层结构的轮胎使用在比较老式的重载货车上
子午线帘布层		在20世纪80年代之后，开始使用子午线帘布层结构的轮胎。它是如今车辆上最普遍使用的轮胎。子午线帘布层结构的轮胎上的织物线是从轮圈延伸到轮圈的（帘布与胎面中心线的夹角接近90°），再附加有多条沿轮胎圆周方向安置的带束。 优点： ① 接地面积大，附着性能好，胎面滑移小，对地面单位压力也小，因而滚动阻力小，使用寿命长。 ② 胎冠较厚且有坚硬的带束层，不易刺穿，行驶时变形小，可降低油耗3%～8%。 ③ 因帘布层数少，胎侧薄，所以散热性能好。 ④ 径向弹性大，缓冲性能好，负荷能力较大。 ⑤ 在承受侧向力时，接地面积基本不变，故在转向行驶和高速行驶时稳定性好。 缺点：因胎侧较薄柔软，胎冠较厚在其与胎侧过渡区易产生裂口；吸振能力弱，胎面噪声大些；制造技术要求高，成本也高

3）内衬层

轮胎的内衬层是一层橡胶，用于防止空气的渗漏。现在大部分轮胎都采用无内胎设计，内衬层的作用与有内胎轮胎的内胎相同。在如今生产的轮胎上，内衬层已占到了百分之十的轮胎总重量。

无内胎轮胎优点：轮胎穿孔时，压力不会急剧下降，能安全地继续行驶；不会因内外胎之间摩擦和卡住而引起损坏；气密性较好，可以直接通过轮辋散热，所以工作温度低，使用寿命长；结构简单，质量较小。

无内胎轮胎缺点：胎圈处有空气压力密封层，如果此密封层损坏，空气就会漏出，并且胎圈就会脱落；轮辋弯曲损坏或锈蚀后，空气就很容易漏出。由于气门嘴安装在轮辋内，因此它有可能损坏，并导致空气漏出。

4）胎圈

胎圈是轮胎的内边缘，使外胎牢固地安装在轮辋上，有很大的刚度和强度，由钢丝圈、帘布层包边和胎圈包布组成。钢丝圈用于限制胎圈的膨胀，以确保对气体密封。

2. 轮胎内胎

内胎是一个环形的橡胶管,上面装有气门嘴,以便充入和排出空气。为使内胎在充气状态下不产生褶皱,其尺寸应稍小于外胎的内壁尺寸。

3. 垫带

垫带是个环行的橡胶带,它垫在内胎与轮辋之间,保护内胎不被轮辋和胎圈磨伤。

3.4.8 轮胎规格标记

轮胎侧壁上有很多数据和信息,其中最主要的有轮胎的类型、尺寸、载荷指数和速度额定值等,如图 3-26 所示。

图 3-26 轮胎规格标记

1. 轮胎类型

轮胎类型字母含义:P 轿车用胎、LT 轻型货车用胎、T 临时备用胎。

2. 轮胎尺寸参数

为了便于车轮选择合适的轮胎,在轮胎侧面标注有轮胎宽度、高宽比、车轮尺寸(即轮辋直径),如表 3-5 所示。

3. 载荷指数

轮胎标记 P245/75R16 109S 中的数字 109 是载荷指数。这个数字说明一个全充气的轮胎能够支撑的最大载荷量。你也可以在轮胎侧壁的其他位置处找到以磅力或公斤力为单位的最大载荷量的压印标值。

载荷指数为 109 的轮胎能够支撑 1030kg 的最大载荷量。其他载荷指数对应的最大载荷量,如表 3-6 所示。

4. 速度额定值

速度额定值只适用于轮胎充足气的条件下,充气未足的轮胎不能达到其速度额定值。速度代码是一个通常在 P 和 Z 之间的字母,速度代码限定了轮胎的速度额定值。

表 3-5 轮胎尺寸参数

尺寸参数	图解	说明
轮胎宽度	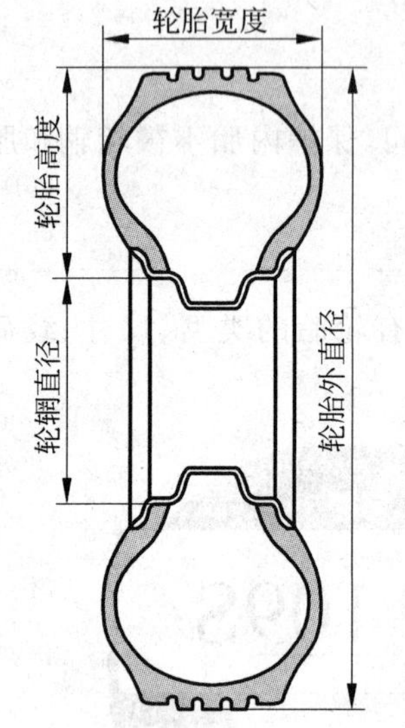 轮胎宽度 轮胎高度 轮辋直径 轮胎外直径	轮胎的整体宽度是从两个边缘处测量的。图 3-26 中轮胎的宽度是 245mm
高宽比		高宽比(又称扁平比)是轮胎高度与其宽度之比的百分值。图 3-26 中轮胎的高宽比就是 75%,其宽是 245mm,据此可以计算出该轮胎的高为 183mm。 高宽比大的轮胎侧壁偏转时有很大的柔性,增加了乘坐的舒适性;高宽比小的轮胎能有较大的接触面积,增加了行驶性能和控制能力。制造厂商提供了各种尺寸的轮胎与车轮组合来提高乘坐舒适性能和操纵性能
车轮尺寸 (轮辋直径)		车轮的尺寸或者轮辋的直径是从轮辋唇口测量到对边的轮辋唇口,以英寸为单位。图 3-26 表示的轮胎车轮尺寸为 16 英寸

表 3-6 轮胎载荷指数

负载指数	负载重量(kg)	负载指数	负载重量(kg)	负载指数	负载重量(kg)	负载指数	负载重量(kg)	负载指数	负载重量(kg)
60	250	71	345	82	475	93	650	104	900
61	257	72	355	83	487	94	670	105	925
62	265	73	365	84	500	95	690	106	950
63	272	74	375	85	515	96	710	107	975
64	280	75	387	86	530	97	730	108	1000
65	290	76	400	87	545	98	750	109	1030
66	300	77	412	88	560	99	775	110	1060
67	307	78	425	89	580	100	800	111	1090
68	315	79	437	90	600	101	825	112	1120
69	325	80	450	91	615	102	850	113	1150
70	335	81	462	92	630	103	875	114	1180

轮胎标记 P245/75R16 109S 中的字母 S 是速度符号,它表示了在正常状态下最大速度的标准值。S 表示轮胎能够承受 180km/h 的最大额定速度。速度符号与限定车速的对应关系如表 3-7 所示。

在某些轿车轮胎上,还会有转动方向标识、安全轮胎标识、最大胎压标识等,这里不再赘述。

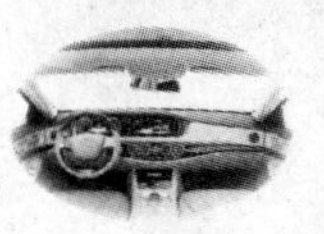

表 3-7 速度符号与限定车速的对应关系

速度符号	速度(km/h)	速度符号	速度(km/h)	速度符号	速度(km/h)	速度符号	速度(km/h)
A1	5	B	50	K	110	S	180
A2	10	C	60	L	120	T	190
A3	15	D	65	M	130	U	200
A4	20	E	70	N	140	H	210
A5	25	F	80	P	150	V	240
A6	30	G	90	Q	160	Z	超过 240
A7	35	J	100	R	170		
A8	40						

3.4.9 轮胎磨损的形式

1. 胎肩或轮胎中心的磨损

如果轮胎充气压力太低，胎肩要比轮胎中心磨损得更快(超载会产生同样的影响)；如果充气压力太高，轮胎中心磨损要比胎肩更高。

2. 内侧或外侧磨损

如图 3-27 所示的磨损是由于超速转弯引起的。悬架部件的变形或间隙过大会影响前轮定位，导致轮胎异常磨损。如果轮胎面的一侧磨损比另一侧要快，主要原因多半是外倾不正确。

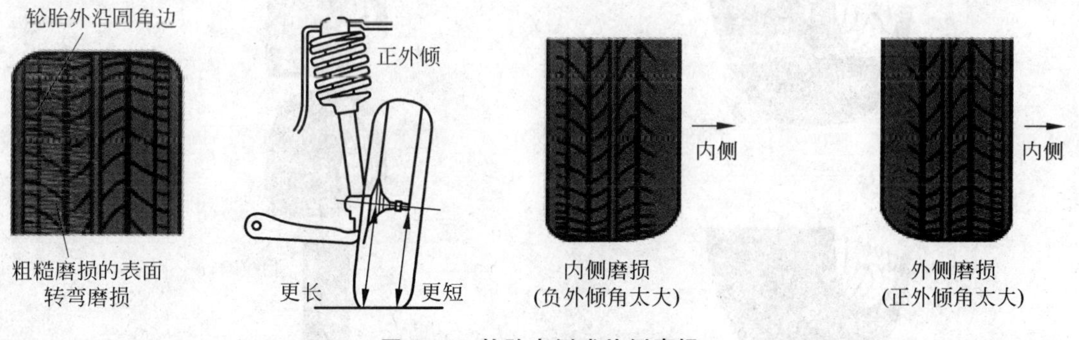

图 3-27 轮胎内侧或外侧磨损

3. 羽毛状磨损(前轮前束磨损)

胎面花纹薄边磨损的主要原因是不良的前束调整。过多的前轮前束迫使轮胎向外滑动并且在路面上向内摩擦胎面的接触面，从而产生前轮前束磨损，如图 3-28 所示。表面呈现羽毛状，可通过手指触摸胎面的方法加以鉴别。

4. 前端和后端磨损

前端和后端磨损是经常出现在横向块状胎面花纹轮胎上的斑状磨损，如图 3-29 所示。图中附有纵向胎面花纹的轮胎磨损形成的类似波状的花纹。

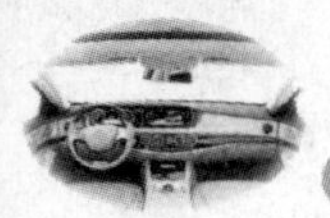

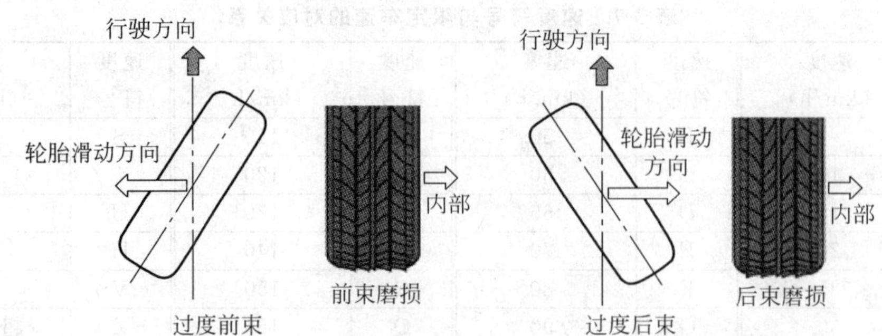

图 3-28　前轮前束磨损

当轮胎转动并不承受驱动力或制动力时，前端和后端磨损区域更易于发生磨损。因此，车轮前端和轮胎胎唇后部磨损最经常发生在不承受驱动力的非驱动轮上。在驱动轮上，驱动力导致轮胎与前端和后端磨损的相反方向磨损（制动力也产生类似的结果）。所以，驱动轮的轮胎上通常只有稍许前端和后端磨损。

5. 斑状磨损(环状槽形磨损)

如果车轮轴承、球头节、转向横拉杆端等间隙过大或芯轴弯曲，轮胎将会在其高速运转的特有部位摇摆，施加引起滑动的强摩擦，两者均导致斑状磨损。变形或不规则磨损的制动鼓，在规则间隔时间实施刹车会导致圆周方向相对宽的面积范围内发生斑状磨损，如图 3-30 所示。

图 3-29　轮胎前端和后端磨损　　　　图 3-30　轮胎的斑状磨损

突然起动、制动和转弯也可能导致斑状磨损。过度不平衡的车轮组件也会导致斑状磨损。

3.4.10　轮胎的维护

1. 轮胎/车轮总成的换位

在正常的驾驶状态下，根据行驶的里程数对各个轮胎进行换位就能够实现更均匀的

磨损，使轮胎的寿命延长。一般按照车主手册上规定的行驶里程数间隔来进行轮胎换位，或者当目测检查出过度的或者不均匀的胎面磨损之后进行换位。通常，每行驶 8000～13000km 之后进行一次轮胎换位。

对过度磨损或者不均匀磨损的轮胎进行换位，并不能消除产生这种状态的根由，只是把轮胎的不正常磨损量分散了。轮胎换位有平行换位和交叉换位两种。

1）根据胎面不同纹式进行轮胎的换位

轮胎/车轮总成的换位是根据胎面的不同纹式来安排的。

单方向的轮胎可以前、后轮交换，但不能进行一侧对另外一侧的换位，如图 3-31(a)所示。不对称的轮胎可以进行一侧到另外一侧的换位以及前到后的换位，如图 3-31(b)所示。

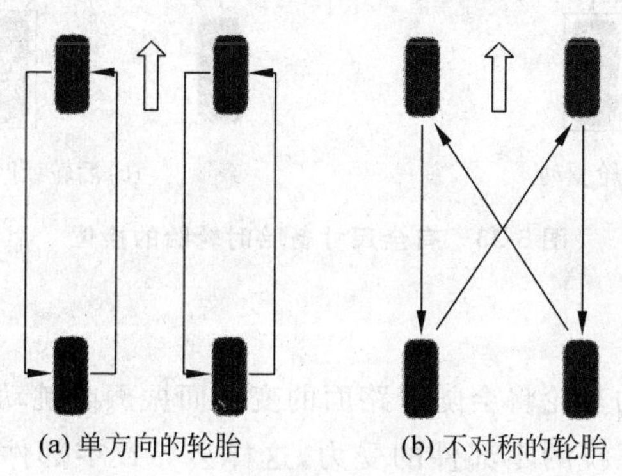

图 3-31　不同纹式轮胎的换位

2）根据车轮的类型进行轮胎的换位

当前、后车轮的直径或者是偏置量不同时，不要把车轮从前换到后。单方向的轮胎只有在车轮的直径和偏置量互相匹配时，才能前、后轮换位。不能把这种类型的车轮从一侧换位到另外一侧。某些车轮设计成在制动时起冷却作用，必须只在同一侧进行换位，如图 3-32 所示。

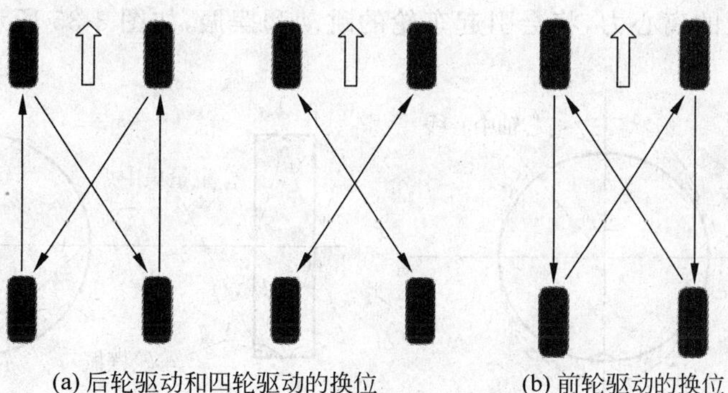

图 3-32　不同车轮类型的轮胎换位

3）有全尺寸备胎时轮胎的换位

如果车辆配有全尺寸的备胎，这个备胎可以包括在换位中。按照不同驱动类型车辆

的换位图式(前轮、后轮或者四轮驱动),把备胎安放在右后轮的位置处。将应该换到右后轮处的轮胎换下作备胎,如图 3-33 所示。

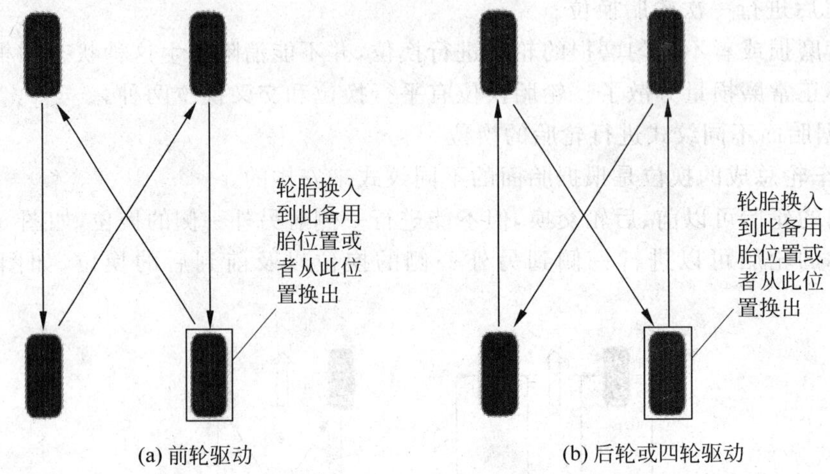

图 3-33 有全尺寸备胎时轮胎的换位

2. 轮胎/车轮的平衡

没有进行正确平衡的车轮将会随着路面的变化而振颤或跳动,导致轮胎磨损不均匀,同时会加大转向和悬架系统的零部件的受力,这样会导致零部件过早损坏。要使车辆具有最佳的驾驶性能和最低的轮胎磨损量,必须进行车轮平衡。平衡车轮时,技师沿着轮辋分布配重,以抵消车轮或轮胎上重量集中的点。

1) 平衡类型

平衡类型有两种:一种为静平衡;另一种为动平衡。静不平衡的车轮,其重心与旋转中心不重合,但在同一旋转平面,在旋转时产生的离心力,会引起车轮上下跳动和前后窜动,如图 3-34 所示;动不平衡的车轮,其重心不但与旋转中心不重合,且不在同一旋转平面上。旋转时产生的离心力,将会引起车轮的跳动和摆振,如图 3-35 所示。

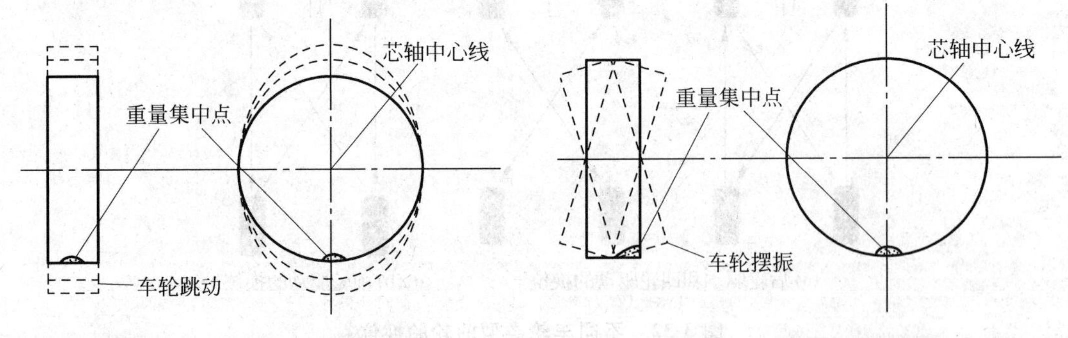

图 3-34 车轮静平衡的影响

图 3-35 车轮动平衡的影响

2) 平衡方法

利用动平衡机的低速或高速运行,可校正静不平衡和动不平衡(依设备选项而定)。

多数旋转的平衡机允许技师选择在两个不同的面上进行平衡，如图3-36所示。

使用双面进行动平衡是一种最精确的平衡方法，因为它既能校正车轮跳动，也能校正车轮摆振。

有几种不同类型的车轮配重，如图3-37所示。最常用的一种是铅制配重，在这种配重的顶端有一个窄的定位夹，如图3-37(a)所示。由于定位夹的存在，配重在车轮配重锤的作用下，轻敲即可固定在车轮轮辋上。这种配重用在钢制轮辋上。

另一种类型的配重外形尺寸厚一些、短一些，顶部的定位夹较宽，如图3-37(b)所示，它也是铅制的。这种类型的配重用在铝车轮上，车轮在轮辋胎圈边上有较宽的唇口。这种类型的配重有一层特氟隆Teflon®保护层，用来防止在配重和铝车轮之间出现腐蚀。现在也有采用粘接的方式固定的配重块。具体参见设备使用说明书。

图3-36　车轮动平衡机

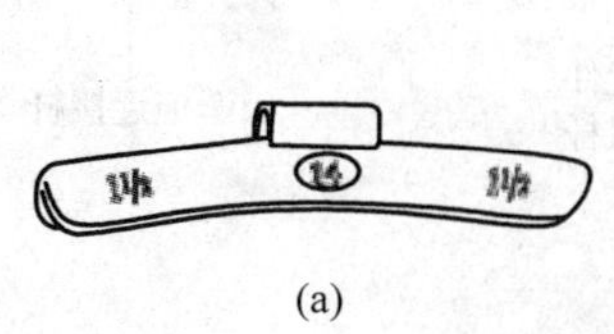

(a)

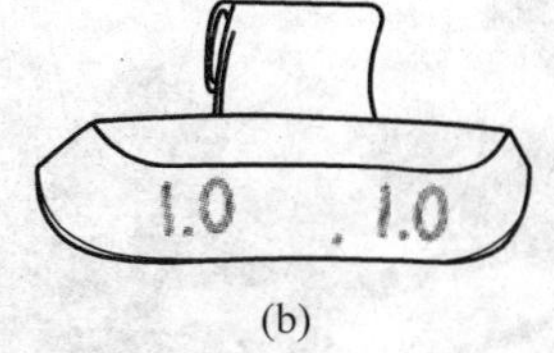

(b)

图3-37　车轮配重

3）平衡步骤

如果汽车存在振动问题，而且怀疑问题出现在一个或多个车轮上，则应对车轮和轮胎总成进行平衡检查。检查轮胎气压，除去可能卡在轮胎外胎面上的石头或其他碎屑。对车轮执行车轮平衡程序，将车轮上旧的配重取下，在没有配重的情况下开始平衡。根据动平衡机检测出的动不平衡的位置和数量，添加平衡片。再次通过检测，直至达到标准要求。

3.5　悬架

悬架是车辆上一个重要的系统，是车架（或承载式车身）和车桥（或车轮）之间的传力连接装置的总称，对车辆的行驶安全至关重要。车辆的操纵性能，如转弯、停车、方向的稳定性、轮胎与地面的控制，都取决于悬架系统是否能正常工作。

3.5.1　悬架的功用

(1) 支承车辆，保持乘坐高度，把车轮连接到底盘或者车身上。

(2) 使轮胎保持与路面接触，让车轮与车辆的行驶方向保持一致。

(3) 让车轮作枢轴来转动，提供转向和停车控制。

(4) 吸收突然的车轮运动，减少路面冲击和振动的影响。

(5) 在零部件的安排上是有变化的，但所完成的基本功能都是相同的。

3.5.2 悬架的组成

现代汽车的悬架系统虽然有不同的结构形式，但一般是由弹性元件，减振器和导向机构三部分组成，如图 3-38 所示。它们不但分别起着缓冲、减振和导向的作用，还共同起着传递力的作用。

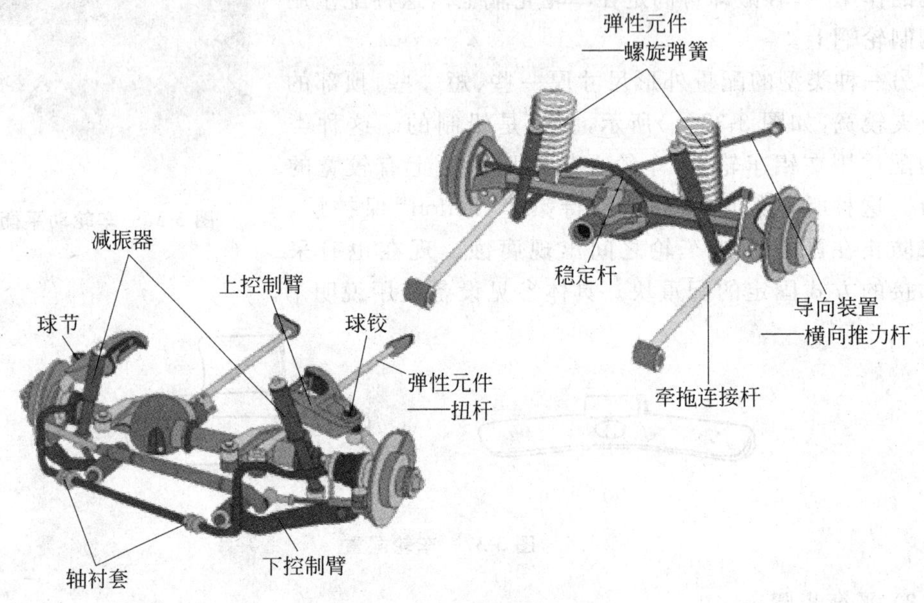

图 3-38 汽车悬架系统组成

3.5.3 悬架基本术语

1. 簧载质量

在研究悬架系统时，需要了解车辆上的质量分配，即簧载质量和非簧载质量之间的比例，如图 3-39 所示。也有的称为簧上质量与簧下质量之间的比例。

由弹簧支撑的车身质量统称为簧载质量(或称簧载重量)，如车身、负载或货物、燃油箱、发动机和变速器等。

非簧载质量(或称非簧载重量)指的是弹簧不支承的汽车质量，如车轮和轮胎、车轮轴和轮毂、车桥和转向节、装在车轮上的制动部件等。

簧载质量是影响汽车平顺性的悬架指标，悬架系统应设计为尽可能少的非簧载质量。非簧载质量较大的话，车辆就会反制簧载质量，从而减慢了轮胎对路面的反应能力，结果造成操纵性差、损失牵引力和过早地产生零部件损耗。一般而言，汽车的簧载质量越大，乘坐舒适度越好，车身受颠簸的趋势减少。反之，如果非簧载质量大，车身容易受颠簸。

图 3-39 簧载质量和非簧载质量

2. 固有频率

汽车的固有频率是衡量汽车平顺性的重要参数。固有频率由悬架刚度和簧载质量所决定。人体习惯的垂直振动频率为 1～1.6Hz。车身振动的固有频率应接近或处于人体适应的频率范围,才能满足舒适性要求。

在悬架垂直载荷一定时,悬架刚度越小,固有频率就越低。但悬架刚度越小,载荷一定时,悬架垂直变形就越大。若没有足够大的限位行程,就会使撞击限位块的概率增加。若固有频率选取过低,很可能会出现制动点头、转弯侧滑、空载和满载车身高度变化过大。一般货车的固有频率是 1.5～2Hz,旅行客车为 1.2～1.8Hz,高级轿车为 1～1.3Hz。

另外,当悬架刚度一定时,簧载质量越大,悬架垂直变形也越大,而固有频率越低。空车时的固有频率要比满载时的高。簧载质量变化范围大,固有频率变化范围也大。为了使空载和满载固有频率保持一定或很小变化,需要把悬架刚度做成可变或可调的。

3. 阻尼

阻尼是影响汽车平顺性的重要指标,是减振器在压缩和伸展过程中液压油通过活塞时产生的阻力。阻尼比大,能使振动迅速衰减,但会把路面较大的冲击传递到车身;阻尼比小,振动衰减慢,受冲击后振动持续时间长,使乘客感到不舒服。为充分发挥弹簧在压缩行程中的作用,常把压缩行程的阻尼比设计得比伸张小。

3.5.4 弹性元件

几乎所有的悬架系统都使用弹簧作为弹性元件。弹簧有各种类型:轻型的弹簧用于乘用车,重型的弹簧用于载货卡车。弹性元件使车架与车桥的连接具有弹性,吸收、缓和路面冲击和振动。

车辆的设计和有效空间确定了悬架系统中弹簧的位置。汽车上常用的弹簧有螺旋弹簧、钢板弹簧、扭杆弹簧、橡胶弹簧、油气弹簧和空气弹簧，如图 3-40 所示。其中，载货汽车广泛采用钢板弹簧，重型载荷汽车广泛采用油气弹簧，大多数轿车则采用螺旋弹簧和扭杆弹簧。

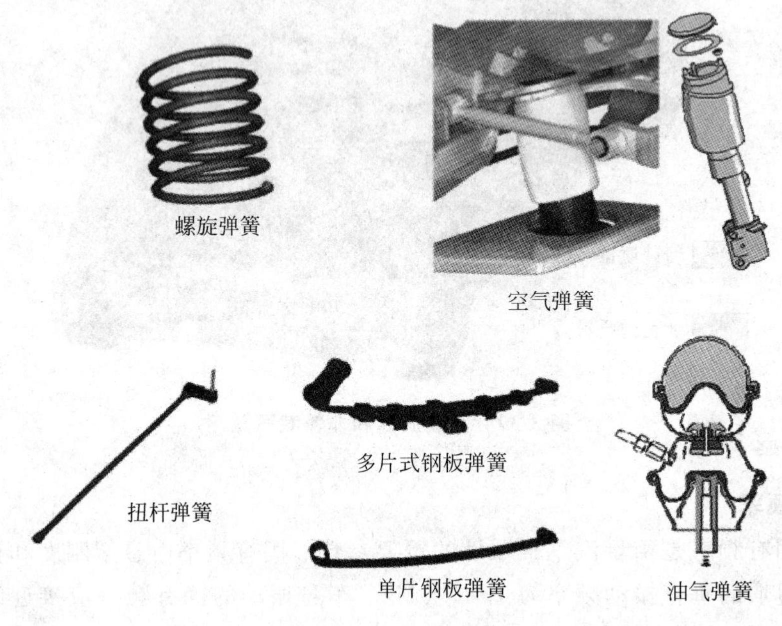

图 3-40 弹性元件

1. 钢板弹簧

钢板弹簧曾经是最普遍使用的弹簧类型，最近被用在轻型货车、运动型多功能车(SUV)、厢式客货车(VAN)和一些乘用车上。这种类型的弹簧相对比较便宜，钢板弹簧把车桥连接到车架上，它们具有很好的负载承受能力。

钢板弹簧是由若干片等宽、但不等长的合金弹簧片组合而成的一根近似等强度的弹性梁，多数情况下由多片弹簧组成，使用多片钢板能确保压力被均匀地分散到弹簧各处，如图 3-41 所示。钢板弹簧的第一片(也是最长的一片)为主片，其两端弯成卷耳，内装衬套，以便用弹簧销与固定在车架上的支架或吊耳作铰链连接。中心螺栓用以连接各弹簧

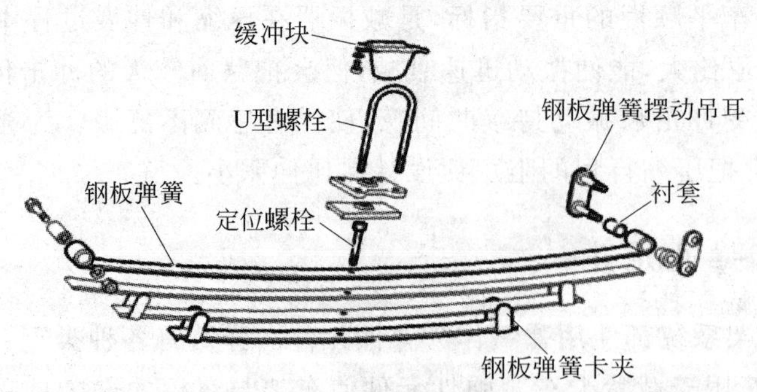

图 3-41 钢板弹簧的结构

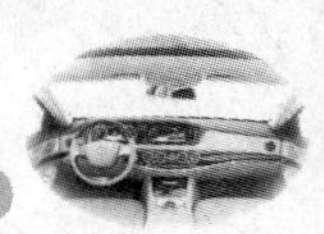

片，并保证装配时各片的相对位置。除中心螺栓以外，还有若干个弹簧夹(亦称回弹夹)将各片弹簧连接在一起，以保证当钢板弹簧反向变形(反跳)时，各片不致互相分开，以免主片单独承载，各片钢片之间添加一些材料(如石墨润滑脂)来减少摩擦和噪声，以及防止各片横向错动。两个U型螺栓将弹簧夹紧到车桥上。

钢板弹簧特性如下。

(1) 弹簧本身有足够的刚度，可以将轮轴保持在正确的位置，因此没有必要使用导向装置(横向推力杆和纵向推力杆)，结构简单。

(2) 弹簧片间的摩擦能吸收一定的振动能量，控制自身的振荡。

(3) 对重载用途的车辆有足够的耐用性。

(4) 由于弹簧片间的摩擦，吸收来自路面的微小振动比较困难，因此钢板弹簧一般用于大型商用车辆以及载重量大和耐用性要求高的车辆。

有些钢板弹簧提供两级阻尼，比较轻型的第一级弹簧提供舒适的乘坐感，而较硬的第二级弹簧则可增加质量携带能力，如图3-42所示。在卡车和很多承受大负载车辆中，使用副弹簧，如图3-43所示。副弹簧安装在主弹簧上面。负载轻时，仅主弹簧起作用；但当负载超过某一极限值时，主弹簧和副弹簧均起作用。

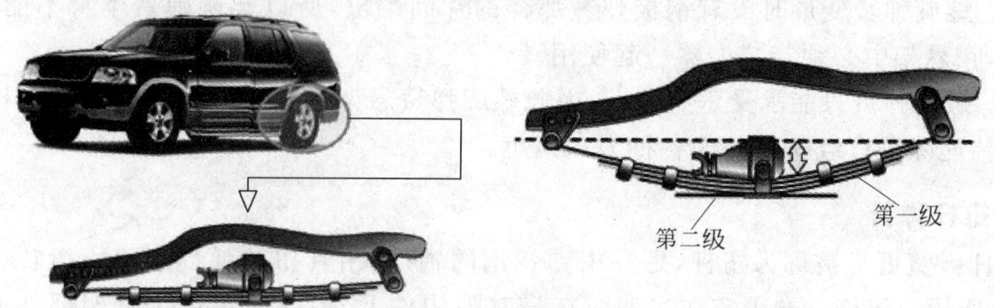

图3-42　两级阻尼钢板弹簧

图3-43　主副钢板弹簧

2. 螺旋弹簧

螺旋弹簧用弹簧钢棒料卷制而成，是轿车前后悬架中最常用的弹簧。当重量加在车辆上时，螺旋弹簧被压缩。由于螺旋圈有一种阻止压缩的能力，它们试图返回其未压缩状态来释放出被压缩时的能量。螺旋弹簧有固定刚度和可变刚度两种，如图3-44所示。

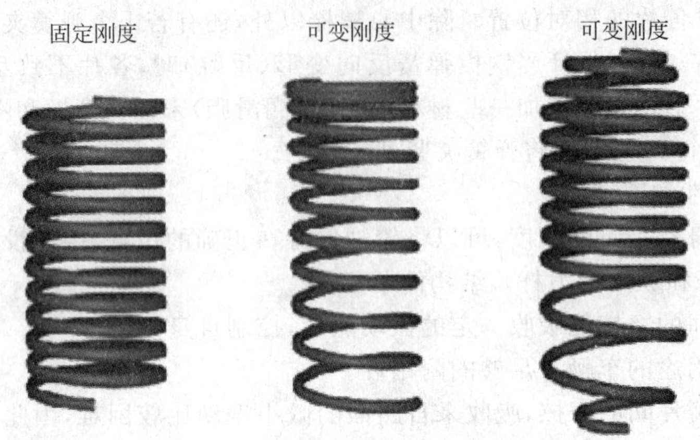

图 3-44　固定刚度和可变刚度螺旋弹簧

螺旋弹簧的特性如下。

(1) 单位重量能量吸收率比钢板弹簧高、质量小。

(2) 不需要润滑,也不忌泥污。

(3) 螺旋弹簧变形时没有钢板弹簧那样的片间摩擦,所以螺旋弹簧本身不能吸收振动能量,在悬架中必须与减振器一起使用。

(4) 螺旋弹簧只能承受垂直载荷,因此螺旋弹簧悬架系统中必须安装导向机构,用于承受并传递除垂直载荷以外的各种力和力矩。

3. 扭杆弹簧

扭杆弹簧更常被称为扭杆,是一根弹簧钢的轴,利用其扭转弹性来阻止扭转运动,如图 3-45 所示。扭杆一端固定在车架或车身其他构件上,另一端定位于悬架部件上,并承受扭转负载。扭杆质量小、简易,并且能提供比等量应力状态下的螺旋弹簧更大的阻尼量。

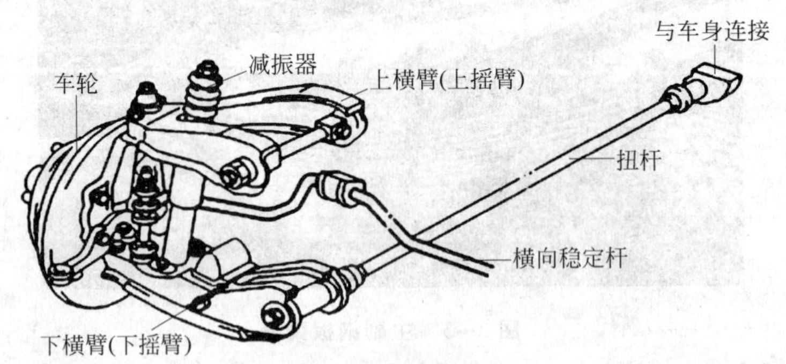

图 3-45　扭杆弹簧悬架结构

当来自于不平路面车轮的运动传递到了上、下横臂时,横臂就上下运动,扭转扭杆。因为扭杆具有一种内在的能力去阻止扭转运动,它们就会反作用于下横臂,使控制臂返回其初始的位置。

扭杆弹簧特性如下。

(1) 由于其单位重量的能量吸收率很高,因此相对于其他类型的弹簧,采用该弹簧的悬架更轻。

(2) 可简化悬架系统的布局。

(3) 和螺旋弹簧一样,扭杆弹簧不能抑制振荡,因此必须连同减振器一起使用。

4. 橡胶弹簧

橡胶是一种非常有效的弹簧材料,并且特别轻巧和紧凑。当橡胶弹簧由于外力变形时,便产生内部摩擦,以吸收振动,如图3-46所示。因此,橡胶在悬架设计中充当弹簧的角色,用来减少振动阻尼。橡胶弹簧被设计成"渐进性",并且其天生具有"渐进性"。这意味着施加在它们上面的重量越大,悬架就会变得越硬。

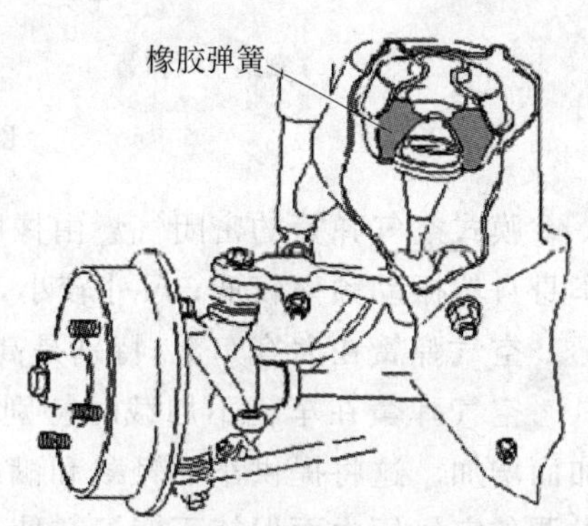

图3-46 橡胶弹簧

橡胶弹簧的特性如下。

(1) 可被制作成任何形状。

(2) 在使用过程中不会产生噪声。

(3) 不需要被润滑。

(4) 橡胶在支撑重载方面不是非常有效,并且容易开裂和老化。

橡胶弹簧主要被用作辅助弹簧,作为衬套、垫片、衬垫、挡块、悬架部件的其他支承件,如图3-47所示。

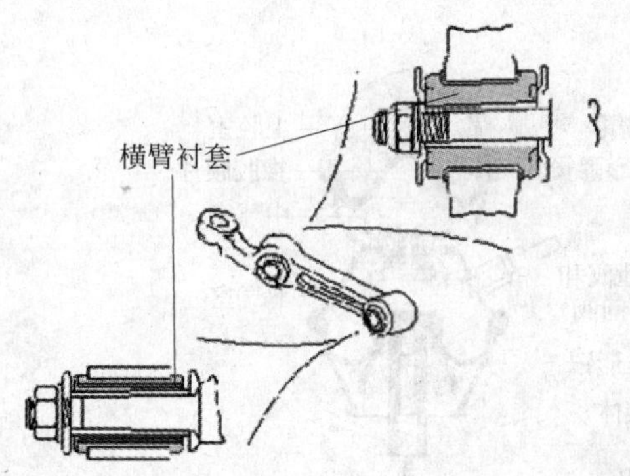

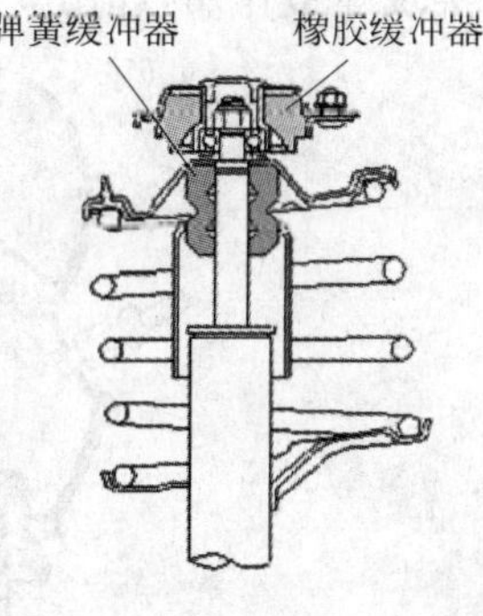

图3-47 橡胶弹簧用途

5. 空气弹簧

空气弹簧以空气作为介质,即在一个密闭的容积内装入压缩空气(气压为0.5~1MPa),利用气体的可压缩性实现弹簧的作用。空气弹簧随着载荷的增加,容积内压缩空气压力升高,其刚度也随之增加;载荷减少,刚度也随空气压力降低而降低,因此这种弹簧具有理想的变刚度。空气弹簧又可分为囊式和膜式两种,如图3-48所示。

囊式空气弹簧由夹有帘线的橡胶气囊和密闭在其中的压缩空气组成。气囊有单节和多节式,节数越多,弹性越好,但密封性越差。

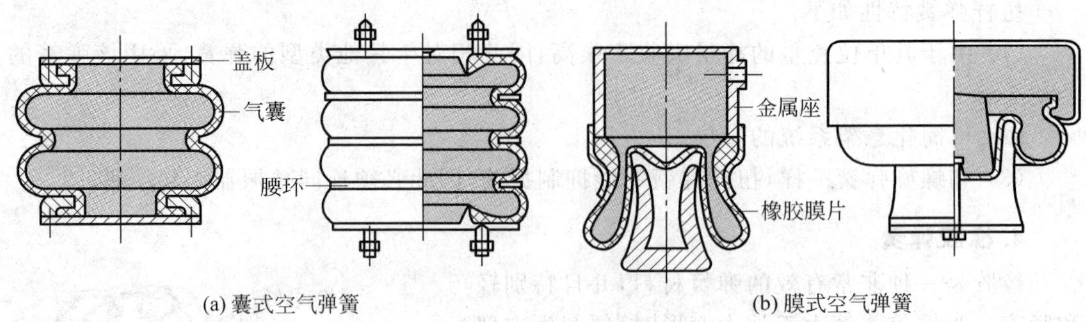

(a) 囊式空气弹簧　　(b) 膜式空气弹簧

图 3-48　空气弹簧类型

膜式空气弹簧的密闭气囊由橡胶膜片和金属压制件组成。与囊式相比，其刚度较小，车身自然振动频率较低；尺寸较小，在车上便于布置，故多用在轿车上。

空气弹簧在大客车上，特别是高档豪华车上已得到广泛应用。

空气弹簧在车辆不加载时特别软，但其弹簧系数可通过气室内空气压力随负载的增加而增加。这将提供车辆轻载和满载时的乘坐舒适性。即使负载变化车辆高度，也可通过调整空气压力而保持不变。在使用空气弹簧的空气悬架中，需要用到控制空气压力的装置和压缩空气的压缩机，所以悬架复杂。目前，这种弹簧主要应用在提供电子调节悬架的车辆上面。

6. 油气弹簧

油气弹簧以气体（如氮等惰性气体）作为弹性介质，用油液作为传力介质，利用气体的可压缩性实现弹簧作用，如图 3-49 所示。

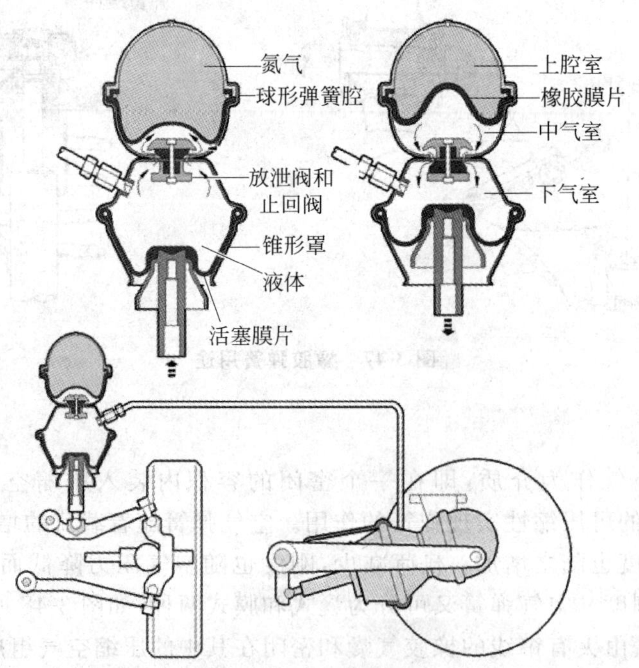

图 3-49　油气弹簧结构

油气弹簧上有三个腔室。其中，上腔室含有加压的氮气，并由特殊的橡胶膜片密封。充满腔室的氮气能提供一个渐进式的弹性系数(气体被压缩得越多，弹性系数就越大)。中腔室和下腔室充满了由酒精、水和抗腐蚀剂组成的特殊液体，中、下腔室的液体可以将力传送到氮气"弹簧"中。

这种液体被另一种加强型活塞膜片密封在单元底部，油气单元中的一个主要部件是阻尼阀(由放泄阀和止回阀组成)，它能提供必要的阻尼作用来防止"回弹"。这种阻尼阀通过减缓液体从油气单元中腔室流回下腔室("回弹"速度变缓)。如果不安装此阀，将会出现严重的"俯仰"现象，令车辆行驶非常不稳定。

3.5.5 减振器

1. 减振器的功用

当车轮撞上一个障碍物，能量会施加到被弯曲的弹簧上。当通过障碍物后，储存的能量将发生反弹或释放，并推动弹簧越过静止位置，从而建立起一种振荡运动。如果不加以抑制，就会连续振荡，直到所有的能量被耗尽为止。而这种振摆需要很长时间才会停止，这会导致乘坐舒适性差。减振器的作用就是吸收这种振荡，衰减车轮和汽车的垂直运动。

2. 减振器的安装位置

减振器是一种液压装置，有助于抑制车身的上下运动和侧倾运动，每个车轮上都安装有一个减振器，减振器连接在底盘和下控制臂上，减振器和弹性元件并联安装，如图 3-50 所示。每个减振器都必须能控制一个车轮和轮轴的运动。车辆的弹簧能支撑车身重量，而减振器则跟弹簧一起工作，以衰减振动，提高行驶平顺性。

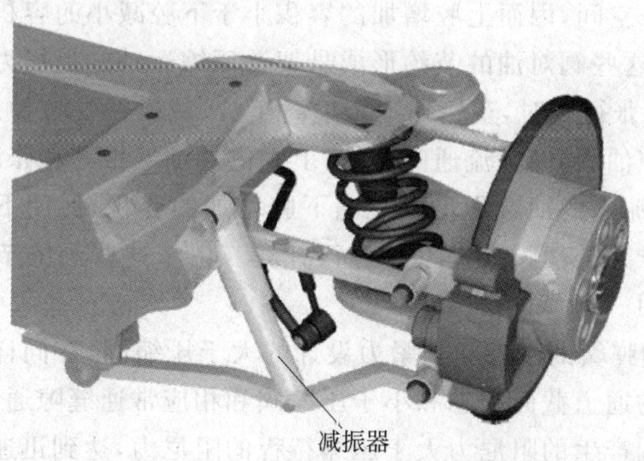

图 3-50 减振器安装位置

所有的减振器都是双向作用的，这就意味着在压缩和伸展行程中都产生阻尼作用，一般在伸张行程中产生较大的阻尼作用。双向作用的减振器能很快地使弹簧的振动停止，改善了行驶方向的稳定性。

3. 减振器的结构与原理

汽车悬架系统中采用减振器多是液力减振器，其工作原理是当车架(或车身)和车桥

间受振动出现相对运动时,减振器内的活塞上下移动,减振器腔内的油液便反复地从一个腔经过不同的孔隙流入另一个腔内。此时孔壁与油液间的摩擦和油液分子间的内摩擦对振动形成阻尼力,使汽车振动能量转化为油液热能,再由减振器吸收散发到大气中。在油液通道截面等因素不变时,阻尼力随车架与车桥(或车轮)之间的相对运动速度增减,并与油液黏度有关。

1) 双向作用筒式减振器

现在车上常用双向作用筒式减振器,如图 3-51 所示,其工作原理如下。

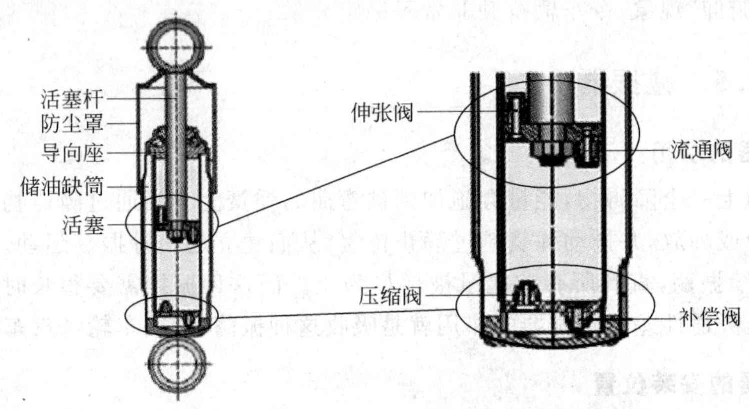

图 3-51 双向作用筒式减振器结构

(1) 在压缩行程时,汽车车轮移近车身,减振器受压缩,此时减振器内活塞向下移动。活塞下腔室的容积减少,油压升高,油液流经流通阀流到活塞上面的腔室(上腔)。上腔被活塞杆占去了一部分空间,因而上腔增加的容积小于下腔减小的容积,一部分油液推开压缩阀,流回储油缸。这些阀对油的节约形成悬架受压缩运动的阻尼力。

(2) 减振器在伸张行程时,车轮相当于远离车身,减振器受拉伸。这时减振器的活塞向上移动。活塞上腔油压升高,流通阀关闭,上腔内的油液推开伸张阀流入下腔。由于活塞杆的存在,自上腔流来的油液不足以充满下腔增加的容积,促使下腔产生一真空度,这时储油缸中的油液推开补偿阀流进下腔进行补充。由于这些阀的节流作用,悬架在伸张运动时起到阻尼作用。

(3) 由于伸张阀弹簧的刚度和预紧力设计的大于压缩阀,在同样压力作用下,伸张阀及相应的常通缝隙的通道截面积总和小于压缩阀和相应常通缝隙通道截面积总和。这使得减振器的伸张行程产生的阻尼力大于压缩行程的阻尼力,达到迅速减振的要求。

2) 单筒式减振器

单筒式减振器的代表类型是杜卡本型,它的缸内储气室和油室被可自由上下运动的“活塞”分开,因为它们能自由上下运动故被称为“自由活塞”,如图 3-52(a)所示。单筒直接暴露于大气中,具有良好的热辐射。筒的一端充有高压气体,它需要高压氮气(2.0～2.9MPa),用一自由活塞与油完全密封开。这将确保操作期间不会发生空穴现象和混气现象,从而提供更稳定的缓冲,并且工作噪声大大降低。

单筒式减振器的工作原理如下。

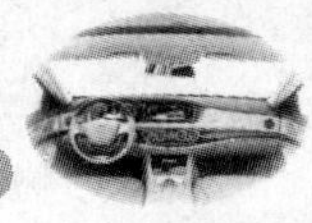

(1) 在压缩行程中,如图 3-52(b)所示,活塞向下运动,使下室油压高于上室,下室的油被迫通过活塞式滑阀进入上室。此时阀的流动阻力产生减振力。高压气体对下室的油施加大的压力,迫使油在压缩行程期间快速平稳流到上室。这将确保一个稳定的减振力。

(2) 在伸张行程中,如图 3-52(c)所示,活塞杆向上运动,使上室油压高于下室。因此,上室的油被迫穿过活塞式滑阀进入下室,同样阀的流动阻力起减振力的作用。因活塞杆向上运动,杆的一部分运动到筒外,所以被杆排出的油量减少。为对此进行补偿,自由活塞向上推(被压缩的高压气体)一个等于该容量的距离。

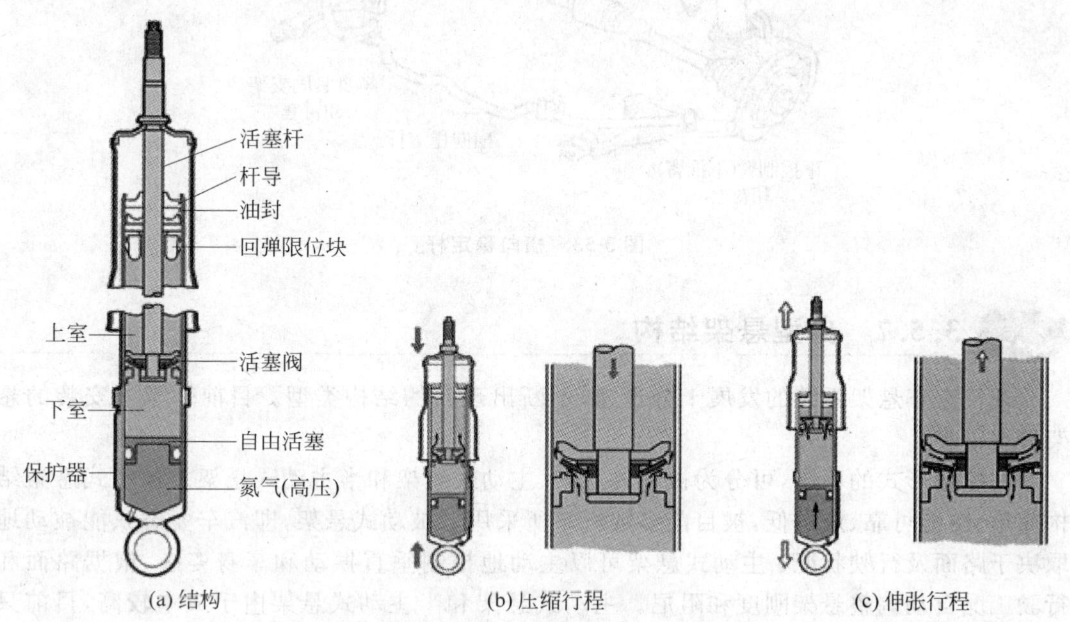

图 3-52 单筒式减振器结构与工作原理

在高档豪华车和运动型车上的减振器的阻尼力是可调节的。电控的或手动控制的调节装置能使减振器对冲击的反应减缓或加快。

减振器是不能拆修的,在出现油液渗漏时只能更换新的。

3.5.6 稳定杆

横向稳定杆简称稳定杆,有时又被称作扭力杆,如图 3-53 所示。与车辆的悬架系统合成一体,使车辆能够使用低弹性系数的软弹簧,以便在正常行驶条件下提供更舒适的驾乘感。当非簧载质量增大,或车辆通过拼接路段的裂缝,或脊状突起而承受动态冲击荷重时,这根稳定杆并不能增加悬架弹簧的刚度(垂直偏转的阻力)。当某一个车轮比其同轴另一个车轮抬得更高(车辆中的某一个车轮通过道路上的一个隆起物)或是车身在转弯时开始侧倾,稳定杆就会发挥作用。

悬架系统的弹簧刚度(整体弹性系数)与以下情况成正比:当车辆一侧车轮通过隆起路面时,同轴两车轮抬起高度的相对差;当车辆转弯时,单个车轮的反弹或车身的侧倾。

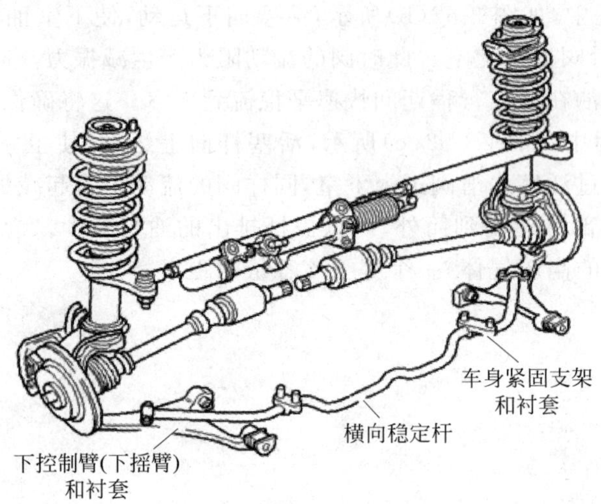

图 3-53 横向稳定杆

3.5.7 典型悬架结构

现代汽车悬架系统的发展十分迅速,不断出现新的结构类型。目前轿车上安装的悬架种类很多。

按控制形式的不同,可分为被动式悬架、主动式悬架和半主动式悬架。被动式悬架结构简单、性能可靠、成本低,被目前多数汽车所采用。被动式悬架,即汽车姿态只能被动地取决于路面及行驶状况;主动式悬架可以主动地控制垂直振动和车身姿态,根据路面和行驶工况自动调整悬架刚度和阻尼。主动式悬架和半主动式悬架由于成本较高,目前只在中高档轿车上有些应用。

根据汽车导向机构的不同,悬架的种类又可分为非独立悬架和独立悬架,如图 3-54 所示。非独立悬架的两侧车轮通常由一根管轴连接在一起。当一边车轮跳动时,影响另一侧车轮也作相应的跳动,使整个车身振动或倾斜,汽车的平稳性和舒适性较差。因其结构简单,工作可靠,而被广泛应用于货车的前、后悬架。轿车中,非独立悬架仅用于后桥。独立悬架的两侧车轮分别独立地与车架或车身弹性地连接。当一边车轮发生跳动时,另一边车轮不受波及,汽车的平稳性和舒适性好。但这种悬架构造较复杂,承载力小。现代轿车前后悬架大都采用了独立悬架。

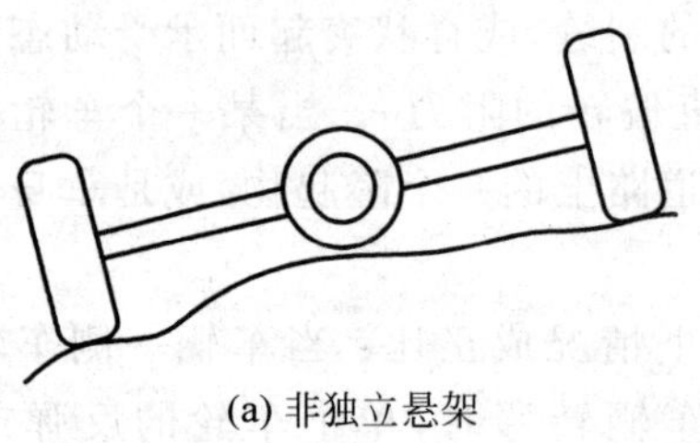

(a) 非独立悬架　　(b) 独立悬架

图 3-54 悬架类型

1. 钢板弹簧式非独立悬架

钢板弹簧被用做非独立悬架的弹性元件，由于它兼起导向机构的作用，使得悬架系统大为简化。这种悬架广泛用于货车的前、后悬架中，如图3-55所示。

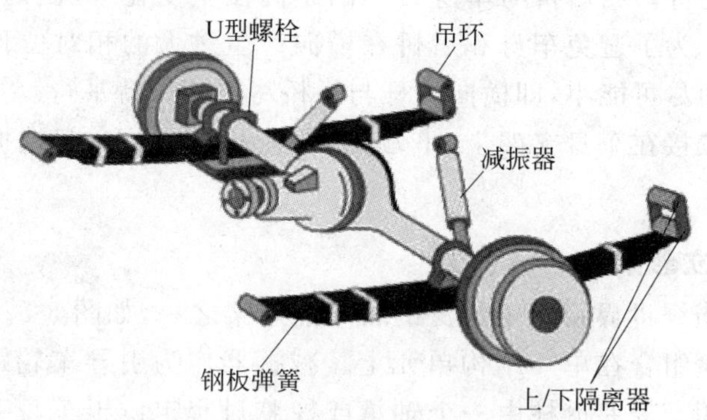

图3-55 钢板弹簧式非独立悬架

钢板弹簧式非独立悬架中部用U型螺栓将钢板弹簧固定在车桥上。悬架前端为固定铰链，也叫死吊耳。它由钢板弹簧销钉将钢板弹簧前端卷耳部与钢板弹簧前支架连接在一起，前端卷耳孔中为减少磨损装有衬套。后端卷耳通过钢板弹簧吊耳销与后端吊耳与吊耳架相连，后端可以自由摆动，形成活动吊耳。当车架受到冲击、弹簧变形时，由于弹簧伸长(缩短)使得两卷耳之间的距离有变化的可能。

2. 螺旋弹簧式非独立悬架

螺旋弹簧非独立悬架由螺旋弹簧、减振器、纵向推力杆和横向推力杆组成，如图3-56所示。一般只用作轿车的后悬架。

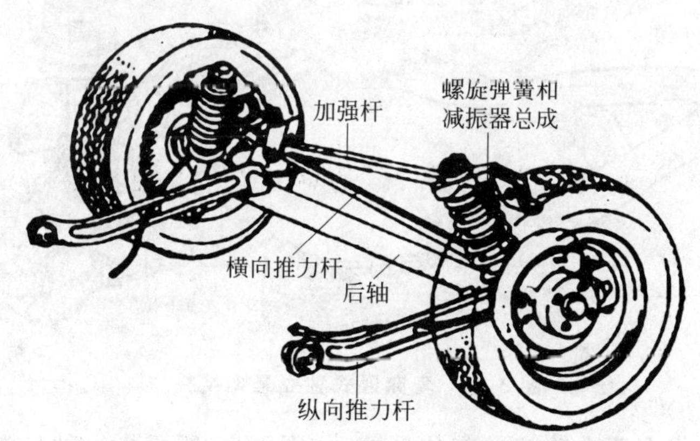

图3-56 螺旋弹簧式非独立悬架

螺旋弹簧的上端装在车身的支座上，下端装在纵向下推力杆上。由于螺旋弹簧只能承受垂直载荷，所以必须设置导向装置(图3-56中为纵向下推力杆、纵向上推力杆和横向导杆)来承受并传递纵向力和横向力。纵向下推力杆和纵向上推力杆的一端均与车身铰接，另一端则与后桥铰接，其作用是传递驱动力、制动力等纵向力及其力矩。当车轮在行

驶中因路面颠簸而上下跳动，致使后桥与车身之间的距离发生变化时，纵向下推力杆和纵向上推力杆可绕其与车身的铰接点做上下纵向摆动。

横向导杆的一端与车身铰接，另一端与后桥铰接。它用以传递悬架系统的横向力，如汽车转向时的离心力等。当后桥与车身之间的距离发生变化时，横向导杆也可绕其铰接点做上下横向摆动。为了避免车身和后桥在横向产生过大的相对位移，要求横向导杆和后桥之间的空间夹角尽可能小，即横向导杆与后桥尽可能保持平行。

减振器的上端铰接在车身支架上，下端铰接在车桥支架上，起减振作用，以提高汽车的乘坐舒适性。

3. 麦弗逊式独立悬架

麦弗逊悬架是当今世界用得最广泛的轿车前悬架之一，如图 3-57 所示。麦弗逊滑柱把减振器和螺旋弹簧组合在单一结构单元上。减振器作为引导车轮跳动的滑柱，有的还兼起转向主销的作用。麦弗逊柱由一个轴承或橡胶衬套定位于车身上(车辆挡泥板内侧的顶部)，轴承允许弹簧和减振器单元在顶部转动。麦弗逊柱的下部通过一个球节与下横臂连接，下横臂允许单元转动，并提供该总成的横向定位、承受行驶和制动时的力和力矩。将一根横向将一根横向稳定杆定位于下横臂和车身(或车架)上就会提高悬架得侧倾刚度，减小侧倾。

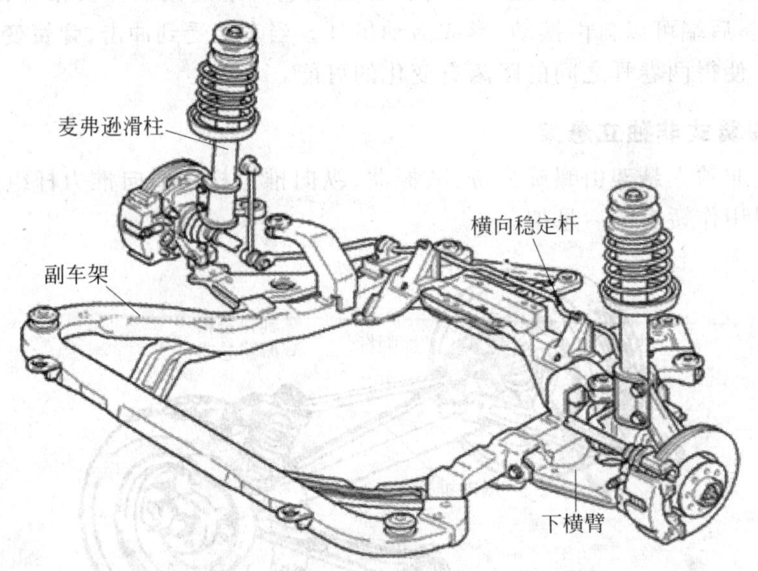

图 3-57　麦弗逊式独立悬架结构

麦弗逊滑柱总成有两个独特的变化形式，如图 3-58 所示。一种是滑柱被直接固定在轮毂上，而不是底部球节上，这就能为前轮驱动车辆的传动轴腾出空间。另一种是轮毂底部通过一个球节定位于横向控制臂上。需要注意的是，弹簧被偏置在阻尼器的中心，这是为了减少车辆在偏转过程中施加于阻尼单元上的侧力，并因此减少对阻尼器的磨损。

麦弗逊式独立悬架的优点如下。

(1) 悬架上下运动时，车轮定位几乎不会发生变化，因而轮胎磨损减小。

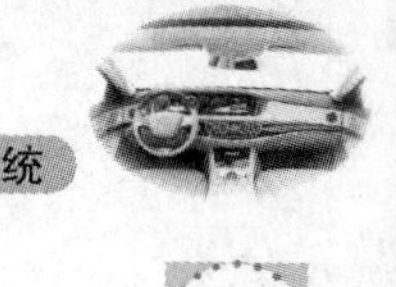

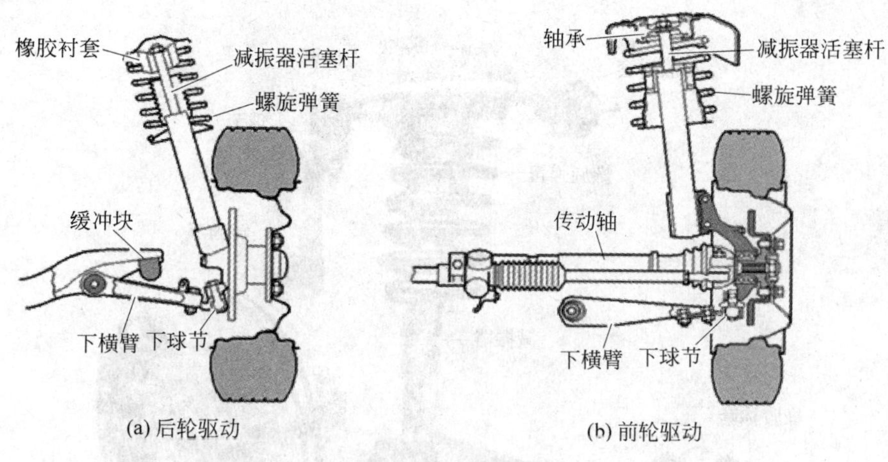

图 3-58 麦弗逊滑柱形式

(2) 悬架的运动零件相对较少，并且这种悬架的自重很小，可以减少非簧载质量，很适合用作普通轿车的前悬。

(3) 因为悬架支撑点之间距离大，安装误差或零件制造误差对前轮定位的干扰小，因此这类悬架除了前轮前束外，一般不需要定位调整。

(4) 由于悬架所占空间小，所以可增大发动机室的可用空间。

麦弗逊式独立悬架的最大缺点就是限制车辆的纵向点头的能力不足。因此使用稳定杆来弥补这种不足，同时稳定杆也可以吸收横向力。

4. 双横臂式独立悬架

双横臂式独立悬架由两根横臂(又称 A 型臂，也称叉臂、控制臂)构成，如图 3-59 所示。横臂通常由压制的低碳钢或浇铸合金制成。这两根横臂一端用橡胶衬套连接在车身(或车架)上，另一端分别通过上、下球节连接到转向节上。横臂能将转向节总成定位于车身(或车架)上，并承受侧向力、制动力、加速力和转向力的作用，球节允许转向节转动，横臂在车轮上下运动时摆动，螺旋弹簧两端分别通过橡胶垫与车身(或车架)和下横臂上支撑相连。

5. 多连杆式独立悬架

所谓多连杆悬架，顾名思义，就是通过各种连杆把车轮与车身相连的一套悬架机构。

三连杆式悬架与上连杆高置型双横臂式悬架类似，不同之处是增加了一个连杆(第三连杆)。由于上连杆是独立的，主销轴就可以安装在最佳位置，第三连杆连接上连杆和主销轴，不会产生由于转向而引起的第三连杆偏差。第三连杆只是做纯粹的上下运动，螺旋弹簧和中置的减振器连接到第三连杆上，减振器行程对车轮行程的响应几近完美。这种悬架对路面冲击和振动的衰减效率非常高。为了实现理想的前轮外倾角变化特性，上连杆向车辆前方转动(扭转的上连杆)，如图 3-60 所示。

多连杆悬架可以维持优异的转向稳定性和控制，因此其结构要比双横臂和麦弗逊复杂得多，且占用空间也较多。所以多用于后悬架，尤其是 5 连杆系统，一般多用于高档

图 3-59 双横臂式独立悬架

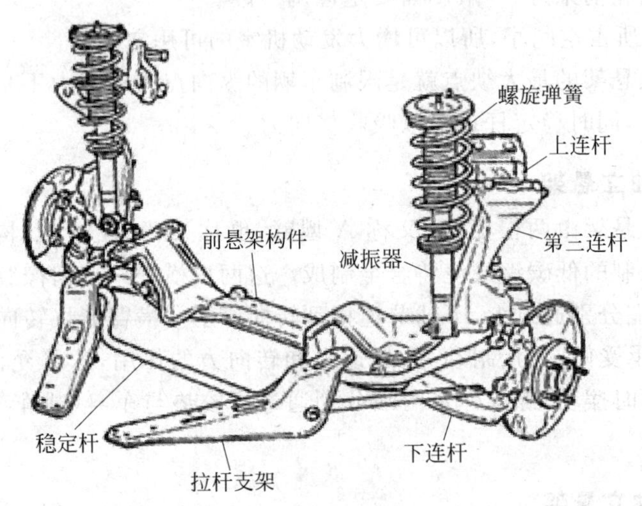

图 3-60 三连杆式独立悬架

轿车。

多连杆悬架的构造不仅增加了对车轮上方的控制力，对车轮的前后方相应的连杆也产生了作用力，就像一个锁止机构一样，将车轮牢牢地固定在半轴末端，从而改善车辆的性能。因为多连杆悬架具备多根连接杆，且连杆可对车轮进行多个方面作用力控制，所以在做轮胎定位时可对车轮进行单独调整，并且多连杆悬架有很大的调校空间及改装可能性。

典型的五连杆式后悬架的五根连杆分别为纵摆臂、外倾控制臂、导向臂、横摆臂和前束控制臂，如图 3-61 所示。

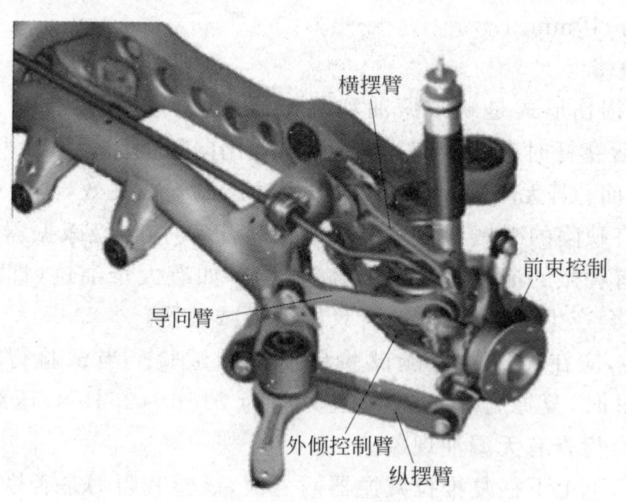

图 3-61　五连杆式后悬架

3.5.8　悬架系统的检修

悬架技术状况变差，既影响汽车的减振性，增加汽车的冲击载荷，加剧汽车零部件的损坏，也增加了运输中的货损货耗。更重要的是，破坏了车轮正常的运动状态造成汽车的操纵性能、制动性能变差，对交通安全构成潜在威胁。

悬架的主要损伤形式是弹簧弹力下降、弹簧断裂和减振器失效。

1. 非独立悬架的检修

非独立悬架损伤形式主要有，钢板弹簧弹力下降、断片和减振器失效。除增加汽车零件的冲击载荷，破坏汽车的减振性能之外，还会产生"前轮定位效应"，影响汽车的操纵性能、制动过程中方向的稳定性，加剧轮胎的磨耗。

1）钢板弹簧的检修

造成钢板弹簧断片的原因，除结构上形成的卷耳过渡处等部位应力集中外，与钢板热处理品质、钢板弹簧定位卡缺少或固定不好也有关，它们会破坏各片的应力的合理分配，造成局部应力集中而使整架钢板弹簧弹力下降，引起两侧钢板弹簧弹力差异过大。钢板弹簧不能有裂纹、折断，否则应更换新件。

汽车在维修时应向钢板弹簧片间涂抹石墨润滑脂，否则会增加钢板弹簧工作时层片间的摩擦而产生高温。提高片间的摩擦温度，产生烧灼淬硬组层，引起应力集中导致断片。

钢板弹簧的维护作业是检查紧固U型紧固螺栓。紧固力矩必须符合原厂规定，绝非越紧越好。若发现断片，钢板弹簧固定卡、隔套、卡子螺栓缺少时应及时进行修复。二级维护时，向片间涂抹石墨润滑脂。另外，钢板弹簧禁止加片，不得将长片裁成短片代用。

钢板弹簧弹性下降，表现在弧高的减小上。因此，检验其弧高的变化，即可判断出钢板弹簧弹性下降的程度。一般在弹性试验器上检验有负荷或无负荷下弧高的减小量，也可用样板(新片)进行靠合试验。要求左、右钢板弹簧的总片数相等，总厚度差不大于

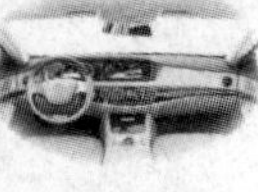

5mm，弧高差不大于10mm。

2）减振器的检修

减振器的主要损伤形式是缺减振油和减振器失效。减振器在检查时应固定住减振器，并在上下运动活塞杆时有一定阻力，而且向上比向下的阻力要大些。若阻力过大，应检查活塞杆是否弯曲；若无阻力，则表示减振器油已漏光或失效，必须更换。

车辆行驶时，有缺陷的减振器会发出冲击噪声，因此应更换减振器。减振器为免维护机件，减振器外面有轻微的油迹，不必更换减振器。如有大量油迹（即漏油）时，减振器在压缩到底或伸展时会产生跳动现象，这时只能更换减振器。

减振器装复后，应在减振器性能试验台上进行试验。当试验行程为100mm、试验频率为100次/min时，复原行程的最大阻力应为2156～2646N，压缩行程的最大阻力为392～588N，同时检查有无漏油现象。

无试验条件时，可上下往复推拉减振器两三次，试验其阻力是否恢复。应感到拉伸时有沉重阻力，压缩时的阻力较轻，且推拉中阻力均匀、无卡滞和明显的空行程。加满减振液（禁止以制动液代替）后，平放12～24h应无渗漏。

2. 独立悬架的检修

独立悬架常用在汽车的前桥上，独立悬架的检修包括弹性元件、减振器、横向稳定杆等，其弹性元件多为螺旋弹簧。由于在非独立悬架的检修中已涉及减振器检修，因此不再重复。

1）螺旋弹簧的检修

螺旋弹簧的检修主要是检查螺旋弹簧的自由长度。例如，自由长度比标准长度缩短了5%，则表示弹簧已经永久变形，刚度变差，必须更换。更换时，要同时更换左、右两个螺旋弹簧，以保持车辆两侧高度相同。若螺旋弹簧上有裂纹，也要更换。

2）横向稳定杆的检修

检查横向稳定杆有无变形或裂纹。若存在变形或裂纹，不允许在前悬架支承和导向装置部件上进行焊接或矫直修复，只能更换新件。另外，需要检查横向稳定杆的橡胶支座和橡胶衬套的损坏和老化情况，若损坏需及时更换。

独立悬架的主要损耗形式是转向节及其支撑、定位杆系的铰销磨损过大，杆系变形、裂纹，悬架弹簧弹力下降、断裂，减振器失效，橡胶消音垫损坏，润滑不良等。独立悬架损耗会引起前轮摆动，车轮反向垂直跳动，汽车舒适性变差，转弯时车身倾斜严重，噪声过大等故障。维护作业一般是加注润滑脂，检视杆系零件与弹簧有无断裂，检视减振消声橡胶零件的磨耗状况或更换，调整各铰接部位及其他配合部位的间隙等。独立悬架故障会造成前轮定位参数偏差，所以独立悬架维修与调整前轮定位应合并进行。

3. 悬架系统常见故障现象

(1) 汽车正常行驶中，前后悬架发出异常噪声或敲击声。

可能原因：减振器损坏、横向稳定杆或减振器固定不良、车轮轮毂轴承松动、减振弹簧断裂、球头磨损或固定不良等。

(2) 汽车行驶过程中，颠簸严重，尤其在坏路面时更为明显。

可能原因：减振器失效、减振弹簧老化或断裂等。

3.6 车轮定位

3.6.1 转向轮定位

为了保证汽车直线行驶的稳定性、转向的轻便性和减小轮胎与机件间的磨损，转向轮、转向节和前轴三者之间与车架必须保持一定的相对位置，这种具有一定相对位置的安装称为转向轮定位，也称前轮定位。正确的车轮定位应做到：确保车辆在水平路面上直线行驶，使转向保持在可控状态下；不仅可以延长轮胎的寿命，还能减小路面的摩擦，达到节油的效果；能使轮胎正常转动，并且保持与路面的正常接触。

转向轮的定位参数：主销后倾角、主销内倾角、前轮外倾角、前轮前束。

1. 主销后倾角γ

主销后倾角是从车辆侧面看主销中心线(或转向轴线)相对于真垂线的向前或向后倾角，如图 3-62 所示。主销后倾角是上悬架转向轴线的支点对下悬架支点的倾斜度。主销后倾角其主要作用是保持汽车直线行驶的稳定性，并力图使转弯后的前轮自动回正。主销后倾角过大，会导致转向费力；主销后倾角过小，则会导致车辆发飘。主销后倾角以度来测量。

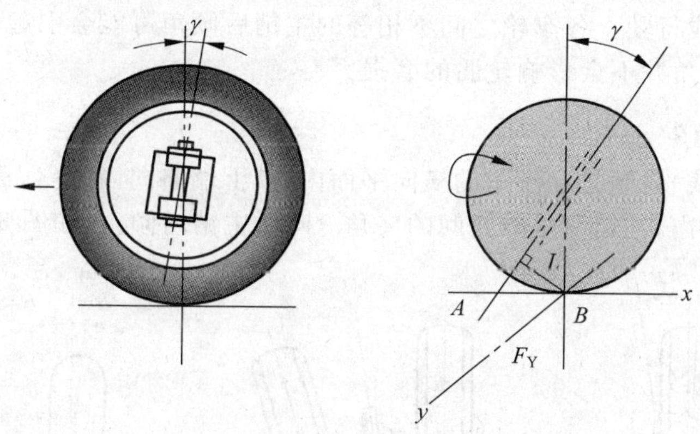

图 3-62 主销后倾角示意图

主销轴线与路面交点 A 位于车轮与路面接触点 B 前面。当汽车直线行驶时，若转向轮偶然受到外力作用而稍有偏转(如向右偏转，如图 3-62 中箭头所示)，将使汽车行驶方向向右偏离。这时，由于汽车本身离心力的作用，在车轮与路面接触点 B 处，路面对车轮作用着一个侧向反作用力 F_Y。反力 F_Y 对车轮形成绕主销轴线作用的力矩 F_YL，其方向正好与车轮偏转方向相反。在此力矩作用下，将使车轮回复到原来中间的位置，从而保证汽车能稳定地直线行驶，故此力矩称为回正力矩。

回正力矩不宜过大，否则在转向时为了克服此力矩，驾驶员必须在转向盘上施加较大的力(即转向沉重)。因该力矩的大小取决于力臂 L，而力臂 L 又取决于后倾角 γ 大小，因此，为了不使转向沉重，主销后倾角不宜过大，一般不超过 3°。

现代汽车为了提高行驶速度，普遍采用扁平低压胎，弹性增加，轮胎变形增加，引起稳定力矩增加，所以主销后倾角可以接近于零，甚至为负值。所以主销后倾角有两种类型：主销轴线向后方倾斜时，主销后倾角为正值；主销轴线向前方倾斜时，主销后倾角为负值；主销后轴线垂直于地面，主销后倾角为零。如图 3-63 所示。

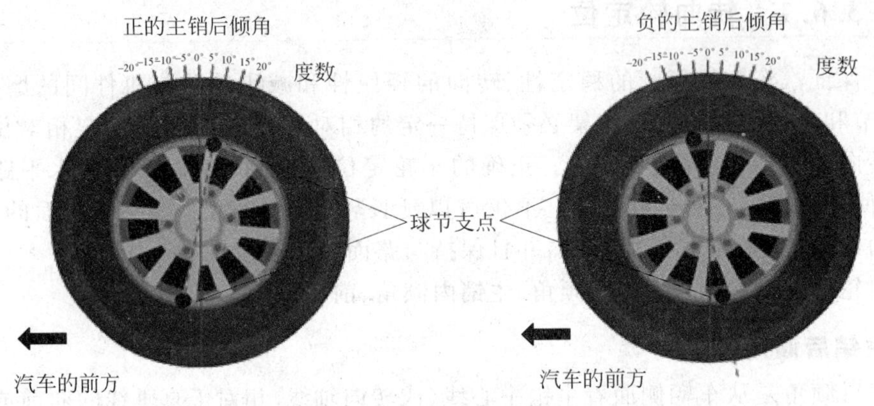

图 3-63　主销后倾角类型

在主销后倾角为正时，车轮的受载点是位于主销轴线与路面的交点的后面。正主销后倾角变大，转向的作用力就会增加。在主销后倾角为负时，车轮的受载点是位于主销轴线与路面的交点的前面，负的主销后倾角使转向的作用力减小，车辆在高速行驶时会出现摇摆，很难保持直线行驶。各车轮之间不相等的主销后倾角可能会引起车辆的跑偏，但是不恰当的主销后倾角并不会影响轮胎的磨损。

2. 主销内倾角β

主销（转向轴线）内倾是在汽车的横向平面内，其上端略向内倾斜，称为主销内倾。在汽车横向垂直平面内，主销与垂线之间的夹角 β 叫做主销内倾角，如图 3-64 所示。

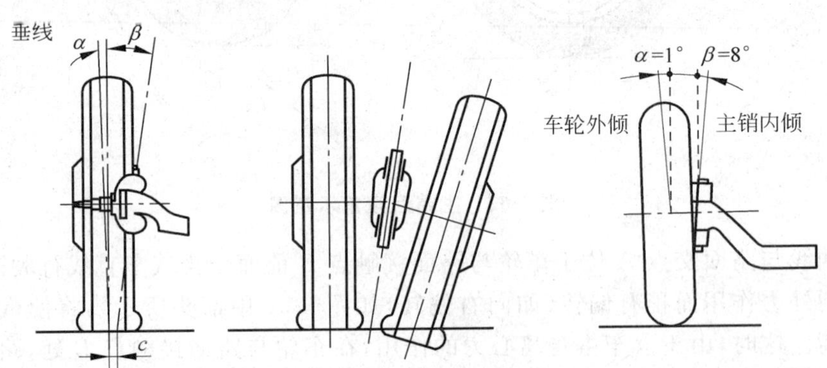

图 3-64　主销内倾角作用示意图及前轮外倾

主销内倾后，主销轴线的延长线与地面交点到车轮中心平面与地面交线的距离减小，从而可减小转向时驾驶员加在转向盘上的力，使转向操作轻便，也可减少从转向轮传到转向盘上的冲击力；与此同时，当车轮转向或偏转时，车轮有向下陷入地平面的倾向，但事实上是不可能的，而只能是转向轮连同整个汽车前部向上抬起一个相应的高度，在汽车本

身重力的作用下迫使车轮自动回到原来的中间位置。

由此可见，主销内倾的作用是前轮自动回正，转向轻便。主销内倾越大或前轮转角越大，则汽车前部抬起越高，前轮的自动回正作用就越明显，但转向时转向盘费力，转向轮的轮胎磨损增加。一般主销内倾角控制在 5°～8°为宜。主销内倾角是由前轴制造时使主销孔轴线的上端向内倾斜而获得。

主销后倾和主销内倾都有使汽车转向自动回正、保持直线行驶位置的作用。但主销后倾的回正作用与车速有关，而主销内倾的回正作用几乎与车速无关。因此高速时主销后倾的回正作用起主导地位，而低速时则主要靠主销后倾起回正作用。此外，在汽车直线行驶中前轮偶尔遇到冲击而偏转时，也主要依靠主销内倾起回正作用。

独立悬架主销内倾是可调的，一般通过调节下球头(或下控制臂)伸缩长度调节。

3. 前轮外倾角α

前轮外倾也称为前轮侧倾。前轮旋转平面与纵向垂直平面之间的夹角 α 叫做前轮外倾角，如图 3-64 所示。

前轮外倾的作用在于提高车轮工作的安全性和转向操纵轻便性。如果空车时车轮正好与路面垂直，则满载时车轮在载荷的作用下出现内倾，这将加速汽车轮胎的偏磨。路面对车轮的垂直反作用力沿轮毂的轴向分力将使轮毂压向轮毂外端的小轴承，加重了外轴承和轮毂紧固螺母的负荷，降低了它们的使用寿命。同时地面反力的作用线更接近于转向节轴的根部，可以减小转向力，使转向操纵轻便灵活。车轮的前轮外倾角是在转向节设计中确定的，外倾角 α 一般约为 1°。

前轮外倾有三种类型：前轮外倾角是正值、前轮外倾角是负值、前轮外倾角为零。如图 3-65 所示。

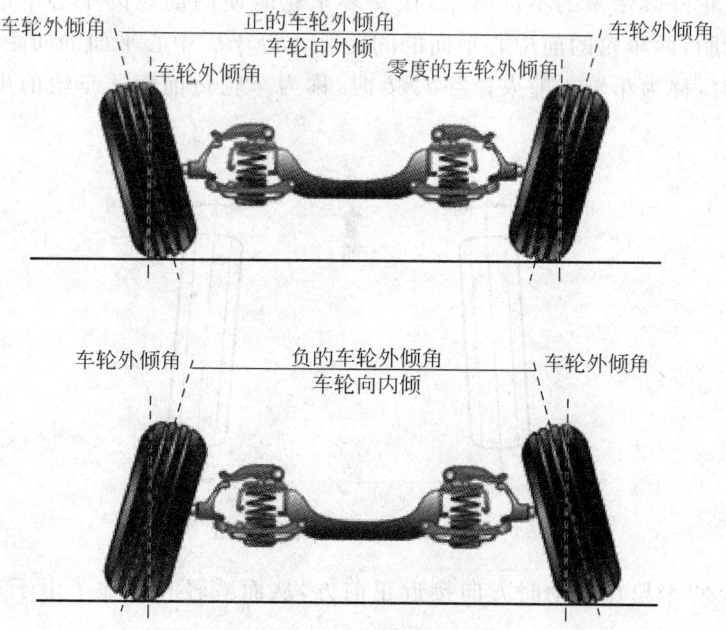

图 3-65　前轮外倾角类型

如果车轮向外倾斜，前轮外倾角是正值，轮胎胎面的外侧边缘将会磨损更多。这也可能引起轴承因载荷分布不均而过早损坏。早期的汽车中，前轮外倾为正，以便改善前桥的耐用性并使轮胎与路面成直角接触，以防止因道路中间比两边高而造成的轮胎不均匀磨损。

如果车轮是向内倾斜，前轮外倾角是负值，轮胎胎面的内侧边缘将会磨损更多。理想的前轮外倾角在行驶时应该是零度。零度的前轮外倾角能保证胎面与路面有最大面积的平稳接触，正确的悬架受力点可减小受道路冲击的程度，有助于直线行驶的稳定性，保持最佳的轮胎寿命。

现代汽车的悬架和车桥比过去汽车的都要结实，并且路面也平坦，所以没有必要再使前轮外倾角为正。车轮定位正在趋向于零前轮外倾角（有些车辆已处于零前轮外倾）。

有些轿车制造商提供了在上控制臂支架与车架内侧之间增减垫片的垫片型外倾角调整法。在这种外倾角的调整中，增加垫片的厚度就会使得外倾角移向负的位置，而减小垫片的厚度就会使得外倾角移向正的位置。应当在两个上控制臂支架螺栓上增加或者减少相同厚度的垫片厚度，这样才会在改变外倾角的同时，对后倾角不产生影响。有的车辆在上控制臂的里端安装有偏心凸轮，来调整外倾角，还有的车辆在下控制臂的里端安装有偏心凸轮，来调整外倾角。

4. 前轮前束

前轮车轮有了外倾角后，在滚动时就类似于圆锥滚动，从而导致两侧车轮向外滚开。由于转向横拉杆和车桥的约束作用，使车轮不可能向外滚开，车轮将在地面上出现边滚边向内滑移的现象，从而增加了轮胎的磨损。

为消除前轮外倾带来的不良后果，在安装车轮时使两前轮的中心平面不平行。从车辆的前方看轮胎，两车轮的前中心平面的间距 a 不等于后中心平面的间距 b，如图 3-66 所示。当 $a<b$ 时，称为车轮正前束；当 $a>b$ 时，称为车轮负前束。车轮前束一般以 mm 为单位测量。

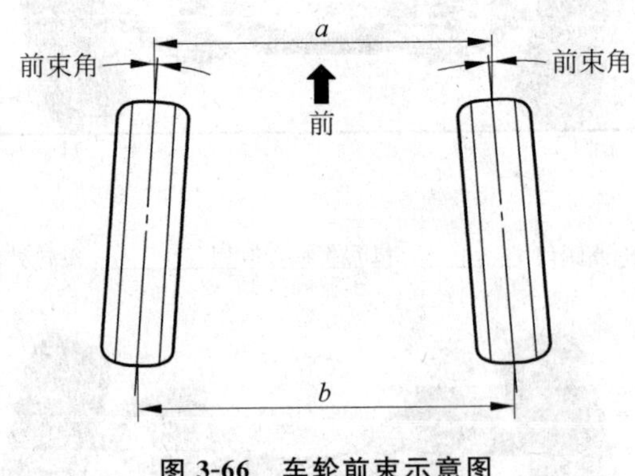

图 3-66　车轮前束示意图

前轮前束使车轮在滚动时方向接近正前方，从而减轻和消除了由于车轮外倾而产生的不良后果。

行驶时零值的前轮前束有助于直线行驶，并且产生最少量的轮胎磨损。过大的前轮正前束会引起轮胎的外侧周缘磨损，在胎面的内侧形成羽毛边缘的形状；过大的前轮负前束会引起轮胎的内侧周缘磨损，在胎面外侧形成羽毛边缘的形状。

前轮前束会影响行驶方向。可通过转向横拉杆来调整前轮前束。一般前束值为0～12mm。也有的汽车为与前轮负外倾角相配合，其前束也取负值，即负前束(如桑塔纳轿车前束为－3～－1mm)。在完成主销后倾角和车轮外倾角的调整后，需要对车轮前束进行调整。

3.6.2　后轮定位

后轮定位参数有：推力角、后轮外倾角和前束。

后轮推力角是指其走过的轨迹与汽车纵向中心线的夹角，如图3-67所示。为了保持车辆的直线行驶，推力角应该为零度。如果推力角不为零度，车辆的后部将趋向于沿推力线的方向行驶。通过调节后轮前束可以校正推力角。推力角是设定整车定位的基础，也可用作车辆诊断的辅助手段。

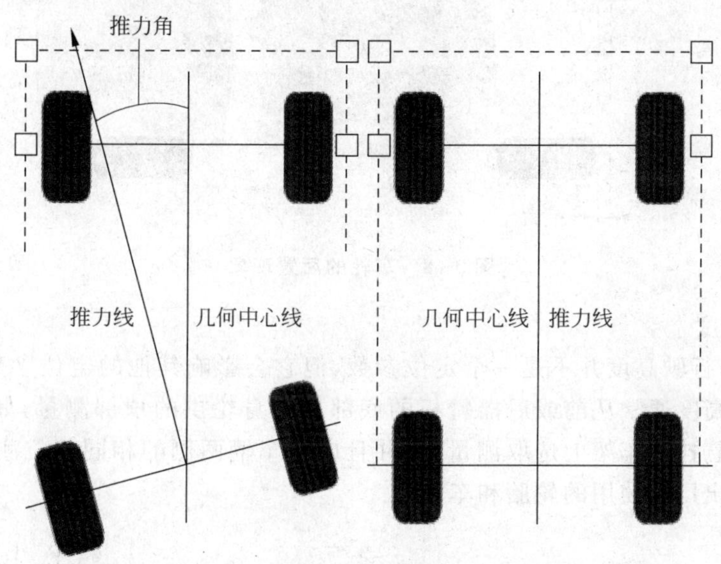

图3-67　后轮推力角

后轮的外倾角和前束定义与前轮类似，其作用如下。

(1) 后轮的负外倾角可以增加车轮接地点的跨度，增加汽车的横向稳定性。

(2) 后轮前束可以抵消汽车高速行驶且驱动力较大时，车轮出现的负前束(前张)，减小轮胎的磨损。

3.6.3　车轮定位的调整

汽车在使用过程中，如果出现轮胎磨损不均匀，转向不稳定或者由于发生交通事故对悬架进行修理时，就必须对车轮定位进行检查和校正。

1. 车轮定位调整前检测

1）试驾和目测

在做任何检测之前，先要对车辆作一次试驾。判断车辆是否存在方向盘振动、侧滑和转弯时轮胎有噪声等现象。若车辆发出不正常声响，很可能会妨碍正确的车轮定位。

除了进行试驾外，还要进行目测检查，包括：轮胎气压；轮胎是否有异常的磨损；转向零部件是否有损坏；碰撞后的损伤情况。任何受损伤或已磨损的零部件必须在调节车轮定位角度之前予以更换。

2）车轮后置

当一个前轮被置于比另一个前轮更靠后时，就存在车轮的后置现象，如图 3-68 所示。

后置会造成方向盘的不对中。如果后置量超过了 6mm，就表明车架不正或者悬架有受损的零部件。车辆行驶时，车轮的后置将会导致车辆向前、后轮间距离较短的一侧侧滑。

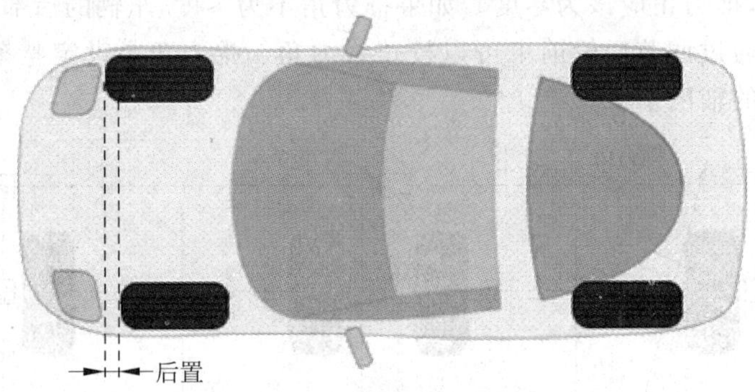

图 3-68　车轮的后置现象

3）行驶高度

严格地讲，行驶高度并不是一个定位参数，但它会影响其他的定位参数，特别是主销后倾角。行驶高度通常从前或后摇臂板的底部或车身轮拱的顶部测量，如图 3-69 所示。行驶高度应从悬挂或车架上选取测量点，并且应在车辆两侧的相同部位测量。制造厂的数据只适用于出厂时使用的轮胎和车轮。

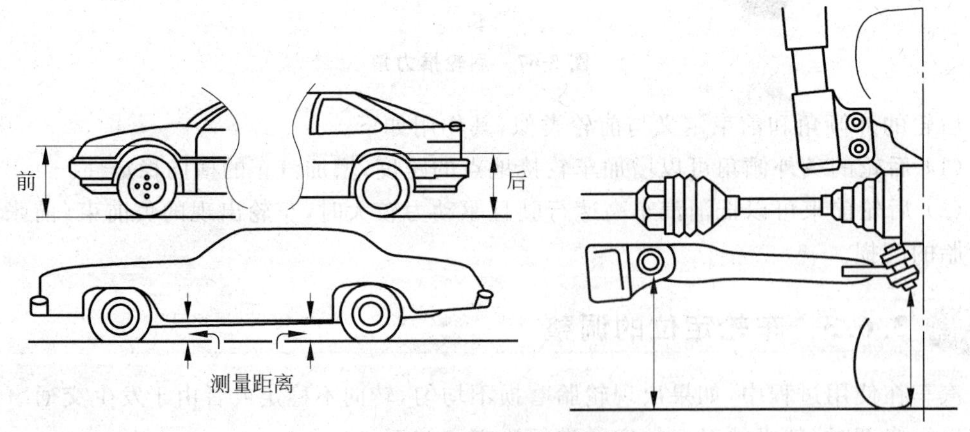

图 3-69　行驶高度的检测

测量行驶高度的目的是找出损坏或者是磨损的悬架零部件，确保悬架能有足够的移位空间。只要两侧高度不相等，就表明需要更换弹簧。无论高度太高或太低，车轮定位角度都会超过正常的规范数值，导致轮胎过多的磨损。在做车轮定位调整之前，应该先进行行驶乘坐高度的校核和调整。

2. 车轮定位的调整

测量车轮定位参数后，将它们与该车型的标准定位参数值进行对比。如果测量值偏离标准值，则需要加以调整。如果所测参数有相应的调整机构，则应利用这些机构加以调整。如果所测参数没有调整机构（如主销内倾角），则应找出故障部件，进行修理或更换。

1）车轮前束的调整

车轮前束的调整是通过改变连接左、右轮转向节臂的转向横拉杆的长度来实现的。

（1）在横拉杆位于主销轴后面的车型中，增加横拉杆长度就是增加前束，如图 3-70 所示；而在横拉杆位于主销轴前面的车型中，增加横拉杆长度则是减小前束。

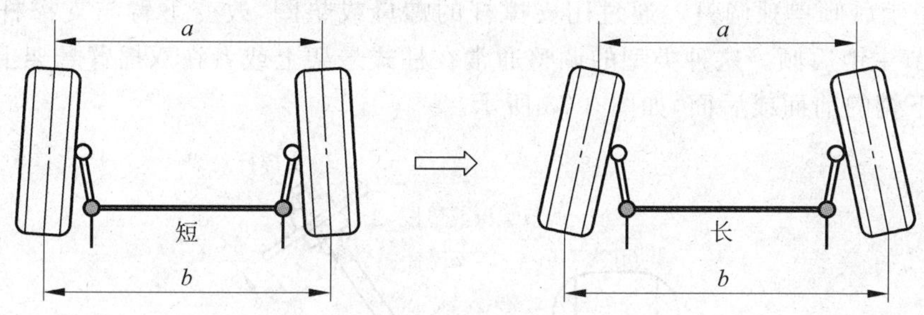

图 3-70　横拉杆长度与前束调整的关系

（2）双横拉杆车型中，前束调整时必须保持左、右两根横拉杆的长度相等，如图 3-71 所示。如果左、右两根横拉杆长度不同，即使车轮前束调整准确，也会使转向盘和转向轮不在直线行驶状态，而产生汽车行驶跑偏现象。

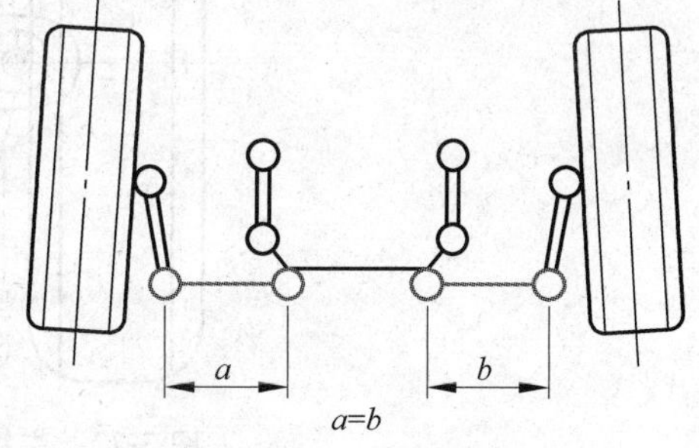

图 3-71　双横拉杆车型的调整

2）车轮外倾和主销后倾的调整

车轮外倾和主销后倾的调整方法要视车型而定，根据悬架结构不同，既可分开进行，又可同时进行。车轮外倾和（或）主销后倾调整后，前束都会发生变化，所以车轮外倾（和）或主销后倾调整后必须对前束进行检查，必要时进行调整，具体请参考维修手册。

典型的调整方法如下。

（1）车轮外倾单独调整。对于某些车型，转向节螺栓可以用车轮外倾调节螺栓更换。车轮外倾螺栓有一个较小的无螺纹直径供车轮外倾调整。这种类型的调整通常在麦弗逊滑柱式悬架上使用，如图 3-72 所示。

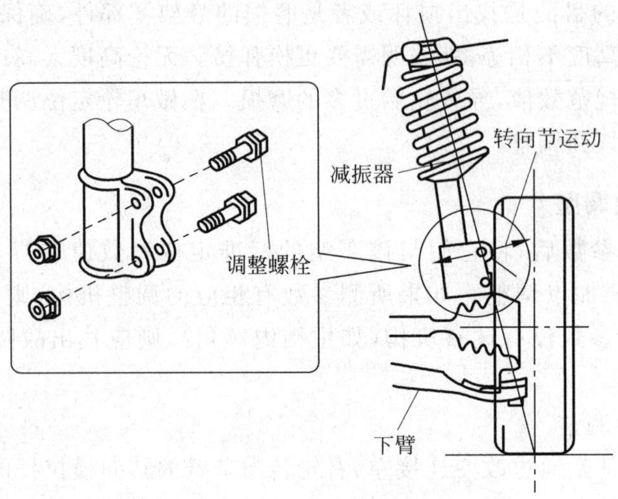

图 3-72 车轮外倾单独调整(前视图)

(2) 主销后倾单独调整。通过用支撑杆的螺母或垫圈,改变下臂与支撑杆之间的距离 L 来调节主销后倾。这种类型的调整通常在柱式悬架上或者在双摇臂悬架上使用。支撑杆位于下臂的前面或后面,如图 3-73 所示。

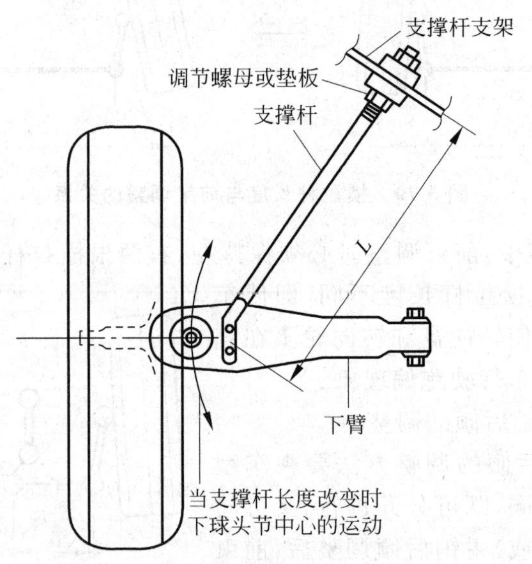

图 3-73 主销外倾单独调整(上视图)

(3) 同时调整车轮外倾和主销后倾角。

① 偏心凸轮式安装螺栓位于下臂的内侧接头上。旋转该螺栓,便可将下臂的中点向左或向右移动,使其倾斜可调节车轮外倾和主销后倾。这种调整方法通常在麦弗逊滑柱式悬架上或双横臂式悬架上使用,如图 3-74(a)所示。

② 前后下臂上的安装螺栓可以改变下臂安装角和下球节的位置。这种调整方法通常在双横臂式悬架上使用,如图 3-74(b)所示。

③ 用增加或减少垫片数量或厚度来改变上臂安装角，也就是上球节位置。这种调整方法通常在双横臂式悬架上使用，如图 3-74(c)所示。

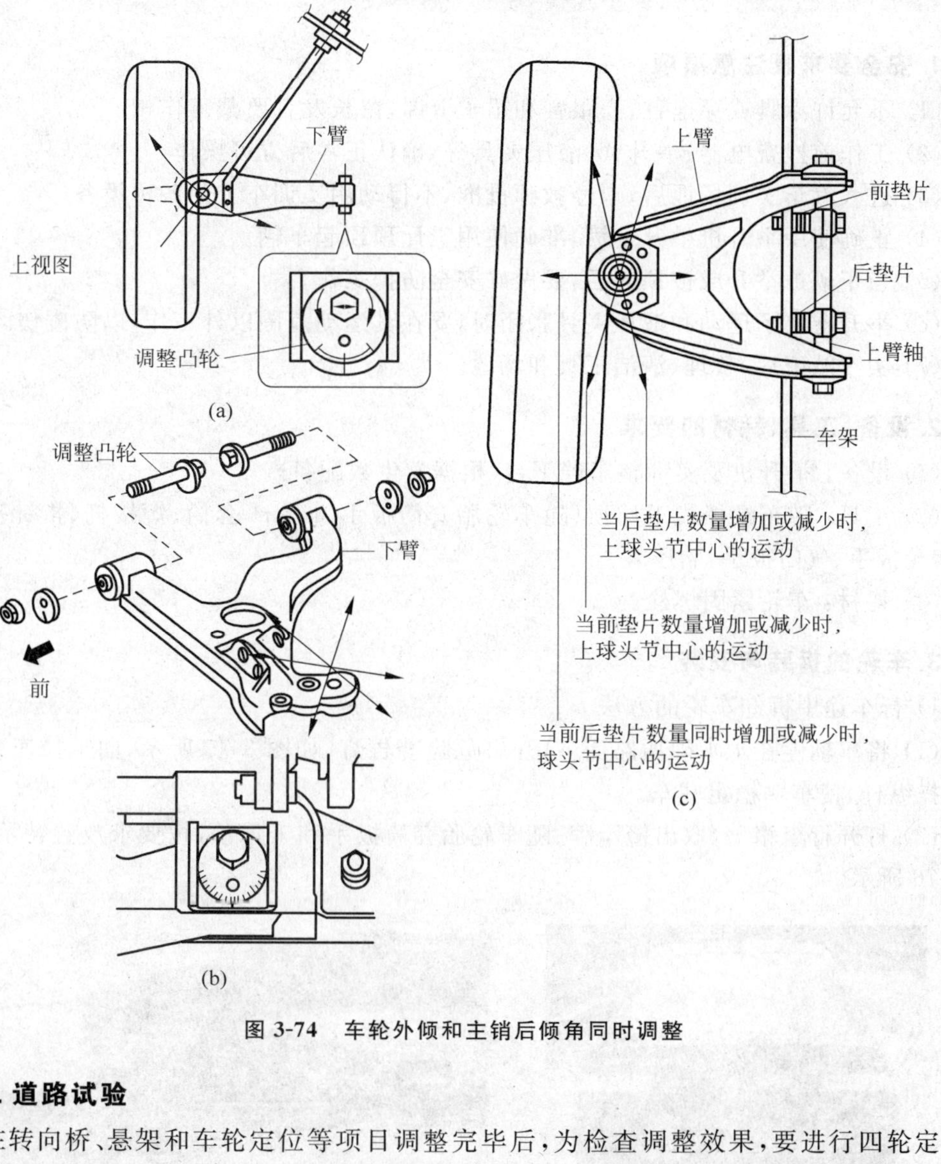

图 3-74　车轮外倾和主销后倾角同时调整

3. 道路试验

在转向桥、悬架和车轮定位等项目调整完毕后，为检查调整效果，要进行四轮定位仪检查或道路试验，道路试验的主要内容包括：车辆向前行驶、转向、制动，以及检查有无异常噪声等。

在平坦的道路上行驶时，车辆应向前直行，不要向左或向右偏行，而且不应发生过大的转向摆振或振颤。车辆转向时，转向盘应很容易地向左、右转动；放开时，应可迅速、平稳地返回中间位置。车辆在平滑的路面上制动时，方向盘不应向任何一侧偏转。

道路试验时，不应听到任何异常噪声。此外，当方向盘转至极限位置时，转向和悬架的零部件不可与底盘或车身任何部位相接触。

3.7 技能实训：拆卸与安装车轮

1. 安全要求及注意事项

(1) 不允许赤脚或穿拖鞋、高跟鞋和裙子上课，留长发者要戴工作帽。

(2) 工作前检查电器、举升臂、液压夹具等，确认正常后方可操作。

(3) 进入汽车实训场地后，未经教师批准，不得动用实训车上的各项设备。

(4) 正确使用举升机举升车辆，准确使用千斤顶顶起车辆。

(5) 当车辆被举升或被顶起后，要做好安全防护工作。

(6) 举升臂上下运动和液压夹具张闭时，要在其运动范围以外工作，以防碰伤。

(7) 实习结束后，整理、清洁工具和场地。

2. 设备、工具、耗材的要求

(1) 设备：举升机及实训整车若干台(根据学生数配备)。

(2) 工具：随车螺杆式千斤顶、随车轮胎套筒扳手、17mm 套筒、短接杆、指针扭力扳手、棘轮扳手、气门扳手、胎压表。

(3) 耗材：车轮紧固螺栓。

3. 车轮的拆装与安装

1) 行车途中拆卸车轮的方法

(1) 将车辆停在水平硬质路面上，开启危险警告灯，如图 3-75 所示，向上拉车辆驻车制动操纵杆，使车辆稳定驻车。

(2) 打开行李箱盖，取出警示牌、随车轮胎套筒扳手和千斤顶，按要求放置警示牌，如图 3-76 所示。

图 3-75 开启危险警告灯

图 3-76 放置警示牌

注意：*在普通公路上，将三角警示牌放置在车辆后方 50～100m 处；在高速公路上，将三角警示牌放置在车辆后方 150m 处。*

(3) 用硬质物体挡住拆卸车轮同侧另一车轮前、后端，如图 3-77 所示。将备胎放于车门底部纵梁下方、不影响千斤顶举升的地方，如图 3-78 所示，以免在举升过程中千斤顶发

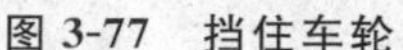
图 3-77　挡住车轮

图 3-78　纵梁下方放置备胎

生意外，确保车辆、人员的安全。然后再使用千斤顶举升车辆。

(4) 取下车轮装饰罩，将随车轮胎套筒扳手套在车轮螺栓上，用脚踩随车轮胎套筒扳手杠杆，如图 3-79 所示，对角、逆时针拧松车轮的 4 个固定螺栓。

图 3-79　用脚踩套筒扳手杠杆

(5) 将随车千斤顶放在车辆车门底部的纵梁下。

注意：

① 如果车辆停的路面不是硬质路面，需要用较大的硬质物体垫好千斤顶，再举升车辆，禁止把千斤顶放在窨井盖上顶起车辆。转动螺杆使千斤顶支臂上升，如图 3-80 所示。当千斤顶支臂将要和纵梁接触时，确认支撑位置。拆卸前轮时，使支臂支撑在距离前翼子板 10cm 车门底部的纵梁上；拆卸后轮时，使支臂支撑在距离后翼子板 10cm 车门底部的纵梁上。确认位置正确后，继续转动螺杆，使千斤顶支臂上升，举起车辆，直至所需要拆卸的车轮离开地面。

② 在举升的过程中千斤顶要处于垂直状态，如果倾斜，车辆举升不稳定，千斤顶会侧倒，可能会发生危险。

(6) 拧下车轮的 4 个固定螺栓，从制动盘(或制动鼓)上拆下车轮，如图 3-81 所示。

图 3-80　顶起车辆

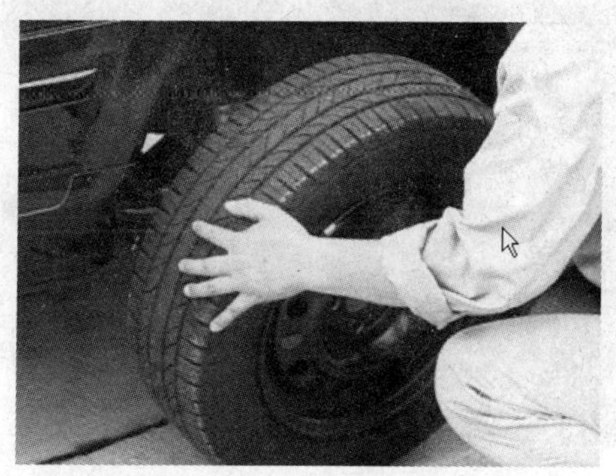
图 3-81　拆下车轮

2）行车途中安装车轮的方法

（1）从车辆后备箱中取出备胎，将备胎放在轮毂上，对好用手车轮和制动盘（或制动鼓）上的螺栓孔，用手旋上4个车轮紧固螺栓，每个螺栓至少要旋紧3～5牙，如图3-82所示。

（2）用车轮胎套对角预紧车轮的4个固定螺栓，然后转动螺杆式千斤顶支臂下降，放下车辆，撤出千斤顶，将随车轮胎套筒扳手套在车轮螺栓上，用脚踩随车轮胎套筒扳手杠杆，对角顺时针拧紧车轮的4个固定螺栓到规定的力矩，如图3-83所示。

图3-82 旋上车轮螺栓

图3-83 拧紧车轮固定螺栓

（3）安装车轮装饰罩，将随车轮胎套筒扳手、千斤顶整理好，撤走挡住拆卸车轮同侧另一车轮前、后端的硬质物体，收起警示牌，将随车轮胎套筒扳手、千斤顶和警示牌放回行李箱，关好行李箱盖，车轮安装完毕。

3）在维修车间拆卸车轮的方法

（1）将车辆开到举升机的中间位置，将举升机的四个举升支臂置于车辆规定的顶起位置下方，一般在车门底部纵梁距前后翼子板10cm的位置，如图3-84所示，在举升车辆之前，取下车轮装饰罩，并用轮胎套筒对角拧松车轮的4个固定螺栓。

（2）按举升机的举升按钮，使举升机支臂上升。为确保举升安全，当举升支臂刚接触车辆支撑位置时，检查顶起位置是否正确，如图3-85所示。

图3-84 摆好举升臂位置

图3-85 检查举升臂位置

（3）确认位置正确后，继续按举升按钮，使举升机支臂上升。当车轮离开地面10cm左右时，用手晃动车身，检查车辆是否摇晃，如图3-86所示，若无晃动，继续举升车辆；若有晃动，则应将车放下，重新调整顶起位置。

（4）为了使维修人员操纵方便，一般使车轮离地1m左右，与维修人员的腰部平齐，如图3-87所示。

注意：车辆举升到位后，锁止举升臂。

图3-86 检查车辆是否安全

图3-87 车辆举升高度

（5）用棘轮扳手加17mm套筒快速拧下4个车轮固定螺栓，如图3-88所示，双手托住轮胎取下车轮，放在小推车上，车轮拆卸完毕。

4）在维修车间安装车轮

（1）双手托住轮胎，将车轮放在制动盘（或制动鼓）上，轮辋辐板上的螺栓孔与制动盘（或制动鼓）螺纹孔对齐，如图3-89所示，用手拧上4个车轮紧固螺栓。

图3-88 拧下车轮固定螺栓

图3-89 对齐车轮螺栓孔位置

（2）用棘轮扳手加17mm套筒对角预紧4个车轮紧固螺栓，解除举升机锁止机构，放下举升臂，使车辆落地，用扭力扳手分2次或3次将4个车轮螺栓对角拧紧，拧紧力矩为110N·m，如图3-90所示。

（5）安装车轮装饰罩，撤去举升支臂，如图3-91所示，将车辆开出举升工位。

图 3-90　拧紧车轮螺栓

图 3-91　撤去举升支臂

3.8　技能实训：拆卸与安装轮胎

1. 安全要求及注意事项

(1) 穿好工作服，挽起长发，不要戴领带、项链、戒指、手表等，以免被移动部件挂住。

(2) 拆胎前，检查锁定手柄是否正确钩住托架，确保轮胎已夹紧和放气。

(3) 不要将手指放在轮胎和工具之间，防止夹伤。

(4) 当轮胎放气时，拧开固定气阀的套管，使得气阀沉入轮缘内侧，以防在撬开轮胎边缘时有障碍。

(5) 对于有内胎的轮胎边缘松开时，就要停止装配盘的移动，以免损伤内胎充气阀门。

(6) 当轮胎脱离轮辋时，轮子会脱落，要注意防护，松开夹具时要小心，防止工件滚落。

(7) 实习结束，整理、清洁工具和场地。

2. 设备、工具、耗材的要求

(1) 设备：剥胎机两台。

(2) 工具、耗材：轮胎装配润滑液、肥皂水、毛刷两把。

3. 轮胎的拆装与安装

1) 使用剥胎机拆卸轮胎

(1) 接通剥胎机电源，打开压缩空气阀门，用手旋下轮胎气门嘴的防尘罩，用气门芯扳手旋下气门芯，放掉轮胎内的压缩空气，如图 3-92 所示。

(2) 待轮胎内的空气排放殆尽后，使用平衡块卡钳取下安装于轮辋边沿的平衡块，如图 3-93 所示。

(3) 将车轮的一侧贴于剥胎机的靠胎胶皮上，如图 3-94 所示。

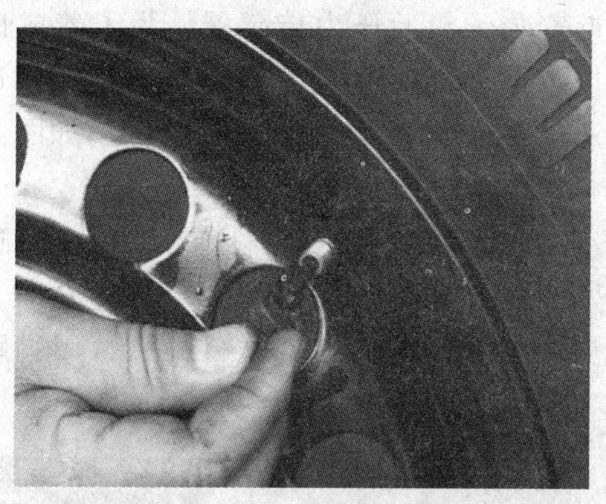

图 3-92 旋下气门芯

图 3-93 取下平衡块

(4) 调整车轮位置,使风压铲置于轮胎胎圈和轮辋边缘之间。一手扶住手柄,使风压铲的位置保持不变;一手扶住轮胎,用脚踩住风压铲踏板,风压铲收缩,压下胎圈,使胎圈和轮辋分离,如图 3-95 所示。

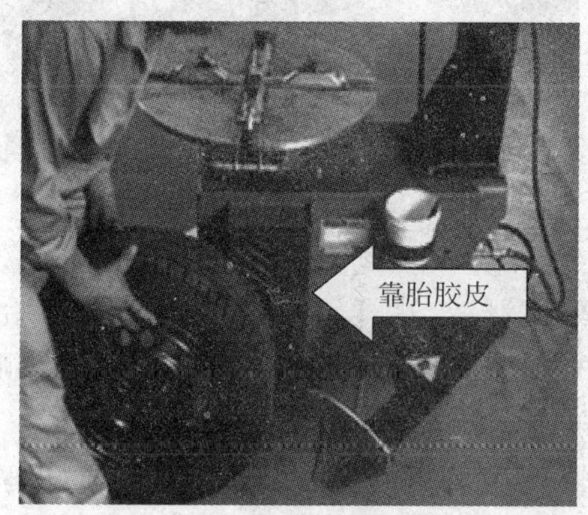

图 3-94 准备压缩轮胎

图 3-95 压缩轮胎

(5) 松开风压铲踏板,使风压铲放开,如图 3-96 所示。一边转动车轮,另一边用脚踩住、松开压缩踏板,使轮胎另一侧胎圈也和轮辋完全分离。

图 3-96 放开风压铲

(6) 由于有些车辆在轮辋内侧,气门嘴附近安装了轮胎压力传感器。为了养成良好习惯,避免用剥胎机风压铲压胎圈时压坏胎压传感器,所以在操作时禁止压气门嘴附近的胎圈。一般气门嘴一侧风压铲压胎圈的位置均分 3 个位置,压点位置偏离气门嘴,如图 3-97 所示。

(7) 将车轮反一面,调整车轮位置,使风压铲置于轮胎胎圈和轮辋边缘之间。一边转动车轮,一边用脚踩住、松开压缩踏板,使轮胎另一侧胎圈和轮辋完全分离。

(8) 车轮两侧胎圈和轮辋完全分离后,将车轮放到转盘上,双手扶住轮胎,用脚踩一下夹钳踏板,将轮辋固定,如图 3-98 所示。

图 3-97 风压铲偏离气门嘴

图 3-98 固定轮辋

(9) 在轮胎上侧胎圈上涂抹适量的轮胎装配润滑液,这样可减轻鸟嘴头与轮胎胎圈的摩擦,避免损伤轮胎,用剥胎导向杆压住轮辋的边缘,导向杆鸟嘴凹槽和轮辋边缘贴合,如图 3-99 所示,并锁紧导向杆。

(10) 用轮胎撬杆带钩的一头,插入轮胎与轮辋之间,将轮胎上圈撬入导向杆鸟嘴头上,用力压住撬杆,如图 3-100 所示。

图 3-99 放置导向杆鸟嘴

图 3-100 撬开轮胎

(11) 用脚踩旋转踏板,使车轮顺时针旋转一圈,两手配合,将轮胎的一面和轮辋分离,如图 3-101 所示。

(12) 把撬杆沿着轮胎下端面插入轮辋和轮胎之间，将轮胎一面抬高，用撬杆将轮胎下圈撬入导向杆鸟嘴头上，用力压住撬杆，如图 3-102 所示。

图 3-101　旋转轮胎

图 3-102　撬开轮胎下圈

(13) 用脚踩旋转踏板，使车轮逆时针旋转一圈，两手配合将轮胎的另一面和轮辋分离，如图 3-103 所示，松开并移调导向杆，取下轮胎。

(14) 用脚踩一下夹钳踏板，使夹钳松开，取下轮辋，轮胎拆卸完毕，如图 3-104 所示。

图 3-103　轮胎和轮辋分离

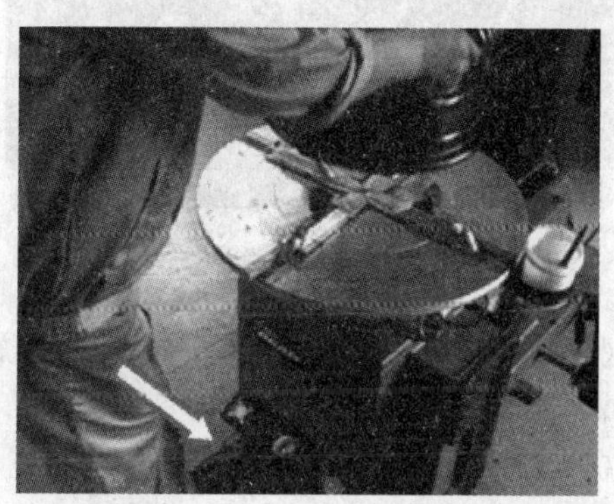

图 3-104　取下轮辋

2) 使用剥胎机安装轮胎

(1) 将轮辋放到车轮转盘上，双手扶住轮辋，用脚踩一下夹钳踏板，将轮辋固定，如图 3-105 所示。

(2) 在轮胎胎圈一侧涂抹轮胎装配润滑液，将涂抹轮胎装配润滑液的侧向下放在轮辋上，用剥胎导向杆压住轮辋的边缘，将导向杆鸟嘴头部前方的轮胎下边缘压入轮辋，同时将轮辋下边缘放于鸭尾上，如图 3-106 所示。

(3) 用两手将轮胎向下压，用脚踩旋转踏板，使车轮顺时针旋转一圈，将轮胎下圈导入轮辋内，如图 3-107 所示。

(4) 在轮胎上侧胎圈上涂抹适量的轮胎装配润滑液，使用撬杆将导向杆鸟嘴头部前方的轮胎上边缘压入轮辋，同时将轮辋上边缘放于鸟尾上，如图 3-108 所示。

图 3-105　固定轮辋

图 3-106　放置导向杆

图 3-107　旋转车轮

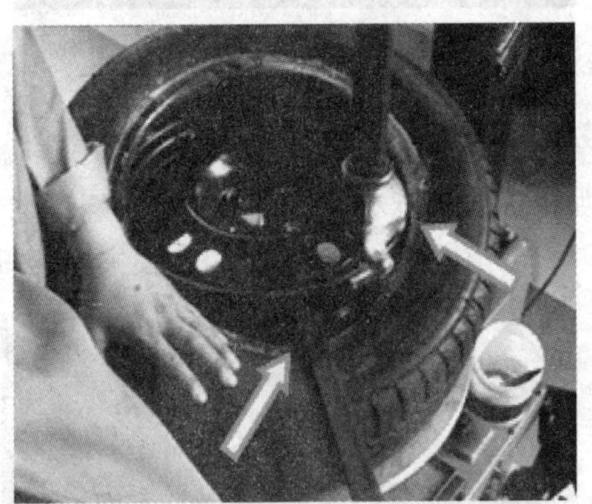

图 3-108　将轮胎一侧压入轮辋

(5) 用脚踩旋转踏板，使车轮顺时针旋转一圈，将轮胎上圈导入轮辋内，如图 3-109 所示。

(6) 松开并移掉导向杆。用胎压表充气，直到轮胎胎圈和轮辋完全贴合为止。用气门芯扳手旋上气门芯，将轮胎气压充至 180kPa，如图 3-110 所示。

图 3-109　将轮胎上侧压入轮辋

图 3-110　将轮胎充气

(7) 用肥皂水检查气门嘴是否漏气。如果气门嘴冒出气泡,表示气门嘴漏气,应拆下气门嘴检查,如图 3-111 所示,旋上气门嘴防尘罩。

(8) 用脚踩一下夹钳踏板,将轮辋在固定架上松开,取下车轮,如图 3-112 所示。断开剥胎机电源,关闭压缩空气阀门,轮胎安装完毕。

图 3-111 检查气门嘴

图 3-112 取下车轮

3.9 技能实训:车轮的动平衡检测与校正

1. 安全要求及注意事项

(1) 不允许赤脚或穿拖鞋、高跟鞋和裙子上课,留长发者要戴工作帽。

(2) 轮胎平衡机在使用前必须先检查机体各部分润滑情况,并能通过电器部分的自检程序。

(3) 轮胎装卸时,应防止碰撞平衡机体。

(4) 轮胎平衡机刀机前,必须检查底座及固定螺母是否锁紧,以防运转时轮胎脱出。

(5) 轮胎平衡机开机前,应仔细清理轮胎花纹中潜入的石子等异物,防止运转时飞出伤人。

(6) 轮胎平衡机在运转过程中,不得用手或其他物品接触旋转部位,在轮胎旋转径向两侧均严禁站人,有保护罩必须正确使用保护罩。

(7) 轮胎平衡机在使用过程中,必须在确认轮胎完全停止旋转后才能打开防护罩,完全停止转动才能接触轮胎。

(8) 在工作过程中,若发现异常的现象,必须立刻停机检查,同时采取措施加以排除,否则禁止开机。

(9) 镶嵌平衡块时,应确保镶嵌牢固,镶嵌过程中要注意用力方向和力度,避免大力冲击主轴,造成主轴弯曲变形。

(10) 设备长时间不用,每周至少转动两次,开关柜内应放置并及时更换防潮材料,起动电动机前应从开关柜断开电缆,用 500V 摇表摇测接缘电阻,小于 500MΩ 时,必须查明原因,方允许开机。

(11) 每天工作结束时,必须对机体及周边进行清洁、对转动部位注油润滑,整理、清洁工具和场地。

2. 设备、工具、耗材的要求

(1) 设备:车轮动平衡仪若干台(根据学生数配备)。

(2) 工具:一字起、平衡块卡钳、深度游标卡尺或轮胎花纹深度规。

(3) 耗材:动平衡块若干。

3. 车轮动平衡检测与校正

(1) 用一字起清除轮胎上石子等异物,如图 3-113 所示。用深度尺检查轮胎花纹的深度(大于 1.6mm),检查轮胎有无异常磨损,有则无需做动平衡实验。检查轮辋有无变形,如有变形也无需做动平衡实验。

(2) 接好动平衡仪电源,打开位于背面的电源开关,选择与轮辋中心孔匹配的轴心定位锥体,如图 3-114 所示,将定位锥体安装到旋转轴上。

图 3-113 清除异物

图 3-114 选择定位锥体

(3) 将被测轮胎搬上动平衡仪旋转轴,旋紧快速锁紧螺母,使车轮固定在旋转轴上,如图 3-115 所示。

(4) 固定好车轮后推转车轮,检查车轮是否被锁紧,如图 3-116 所示。如发现车轮两边晃动,则需要重新固定车轮。

图 3-115 安装车轮

图 3-116 检查车轮紧固情况

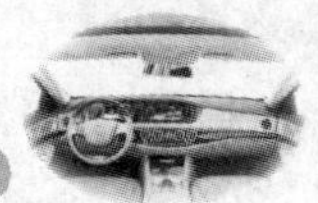

(5) 用拉尺测量安装动平衡块处轮辋至平衡仪箱体的距离 a(即车轮的外挂长度)，如图 3-117 所示，测出该轮胎 $a=6$。

图 3-117 测量车轮外挂长度

(6) 按动操作面板中 a 的上下键按钮，将 a 的数值输入动平衡仪控制器，如图 3-118 所示。

图 3-118 输入车轮外挂长度 a 的值

(7) 用平衡仪随机配备的专用卡尺，测量安装动平衡块处轮辋对边宽度 b。测出该轮胎 $b=7$，如图 3-119 所示。

图 3-119 测量轮辋宽度

(8) 在轮胎上读出轮辋直径 d。该轮胎轮辋直径 $d=14$，如图 3-120 所示。

注： R 表示的不是半径，是子午线轮胎标识。

(9) 按动操作面板中 d 的上下键按钮，将轮辋直径 d 的数值输入平衡仪控制器，如图 3-121 所示。

图 3-120　读出轮辋直径

图 3-121　输入轮辋直径 d 值

(10) 用手轻轻推转轮胎，按运转开关 START，启动平衡仪。如果有轮胎保护罩，落下轮胎保护罩。如图 3-122 所示。

注意：如果动平衡仪没有防护罩，在车轮运转前必须保证车轮的前后方没有人，才可以按启动按钮 START，以防止轮胎上的动平衡块飞出伤害人。

(11) 7s 后，机器自动停止。此时操作面板显示器上的数据为车轮两侧的不平衡量，如图 3-123 所示，若车轮的不平衡量超过 5g，必须校正。

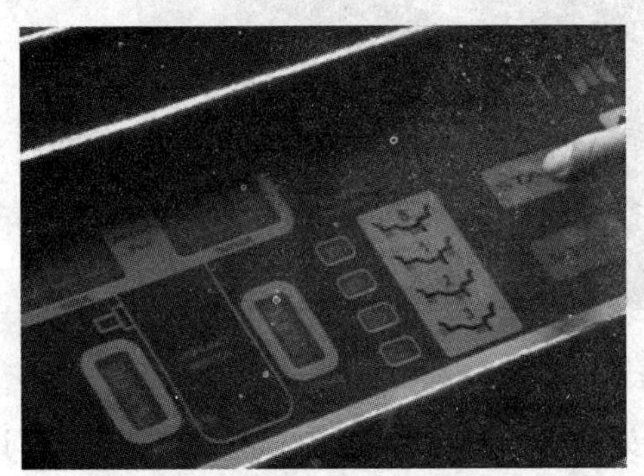

图 3-122　按 START 键

图 3-123　显示不平衡值图

(12) 慢慢推转车轮，直到左侧显示灯全亮，如图 3-124 所示，然后停止转动车轮。

(13) 在左侧显示灯全亮的情况下，在轮辋内侧最高点位置用平衡锤安装上左侧显示器显示的平衡块重量为 25g，如图 3-125 所示。

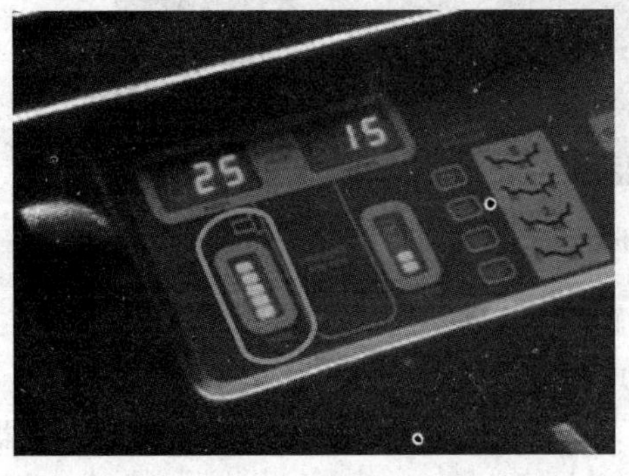

图 3-124　左侧不平衡值

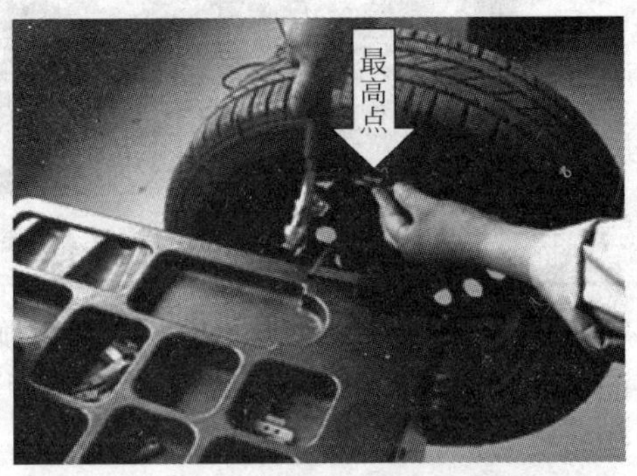

图 3-125　安装左侧平衡块

(14) 安装好左侧平衡块后继续慢慢推转车轮，使右侧显示灯全亮，如图 3-126 所示。

(15) 在右侧显示灯全亮的情况下，在轮辋外侧最高点位置用平衡锤安装上右侧显示器显示的平衡块重量为 15g，如图 3-127 所示。

图 3-126 右侧不平衡值

图 3-127 安装右侧平衡块

(16) 再次用手轻推轮胎，按运转开关 START，使平衡仪运转。待机器停止后，观察显示器上的读数如果还有不平衡量，按上述方法继续校正，直至显示器显示"00"为止，如图 3-128 所示。

注意：内外侧平衡块的数量不能超过 3 个，否则应更换轮辋。

(17) 旋紧快速锁紧螺母，把校正好的轮胎取下，如图 3-129 所示。关闭开关，切断电源。

图 3-128 显示车轮平衡

图 3-129 取下车轮

 3.10 技能实训：检查与调整车轮定位参数

1. 安全要求及注意事项

(1) 不允许赤脚或穿拖鞋、高跟鞋和裙子上课，留长发者要戴工作帽。

(2) 检查车辆悬挂装置、车轮轴承、转向系统等，确认没有不允许存在的间隙和损坏。

(3) 严禁在设备电源插座上接插其他电器设备，避免导致定位仪失准，或受到损害。

(4) 传感器连线在使用和用完后要小心插接，并盘绕好，严禁猛力拔插生拽，避免损

坏连线。

(5) 四轮定位仪每次开启后，预热10分钟后才进入操作。

(6) 四轮定位仪的操作要严格按规定程序进行。

(7) 四轮定位仪的仪器在安装、使用时，防止重物的撞击，做到轻拿轻放。

(8) 实习结束，使用完后，注意把仪器放到指定地方，罩好工作台，整理、清洁工具和场地。

2. 设备、工具、耗材的要求

(1) 设备：帕萨特B5型乘用车(或其他乘用车)一辆、举升机一台、四轮定位仪一台。

(2) 工具：18mm开口扳手、21mm开口扳手、卷尺、轮胎气压表。

(3) 耗材：手电、抹布若干。

3. 车轮定位参数的检查与调整

(1) 打开定位仪的两个开关。开关分别位于摄像机电源上和计算机操作控制台后侧。预热计算机，然后将车辆停到四轮定位仪上，并按要求将车辆的前轮准确地停在举升机转角盘上，转角盘的固定插销和后滑板的固定插销处于锁定状态，如图3-130所示。

(2) 用车轮楔固定左后轮或右后轮，如图3-131所示，放下驻车制动杆，并使车辆变速器处于空挡。

图3-130 将车辆停到四轮定位仪上

图3-131 固定两个后轮

(3) 将目标盘夹具安装在车轮上，并检查固定情况，钩上保险钩，如图3-132所示，防止目标盘夹具脱落。

(4) 在两前轮安装小目标盘，两后轮安装大目标盘，升起举升机到工作高度，并锁止举升机，如图3-133所示。

图3-132 固定目标盘夹具

图3-133 举升车辆

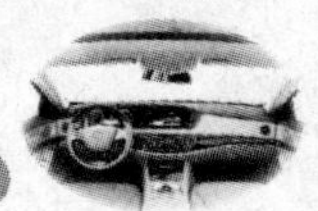

（5）单击四轮定位仪上的OK按钮，进入车轮定位检测主页面，如图3-134所示。

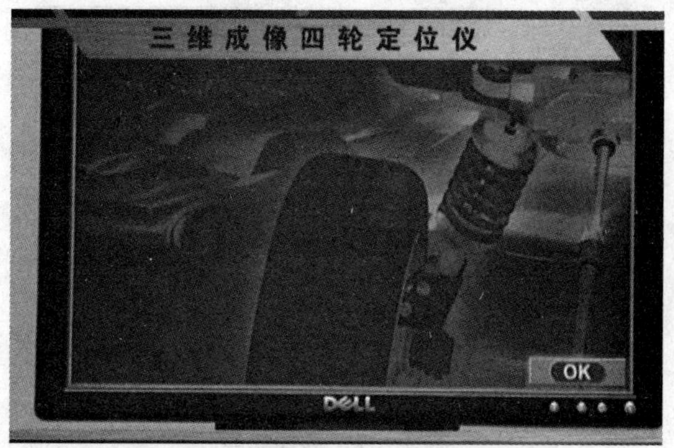

图3-134　单击OK按钮

（6）单击运行智能化搜寻图标（四轮定位），如图3-135所示。

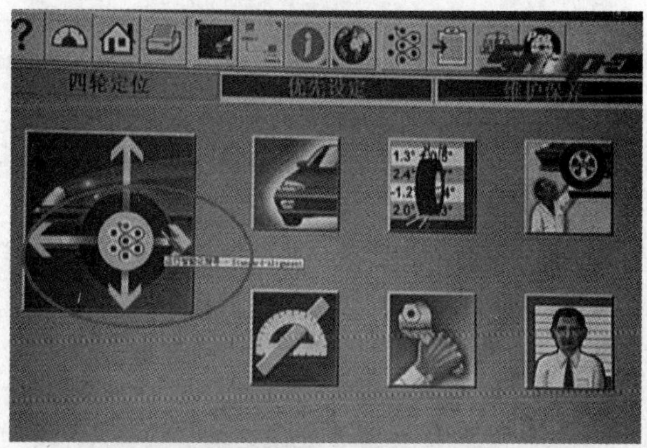

图3-135　单击智能化搜寻图标

（7）单击OK按钮，进入车型选择界面，如图3-136所示。

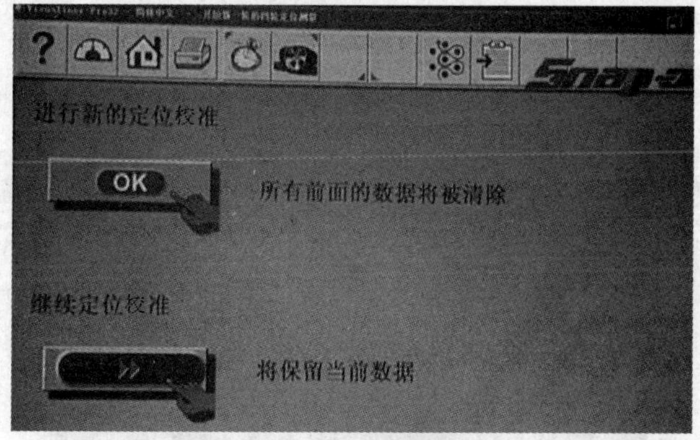

图3-136　进行新的定位校准

(8) 根据页面提供的车型进行车型选择，如图 3-137 所示。

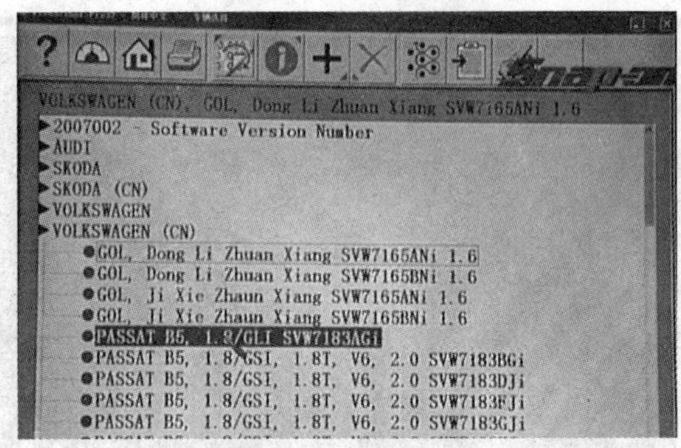

图 3-137　选择车型

(9) 选择车型后页面出现车辆四轮定位出厂规格表，单击 OK 按钮进入下一步，如图 3-138 所示。

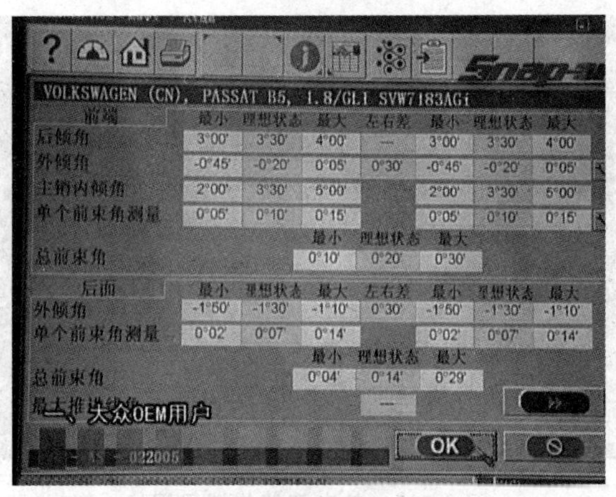

图 3-138　车辆四轮定位出厂规格表

(10) 出现“用户数据”界面，根据页面提示填写用户信息，然后单击右下角的 OK 按钮，如图 3-139 所示。

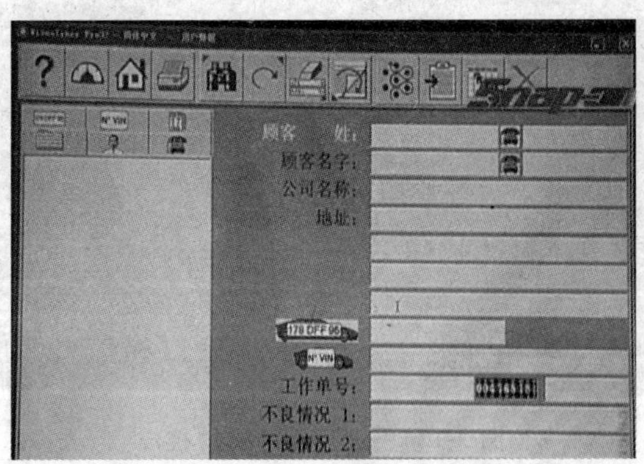

图 3-139　填写用户信息

(11) 出现“定位前检查”界面，根据页面提示进行检查，检查结束后单击右下角的 OK 按钮，如图 3-140 所示。

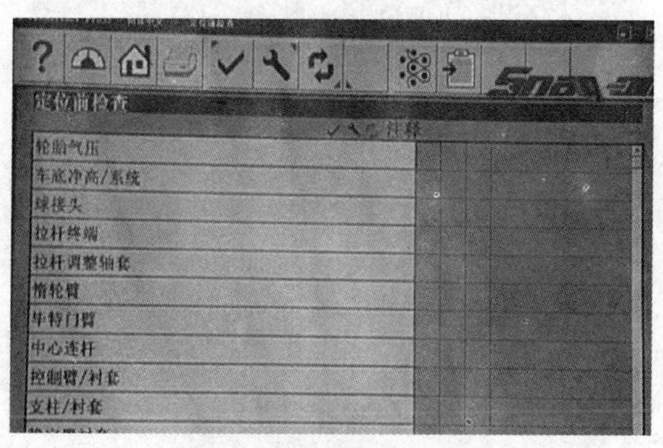

图 3-140 定位前检查

(12) 进入四轮定位测量，单击“镜头视域图标”，检查目标盘是否在照相机有效视域内，如图 3-141 所示。

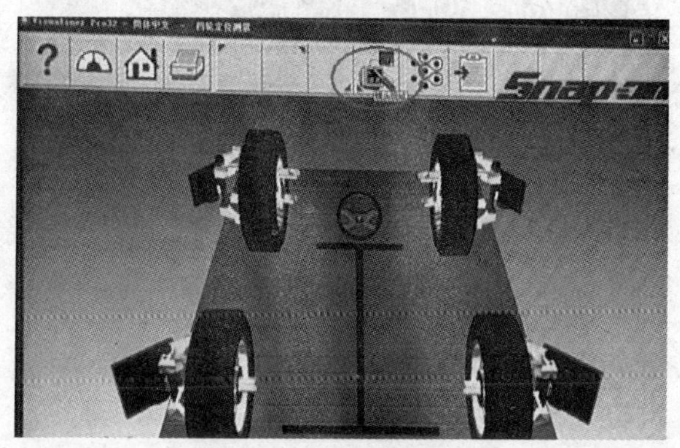

图 3-141 目标盘检查

(13) 此位置如果符合要求，如图 3-142 左侧所示；如果不符合，如图 3-142 右侧所示，此时需调整目标盘或调整举升机的高度。

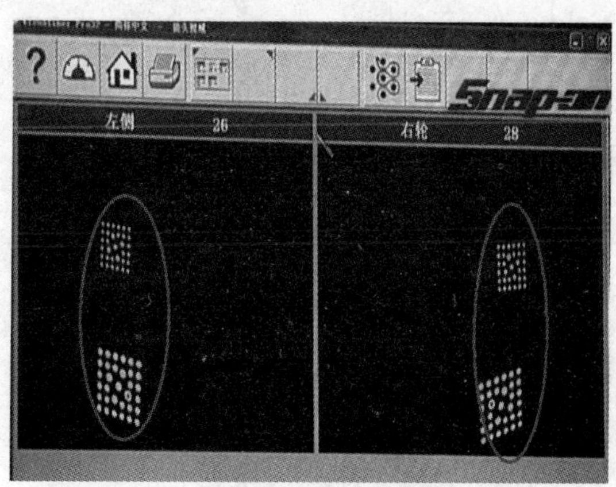

图 3-142 举升机高度检查

(14) 当出现向后的箭头时，可以开始推车，使车辆向后移动，如图 3-143 所示。

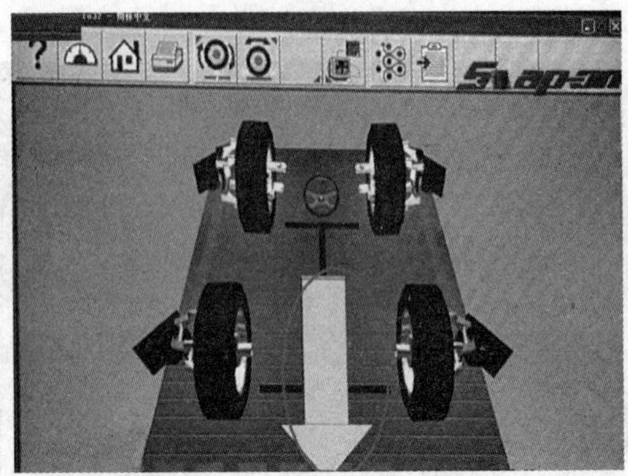

图 3-143 提示先后推车

(15) 当页面出现此标记时，垫上车轮楔，使车辆处于静止不动状态，如图 3-144 所示。

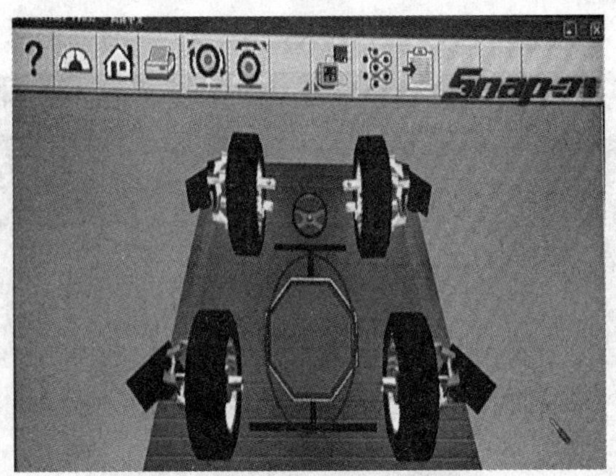

图 3-144 固定车辆

(16) 当页面出现向前的箭头时，可以开始推车，使车辆回到初始位置，等待片刻，如图 3-145 所示。

图 3-145 提示向前推车

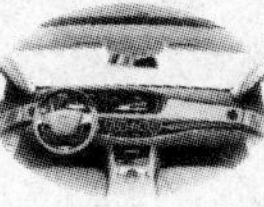

(17) 根据页面提示安装制动踏板下压器，如图 3-146 所示，确定转角盘插销已移去，松开后滑板。

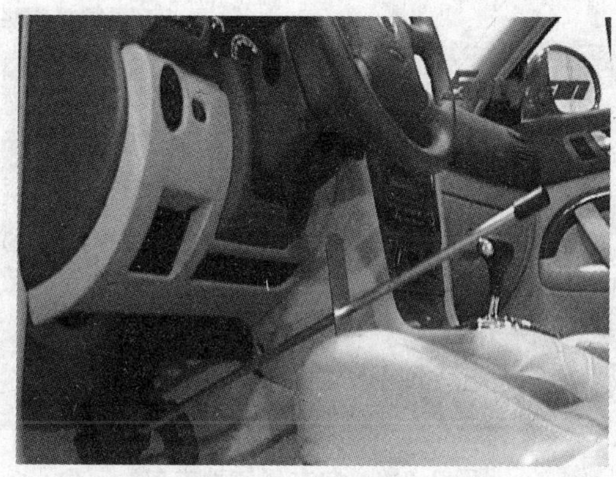

图 3-146　安装制动踏板下压器

(18) 测量主销后倾角时，先向左转动转向盘，随车轮接近测量位置，光标球变黄色，此时需放慢转动速度；当车轮达到正确位置时，光标球变绿色，如图 3-147 所示。

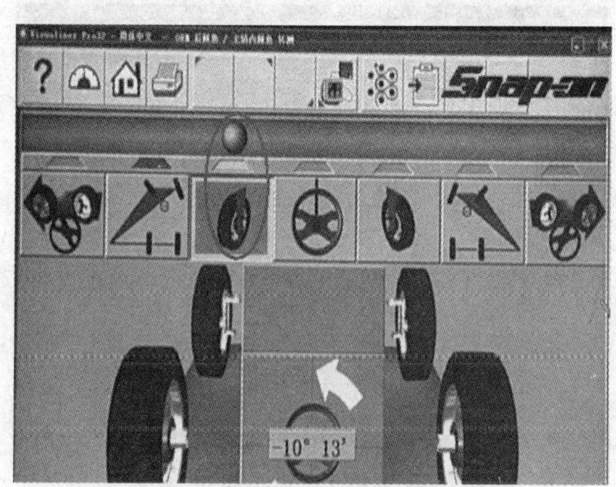

图 3-147　测量主销后倾角

(19) 以相同的方式测量转向前展角、最大转角，如图 3-148 所示。

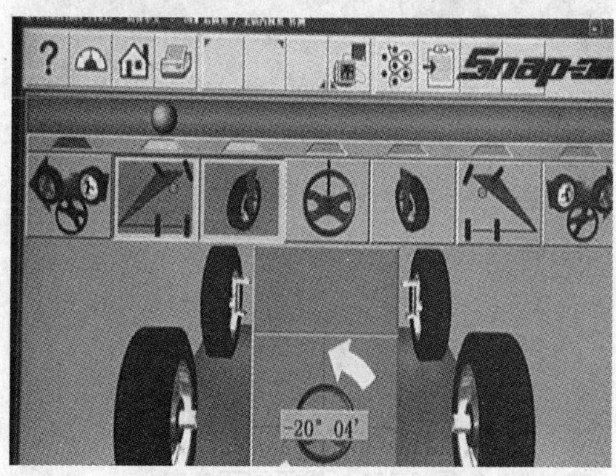

图 3-148　测量转向前展角

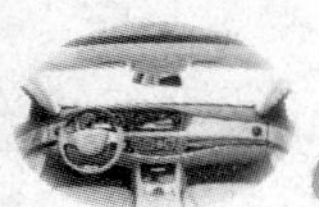

(20) 往右侧转动方向,此操作屏幕显示的情况与向左转动方向相同,如图 3-149 所示。

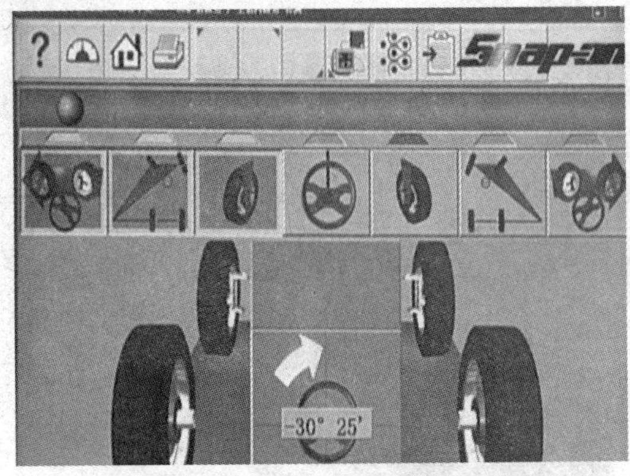

图 3-149　向右侧转动方向

(21) 当右侧最大转角状态条变绿色,此时往左侧转动方向,使方向回正,如图 3-150 所示。

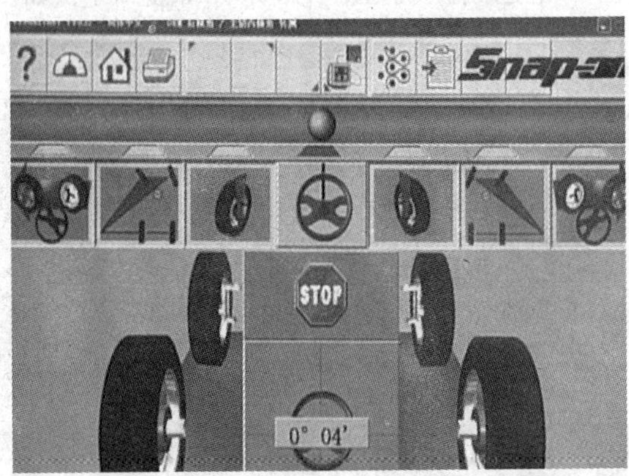

图 3-150　方向回正

(22) 根据页面提示向中心转动转向盘,直到仪表变绿,如图 3-151 所示。

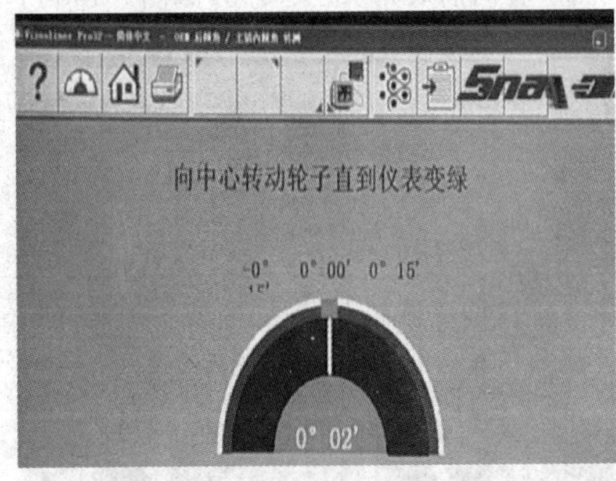

图 3-151　修正回正方向

(23) 屏幕显示所测数据，绿色数据表示正常，红色数据表示超出规定范围，如图 3-152 所示。

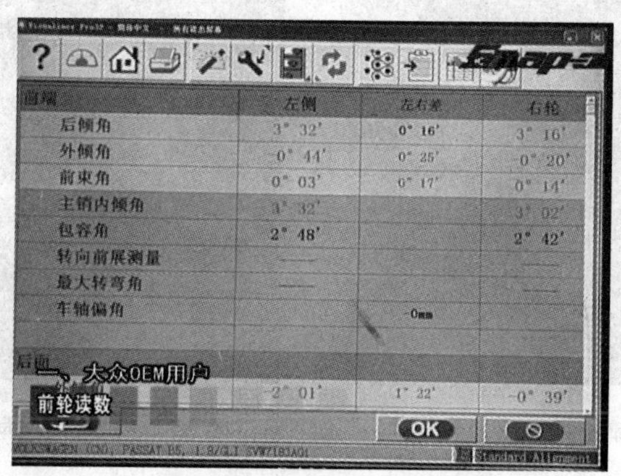

图 3-152　屏幕显示所测数据

3.11　技能实训：拆卸与安装悬架

1. 安全要求及注意事项

(1) 不允许赤脚或穿拖鞋、高跟鞋和裙子上课，留长发者要戴工作帽。

(2) 正确使用举升机及工具。

(3) 铁丝固定制动钳时，固定要良好，不要损坏制动软管。

(4) 旋下减振器活塞杆的螺母时，应先用手托住悬架，防止总成落地伤人。

(5) 用减振器专用拉具压缩螺旋弹簧时，应注意减振器专用拉具安装到位，人不能站在减振器对面。

(6) 实习结束，整理、清洁工具和场地。

2. 设备、工具、耗材的要求

(1) 设备：桑塔纳 GLi 乘用车一辆、悬架总成一套、举升机一台。

(2) 工具：13mm 套筒、30mm 套筒、17mm 套筒扳手、开槽套筒、7mm 内六角扳手、17mm 梅花扳手、10mm 开口扳手、11mm 开口扳手、14mm 开口扳手、17mm 开口扳手、22mm 开口扳手、可调扭力扳手、活络扳手、指针扭力扳手、棘轮轮扳手、专用拉马、撬杆、前减振器专用工具、后减振器专用工具、减振器专用拉具、管子钳、千斤顶、短接杆、一字起子、螺旋弹簧压紧器、专用压具。

(3) 耗材：铁丝若干。

3. 悬架的拆卸与安装

1) 前悬架的拆卸

(1) 按照拆卸车轮的步骤拆下汽车两个前轮，用扭力扳手加 30mm 套筒旋下轮毂与传动轴的紧固螺母，如图 3-153 所示。

（2）用一字起拆下保持弹簧，拧松制动钳紧固螺栓，取下螺栓，如图 3-154 所示。

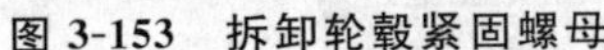

图 3-153　拆卸轮毂紧固螺母

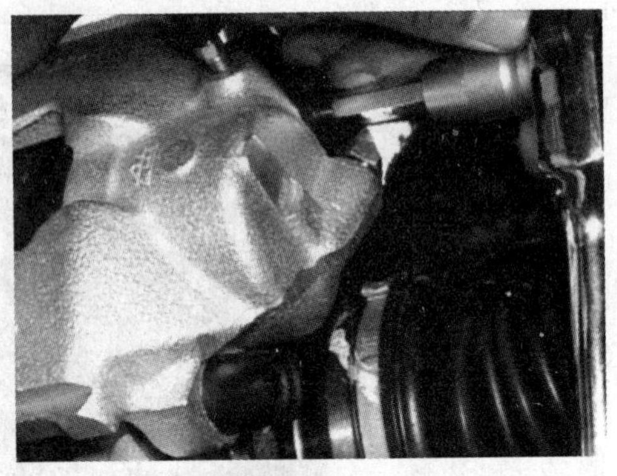

图 3-154　拆卸制动钳紧固螺栓

（3）将制动钳钳体从制动盘上取下，并取下摩擦片，然后用铁丝将制动钳固定在车身上，如图 3-155 所示，注意不要损坏制动软管。

（4）固定下摇臂球头销螺栓一端，拧下下摇臂球头销紧固螺母，取下螺母，拔出螺栓，如图 3-156 所示。

图 3-155　制动钳固定

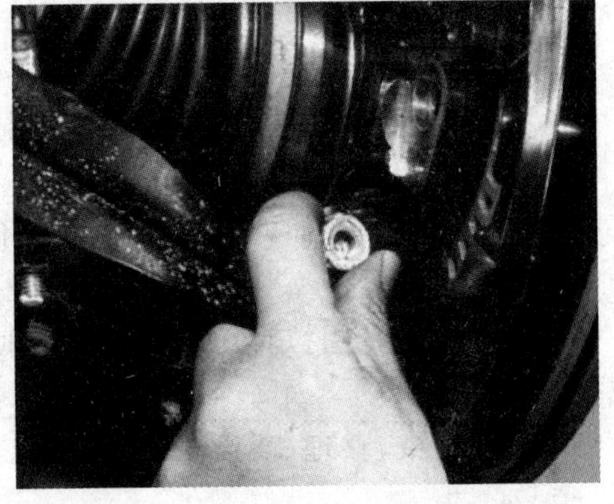

图 3-156　拔出下摇臂球头销螺栓

（5）用专用拉马顶住转向横拉杆接头下端，防止球头销跟转，拧下转向横拉杆球头销紧固螺母，如图 3-157 所示，然后拆下专用拉马，向下拉出转向横拉杆接头。

（6）拧松横向稳定杆与下摇臂连接螺栓的紧固螺母，向下压前悬架下摇臂，使下摇臂球头与减振器下支架分离，如图 3-158 所示。

（7）用力向外拉制动底板，将外传动轴从轮毂轴承内拉出，如图 3-159 所示。

（8）将车辆下降，降至未拆卸车轮刚刚着地为止，打开并撑好发动机盖，然后一人托住减振器支柱下部，如图 3-160 所示。

（9）一人将专用工具内六角扳手放入减振器活塞杆上的内六角孔中，专用工具的套筒套于减振器活塞杆的螺母上，如图 3-161 所示。

（10）用一只手扶住专用工具内六角扳手延伸杆，以固定减振器活塞杆，另一只手用活络扳手，拧专用工具套筒上部六角部分，如图 3-162 所示。

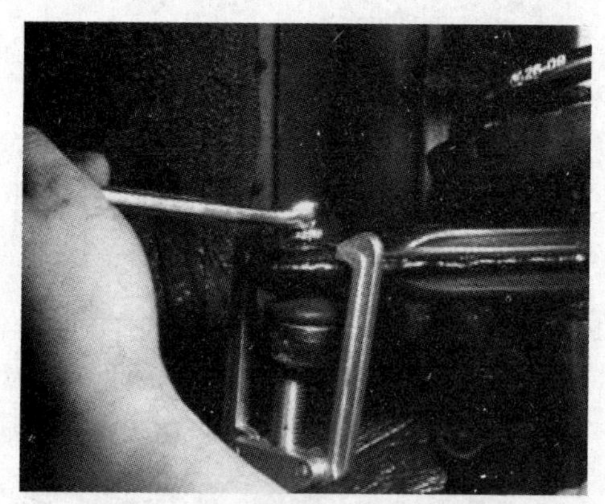

图 3-157　拆卸球头销紧固螺母

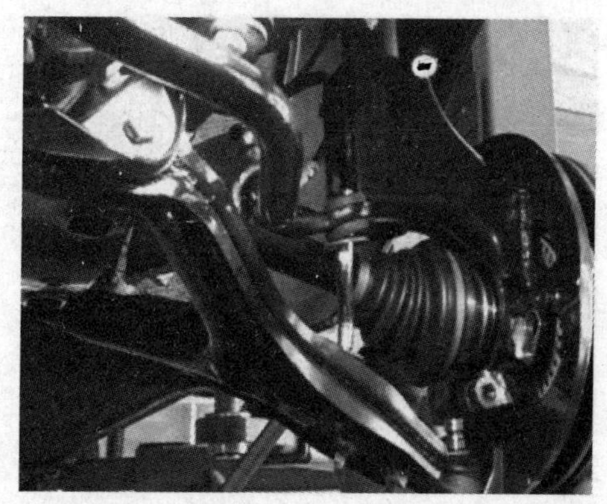

图 3-158　分离下摇臂

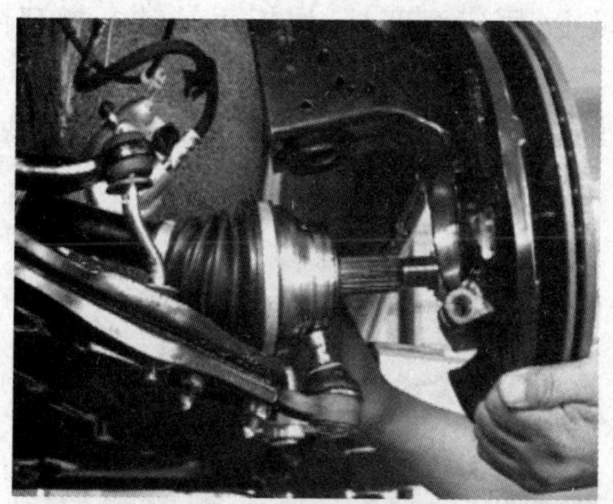

图 3-159　拉出传动轴

图 3-160　托住减振器支柱下部

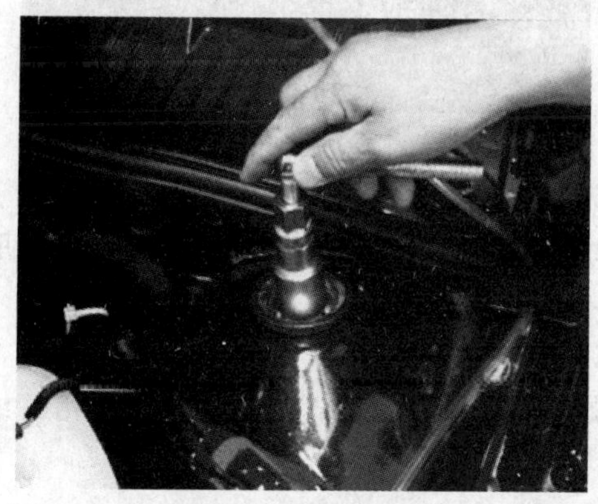

图 3-161　专用工具使用

图 3-162　拧专用工具套筒

(11) 旋下减振器活塞杆的螺母,同时另一个人取出前螺旋弹簧和减振器总成,如图 3-163 所示。

(12) 用螺旋弹簧压紧器压缩螺旋弹簧,直至螺旋弹簧上座可以晃动,如图 3-164 所示。

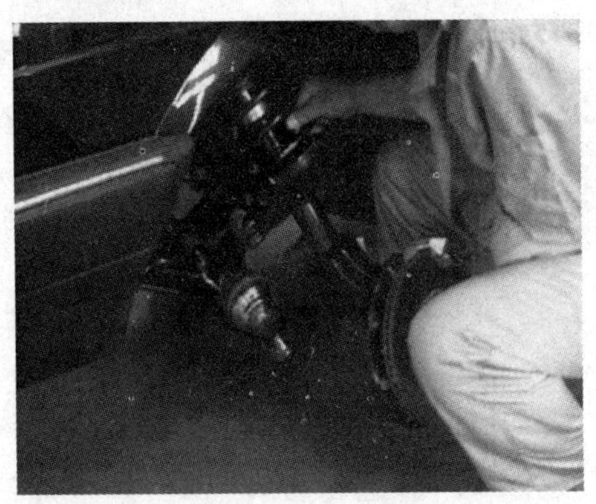

图 3-163　取出前螺旋弹簧和减振器总成

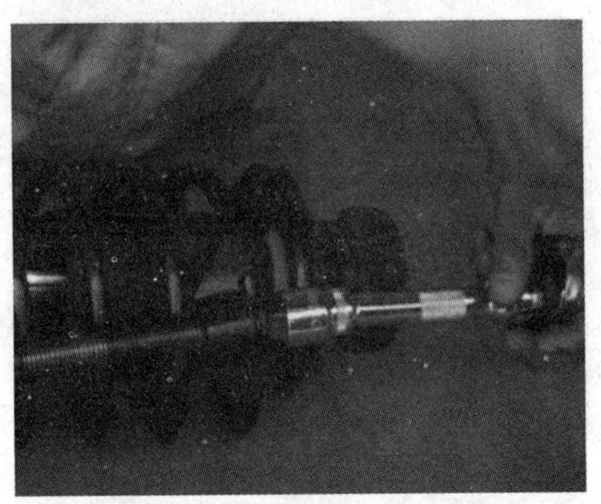

图 3-164　压缩弹簧

(13) 将专用开槽套筒装在减振器开槽螺母上，固定活塞杆，用扳手转动开槽套筒旋下开槽螺母，如图 3-165 所示。

(14) 旋下紧固螺母，依次取下悬架支承轴轴承、弹簧上座、螺旋弹簧、限位缓冲块，如图 3-166 所示。

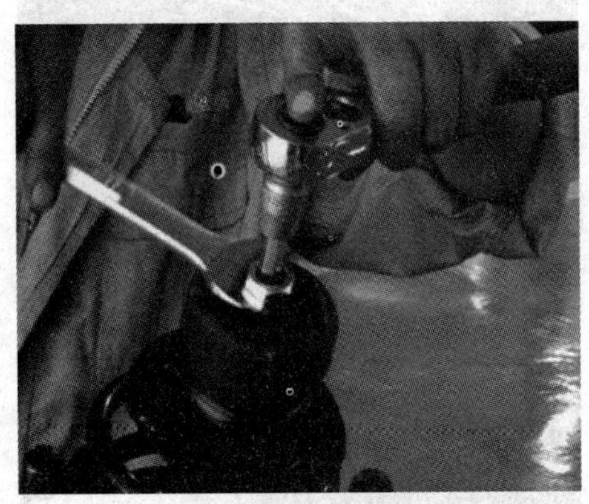

图 3-165　转动开槽套筒

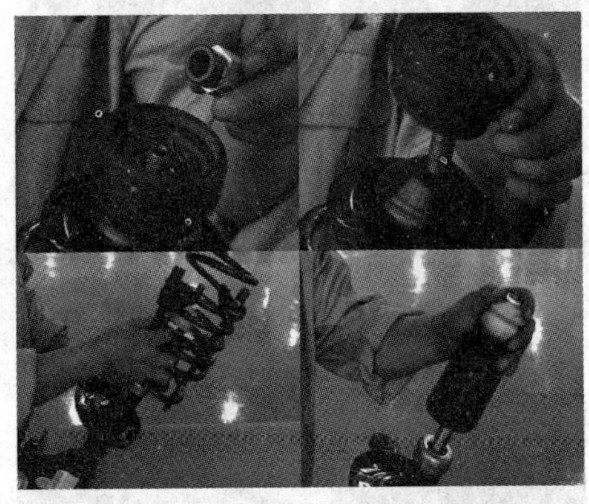

图 3-166　分解螺旋弹簧和减振器总成

(15) 使用管子钳拧松减振器固定螺母，旋出减振器固定螺母，如图 3-167 所示，取出减振器。

2) 前悬架的安装

按照拆卸的相反顺序安装前悬架，注意各螺栓(或螺母)的拧紧力矩需查阅相关维修手册，按规定力矩和规定的方式旋紧。

3) 后悬架的拆卸

(1) 按照拆卸车轮的步骤拆下汽车两个后轮，然后举升车辆，升至方便维修人员在车下操作为止，如图 3-168 所示，并锁止举升臂。

(2) 用 17mm 梅花扳手固定减振器下端和后桥的固定螺母，用 17mm 的套筒扳手拧松减振器下端和后桥的固定螺栓，取出螺母和螺杆，如图 3-169 所示。

(3) 将车辆下降，降至未拆卸车轮刚刚着地为止，锁止举升臂，如图 3-170 所示。

图 3-167　拧松减振器固定螺母

图 3-168　举升车辆

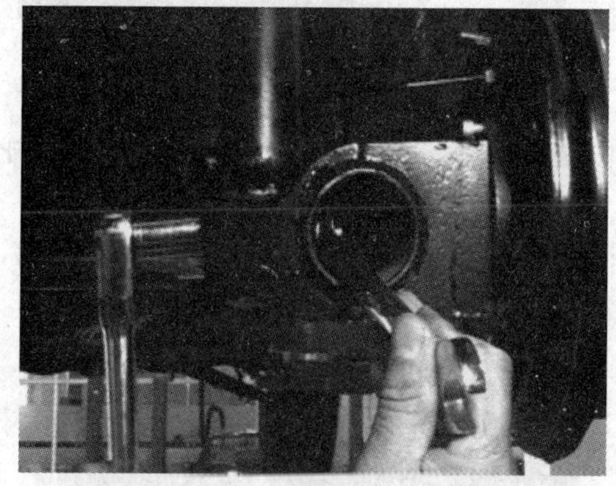

图 3-169　拆减振器下端固定螺母

图 3-170　降下车辆

(4) 打开车后门，从车厢内取下减振器盖板，如图 3-171 所示。

(5) 将专用工具内侧四角扳手放入减振器活塞杆上的内四角里，专用工具的套筒套于减振器活塞杆的螺母上，如图 3-172 所示。

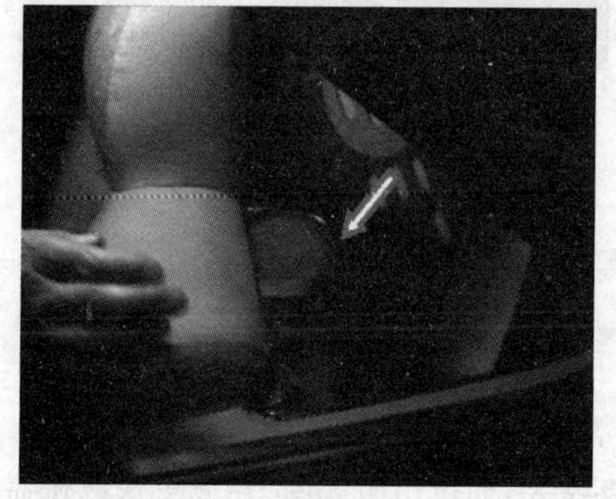

图 3-171　取下减振器盖板

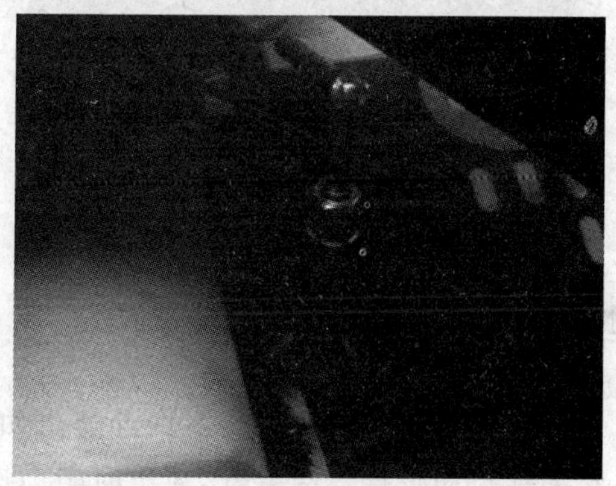

图 3-172　放置专用工具

(6) 使用千斤顶举升臂顶住减振器支柱下部,如图 3-173 所示。

(7) 一只手扶住专用工具内侧四角扳手延伸杆,以固定减振器活塞杆;另一只手用 22mm 开口扳手,拧专用工具套筒上的六角部分,如图 3-174 所示。

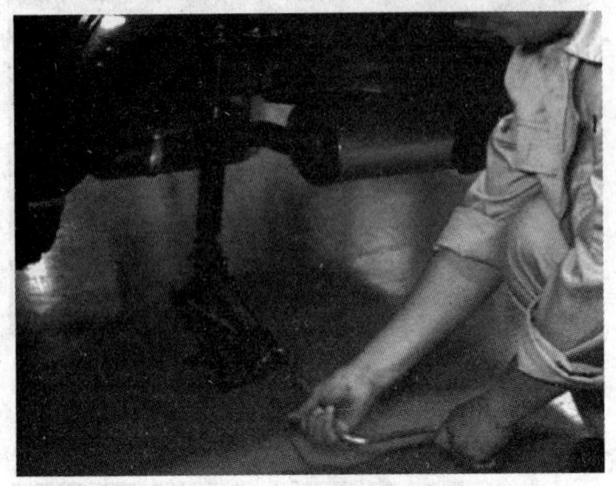

图 3-173　顶住减振器

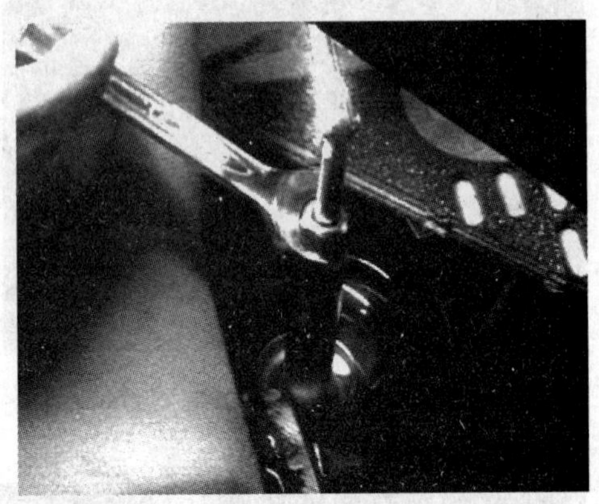

图 3-174　拆减振器紧固螺母

(8) 当拧专用工具套筒上的力很小的时候,撤掉专用工具,用手旋下减振器活塞杆的螺母,如图 3-175 所示。

(9) 放下千斤顶举升臂,将后螺旋弹簧和减振器总成从车上取下,如图 3-176 所示,依次取下缓冲块、弹簧、防尘套和减振器总成等。

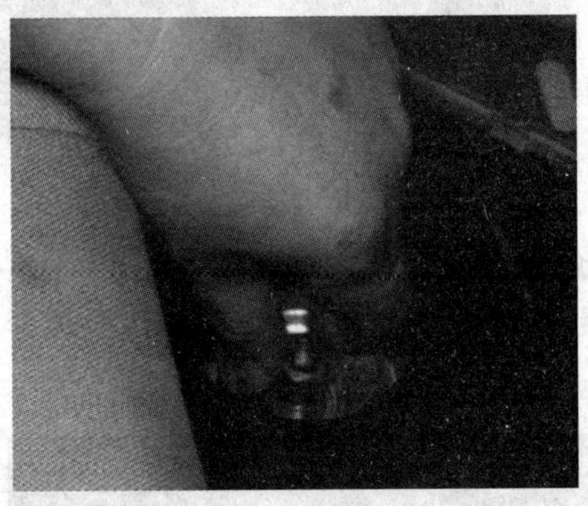

图 3-175　旋下减振器紧固螺母

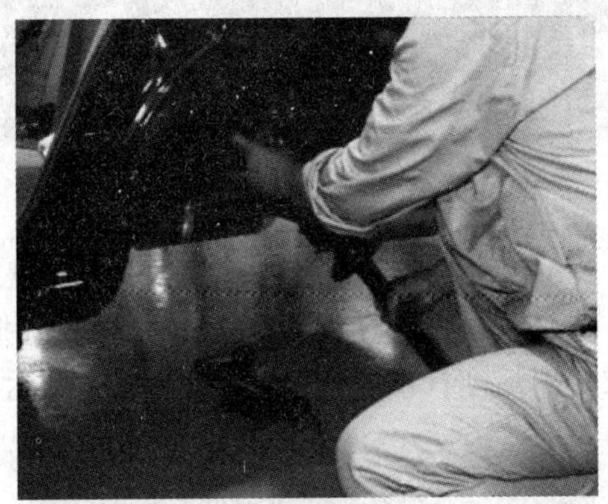

图 3-176　取下弹簧和减振器总成

4) 后悬架的安装

按照拆卸的相反顺序安装后悬架,注意各螺栓(或螺母)的拧紧力矩需查阅相关维修手册,按规定力矩和规定的方式旋紧。

5) 减振器与螺旋弹簧的检测

(1) 检查减振器外壳是否有漏油处。如外壳有漏油,应更换减振器。

(2) 推拉动减振器活塞杆,拉出时阻力应该较大,如拉出时无阻力,应更换减振器。

(3) 检查螺旋弹簧,如有损坏、折断,应更换螺旋弹簧。

(4) 转动前悬架支撑轴轴承,如果转动不灵活,则应更换新件。

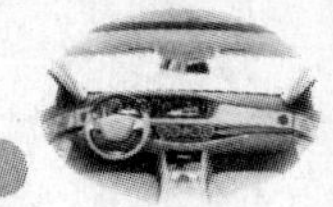

(5) 检查减振器防尘罩、缓冲块,如有损伤、龟裂、老化等现象应更换新件。

练习与思考题

1. 判断题(正确的打√,错的打×)

(1) 整体式转向桥主要由前轴、转向节、主销等部分组成。 ( )

(2) 按其断面形状,转向桥可分为工字梁式和管式两种类型。 ( )

(3) 主销内倾角的车轮自动回正作用与车速密切相关。 ( )

(4) 主销后倾角越大,车速越高,车轮偏转后回正的能力也越弱。 ( )

(5) 前轮外倾角是使转向节轴颈的轴线与水平面成一角度。 ( )

(6) 车轮可分为两种主要型式:辐板式和辐条式。 ( )

(7) 平底轮辋常用于装载质量大的货运汽车上。 ( )

(8) 非独立悬架只能用在后桥不能用在前桥。 ( )

(9) 钢板弹簧一般是用作非独立悬架汽车的弹性元件。 ( )

(10) 汽车悬架中的弹性元件可将振动迅速衰减。 ( )

(11) 独立悬架的汽车的车桥都是断开式的。 ( )

(12) 扭杆弹簧作为悬架弹性元件的汽车其车身高度可通过悬架调节。 ( )

(13) 油气弹簧是利用气体的可压缩性实现弹簧作用。 ( )

(14) 独立悬架汽车的非簧载质量比独立悬架的大。 ( )

(15) 双向作用减振器在伸张行程产生的阻尼力比压缩行程产生的阻尼力小得多。
( )

(16) 悬架伸张行程中,弹性元件起主要作用。 ( )

(17) 在悬架压缩行程中,减振器阻尼力应较小。 ( )

2. 不定项选择题

(1) 为使转向轻便灵活,在转向节下销孔与前轴拳部下端面装有( )。

A. 楔形销 B. 推力轴承 C. 轮毂轴承 D. 主销

(2) 转向驱动桥的内外半轴之间连接的万向节是( )。

A. 双联式 B. 十字轴式 C. 等速式 D. 三销式

(3) 主销内倾角的作用除了使转向操纵轻便外,另一作用是( )。

A. 车轮自动回正 B. 减少轮胎磨损

C. 形成车轮回正的稳定力矩 D. 提高车轮工作的安全性

(4) 前轮前束的调整可通过改变( )。

A. 转向轮角度 B. 转向纵拉杆长度

C. 转向横拉杆长度 D. 梯形臂位置

(5) 前轮外倾角的作用除了提高前轮工作安全性外,另一作用是( )。

A. 转向操纵轻便性 B. 车轮自动回正

C. 减少轮胎磨损 D. 形成车轮回正稳定力矩

(6) 轮胎上的(　　)与车轮的轮辋接触，产生气密性。

A. 斜交帘线层　　B. 胎面花纹块　　C. 带束　　D. 胎圈

(7) 带束斜交帘线层与子午线帘线层轮胎之间的不同是子午线帘线层轮胎(　　)。

A. 有多条互相之间成十字交叉形安置的带束

B. 的织物线互相之间成十字交叉形缠绕在胎体上

C. 有多条沿轮胎圆周方向安置的带束

D. 的织物线从轮圈延伸到轮圈

(8) 上海桑塔纳轿车采用的轮辋是(　　)。

A. 平底　　B. 深槽　　C. 浅槽　　D. 对开式

(9) 轮辋是用于安装(　　)。

A. 轮辐　　B. 轮毂　　C. 轮胎　　D. 辐条

(10) 当胎面被磨损到了与胎面沟槽中的磨损指示器相同的高度时，胎面的高度应该是(　　)mm。

A. 1.6　　B. 2.4　　C. 0.8　　D. 3.2

(11) 轮胎的侧壁上标有 P245/75 R16 109S，根据这个数据信息表明轮辋的直径是(　　)。

A. 109mm　　B. 16in　　C. 75mm　　D. 245mm

(12) (　　)不是表述悬架系统的作用。

A. 把车轮连接到底盘或车身上　　B. 保持正确的车轮定位角度

C. 保持乘坐高度　　D. 支承车辆

(13) (　　)属于簧载质量。

A. 车身　　B. 车轮　　C. 轮胎　　D. 制动器

(14) 双向作用的减振器一般在(　　)行程中产生较小的阻尼作用。

A. 压缩　　B. 释放　　C. 收缩　　D. 伸展

(15) 在使用麦弗逊滑柱时，(　　)是不需要的。

A. 下球节　　B. 上控制臂　　C. 螺旋弹簧　　D. 轴承板

(16) 汽车悬架用于连接(　　)。

A. 车轮与车桥　　B. 车轮与车架

C. 车架与车桥　　D. 钢板弹簧与车架

(17) 为了提高行驶平顺性，装有渐变刚度钢板弹簧的，其副簧置于主簧的(　　)。

A. 上面　　B. 下面　　C. 中间　　D. 上、下两面

(18) 独立悬架中，一般采用的弹性元件是(　　)。

A. 钢板弹簧　　B. 螺旋弹簧　　C. 油气弹簧　　D. 橡胶弹簧

(19) 对于平顺性要求较高的轿车，一般选用(　　)。

A. 独立悬架　　B. 非独立悬架　　C. 平衡悬架　　D. 综合悬架

(20) 在悬架压缩行程中，减振器阻尼力应(　　)。

A. 较小　　B. 较大

C. 保持　　D. 根据情况变化

(21) 悬架在伸张行程中,起主要作用的是(　　)。

A. 弹性元件　　B. 补偿阀　　C. 压缩阀　　D. 减振器

(22) 目前汽车上广泛采用的减振器是(　　)。

A. 单向作用摇臂式　　B. 单向作用筒式

C. 双向作用摇臂式　　D. 双向作用筒式

(23) 可以调节车架与车轮之间的垂直距离的是(　　)。

A. 钢板弹簧　　B. 螺旋弹簧　　C. 扭杆弹簧　　D. 油气弹簧

(24) 在装合钢板弹簧时,各片钢板之间应(　　)。

A. 涂上机油　　B. 涂上柴油

C. 涂上石墨润滑脂　　D. 不能涂润滑油

3. 问答题

(1) 汽车的车架有哪些类型?各有什么特点?

(2) 为实现转向驱动需要哪些零部件?

(3) 什么是车轮定位?车轮定位包括哪些参数?各起什么作用?

(4) 车轮的主要功用有哪些?简述其结构组成。

(5) 简述轮胎的标记。

(6) 轮胎为什么要换位?如何换位?

(7) 简述轮胎磨损形式及其成因。

(8) 悬架系统主要有哪些功用?由哪些机件组成?

(9) 汽车性能对悬架系统有哪些要求?

(10) 悬架的弹簧元件主要有哪些形式?简述其各自的特点。

(11) 汽车减振器主要有哪些功用?由哪些零部件组成?

(12) 简述减振器的工作过程。

(13) 悬架有哪几种类型?简述其各自的特点。

(14) 简述轮胎磨损形式及其成因。

4. 知识拓展题

(1) 简述电控悬架是如何实现变高度、变刚度和变阻尼控制。

(2) 轮胎上除了教材所讲的参数,还有其他哪些参数?分别代表什么含义?

(3) 悬架结构除了教材所讲类型外,还有其他那些类型?分别用在什么车型上?

模块 4

转向系统

◎学习目标

1. 知识目标

（1）熟悉转向系统的常见类型。

（2）认识机械转向系统的组成及名称。

（3）认识动力转向系统主要部件的名称及安装位置。

2. 能力目标

（1）掌握转向系统部件的安装位置。

（2）能分析转向系统的常见故障原因。

◎案例导入

某辆上海大众帕萨特领驭汽车的车主某天在行驶过程中发现该车出现转向沉重的现象，同时伴有异响。经检查，发现该车辆的转向系统长年未进行保养，其转向助力液和转向系统部件存在磨损及松动现象。

◎服务方案

（1）听取客户反映的故障现象，填写保修单。

（2）服务顾问填写客户的有关数据，检查收取行驶证、保修单。

（3）验证客户叙述的故障，与客户沟通维修方案。举升车辆，经全面检查后再确定维修方案。

（4）拆检后，根据转向系统内部损害情况和维修成本，确定维修方案。如有修理价值，对转向系统部件进行紧固或维修；如没有修理价值，则更换相应总成。

（5）任何一种维修方案都必须了解汽车构造与工作原理。

拓 扑 图

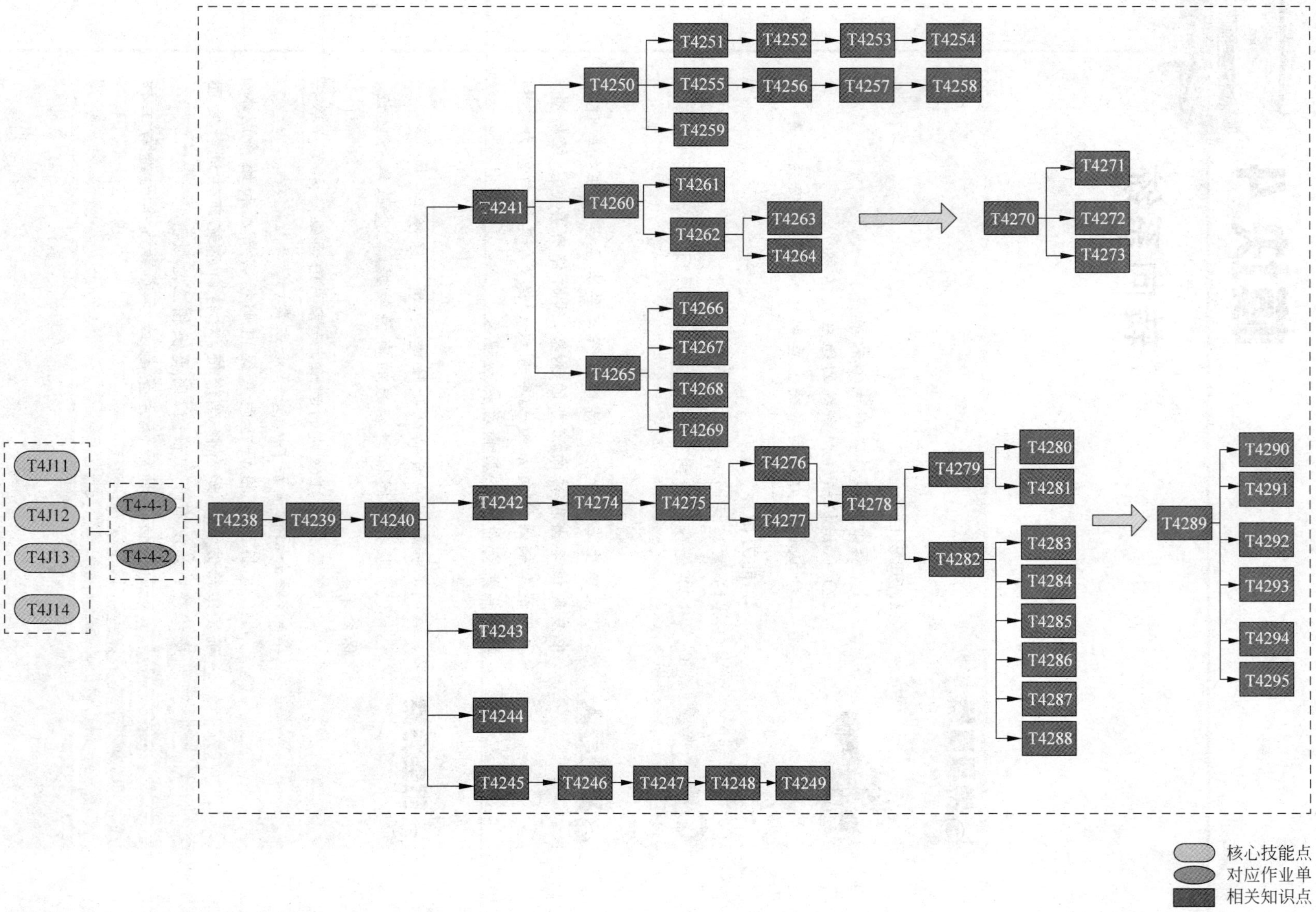

T4J11
T4J12
T4J13
T4J14

T4-4-1
T4-4-2

T4238 → T4239 → T4240

T4240 → T4241, T4242, T4243, T4244, T4245

T4241 → T4250, T4260, T4265

T4250 → T4251, T4255, T4259

T4251 → T4252 → T4253 → T4254

T4255 → T4256 → T4257 → T4258

T4260 → T4261, T4262

T4262 → T4263, T4264

T4270 → T4271, T4272, T4273

T4265 → T4266, T4267, T4268, T4269

T4242 → T4274 → T4275 → T4276, T4277 → T4278

T4278 → T4279, T4282

T4279 → T4280, T4281

T4282 → T4283, T4284, T4285, T4286, T4287, T4288

T4289 → T4290, T4291, T4292, T4293, T4294, T4295

T4245 → T4246 → T4247 → T4248 → T4249

核心技能点

对应作业单
相关知识点

核心技能点

T4J11　拆卸转向器总成
T4J12　检修转向器及传动机构
T4J13　安装转向器总成
T4J14　选用与检查转向液

对应作业单

T4-4-1　认识转向系统主要部件结构
T4-4-2　查看车辆转向系统类型及部件安装位置

相关知识点

T4238　转向系统的功能
T4239　转向系统的组成
T4240　转向系统的类型
T4241　机械转向系统的特点
T4242　液压助力转向系统的组成与特点
T4243　电子液压助力转向系统的组成与特点
T4244　电子机械助力转向系统的组成与特点
T4245　转向工作过程
T4246　转向中心
T4247　转弯半径
T4248　转向系统角传动比
T4249　转向盘自由行程
T4250　转向器的功用和分类
T4251　循环球式转向器
T4252　循环球式转向器的结构特点
T4253　循环球式转向器的工作原理
T4254　循环球式转向器的类型
T4255　齿轮齿条式转向器
T4256　齿轮齿条式转向器的结构特点
T4257　齿轮齿条式转向器的工作原理
T4258　齿轮齿条式转向器的类型
T4259　蜗杆曲柄指销式转向器的工作原理
T4260　转向操纵机构的组成
T4261　转向盘的组成
T4262　转向管柱总成的组成
T4263　碰撞吸能机构的类型
T4264　转向锁定机构的工作原理
T4265　转向传动机构的作用
T4266　转向摇臂的安装位置
T4267　转向直拉杆的安装位置
T4268　转向横拉杆的组成
T4269　转向节臂和梯形臂的安装位置
T4270　机械转向系统的常见故障
T4271　转向沉重的现象和原因
T4272　转向不稳的现象和原因
T4273　单边转向不足的现象和原因
T4274　液压式动力转向系统的组成
T4275　液压式动力转向系统的类型
T4276　常压式液压动力转向系统
T4277　常流式液压动力转向系统
T4278　液压动力转向系统的工作原理
T4279　液压助力转向系统的转向控制阀
T4280　滑阀式转向控制阀的结构
T4281　转阀式转向控制阀的结构
T4282　动力转向系统的主要零部件
T4283　液力转向油泵的作用
T4284　储油罐的作用
T4285　流量控制阀的作用
T4286　转向器阀体总成的作用
T4287　液力转向冷却器的作用

T4288 怠速提速装置的作用

T4289 液压动力转向系统的常见故障

T4290 转向沉重的现象和原因

T4291 异响的现象和原因

T4292 左右转向轻重不同的现象和原因

T4293 直线行驶转向盘发飘或跑偏的现象和原因

T4294 转向时转向盘发抖的现象和原因

T4295 转向盘回正不良的现象和原因

4.1　转向系统概述

4.1.1　转向系统的功能及组成

汽车转向系统的功用是根据驾驶员的意愿保持或者改变行驶方向，并且在车辆受到路面冲击以及意外偏离行驶方向时，能配合行驶系统共同保持汽车行驶稳定性。因此，转向系统性能的好坏将影响汽车的操纵性能和安全性能。

汽车转向系统基本上由三部分组成：转向操纵机构（转向盘到转向器之间的零部件）、转向器（也称方向机）和转向传动机构。汽车转向系统还应具有相应的助力机构。转向操纵机构的功用是产生转动转向器所必需的操纵力；转向器的功用是将转向盘的旋转运动转换为传动机构的往复运动；转向传动机构的功用是将转向器输出的力和运动传递给转向轮。

4.1.2　转向系统的类型及工作过程

1. 转向系统类型

汽车转向系统可以按转向能源的不同分为机械转向系统和动力转向系统。

动力转向系统是借助动力操纵的转向系统。动力系统又可以分为液压助力转向系统、电子液压助力转向系统、电子机械助力转向系统和线控转向系统等类型。

1）机械转向系统

机械转向系统是完全以驾驶人的体力作为转向能源。采用这种转向系统，驾驶员的疲劳强度有所增加，但由于具为机械结构，其性能稳定，故障率低。货车以及老款轿车采取这种转向系统。

当前轮采用独立悬架时，机械转向系统组成及布置如图 4-1 所示。

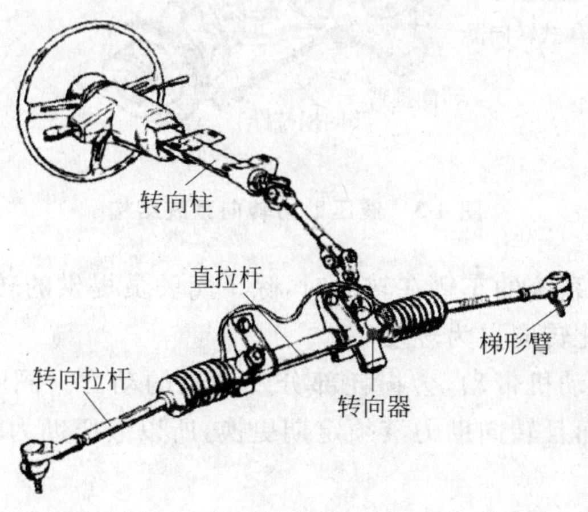

图 4-1　独立悬架的机械转向系统

当前轮为非独立悬架时，机械转向系统的组成及布置如图 4-2 所示。

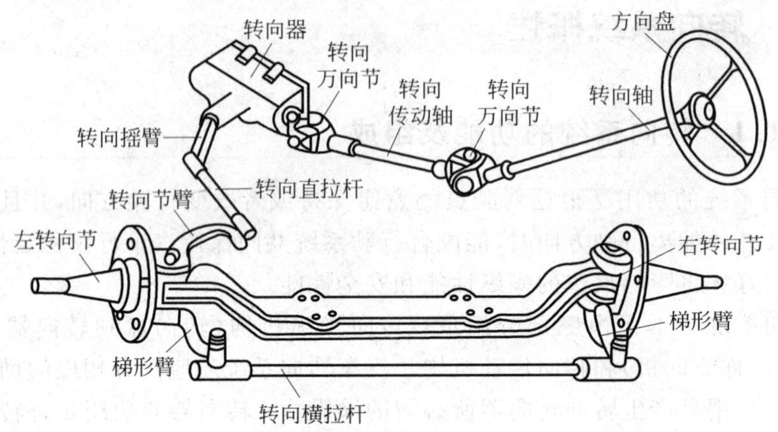

图 4-2　非独立悬架的机械转向系统

2）液压助力转向系统

在机械转向系统的基础上增加一套液压部件，即为液压助力转向系统。新增的液压部件有转向油泵、转向油罐、转向油管等，如图 4-3 所示。

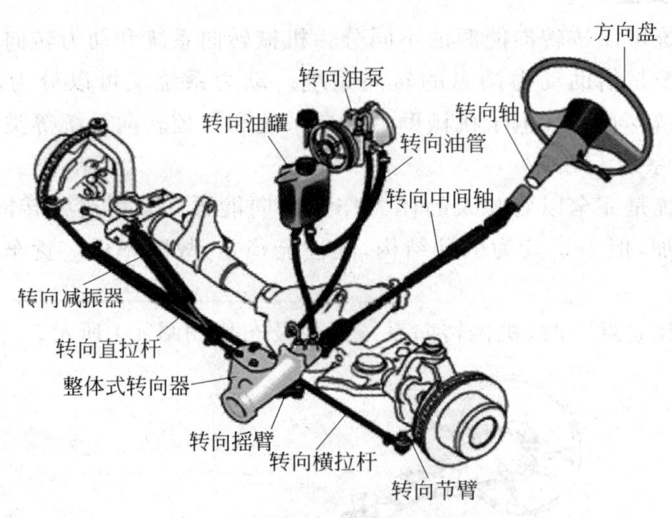

图 4-3　液压助力转向系统结构

装备液压助力转向系统的车辆在转向时，除了驾驶员提供的转向力，其液压系统也会提供一定转向助力，因此转向更为轻便。

该系统的油泵由发动机带动，会损耗部分发动机的动力。同时，液压管路的存在，可能会引起漏油等故障，而且转向助力液须定期更换，所以液压助力转向系统的使用及维护成本会有所增加。

3）电子液压助力转向系统

电子液压助力转向系统的助力依然属于液压形式，但其优势在于液压泵的驱动变为

电动机，无须依靠发动机，因此电子液压助力转向系统工作时基本不会损耗发动机的动力，不但节约能源，还可根据车速的变化为驾驶员提供合适的助力。

电子液压助力转向系统的主要部件有转向角速度传感器、带电动机的齿轮泵、助力转向控制单元、储油罐和转向传动装置等，如图 4-4 所示。

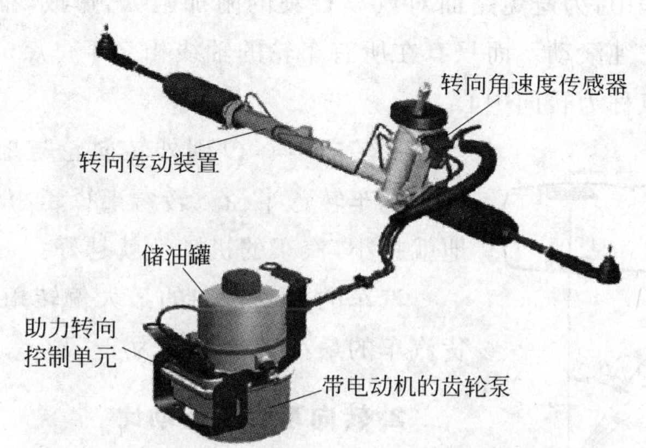

图 4-4　老款 POLO 电子液压助力转向系统结构

4）电子机械助力转向系统

电子机械助力转向系统是目前最为先进的转向系统之一，其助力直接由电动机提供，无需液压部件，重量更轻，结构更简单。电动机、转向控制单元与转向机做成一体，是一个总成件，并且只能作为总成件一起更换，如图 4-5 所示。

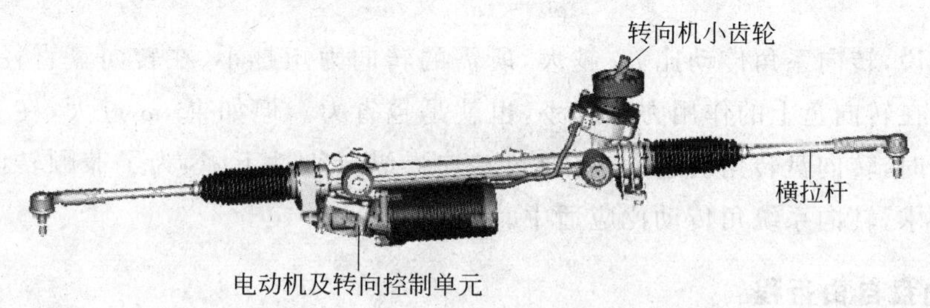

图 4-5　新款 POLO 电子机械助力转向系统结构

2. 转向工作过程

轮式汽车实现转向的方法是：驾驶员通过一套机构使转向轮（一般是前轮）产生一定偏转角度。下面以机械转向系统为例，讲解汽车转向工作过程。

如图 4-2 所示，当驾驶人员给方向盘施加一个转向力矩，方向盘会转动相应的角度，力矩通过转向轴、转向万向节和转向传动轴输入至转向器，转向器将方向盘传来的力矩进行放大后进行输出，化为转向摇臂的摆动，转向摇臂拉动转向直拉杆和转向节臂，从而使转向节及左转向轮偏转。同时，左转向节带动左梯形臂摆动，左梯形臂通过转向横拉杆带动右梯形臂，使右转向节及右转向轮偏转。左、右转向节的梯形臂和转向横拉杆组成转向梯形。

4.1.3 转向系统术语及参数

1. 转向中心和转弯半径

在汽车转向过程中，为避免路面对汽车行驶的附加阻力，造成轮胎过快磨损，要求汽车在转向时所有车轮纯滚动。而只有在所有车轮的轴线相交于一点(见图 4-6)时，才能满足此要求。这个交点称为转向中心。

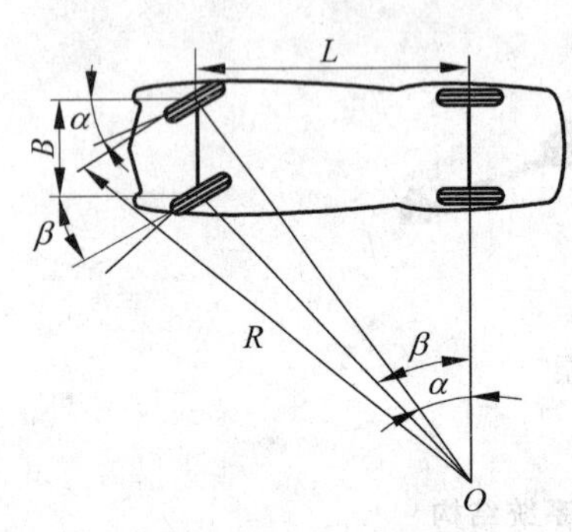

图 4-6 双轴汽车转向示意图

从转向中心 O 到外转向轮与地面接触点间的距离称为汽车转弯半径。转弯半径越小，则汽车转向所需场地就越小，汽车的机动性就越好。

汽车的内侧转向的最大偏转角一般在 35°～42°，载货汽车的最小转弯半径为 7～13m。

2. 转向系统角传动比

转向器角传动比($i\omega_1$)：指方向盘转角与转向器转向摇臂偏转角之比。

转向传动机构角传动比($i\omega_2$)：指转向器转向摇臂偏转角与同侧转向轮偏转角之比。

转向系角传动比($i\omega$)：指方向盘转角与同侧转向轮偏转角之比。

$$i\omega = i\omega_1 \times i\omega_2$$

一般来说，转向系角传动比 $i\omega$ 越大，所需的转向力矩越小，在转向盘直径一定时，驾驶员所施加在转向盘上的作用力也越小，也就是越省力。但如果 $i\omega$ 过大，在获得一定转向轮偏转角时，转向盘转角会过大，将导致转向操纵灵敏性下降，为了兼顾转向省力和转向灵敏的要求，转向系统角传动比应适中。

3. 转向盘自由行程

转向盘自由行程是指转向盘在空转阶段的角行程，这主要是由转向系统各传动件之间的装配间隙和弹性变形所引起的。一般来说，自由行程可以缓和路面冲击和避免驾驶员过度紧张，但自由行程过大，转向不灵敏。自由行程过小，路面冲击大，会造成驾驶员过度紧张。一般规定，转向盘从直行中间位置向任一方向的自由行程不超过 10°。如果转向盘的自由行程超过 25°时，则必须进行调整。通常通过调整转向器传动机构的啮合间隙来调整转向盘的自由行程。

4.2 机械转向系统

机械转向系统由转向操纵机构、转向器和转向传动机构三大部分组成。齿轮齿条式机械转向系统和循环球式机械转向系统的结构组成分别如图 4-7 和图 4-8 所示。

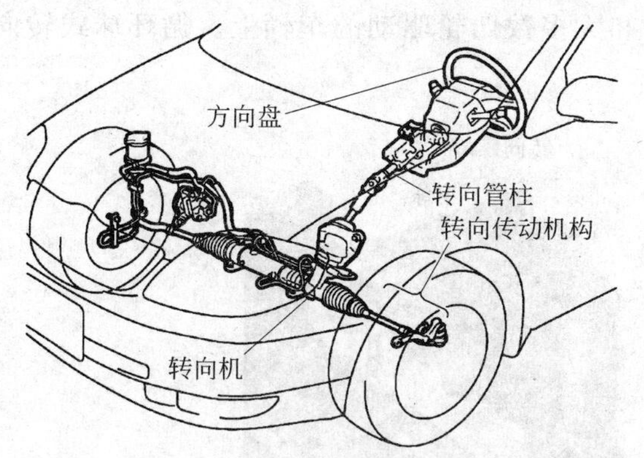

图 4-7　齿轮齿条式机械转向系统示意图

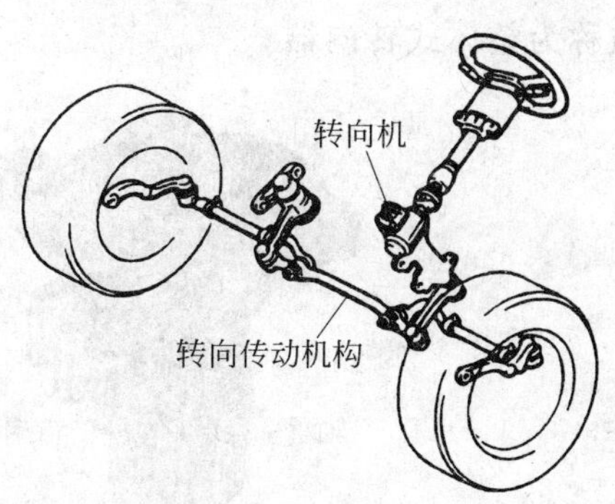

图 4-8　循环球式机械转向系统示意图

4.2.1　转向器

如 4.1 节所述，转向器的作用是把转向盘传来的转动转矩放大后传递到转向传动机构，并改变力的传递方向。其原理是使转向器组件起到减速增扭的作用，从而实现减小转向盘作用力的效果。减速比也叫做转向比，又称传动效率。它通常为 18∶1～20∶1。

作用力从转向盘传到转向摇臂的过程，称之为正向传动；反之，转向摇臂将地面的冲击力传到转向盘的过程，称之为逆向传动。当功率由转向盘输入，从转向摇臂输出时，所求得的传动效率，称为正传动效率，转向摇臂受到道路冲击而传到转向盘的传动效率，称为逆传动效率。

逆传动效率高的转向器称为可逆式转向器，这种转向器有利于汽车转向后的自动回正。但容易将坏路面反力传给转向盘，发生“打手”现象。逆效率很低的转向器称为不可逆式转向器。不平路面对转向轮的冲击载荷将传递不到转向盘，而是由各个传动部件承受。同样的，路面作用于车轮的回正力矩也不能传给转向盘，转向轮无法实现自动回正。如果使用这种转向器，驾驶员不能得到路面情况的反馈信息，将丧失“路感”，无法调节转向力矩。由于上述特性，不可逆转向器在汽车上很少采用。

转向器按照动力源的不同，分为机械转向器和动力转向器。机械转向器的结构形式很多，按照转向器传动副的结构类型进行分类，常用的转向器有循环球式、齿轮齿条式和蜗杆曲柄指销式转向器。其中，齿轮齿条式转向器由于结构简单紧凑，操控轻便灵敏，在轿车和轻型汽车上应用较广。

1. 循环球式转向器

1）循环球式转向器结构特点

如图 4-9 所示，循环球转向器中一般有两级传动副，第一级是螺杆螺母传动副，第二级是齿条齿扇传动副。循环球转向器正传动效率高（可达 90%～95%），操纵轻便，自动回正作用较好，采用钢球传动，磨损小，使用寿命长。但其逆传动效率也很高，路面冲击力很容易反传递至转向盘上，出现“打手”的现象，并且易产生转向盘抖动和摆振现象。这种

转向器通常用于部分后轮驱动车辆、货车和大多数四轮驱动的车辆上。循环球式转向器也被称为整体式转向器。

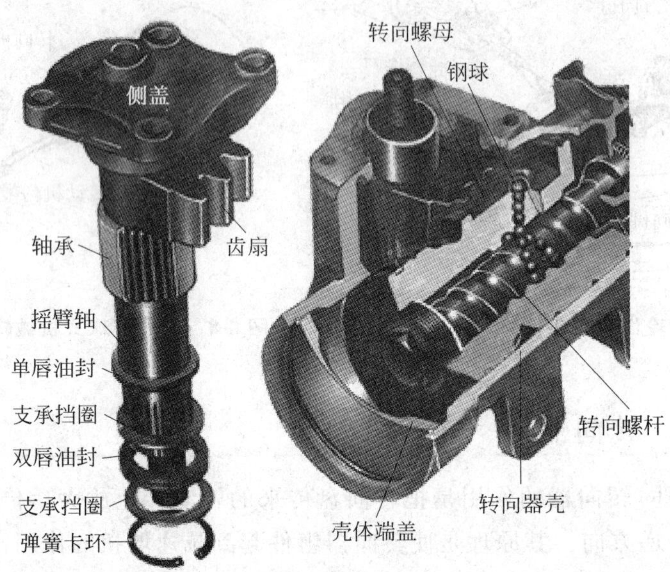

图 4-9　循环球式转向器结构示意图

2）循环球式转向器工作原理

当向汽车左转动时，转向盘和转向轴使转向螺杆转动。在螺杆螺母传动副中使用传动元件——钢球。螺杆转动时，通过钢球将力传给转向螺母，螺母不能转动，只能沿轴向移动。同时，螺母上的齿条带动齿扇偏转。当扇形轴转动时，带动转向摇臂摆动，从而通过转向传动机构使车轮偏转，如图 4-10 所示。

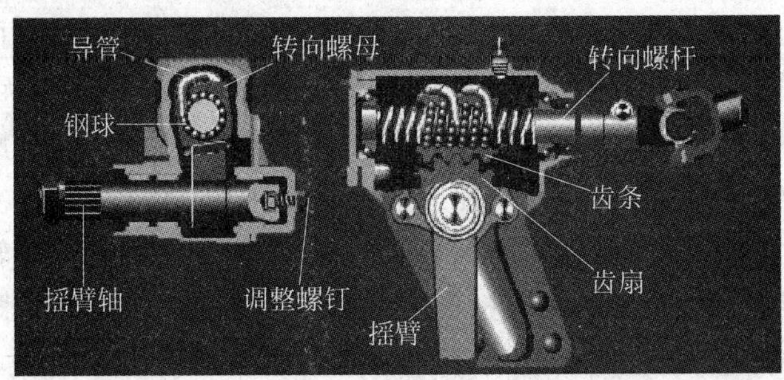

图 4-10　转向器左转时工作原理示意图

汽车向右转向的工作过程与向左转向类似，但齿条和扇形转动的方向相反。

3）循环球式转向器类型

根据循环球式转向器的扇形齿轮结构可分为定传动比和变传动比两种形式。

定传动比转向器的扇形齿轮结构如图 4-11(a)所示，扇形齿轮的齿形相同，整个齿扇或齿条运动范围内传动比保持不变。这表明在转向盘的两个极端范围内，转向盘转动量一定时，齿扇或齿条运动量也是一定的，与位置无关。

变传动比转向器传动比随机构位置的变化而变化。如图 4-11(b)所示，轮齿的尺寸改变，导致在不增加中心灵敏度的同时，减少了转向盘在左、右极限位置转动数，齿扇或齿条运动可以更多或更少一些。这对经常在高速公路上行驶的汽车很重要。当汽车要急转弯时，随车速的降低和转向盘转角的增大，转向器传动比增加，使转向比较轻便。变传动比转向器通常用于动力转向器中。

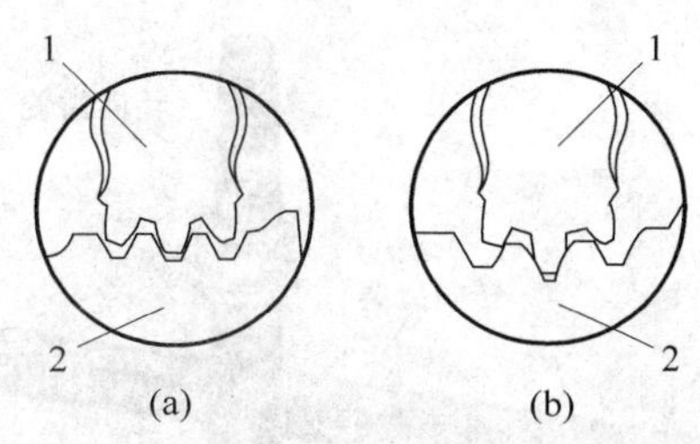

图 4-11　循环球式转向器扇形齿轮结构

1—转向垂臂齿扇；2—齿条柱塞

2. 齿轮齿条式转向器

1）齿轮齿条式转向器结构特点

齿轮齿条式转向器简化了转向传动机构(不需要转向摇臂和转向直拉杆等)，如图 4-12 所示，齿轮齿条无间隙啮合，无需调整，而且逆传动效率很高，适合与麦弗逊式独立悬架配合使用。与循环球式转向器相比，其结构紧凑、简单，并且齿条本身可用作转向传动机构；齿轮直接啮合，转向反应灵敏；滑动和转动阻力小，转矩传送好，转向轻；转向齿轮组件完全密封，不需要维护。现在几乎所有轿车都采用齿轮齿条式转向器，一些微型货车和轻型货车也采用这种转向器。

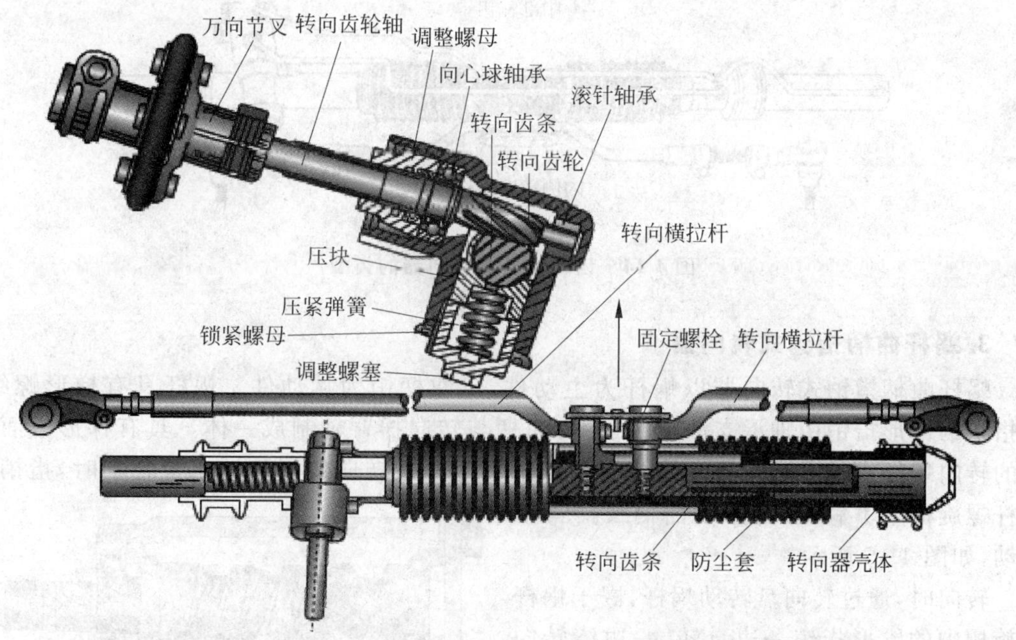

图 4-12　齿轮齿条式转向器结构示意图

2）齿轮齿条式转向器工作原理

齿轮齿条式转向器把转向盘的转动转变为横拉杆横向移动。当转向盘转动时，主动齿轮带动齿条运动。齿条带动转向横拉杆移动，从而实现转向车轮的转动。

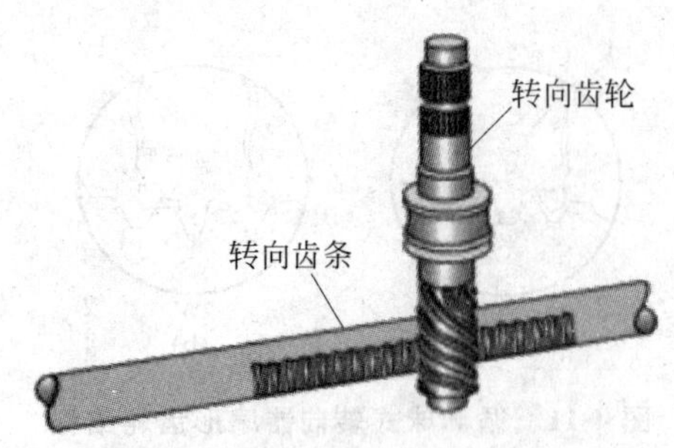

图 4-13　齿轮齿条式转向器左转时工作过程示意图

当汽车转向盘左转时，与主动齿轮啮合的齿条向左移动；齿条的左移使转向横拉杆向左伸；转向横拉杆带动转向车轮向左转动，从而实现车辆向左转向，如图 4-13 所示。

汽车转向盘右转时的工作过程与左转类似，只是齿条通过横拉杆带动车轮向右转动。

3）齿轮齿条式转向器类型

齿轮齿条转向器有端部输出（ETO）和中部输出（CTO）两种类型。两种类型是根据转向横拉杆相对于齿条的位置来进行划分的，如图 4-14 所示。两种设计功能相同，都能够和机械转向或动力转向系统一起使用。

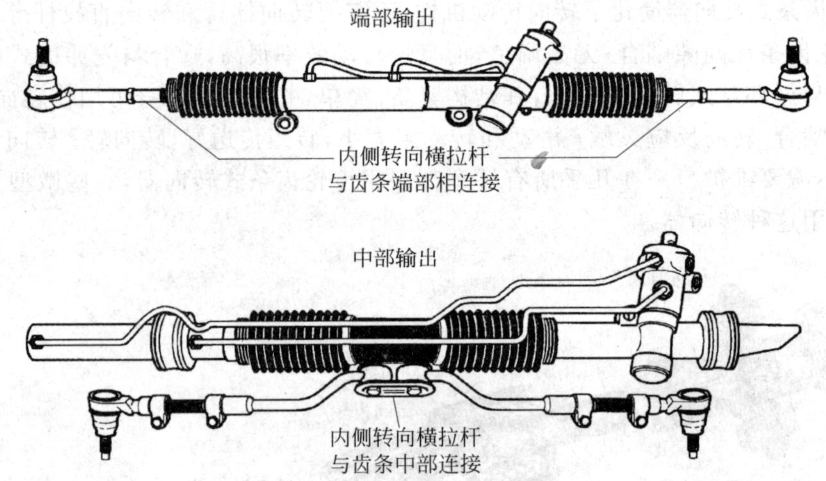

图 4-14　齿轮齿条式转向器的类型

3. 蜗杆曲柄指销式转向器

蜗杆曲柄指销式转向器以蜗杆为主动件，以曲柄销为从动件。蜗杆具有梯形螺纹。手指状的锥形指销用轴承支承在曲柄上，曲柄与转向摇臂轴制成一体。具有梯形截面螺纹的转向蜗杆支承在转向器壳体两端的球轴承上。当转向蜗杆随转向盘转动时，指销沿蜗杆螺旋槽上下移动，并带动曲柄及摇臂轴转动，如图 4-15 所示。

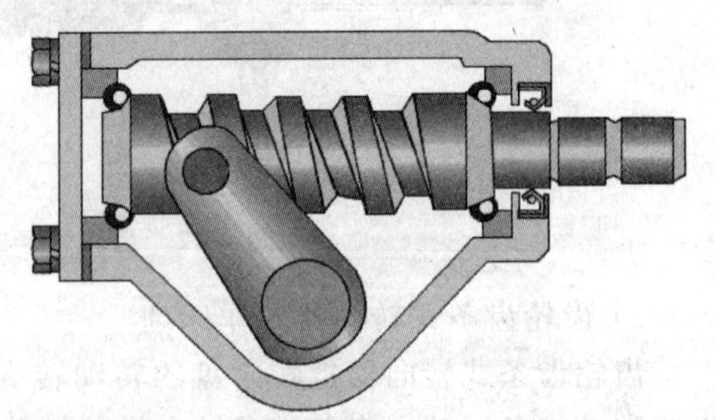

图 4-15　蜗杆曲柄指销式转向器示意图

转向时，通过转向盘转动蜗杆，嵌于蜗杆螺旋槽中的锥形指销一边自转、一边绕转向摇臂轴做圆弧运动，从而带动曲柄和转向垂臂摆动，再通过转向传动机构使转向轮偏转。

蜗杆曲柄指销式转向器的特点：指销全部是在滚动摩擦的情况下工作，因而传动效率高，操纵轻便。由于采用分段式转向轴，便

于整车的布置和维修,并提高了行车的安全性,也有助于转向器系列化生产。这种转向器通常用于转向力较大的载货汽车上。

4.2.2 转向操纵机构

转向操纵机构主要包括转向盘、转向柱管、转向轴、上万向节、下万向节。其作用是将驾驶员转动转向盘的操纵力传给转向器。

1. 转向盘

转向盘由轮圈、轮辐和轮毂组成。轮辐和轮圈一般以钢、铝或镁合金制成骨架,外表具有柔软的表皮,且能变形,以此来改善操纵转向盘的手感并减轻驾驶员受伤,提高行车安全性。转向盘轮毂的内花键与转向轴连接,端部通过螺母轴向压紧固定,如图 4-16 所示。转向盘上都装有喇叭按钮,很多轿车的转向盘上还装有车速控制开关和安全气囊。

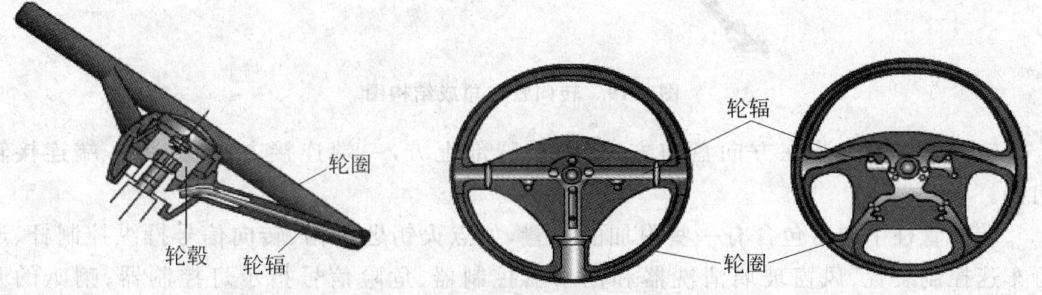

图 4-16 转向盘基本结构示意图

为了满足不同驾驶员在驾驶时对于驾驶位置的需求,采用可调转向盘,一般在前后方向和上下方向可调,调整范围分别为前后约 50mm、上下约 44mm,调整方式分为手动调整和电子按键调整,如图 4-17、图 4-18 所示。

图 4-17 帕萨特领驭方向盘

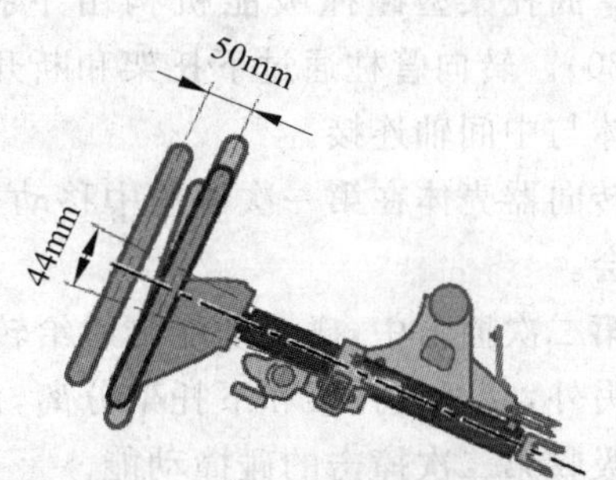

图 4-18 方向盘调节示意图

2. 转向管柱总成

在转向管柱上,一般装有方向盘调节手柄、保护装置和转向万向节等。

方向盘调节手柄主要起锁止作用，该手柄松开后，驾驶员即可根据需要对方向盘进行相应位置的调整，完成调节后需重新锁紧。保护装置主要针对发生事故时起到一定的保护作用，而转向万向节主要用于传动，即传递转向力矩，如图 4-19 所示。

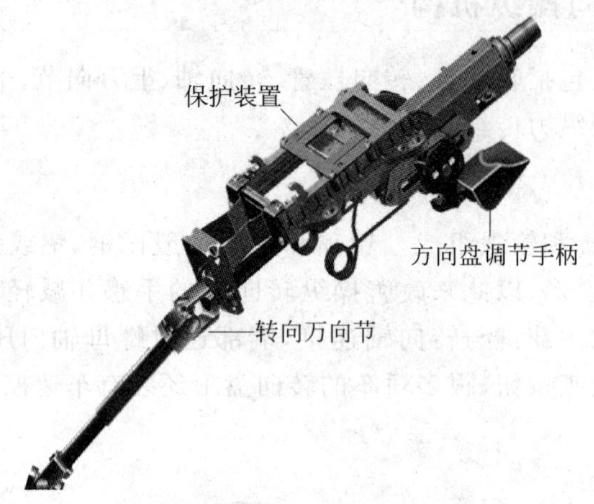

图 4-19　转向管柱总成结构图

转向柱一般安装在方向盘前方，驾驶员腿部上方，一端连接方向盘，另一端连接转向器。

转向管柱中通常包含有一些附加的装置，如点火钥匙机构、转向信号操纵控制杆、巡行车速控制装置、风窗玻璃清洗器和刮水器控制器、危险信号指示灯控制器、喇叭的开关等。

除碰撞吸能机构外，在某些车辆上的转向主轴还装有一些转向控制系统。例如，转向锁定机构，倾斜转向机构，伸缩式转向机构。

1）碰撞吸能机构

碰撞吸能转向管柱类型有弯曲托架型、球型、密封的破碎硅橡胶型、啮合型和波纹管型等。

弯曲托架型碰撞吸能机构由下托架、断开式托架、中间轴和碰撞吸能板组成（见图 4-20）。转向管柱通过下托架和断开式托架安装在仪表板加强件上。转向管柱和转向器壳体与中间轴连接。

转向器壳体在第一次碰撞中移动，中间轴收缩，这样减少转向管柱和转向盘伸进客厢的机会。

第二次撞击中，碰撞动能传递给转向盘时，碰撞吸能机构和安全气囊帮助吸收碰撞动能。另外，断开式托架和下托架分离，使整个转向管柱向前移动。此时，碰撞吸能板变形，帮助吸收第二次撞击的碰撞动能。

2）转向锁定机构

当拔出点火钥匙后，转向主轴将被锁定到转向管柱上，禁止转向盘转动，防止车辆被盗。转向锁定机构有以下两种类型：推式点火钥匙筒和按钮式点火钥匙筒，如图 4-21 所示。

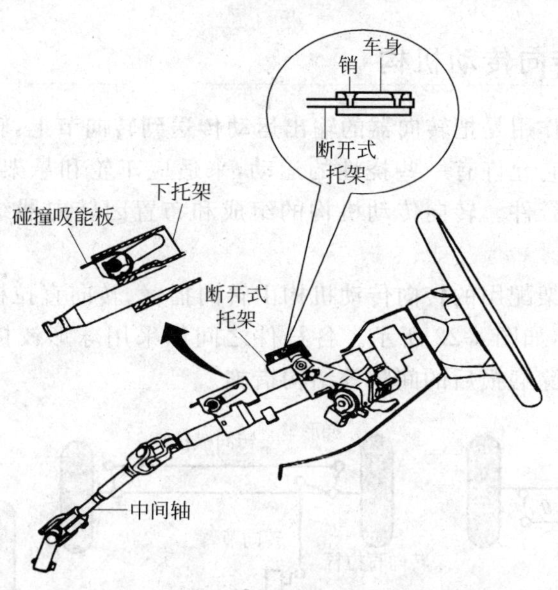

图 4-20 转向盘管柱总成的碰撞吸能机构

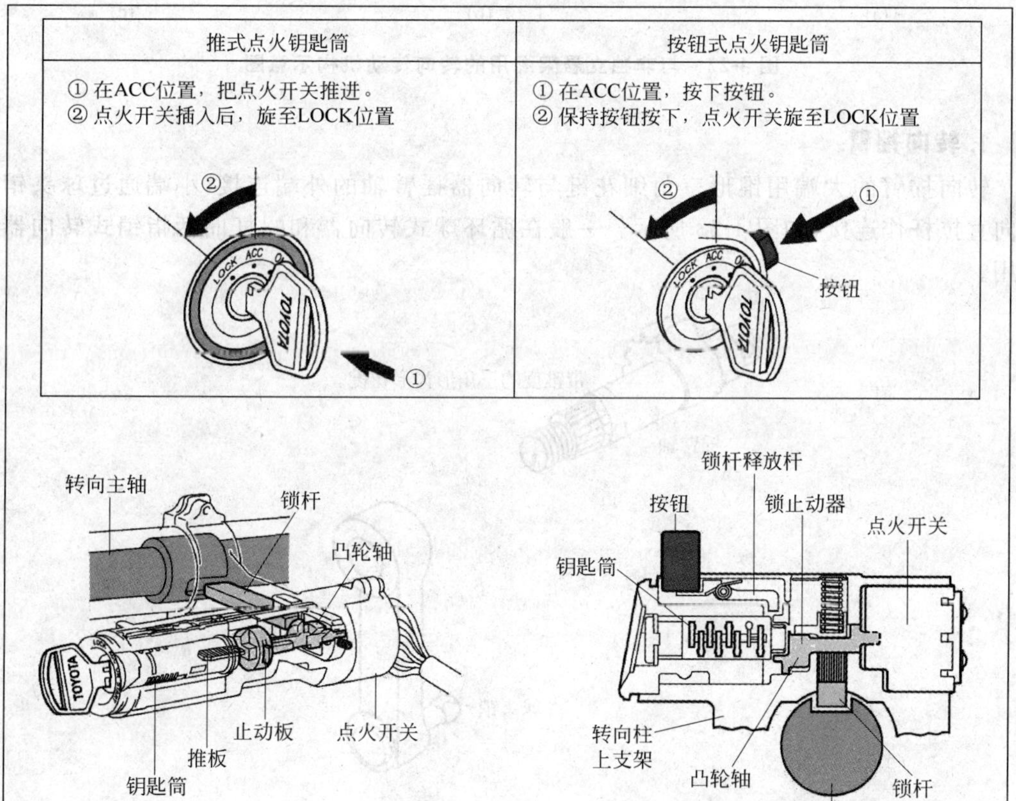

推式点火钥匙筒	按钮式点火钥匙筒
① 在ACC位置，把点火开关推进。 ② 点火开关插入后，旋至LOCK位置	① 在ACC位置，按下按钮。 ② 保持按钮按下，点火开关旋至LOCK位置

LOCK ACC ON
TOYOTA
按钮

转向主轴
锁杆
凸轮轴
止动板
点火开关
推板
钥匙筒

推式点火钥匙筒

锁杆释放杆
按钮
锁止动器
点火开关
钥匙筒
转向柱上支架
凸轮轴
锁杆
转向主轴

按钮式点火钥匙筒

图 4-21 转向锁定机构的结构示意图

4.2.3 转向传动机构

转向传动机构的作用是把转向器的输出运动传送到转向节上，转向节使车轮转动，控制车辆的行驶方向。它允许有一些挠性的运动，来适应车轮和悬架的运动。转向传动机构是一个杆和臂的组合件。转向传动机构的组成和布置因转向器结构形式、安装位置及悬架类型而有所不同。

一般与非独立悬架配用的转向传动机构由转向摇臂、转向直拉杆、转向节臂和转向梯形等零部件共同组成，如图 4-22 所示。各杆件之间都采用球形铰接连接，并设有防止松脱、缓冲吸振、自动消除磨损后的间隙等结构措施。

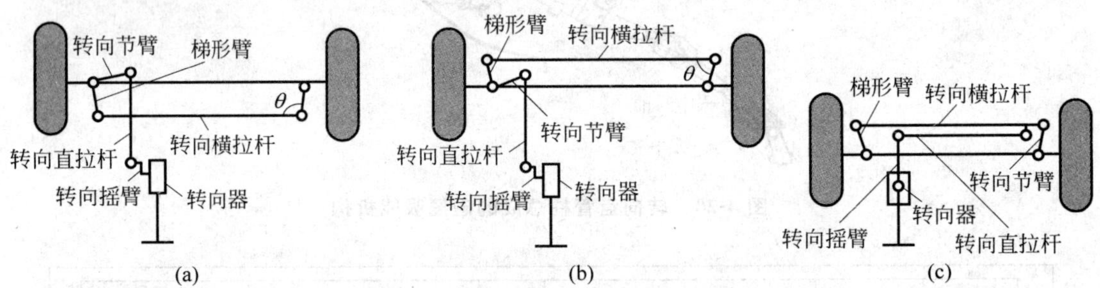

图 4-22 与非独立悬架配用的转向传动机构示意图

1. 转向摇臂

转向摇臂的大端用锥形三角细花键与转向器摇臂轴的外端连接，小端通过球头销与转向直拉杆作连接，如图 4-23 所示。一般在循环球式转向器和蜗杆曲柄指销式转向器中使用。

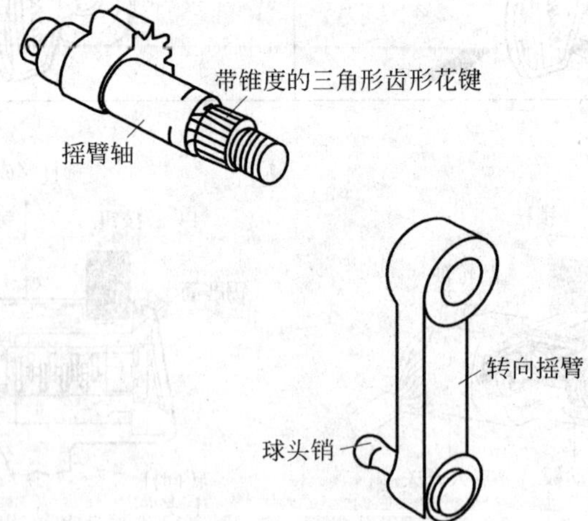

图 4-23 转向摇臂

为了保证转向摇臂在中间位置，在摇臂轴的外端面和转向摇臂孔外端面上刻印有短线，或者以两者花键部分上的一个齿作为装配标记。装配时应将标记对齐。

2. 转向直拉杆

转向直拉杆是转向摇臂与转向节臂之间的传动杆件，具有传力和缓冲作用，如图 4-24 所示。转向直拉杆工作过程中，弹簧起缓冲作用，而且球头与球头销座磨损后，弹簧能自动调节其间的配合间隙。在转向轮偏转且因悬架弹性变形而相对于车架跳动时，转向直拉杆与转向摇臂及转向节臂的相对运动都是空间运动，为了不发生运动干涉，三者之间的连接件都是球形铰链。

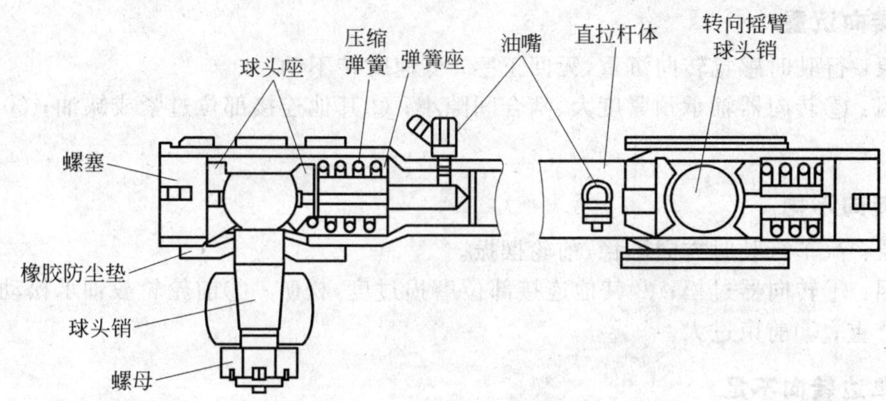

图 4-24　转向直拉杆

3. 转向横拉杆

转向横拉杆是转向梯形机构的底边，由横拉杆体和旋装在两端的横拉杆接头组成。其特点是长度可调，通过调整横拉杆的长度，可以调整前轮前束，如图 4-25 所示。

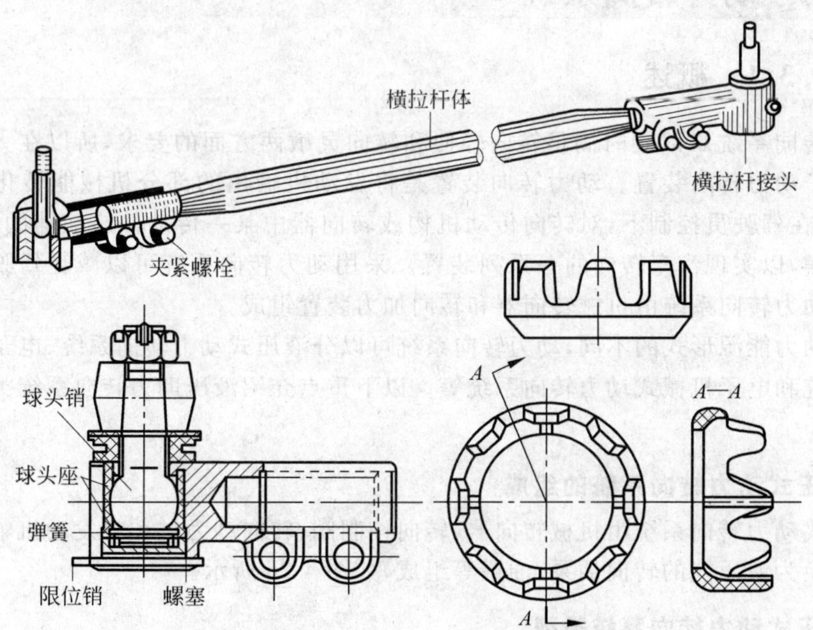

图 4-25　解放 CA1091 型汽车转向横拉杆

4. 转向节臂和梯形臂

转向直拉杆通过转向节臂和转向节相连，转向横拉杆两端经左、右梯形臂与转向节相连。转向节臂和梯形臂的一端与转向节相连，另一端的锥形孔和相应的拉杆球头销锥形柱部配合，用螺母紧固后插入开口销把螺母锁住。

4.2.4 机械转向系统常见故障与维修

1. 转向沉重

现象：行驶时感觉转向沉重，无回正感；低速时转不动。

原因：①转向器轴承预紧度大、啮合间隙小；②其他连接部位过紧或缺油；③前束调整不当。

2. 转向不稳

现象：汽车行驶时方向不稳，前轮摆振。

原因：①转向器过松；②其他连接部位磨损过度，松旷；③前轮轮毂轴承松动；④前轮变形严重；⑤前束过大。

3. 单边转向不足

现象：汽车转向时出现转向盘或车轮左右转动不等。

原因：①转向摇臂在摇臂轴的位置不对；②该边限位螺钉过长；③直拉杆弯曲变形；④不对称钢板弹簧装反。

4.3 动力转向系统

4.3.1 概述

机械转向系统难以同时满足转向轻便和转向灵敏两方面的要求，所以在大部分车辆上均采用了动力转向装置。动力转向装置是将发动机输出的部分机械能转化为压力能(或电能)，在驾驶员控制下，对转向传动机构或转向器中某一传动件施加辅助作用力，使转向轮偏摆，以实现汽车转向的一系列装置。采用动力转向系统可以减轻驾驶员的转向操纵力。动力转向系统由机械转向器和转向加力装置组成。

根据助力能源形式的不同，动力转向系统可以分液压式动力转向系统、电子液压式动力转向系统和电子机械式动力转向系统等。以下重点介绍液压助力转向系统类型及典型零部件。

1. 液压式动力转向系统的组成

液压式动力转向系统由机械转向器、转向控制阀、转向动力缸和将发动机输出的部分机械能转换为液压能的转向油泵、油罐等组成，如图 4-26 所示。

2. 液压式动力转向系统类型

液压式动力转向系统按液流形式，可以分为常压式和常流式两种；按其转向控制阀

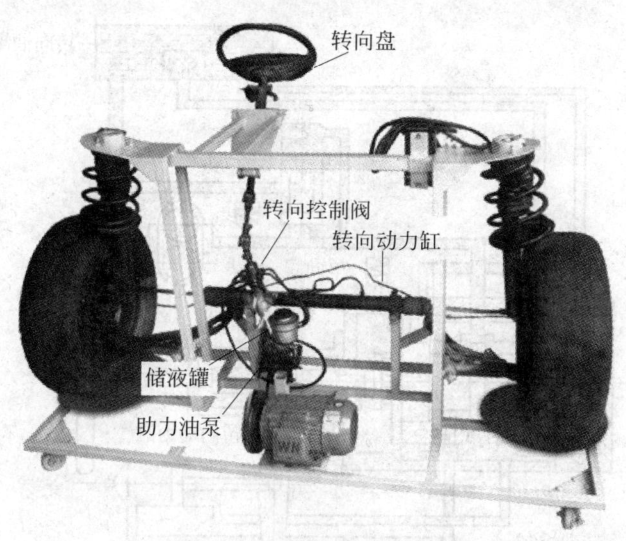

图 4-26 丰田佳美动力转向系统

阀芯的运动方式，又可分为滑阀式和转阀式两种形式。

1）常压式液压动力转向系统

常压式液压动力转向系统装置示意图如图 4-27 所示，其特点是无论转向盘处于中立位置，还是转向位置，也无论转向盘保持静止，还是运动状态，液压系统工作管路中总是保持高压状态。

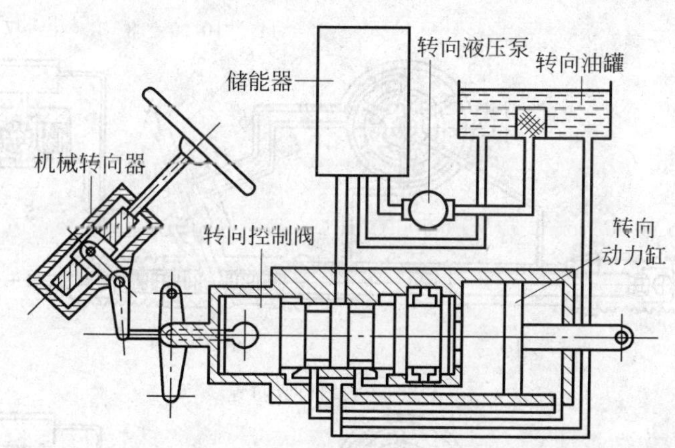

图 4-27 常压式液压动力转向系统装置示意图

2）常流式液压动力转向系统

常流式液压动力转向系统装置示意图如图 4-28 所示，其特点是转向油泵始终处于工作状态，但液压助力系统不工作时，基本处于空转状态。多数汽车都采用常流式液压助力转向系统。

上述两种液压式动力转向系统装置相比较，常压式的优点在于有储能器积蓄液压能，可以使用流量较小的转向油泵，而且还可以在油泵不运转的情况下保持一定的动力转向能力，使汽车能够续驶相当长的距离。常流式的优点在于结构简单，油泵消耗功率小，管路压力低，泄漏少，工作寿命长，广泛应用于各种汽车上。

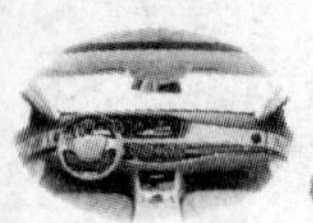

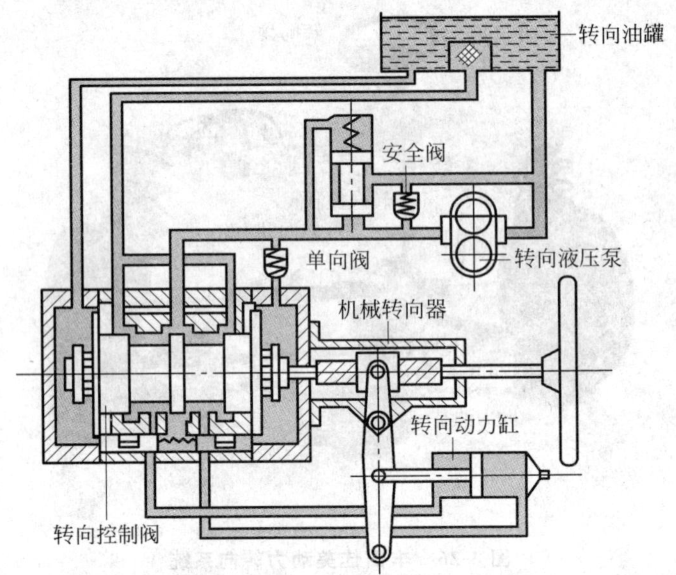

图 4-28　常流式液压动力转向系统装置示意图

3. 液压式动力转向系统的工作原理

如图 4-29 所示，储油罐用于储存转向动力缸所用的油液，由发动机驱动转向助力泵将油液吸取，增压并送至转向控制阀，控制阀的作用是将发动机输出的部分机械能转化为

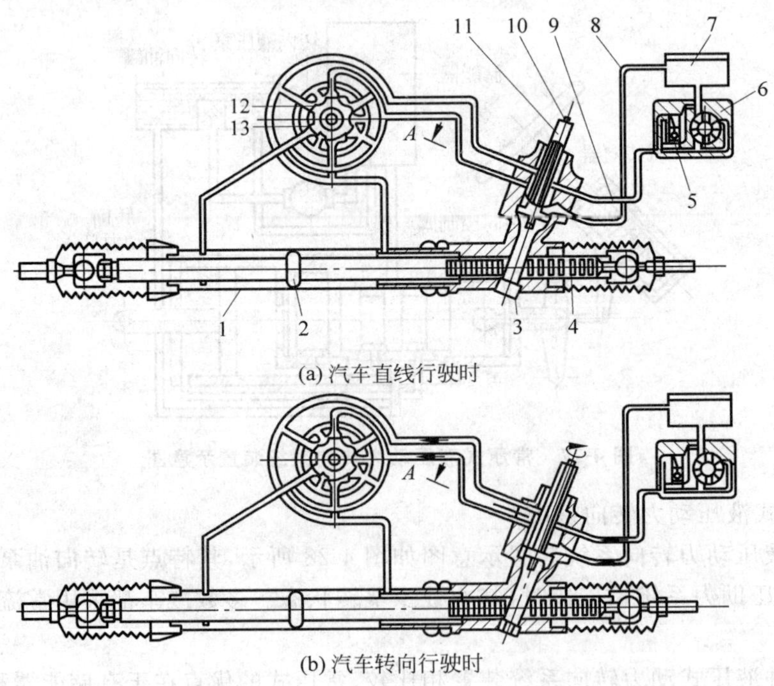

图 4-29　液压式动力转向系统装置工作原理示意图

1—转向动力缸；2—动力缸活塞；3—转向齿轮；4—转向齿条；5—流量控制阀；6—转向助力泵；7—助力油罐；8—回油管路；9—进油管路；10—扭杆；11—转向轴；12—阀芯；13—阀套

油液的压力能。安装在机械式转向器内部的转向动力缸主要由缸筒和活塞组成,活塞将动力缸分成两个腔,活塞与转向齿条相连接。动力缸的作用是将油液的压力能转化为机械能,实现转向助力。由阀体、转阀、阀套、阀芯等组成的转向控制阀是转向动力缸的控制部分,用于控制油泵输出油液的流动方向,使转向器与转向动力缸协同动作。转向控制阀用油管分别与油罐、油泵、动力缸流通,从而实现助力转向。

4. 液压式动力转向系统的转向控制阀

1）滑阀式转向控制阀

阀体沿轴向移动来控制油液流量的转向控制阀,称为滑阀式转向控制阀,简称滑阀,如图 4-30 所示。

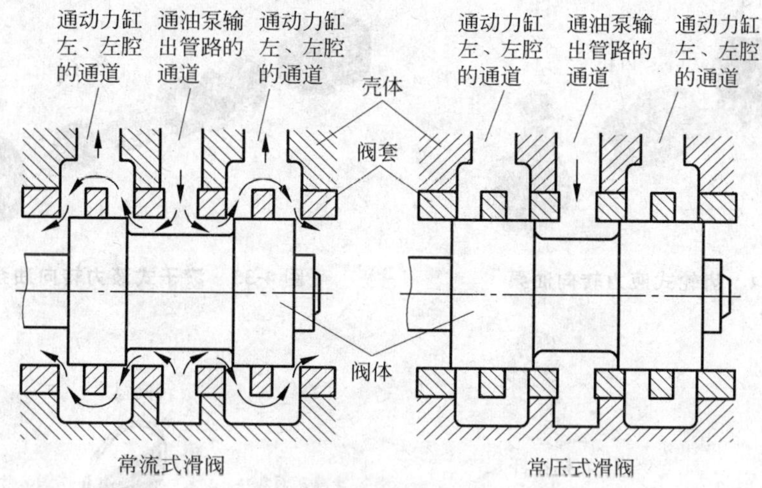

图 4-30　滑阀的结构

2）转阀式转向控制阀

阀体绕其轴线转动来控制油液流量的转向控制阀,称为转阀式转向控制阀,简称转阀,如图 4-31 所示。

图 4-31　转阀的结构

5. 液压式动力转向系统的主要零部件

液压式动力转向系统的主要零部件包括液力转向油泵、储油罐、控制阀、转向器阀体总成、液力转向冷却器、管道和软管、怠速提升装置等。

1）液力转向油泵

液力转向油泵是液压式动力转向系统的供能装置,其作用是将输入的机械能转换为液压能输出。液压转向油泵有四种类型:叶片油泵(见图 4-32)、滑动叶片油泵(见图 4-33)、齿轮油泵(见图 4-34)和滚子油泵(见图 4-35)。

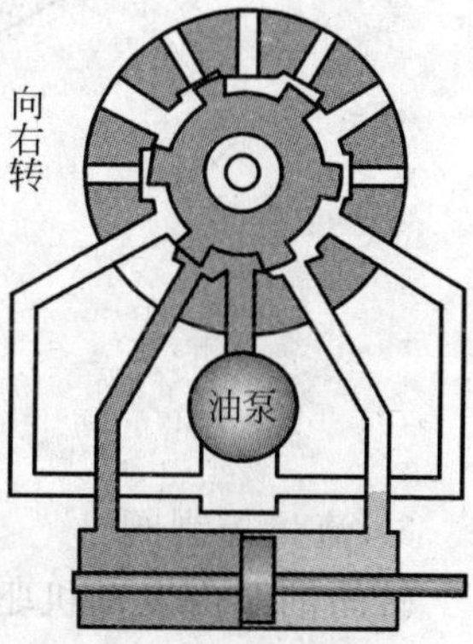

2）储油罐

储油罐位于液力转向油泵附近(见图 4-36),用于储存液力转向油。储油罐盖上有液位指示,用于检查液位。如果储油罐中的油液低于标准液位以下时,泵就会吸入空气,导致操作失灵。

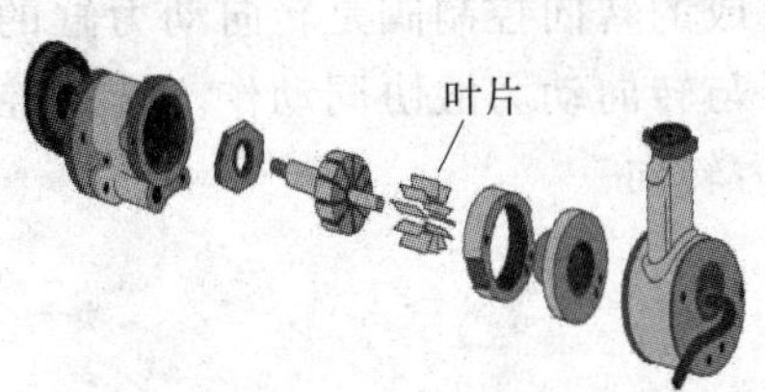

图 4-32 叶片式液力转向油泵

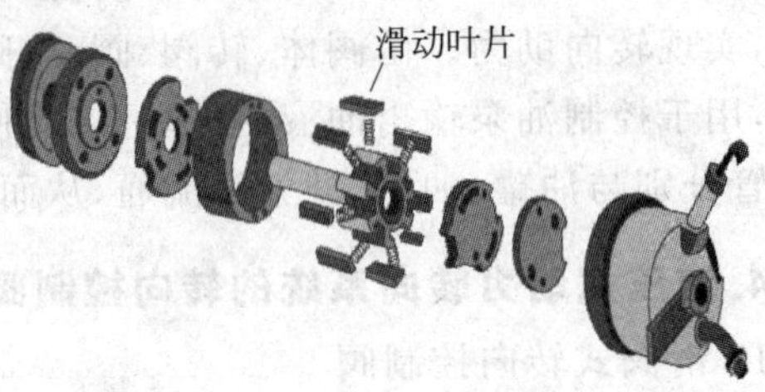

图 4-33 滑动叶片式液力转向油泵

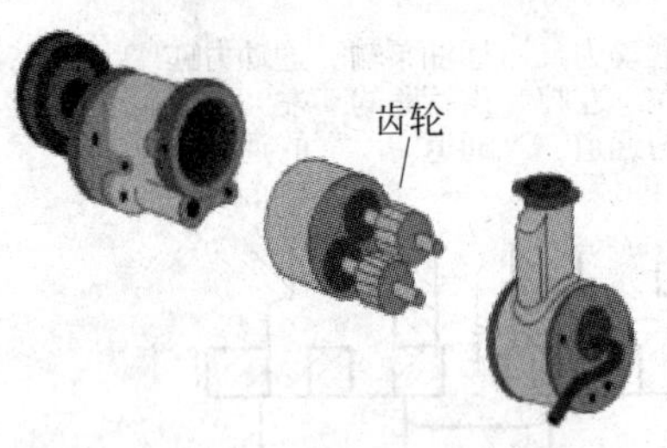

图 4-34 齿轮式液力转向油泵

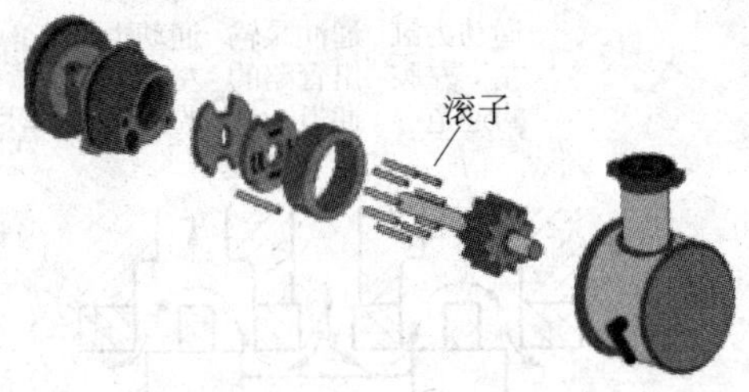

图 4-35 滚子式液力转向油泵

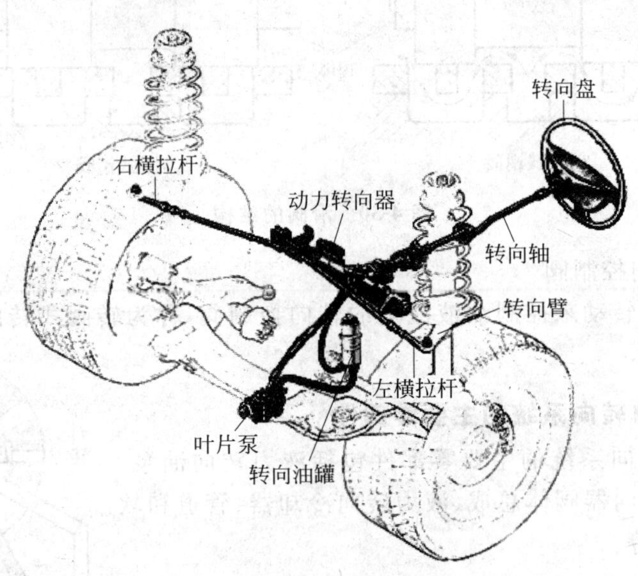

图 4-36 桑塔纳轿车动力转向系统布置图

3) 流量控制阀

转向油泵由发动机驱动,其输出流量随发动机转速而变化,流量控制阀可以控制从油泵流向转向器动力缸的流量,保持流量恒定。流量控制阀的结构及原理如图 4-37 所示。

4) 转向器阀体总成

转向器阀体总成使用滑阀来控制液体进入相应的转向器动力缸腔室。整体式转向器和齿轮齿条转向器阀(见图 4-38)的工作过程类似。

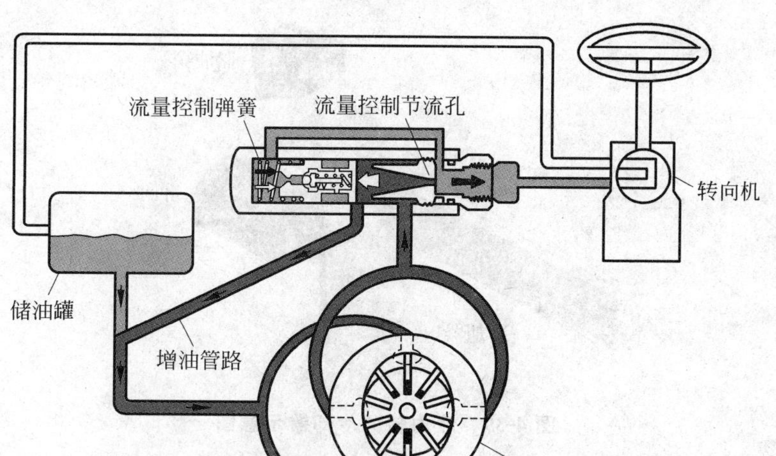

图 4-37　流量控制阀的结构及原理示意图

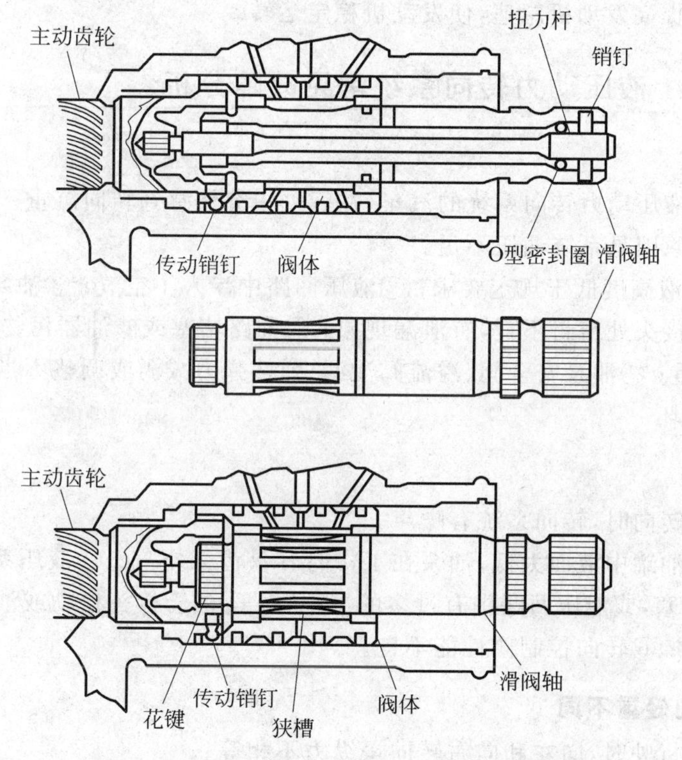

图 4-38　带有滑阀的转向器阀体总成结构示意图

5）液力转向冷却器

液力转向冷却器安装在回油侧的转向器动力缸与储油罐之间。液力转向油泵压缩的油液在转向器动力缸中吸收热量后，流过冷却器，在冷却器中释放热量。如图 4-39 所示。

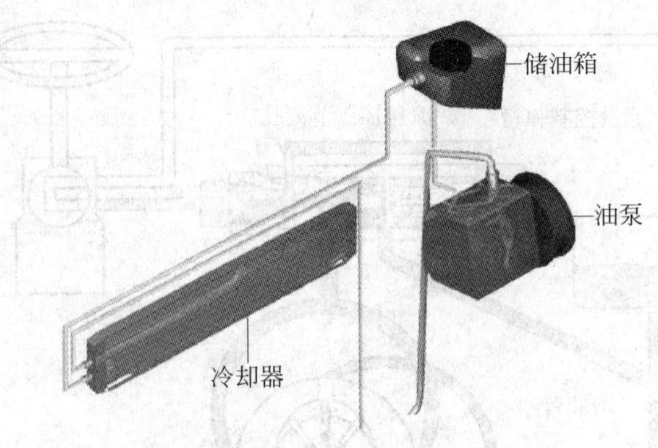

图 4-39　液力转向冷却器示意图

6）怠速提升装置

当右转或左转到极限位置时，转向油泵会产生最大液压力。此时，油泵上的大载荷将导致发动机怠速降低。为了解决这个问题，几乎所有的车辆上都装有怠速提升装置，它在油泵有大载荷时提高发动机怠速，使发动机稳定运转。

4.3.2　液压动力转向系统常见故障分析

1. 转向沉重

现象：装有液压动力转向系统的汽车，在行驶中突然感到转向沉重。

原因：主要原因是系统油压不足。

①储油罐油液高度低于规定要求；②液压回路中渗入了空气；③油泵驱动皮带过松、打滑；④各油管接头处密封不良，有泄漏现象；⑤油路堵塞或滤油器污物太多；⑥油泵磨损、内部泄漏严重；⑦油泵安全阀、溢流阀泄漏、弹簧弹力减弱或调整不当；⑧动力缸或转向控制阀密封损坏。

2. 异响

现象：汽车转向时，转向系统有噪声。

原因：①储油罐中液面太低，油泵在工作时容易渗入空气；②液压系统中渗入空气；③储油罐滤网堵塞，或液压回路中有过多的沉积物；④油管接头松动或油管破裂；⑤油泵严重磨损或损坏；⑥转向控制阀性能不良。

3. 左右转向轻重不同

现象：汽车行驶时，向左和向右转向操纵力不相等。

原因：①转向控制阀阀芯（或滑阀）偏离中间位置，或虽然在中间位置，但与阀体槽肩的缝隙大小不一致；②控制阀内有污物阻滞，使左右转动阻力不同；③液压系统中动力缸的某一油腔渗入空气；④油路漏损。

4. 直线行驶转向盘发飘或跑偏

现象：汽车直线行驶时，难以保持正前方向，而总向一边跑偏。

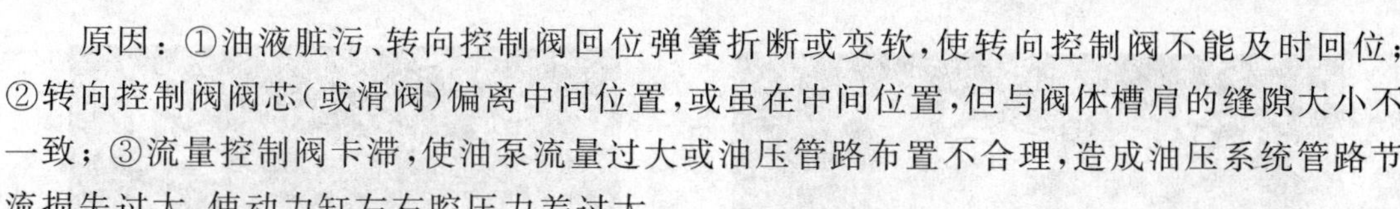

原因：①油液脏污、转向控制阀回位弹簧折断或变软，使转向控制阀不能及时回位；②转向控制阀阀芯（或滑阀）偏离中间位置，或虽在中间位置，但与阀体槽肩的缝隙大小不一致；③流量控制阀卡滞，使油泵流量过大或油压管路布置不合理，造成油压系统管路节流损失过大，使动力缸左右腔压力差过大。

5. 转向时转向盘发抖

现象：发动机工作时转向，尤其是在原地转向时滑阀共振，转向盘抖动。

原因：①储油罐液面低；②油路中渗入空气；③转向油泵驱动皮带打滑；④转向油泵输出压力不足；⑤转向油泵流量控制阀卡滞。

6. 转向盘回正不良

现象：汽车完成转向后，转向盘不能回到中间行驶位置（直线行驶位置）。

原因：①转向油泵输出油压低；②液压回路中渗入空气；③回油软管扭曲阻塞；④转向控制阀或转向动力缸发卡；⑤转向控制阀定中不良。

4.4　技能实训：拆卸转向器总成

1. 安全要求及注意事项

(1) 不允许赤脚或穿拖鞋、高跟鞋和裙子上课，留长发者要戴工作帽。

(2) 上课时要集中精神，不允许说笑、打闹。

(3) 进入汽车实训场地后，未经教师批准，不得动用实训车上的各项设备。

(4) 实训时，未经教师批准，不允许进入车厢底部，防止汽车意外起动造成重大事故。

(5) 发动机运行时，严禁将手伸入发动机舱内。

(6) 实习结束，关闭发动机舱盖前，应注意观察其他同学的情况，防止放下发动机舱盖压到同学的手。

(7) 实习结束，整理、清洁工具和场地。

2. 设备、工具、耗材的要求

(1) 设备：举升机、大众或其他品牌整车若干台、手电筒3个（根据学生数配备）。

(2) 工具：10mm梅花扳手、13mm梅花扳手、15mm梅花扳手、17mm梅花扳手、6mm内六角扳手、13mm开口扳手、17mm开口扳手、22mm开口扳手、可调扭力扳手、专用拉马、13mm套筒、17mm套筒、棘轮扳手。

(3) 耗材：抹布若干。

3. 转向器总成拆卸

(1) 打开发动机盖，松开蓄电池负极固定螺栓，拔下负极电线，如图4-40所示。

(2) 拧下转向柱下段的夹紧箍自锁螺母，取下夹紧箍自锁螺栓，如图4-41所示。

(3) 拧下转向减振器连接件与转向支架的固定螺栓，如图4-42所示。

(4) 将转向减振器连接件向上转动，脱离与转向支架的连接，如图4-43所示。

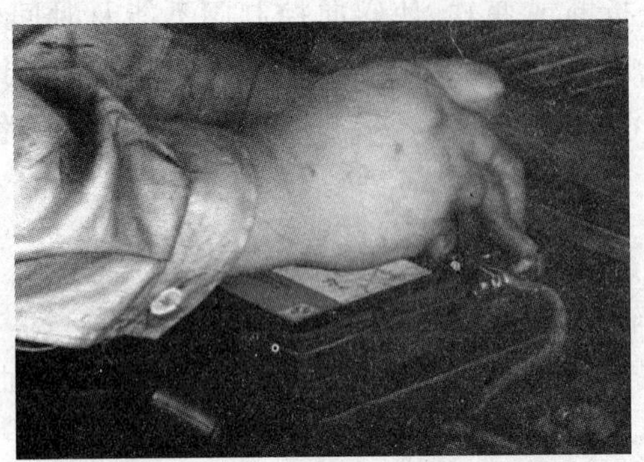

图 4-40　蓄电池负极接线柱

图 4-41　夹紧箍自锁螺栓

图 4-42　转向减振器连接件与转向支架的固定螺栓

图 4-43　转向减振器连接件

(5) 拧下转向支架与齿条的两个固定螺栓,如图 4-44 所示。

(6) 用专用拉马顶住转向横拉杆的球节头,拧下前减振器与转向横拉杆球节头的固定螺母,如图 4-45 所示。

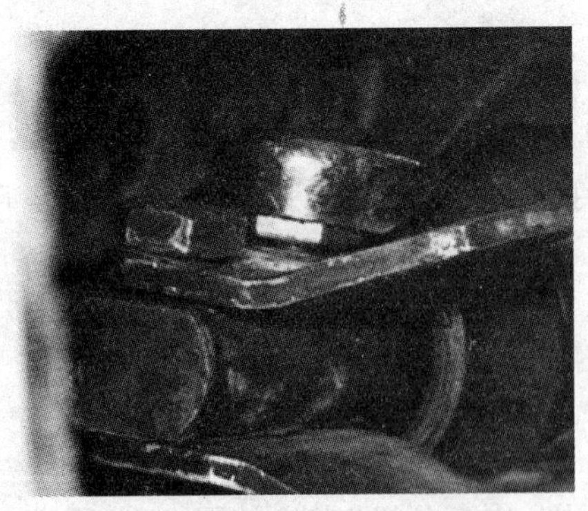

图 4-44　转向支架与齿条的固定螺栓

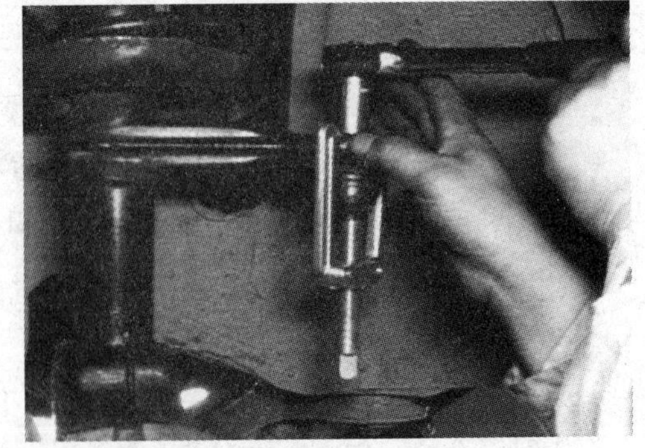

图 4-45　专用拉马使用

(7) 向下拉转向横拉杆,使转向横拉杆与前减振器脱离,如图 4-46 所示。

(8) 拧下转向器凸缘与车身的两个固定螺栓,如图 4-47 所示。

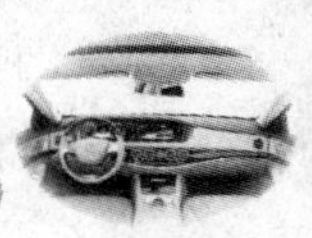

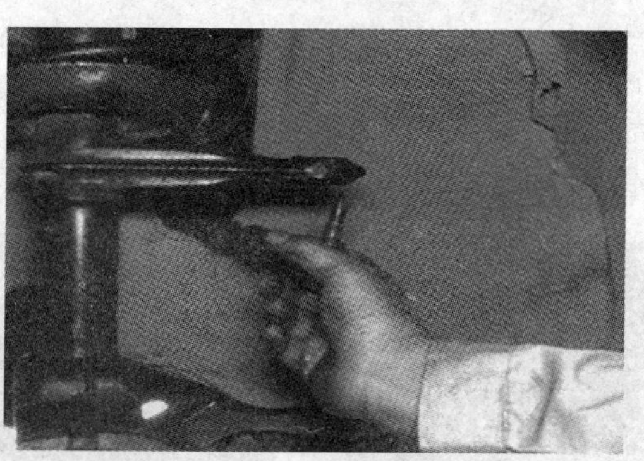

图 4-46　转向横拉杆

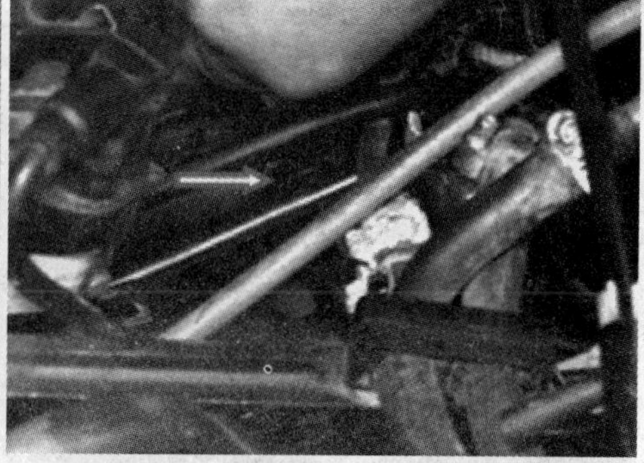

图 4-47　转向器凸缘与车身固定螺栓

(9) 取出齿轮齿条式转向器。

4.5　技能实训：检修转向器及传动机构

1. 安全要求及注意事项

(1) 不允许赤脚或穿拖鞋、高跟鞋和裙子上课，留长发者要戴工作帽。

(2) 上课时要集中精神，不允许说笑、打闹。

(3) 进入汽车实训场地后，未经教师批准，不得动用实训车上的各项设备。

(4) 实训时，未经教师批准，不允许进入车厢底部，防止汽车意外起动造成重大事故。

(5) 发动机运行时，严禁将手伸入发动机舱内。

(6) 实习结束，关闭发动机舱盖前，应注意观察其他同学的情况，防止放下发动机舱盖压到同学的手。

(7) 实习结束，整理、清洁工具和场地。

2. 设备、工具、耗材的要求

(1) 设备：举升机、大众或其他品牌整车若干台、手电筒 3 个(根据学生数配备)。

(2) 工具：13mm 梅花扳手、15mm 梅花扳手、22mm 开口扳手。

(3) 耗材：抹布若干。

3. 转向器的检修

(1) 检查转向器外壳有无破裂或损坏,如图 4-48 所示。如破损严重,应更换转向器总成。

(2) 拧下压盖上的锁紧螺母,如图 4-49 所示。

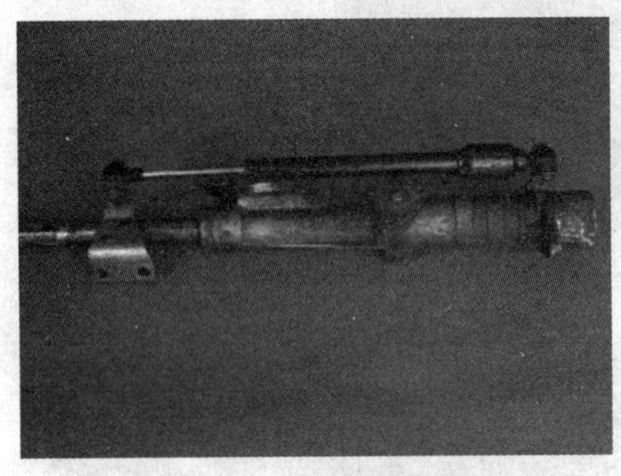

图 4-48　转向器外壳

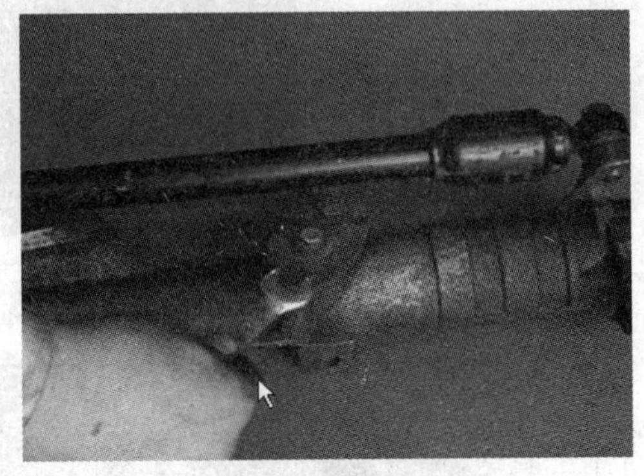

图 4-49　锁紧螺母

(3) 取下压盖、密封圈、补偿弹簧和压块,如图 4-50 所示。

(4) 检查密封圈是否完好,如图 4-51 所示。如有漏油或破损,必须更换。

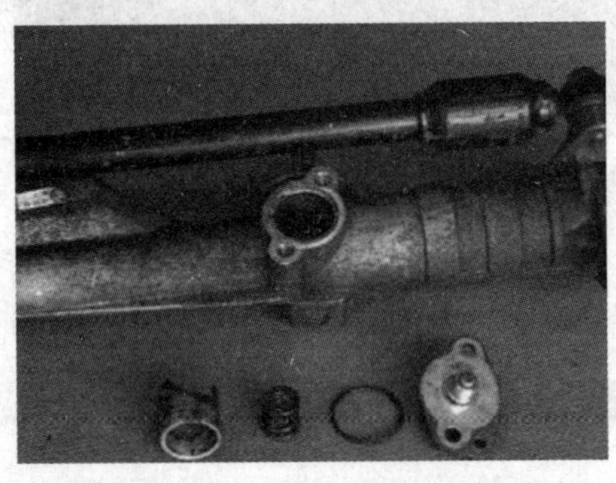

图 4-50　压盖、密封圈、补偿弹簧和压块

图 4-51　密封圈

(5) 检查补偿弹簧是否变形,弹性是否正常,如图 4-52 所示。如有损伤,则应更换。

(6) 检查压块是否有裂纹、烧蚀等损伤,如图 4-53 所示。如有损伤,则应更换。

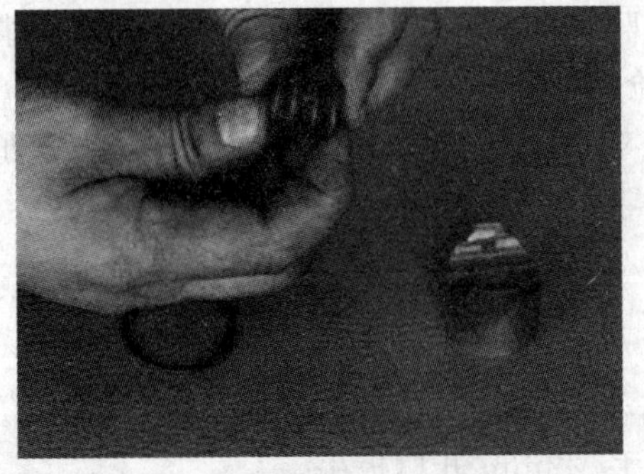

图 4-52　补偿弹簧

图 4-53　压块

(7) 检查齿条是否有明显的划痕、裂纹或扭曲变形等损伤，如图 4-54 所示。如损伤严重，则必须更换转向器总成。

(8) 检查防尘罩是否有老化、破损等损坏，如图 4-55 所示。如有损坏，则应更换。

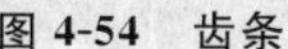

图 4-54　齿条

图 4-55　防尘罩

注意：所有的自锁螺栓和螺母一经拆卸，安装时必须更换，转向器各零件不允许焊接或整形，以确保安全可靠。

4. 转向器传动机构的检修

(1) 拧下转向减振器与转向器壳体的固定螺栓，取下转向减振器，如图 4-56 所示。

(2) 检查转向减振器是否漏油，是否有裂纹、变形等损伤，如图 4-57 所示。如果损伤严重，则应更换。

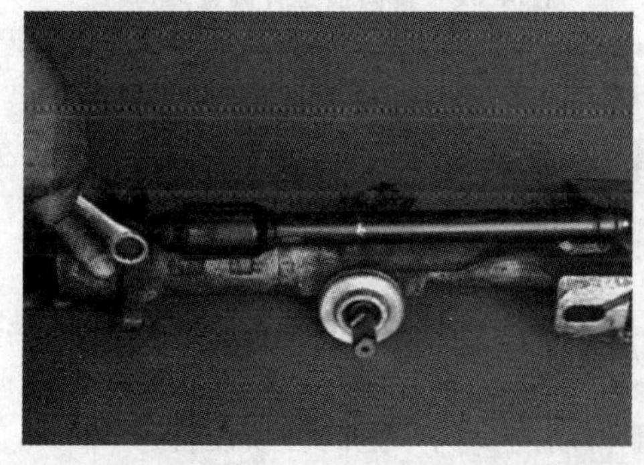

图 4-56　转向减振器与转向器壳体的固定螺栓

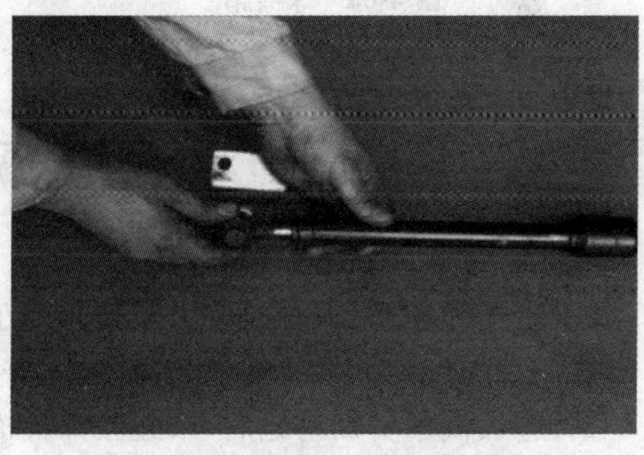

图 4-57　转向减振器

检查转向减振器是否有异常响声。如有，则应更换。

(3) 用手下压、上拉减振器的活塞杆，如图 4-58 所示。正常情况下会有一定的阻力，如果活塞杆软而无力或上拉后自己往下落，则说明转向减振器已经损坏，应更换减振器。

(4) 检查左、右转向横拉杆是否有裂纹、弯曲变形等损伤，如图 4-59 所示。如有，则应更换。

(5) 检查球头销螺纹是否有损坏，如图 4-60 所示。如有，必须更换球节头。

(6) 左转向横拉杆的长度为(579±8)mm，右转向横拉杆的长度为(553.9±8)mm，调节横拉杆的长度即可调节前轮的前束值，如图 4-61 所示。

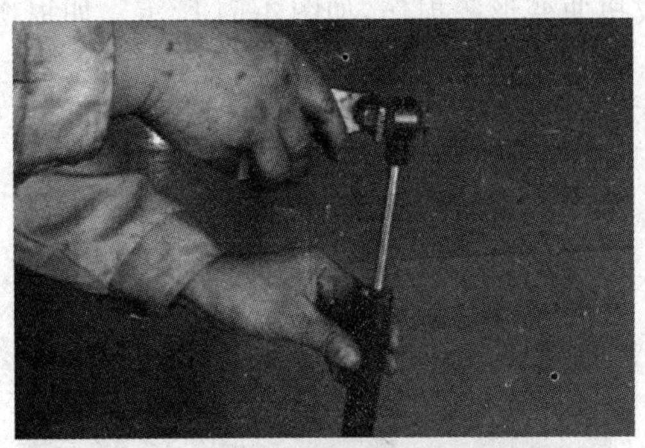
图 4-58 减振器及活塞杆

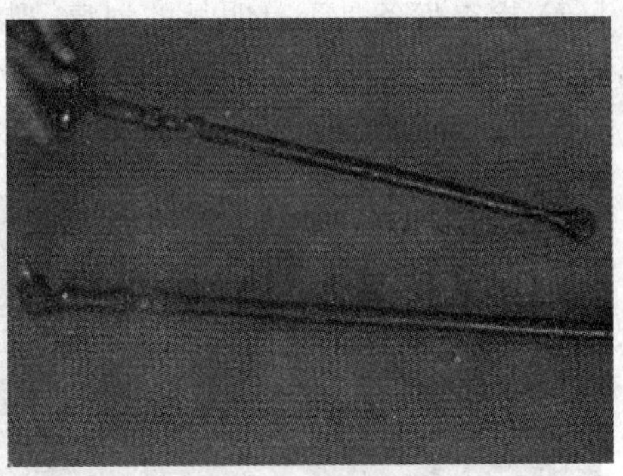
图 4-59 转向横拉杆

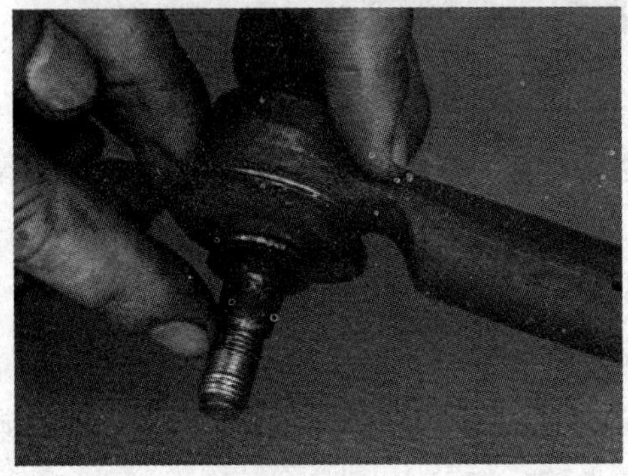
图 4-60 球头销

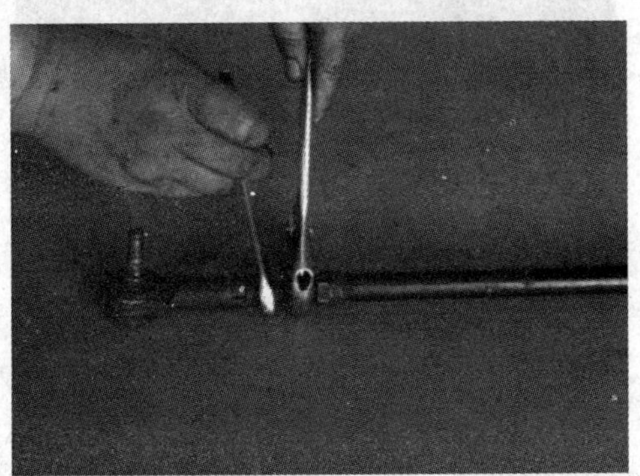
图 4-61 转向横拉杆调整螺母

 4.6 技能实训：安装转向器总成

1. 安全要求及注意事项

（1）不允许赤脚或穿拖鞋、高跟鞋和裙子上课，留长发者要戴工作帽。

（2）上课时要集中精神，不允许说笑、打闹。

（3）进入汽车实训场地后，未经教师批准，不得动用实训车上的各项设备。

（4）实训时，未经教师批准，不允许进入车厢底部，防止汽车意外起动造成重大事故。

（5）发动机运行时，严禁将手伸入发动机舱内。

（6）实习结束，关闭发动机舱盖前，应注意观察其他同学的情况，防止放下发动机舱盖压到同学的手。

（7）实习结束，整理、清洁工具和场地。

2. 设备、工具、耗材的要求

（1）设备：举升机、大众或其他品牌整车若干台、手电筒 3 个（根据学生数配备）。

（2）工具：10mm 梅花扳手、13mm 梅花扳手、15mm 梅花扳手、17mm 梅花扳手、6mm 内六角扳手、13mm 开口扳手、17mm 开口扳手、22mm 开口扳手、可调扭力扳手、专用拉马、13mm 套筒、17mm 套筒、棘轮扳手。

(3) 耗材：抹布若干。

3. 转向器总成的安装

(1) 将转向器总成从发动机舱管路、电线的空隙放入发动机舱中，如图 4-62 所示。

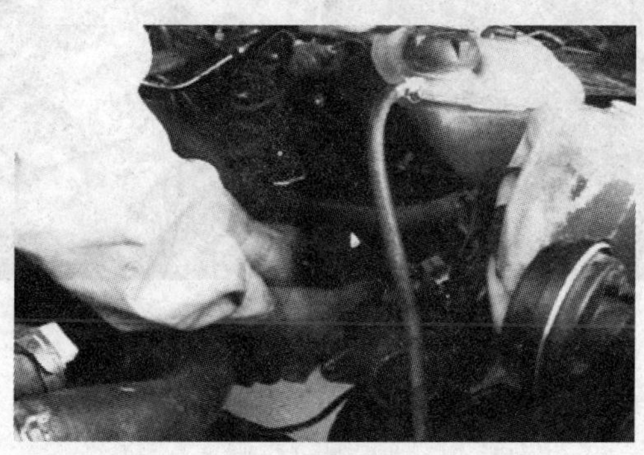

图 4-62　安放转向器总成

(2) 将转向器的齿轮轴对准转向柱下段的孔中，转向器对准左前罩处车身上的孔中，转向器壳体凸缘上的螺孔对准固定螺栓，然后将转向器装入各孔中，如图 4-63 所示。

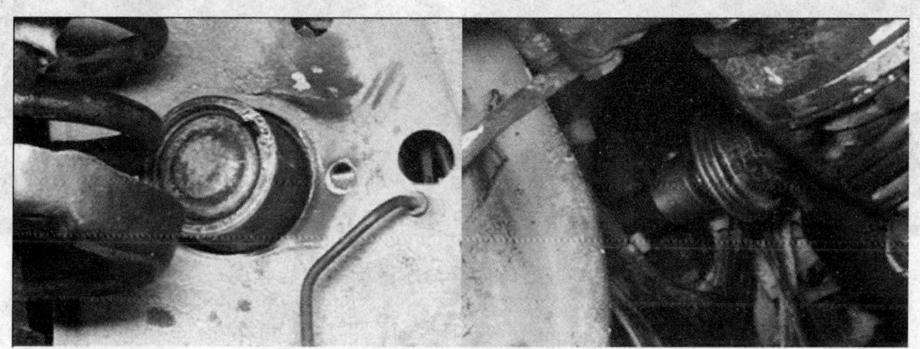

图 4-63　将转向器装入孔中

(3) 旋上转向管下段与齿轮轴夹紧箍自锁螺栓和螺母，拧紧力为 25N·m，如图 4-64 所示。

图 4-64　夹紧箍自锁螺栓

(4) 旋上转向器壳体与车身的两个固定螺栓,力矩为 25N·m,如图 4-65 所示。

图 4-65 转向器壳体与车身固定螺栓

(5) 旋上左前罩处转向器与车身的两个固定螺栓和螺母,力矩为 20N·m,如图 4-66 所示。

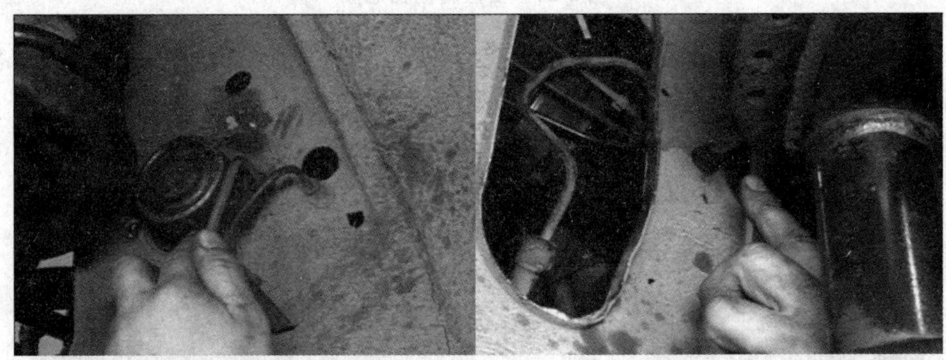

图 4-66 左前罩处转向器与车身固定螺栓和螺母

(6) 将左、右转向横拉杆装入转向支架,用连接器上的两个螺栓将两者连接,旋上两个固定螺栓,以防止转向横拉杆脱落,如图 4-67 所示。

(7) 将转向横拉杆和转向支架一起装入发动机舱中,如图 4-68 所示。

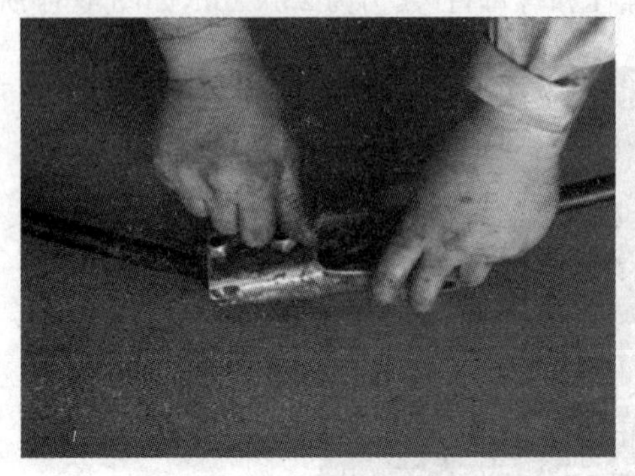

图 4-67 转向支架

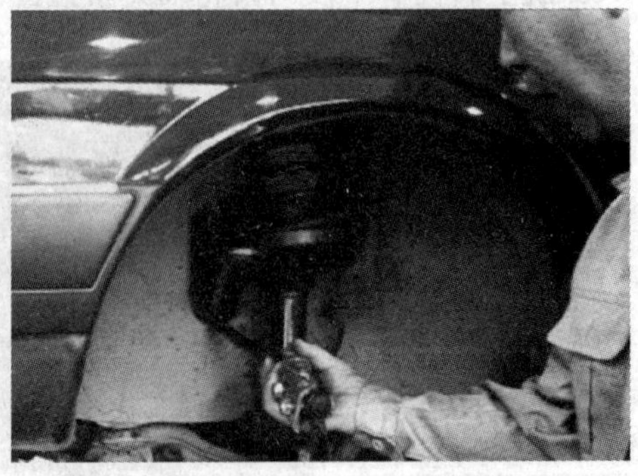

图 4-68 安装转向横拉杆和转向支架

(8) 对准转向支架与齿条的两个螺纹孔，旋固定螺栓和螺母，拧紧力矩为 55N·m，如图 4-69 所示。

(9) 旋下连接器与转向横拉杆的两个固定螺母，如图 4-70 所示。

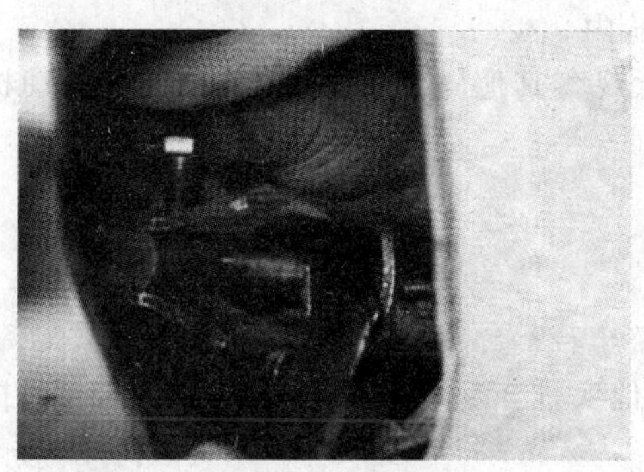

图 4-69 转向支架与齿条的螺纹孔

图 4-70 连接器与转向横拉杆固定螺母

(10) 将转向减振器支架对准螺纹孔装在连接器的螺栓上，旋上固定螺栓，拧紧力为 55N·m。

(11) 将转向横拉杆球节头的球头销装入前减振器的螺纹孔中，旋上锁紧螺母，拧紧力为 40N·m，如图 4-71 所示。

(12) 将蓄电池负极电线套到蓄电池负极上，旋上锁紧螺母，用 10mm 梅花扳手拧紧，如图 4-72 所示。

图 4-71 球头销与前减振器的螺纹孔

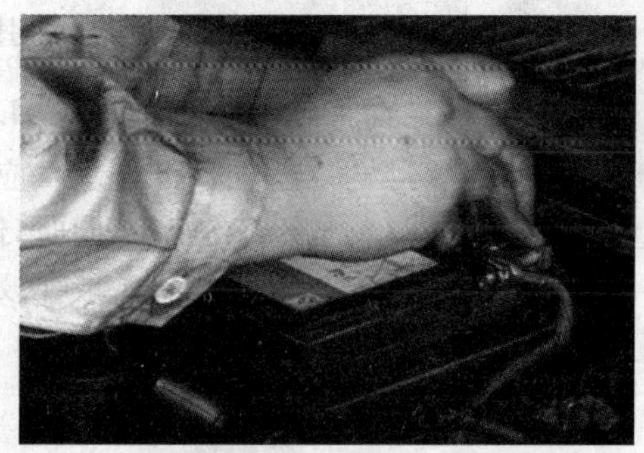

图 4-72 蓄电池负极电线

(13) 转向器装复后，必须检查齿轮与齿条的啮合间隙。当需要调整时，将车辆处于直线行驶位置，用 13mm 梅花扳手松开锁紧螺母，用 10mm 梅花扳手转动调整螺栓至接触止推垫圈块为止，然后用六角扳手拧紧六角螺母，以防调整螺栓转动。

4.7 技能实训：选用与检查转向液

1. 安全要求及注意事项

(1) 不允许赤脚或穿拖鞋、高跟鞋和裙子上课，留长发者要戴工作帽。

(2) 上课时要集中精神,不允许说笑、打闹。

(3) 进入汽车实训场地后,未经教师批准,不得动用实训车上的各项设备。

(4) 实训时,未经教师批准,不允许进入车厢底部,防止汽车意外起动造成重大事故。

(5) 发动机运行时,严禁将手伸入发动机舱内。

(6) 实习结束,关闭发动机舱盖前,应注意观察其他同学的情况,防止放下发动机舱盖压到同学的手。

(7) 实习结束,整理、清洁工具和场地。

2. 设备、工具、耗材的要求

(1) 设备、工具: 举升机、大众或其他品牌整车若干台、手电筒3个(根据学生数配备)。

(2) 耗材: 大众专用转向助力液(或与其他实训车辆匹配的转向助力油)3瓶、抹布若干。

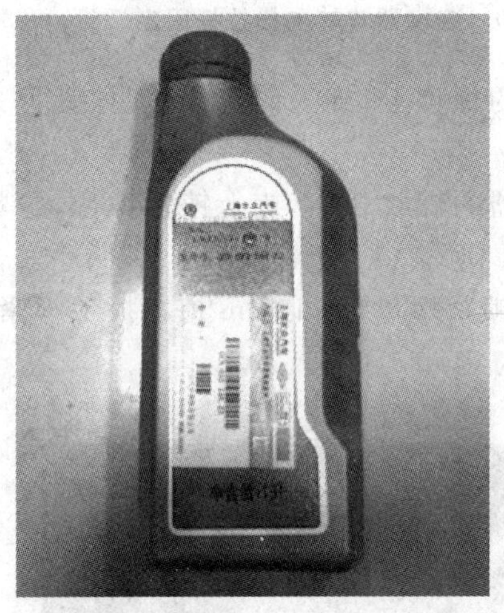

图4-73 上海大众原厂转向助力液

3. 转向助力液的选用

助力转向液属于特殊液体,通过液压系统的作用,可以为转向系统提供助力,使转向轻便,与自动变速器油(ATF)和制动液类似。

汽车的动力转向系统一般应选用原厂规定标号或品牌的转向助力液(见图4-73),否则易引起液压助力系统效能降低,严重时损坏液压部件。

另外,转向器不能在无油的状态下长期使用,否则易引起转向器故障。

4. 转向助力液的检查

应定期检查汽车上转向助力液液面高度和油品。同时,储液罐也应定期清洗,以防油液脏污或变质,一般建议每两年或每30000km定期更换助力液。转向助力液储液罐的位置一般位于发动机舱内,检查位置如图4-74所示。

图4-74 帕萨特领驭转向助力液储液罐的位置

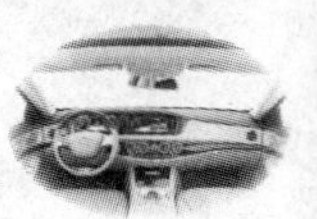

1）转向助力液储液罐的辨识

转向助力液储液罐的盖子上一般均标有方向盘图案，如图4-75、图4-76所示。

图4-75 储液罐标识（一）

图4-76 储液罐标识（二）

2）转向助力液的检查

在检查转向助力液时，一般以储液罐上的刻度为准。

具体检查步骤如下。

（1）将前轮摆正，发动机处于正常的工作温度，油液温度处于50℃左右。

（2）观察储液罐上的刻度线，正常情况之下应处于MAX和MIN之间，如图4-77所示。

（3）最后需注意的是，发动机冷态时不能低于MIN刻度线。

（4）部分汽车转向助力液储液罐的盖子附带有刻度尺，如图4-78所示，其检查方法与上述方法类似。

图4-77 转向助力液储液罐及罐身刻度

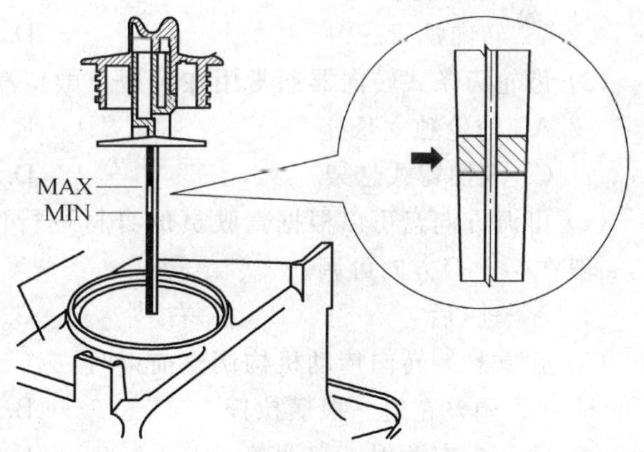

图4-78 刻度尺检查示意图

练习与思考题

1. 判断题（正确的打√，错的打×）

（1）转向系统可以用来改变汽车的行驶方向，并使汽车按照驾驶员的意图沿着规定的方向行驶。 （ ）

(2) 机械转向系统由方向盘、转向轴、机械转向器、转向横拉杆和转向节等组成。 (　　)

(3) 电子机械助力转向系统是目前最为先进的转向系统之一,其助力直接由电动机提供,无需液压部件,重量更轻,但其结构更为复杂。 (　　)

(4) 汽车转向时,内侧车轮比外侧车轮滚过的距离大。 (　　)

(5) 可调方向盘是指该方向盘可以根据驾驶员的身材进行位置调整,以满足多位驾驶员在驾驶时对于正确驾驶位置的需求,一般在前、后方向和上、下方向可调。 (　　)

(6) 转向柱一般安装在方向盘前方,驾驶员腿部上方,一端连接方向盘,另一端连接转向轮。 (　　)

(7) 循环球式转向器的传动效率高,不易产生"打手"现象。 (　　)

(8) 循环球式转向器的第一级传动副是转向螺杆与齿条。 (　　)

(9) 应定期检查转向助力液油位和油品,以防转向系统长期处于缺油状态下运行。同时,油品下降也会影响助力效果。 (　　)

(10) 齿轮齿条式转向器由于齿轮直接啮合,因此操纵灵敏性非常高。 (　　)

2. 不定项选择题

(1) 汽车转向系统的类型繁多,一般有(　　)。

A. 机械转向系统　　B. 液压助力转向系统

C. 电子液压助力转向系统　　D. 电子机械助力转向系统

(2) 液压助力转向系统与机械转向系统相比较,新增的液压部件有(　　)。

A. 转向油泵　　B. 转向油罐

C. 转向油管　　D. 转向角传感器

(3) 齿轮齿条式转向器通常用在轻型及微型汽车的(　　)。

A. 前轮独立悬挂　　B. 前轮非独立悬挂

C. 双摆臂式悬架　　D. 横向摆臂式悬架

(4) 可调方向盘可以根据驾驶员的身材进行位置调整,以满足多位驾驶员的位置需求,一般在(　　)方向可调。

A. 前、后　　B. 左、右　　C. 上、下　　D. A、B、C 都对

(5) 独立悬架转向传动机构调整前束时,应(　　)。

A. 调整左边一根横拉杆　　B. 调整右边一根横拉杆

C. 左、右两根一起调整　　D. 都可以调整

(6) 液压式动力转向装置按液流形式,可分为(　　)。

A. 常流式和液压式　　B. 常压式和液压式

C. 常流式和常压式　　D. 液压式和气压式

(7) 汽车转向时,内外转向偏转角间正确关系的保证是(　　)。

A. 转向盘　　B. 转向直拉杆　　C. 转向梯形　　D. 主销后倾角

3. 简答题

(1) 机械转向系统主要由哪几部分组成?

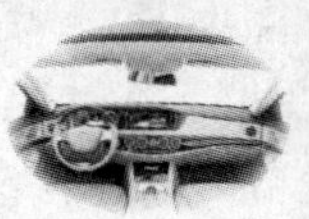

（2）转向器有哪几种类型？简述其结构特点。

（3）简述转向系统的类型及工作过程。

（4）动力转向系统主要由哪些部件组成？简述其工作原理。

（5）简述转向系统常见故障的现象及其成因。

4. 知识拓展题

电子机械助力转向系统的助力大小是否会根据车速而变化？为什么？

模块 5

制动系统

◎学习目标

1. 知识目标

（1）熟悉车轮制动器的类型、结构和工作原理。

（2）熟悉制动总泵与制动分泵的结构和工作原理。

（3）熟悉制动液的特性。

（4）熟悉驻车制动装置的组成和类型。

（5）掌握制动系统的功用、组成和类型。

2. 能力目标

（1）掌握车轮制动器的拆装、检查和维修方法。

（2）能够分析液压制动系统的常见故障现象及原因。

◎案例导入

某大众4S店维修顾问接待了一位客户，客户反映，自己的桑塔纳3000轿车制动力不足，制动距离变长，需要进行检查修复。经试车、检查，发现车轮制动器制动间隙过大，确诊为摩擦片磨损严重、制动盘表面不平，送到车间进行制动器检修。

◎服务方案

（1）明确车轮制动器磨损的原因及可能造成的故障现象。

（2）正确使用测量工具对车轮制动器进行测量，并根据测量结果提出维修方案。

拓 扑 图

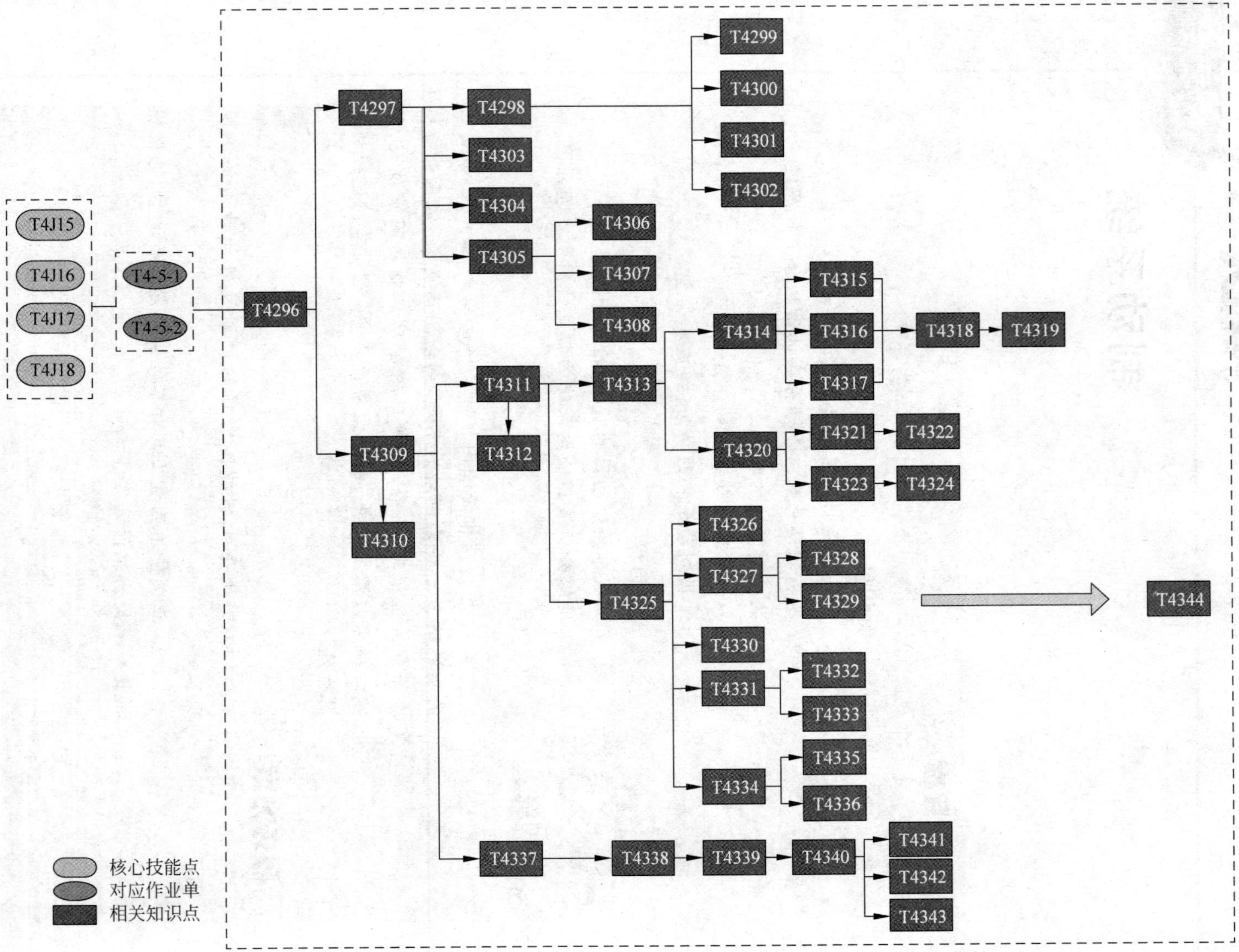

T4J15
T4J16
T4J17
T4J18

T4-5-1
T4-5-2

T4296
T4297
T4298
T4299
T4300
T4301
T4302
T4303
T4304
T4305
T4306
T4307
T4308
T4309
T4310
T4311
T4312
T4313
T4314
T4315
T4316
T4317
T4318
T4319
T4320
T4321
T4322
T4323
T4324
T4325
T4326
T4327
T4328
T4329
T4330
T4331
T4332
T4333
T4334
T4335
T4336
T4337
T4338
T4339
T4340
T4341
T4342
T4343
T4344

核心技能点
对应作业单
相关知识点

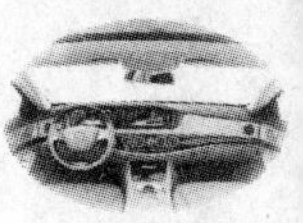

核心技能点

T4J15 拆装与检测制动器

T4J16 更换制动液

T4J17 排放制动系统空气

T4J18 检查与调整驻车制动系统

对应作业单

T4-5-1 认识汽车制动系统的主要部件结构

T4-5-2 拆装与检测汽车制动系统

相关知识点

T4296 汽车制动系统概述

T4297 汽车制动系统的作用

T4298 汽车制动系统的类型——按功用分类

T4299 行车制动系统的功用

T4300 驻车制动系统的功用

T4301 第二制动系统的功用

T4302 辅助制动系统的功用

T4303 汽车制动系统的类型——按制动能量传输分类

T4304 汽车制动系统的类型——按回路多少分类

T4305 汽车制动系统的类型——按能源分类

T4306 人力制动系统的定义

T4307 动力制动系统的定义

T4308 伺服制动系统的定义

T4309 汽车制动系统的组成

T4310 汽车对制动系统的要求

T4311 液压制动系统的基本组成

T4312 液压制动系统的工作原理

T4313 车轮制动器的组成

T4314 盘式制动器的组成

T4315 制动盘的作用和类型

T4316 制动块的作用

T4317 卡钳的作用

T4318 盘式制动器的工作过程

T4319 盘式制动器的特点

T4320 鼓式制动器的组成

T4321 鼓式制动器的工作原理

T4322 鼓式制动器的主要部件

T4323 鼓式制动器的类型

T4324 鼓式制动器的特点

T4325 液压制动传动装置的组成

T4326 制动踏板的安装位置

T4327 制动总泵的作用

T4328 双腔式制动总泵的结构

T4329 双腔式制动总泵的工作过程

T4330 制动轮缸的组成

T4331 真空助力器的作用

T4332 单腔式真空助力器的结构及工作原理

T4333 双腔式真空助力器的结构及工作原理

T4334 制动液的定义

T4335 汽车制动液的作用及使用性能

T4336 制动液的品种、牌号及鉴别方法

T4337 驻车制动系统的作用

T4338 驻车制动操纵结构的组成

T4339 驻车制动操纵机构的操作

T4340 驻车制动器类型

T4341 中央制动器的结构

T4342 鼓式复合驻车制动器的结构

T4343 盘式复合驻车制动器的结构

T4344 制动系统常见故障的诊断与排除

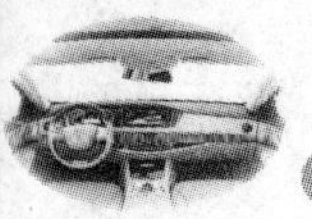

5.1 汽车制动系统概述

当汽车行驶在宽阔平坦、车流和人流较少的路况下，可以通过高速行驶以提高运输生产效率。但汽车行驶过程中也会遇到复杂多变的路面情况，如进入弯道、行经不平道路、两车交会、突遇障碍等，为了保证行车安全，就要求汽车在尽可能短的距离内将车速降低，甚至停车。

此外，汽车下长坡时，在重力产生的下滑力作用下，汽车有不断加速到危险程度的趋势，此时应将车速限制在安全值内，并保持相对稳定；对停驶的车辆，特别是在坡道上停驶的汽车应能稳定地驻留在原地，不允许有滑溜现象。

5.1.1 汽车制动系统的作用

为了使行驶中的车辆减速，直到停车，就必须产生一个使车轮旋转变慢的力。当驾驶员踩下制动踏板时，制动器产生的这个制动力就可以使车轮旋转变慢，直到停住车辆，这一套具有减速及停车功能的主要装置就是制动系统。制动系统的作用如下。

(1) 让行驶中的汽车减速行驶或停车。

(2) 让停止的汽车实现驻车。

(3) 汽车下坡行驶时保持车速稳定。

5.1.2 汽车制动系统的类型

1. 按功用分

汽车制动系统按功用可以分为行车制动系统、驻车制动系统、第二制动系统、辅助制动系统。

(1) 行车制动系统。行车制动系统是由驾驶员用脚来操纵的，故又称脚制动系统。它的功用是使正在行驶中的汽车减速或在最短的距离内停车。

(2) 驻车制动系统。驻车制动系统是由驾驶虽用手来操纵的，故又称手制动系统。它的功用是使已经停在各种路面上的汽车驻留原地不动。

(3) 第二制动系统。第二制动系统在行车制动系统失效的情况下，保证汽车仍能实现减速或停车的一套装置。在许多国家的制动法规中规定，第二制动系统也是汽车必须具备的。

(4) 辅助制动系统。辅助制动系统经常用在山区行驶的汽车和某些特殊用途的汽车上，为了提高行车的安全性和减轻行车制动系统性能的衰退及制动器的磨损，用以在下坡时稳定车速。

2. 按制动能量传输分

汽车制动系统按制动能量传输可以分为机械式、液压式、气压式、电磁式、组合式。

3. 按回路多少分

汽车制动系统按回路多少可以分为单回路制动系统、双回路制动系统。

4. 按能源分

汽车制动系统按能源可以分为人力制动系统、动力制动系统、伺服制动系统。

(1) 人力制动系统。人力制动系统是以驾驶员的肌体作为唯一的制动能源的制动系统。

(2) 动力制动系统。动力制动系统是完全靠由发动机的动力转化而成的气压或液压形式的势能进行制动的制动系统。

(3) 伺服制动系统。伺服制动系统是兼用人力和发动机动力进行制动的制动系统。

5.1.3　汽车制动系统的组成

汽车制动系统包括供能装置、控制装置、传动装置和制动器等。

(1) 供能装置包括供给、调节制动所需能量和改善传动介质状态的各种部件，如真空助力装置。

(2) 控制装置是产生制动动作和控制制动效果的各种部件，如制动踏板。

(3) 传动装置包括将制动能量传输到制动器的各个部件，如制动主缸、轮缸。

(4) 制动器是产生阻碍车辆运动或运动趋势的部件。

5.1.4　汽车对制动系统的要求

为了保证汽车能在安全的条件下发挥出高速行驶的能力，制动系统必须满足下列要求。

1. 具有良好的制动效能

制动效能的评价指标有制动距离、制动减速度、制动力和制动时间。制动效能可以用制动试验台来检验，常用制动力来衡量制动效能。而在实际使用过程中，往往用制动距离来衡量整车的制动效能。制动距离是以某一速度开始紧急制动(如 30km/h 或 50km/h)，从驾驶人踩下制动踏板起，直至停车为止所走过的距离。

2. 操纵轻便

操纵轻便即操纵制动系统所需的力不应过大。对于人力液压制动系统，最大踏板力不大于 500N(轿车)和 700N(货车)。

3. 制动稳定性好

制动稳定性好，是指制动时，前、后车轮制动力分配合理，左、右车轮上的制动力矩基本相等，汽车不跑偏，不甩尾。

4. 制动平顺性好

制动平顺性好是指制动力矩能迅速而平稳地增加，也能迅速而彻底地解除。

5. 散热性好

连续制动时，制动鼓的温度高达 400℃，摩擦片的抗“热衰退”能力要高(指摩擦片抵抗因高温分解变质引起的摩擦系数降低)；水湿后恢复能力快。

6. 其他要求

对于挂车的制动系统，还要求挂车的制动作用略早于主车，挂车自行脱钩时能自动进行应急制动。

5.2 液压制动系统

5.2.1 液压制动系统的基本组成

液压制动系统的基本组成有制动总泵(主缸)、制动分泵(轮缸)和车轮制动器、制动助力器、制动力调节装置和制动管道等，如图 5-1 所示。

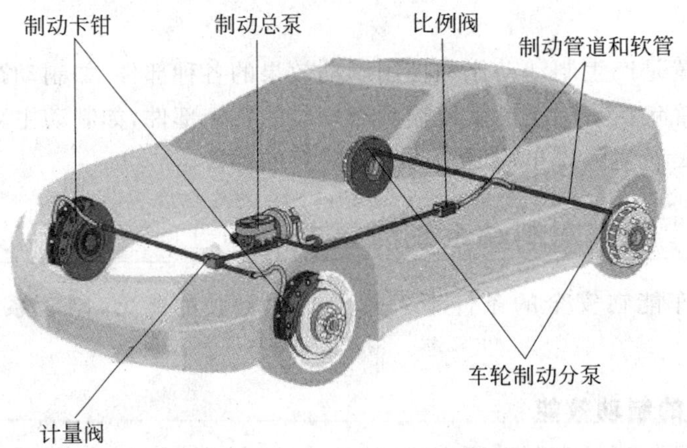

图 5-1 液压制动系统的基本组成

5.2.2 液压制动系统的工作原理

液压制动系统的工作原理如图 5-2 所示。

1. 制动系统不工作时

制动系统不工作时，要求制动蹄和制动鼓之间有间隙，车轮和制动鼓可自由旋转。

2. 制动时

制动时，要汽车减速，脚踏下制动器踏板，通过推杆和主缸活塞使主缸油液在一定压力下流入轮缸，并通过两轮缸活塞推动制动蹄绕支承销转动，上端向两边分开，以其摩擦片压紧在制动鼓的内圆面上。不转的制动蹄对旋转制动鼓产生摩擦力矩，从而产生制动力。

3. 解除制动

当放开制动踏板时，回位弹簧立即将制动蹄拉回原位，制动力消失。

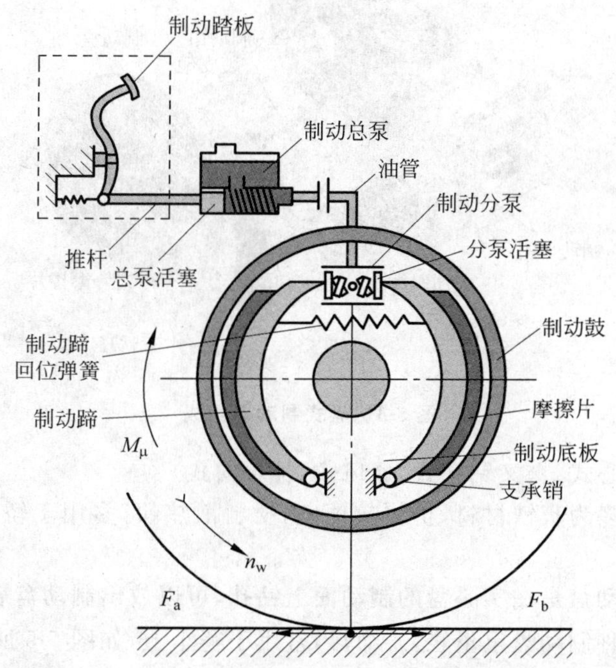

图 5-2　液压制动系统制动的工作原理示意图

5.2.3　车轮制动器

车轮制动器主要由旋转部分、固定部分和调整机构组成。其中，旋转部分是制动盘或制动鼓；固定部分包括制动块和制动卡钳，或制动蹄和制动底板；调整机构用于调整制动块和制动盘，或制动蹄和制动鼓的间隙。

车轮制动器可以分为盘式制动器和鼓式制动器。

1. 盘式制动器

盘式制动器的主要零部件有制动盘、制动块、制动卡钳（包括制动分泵）等，如图 5-3 所示。

1）制动盘

制动盘是盘式制动系统中的旋转部件，它与刹车片摩擦材料接触。制动时，在制动盘和刹车片之间的摩擦力使车轮停止转动。制动盘由铸铁或复合材料制成，主要有轮毂及制动盘面。轮毂通过轴承支承在支架上，用以安装车轮；制动盘面两侧加工出摩擦面。

安装车轮的制动盘侧被称为外侧，它由车轮防护着；朝着车辆中心的一侧称为内侧，由金属防溅板防护着。制动面的尺寸根据制动盘的直径来决定。车辆越大，制动盘越大，相应地，需要更大的摩擦力来减缓车速和停止汽车，如图 5-4 所示。

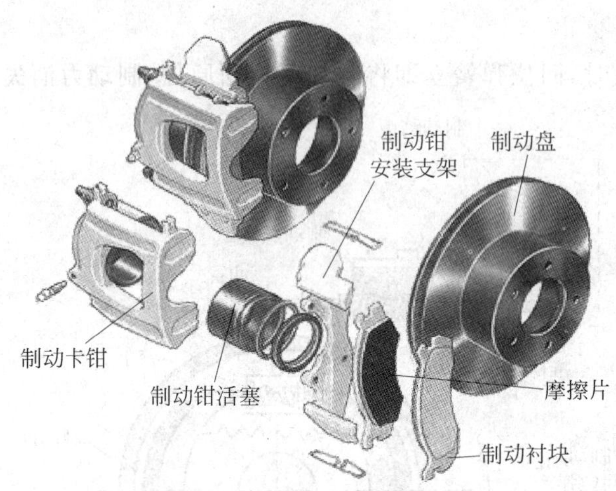

图 5-3　盘式制动器组成

制动盘分为实心式、交叉钻孔式、通风式(含单向式)。

实心式制动盘多为灰铁材料,价格较便宜,材料散热快,多用于轿车后轮或微型车前轮,如图 5-4 所示。

交叉钻孔式制动盘是在实心盘的制动面上钻孔,可以放出制动盘表面的水和热气,来提高冷却效率。这种制动盘重量轻,寿命短,常用于赛车上,如图 5-5 所示。

图 5-4　制动盘

图 5-5　交叉钻孔式制动盘

通风式制动盘的两个制动面之间有散热片。车轮转动时,这些散热片跟着转动,使空气循环,从而冷却制动器。这种通风盘的缺点是尺寸大、质量大,如图 5-6 所示。

在某些通风式制动盘中,散热片是弯曲的,或以一定角度指向制动盘中心,称为单向式制动盘。单向式制动盘只能向一个方向转,散热片才起作用,制动盘不能左、右互换。从上往下看,散热片一定要指向前方,如图 5-7 所示。

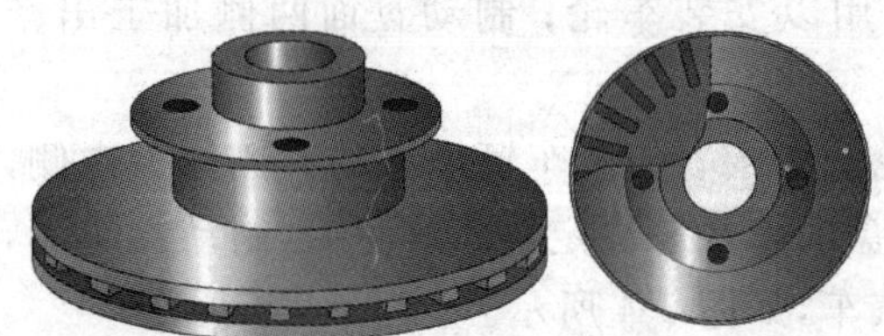

图 5-6　通风式制动盘

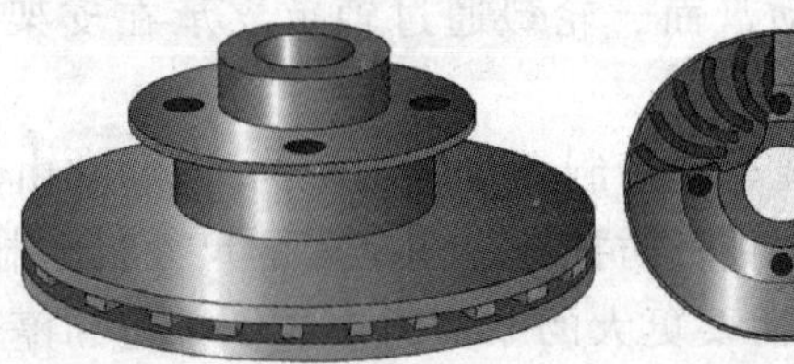

图 5-7　通风式(单向式)制动盘

2）制动块

制动块是由表面带摩擦材料的钢板制成。它位于盘式制动器的制动盘两侧，制动卡钳的内侧。踩下制动后，制动块被迫压紧在制动盘的表面，依靠摩擦力制动汽车，如图 5-8 所示。

3）制动卡钳

制动卡钳把由制动总泵通过制动管道和软管传递来的液压力变换为机械作用力，推动制动块挤压在制动盘上。

盘式制动器的制动卡钳有两种形式：固定钳式和浮动钳式或滑动钳式，浮钳盘式制动器因具有轴向和径向尺寸小，制动液受热汽化的机会较少等优点而被广泛应用，如图 5-9 所示。

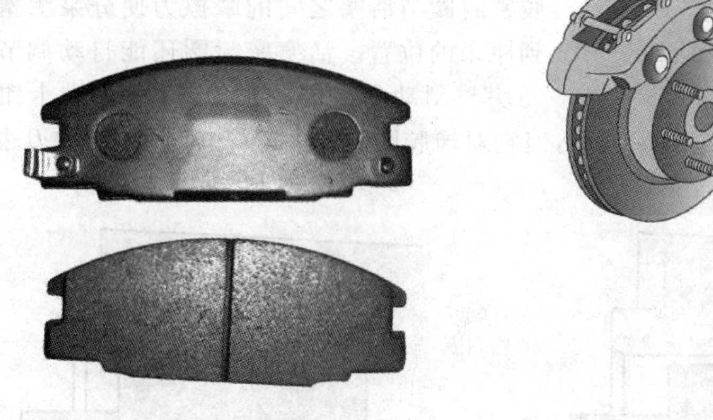

图 5-8　制动块　　图 5-9　固定式卡钳和浮动式卡钳

浮动式卡钳和滑动式卡钳是非常相似的，它们都使用一个位于制动卡钳内、制动盘内侧的活塞，如图 5-10 所示。制动盘内侧的制动块是附于活塞上的，而制动盘外侧的制动块是固定在制动卡钳支架上的。

支架用于支撑和安装制动卡钳，通过螺栓固定在车桥上，如图 5-11 所示。

图 5-10　制动卡钳

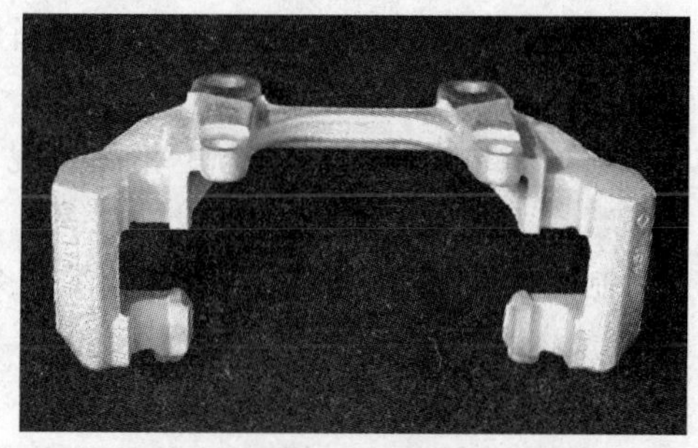

图 5-11　支架

4）盘式制动器工作过程

实施制动时，液压力使活塞伸出，推动制动块，制动块压向制动盘的内侧表面。制动盘反作用于活塞上的压力使制动卡钳沿着导轨向内侧移动。制动卡钳的移动对外侧的制动块施加了压力，使得制动块压向制动盘外侧表面上。于是两侧的制动块都压向制动盘的表面，逐渐增大的制动摩擦力使车轮停止转动，如图 5-12 所示。

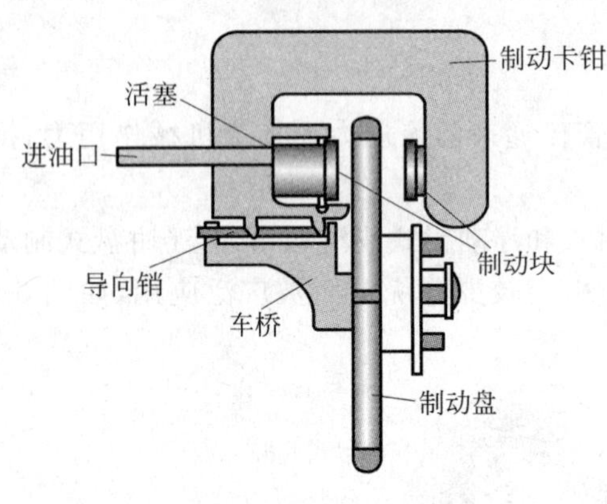

图 5-12　盘式制动器

分泵活塞上的矩形橡胶密封圈除起到密封作用外，还起到活塞回位的作用。当汽车不制动时，矩形橡胶密封圈不发生轴向形变，如图 5-13 所示；当汽车在制动时，随着分泵活塞的移动，矩形橡胶密封圈也在发生轴向形变，如图 5-14 所示；当制动停止时，轴向变形的矩形橡胶密封圈就会恢复到原来的形状，矩形橡胶密封圈在复原的过程中，矩形橡胶密封圈与活塞之间的摩擦力使分泵活塞回到原来的位置。活塞密封圈还能自动调节制动块与制动盘之间的间隙，可使制动卡钳结构简单，造价低廉，中级以下轿车应用较多，但它对橡胶圈的弹性、耐热性、耐磨性、刃边的几何精度及表面粗糙度的要求较高。

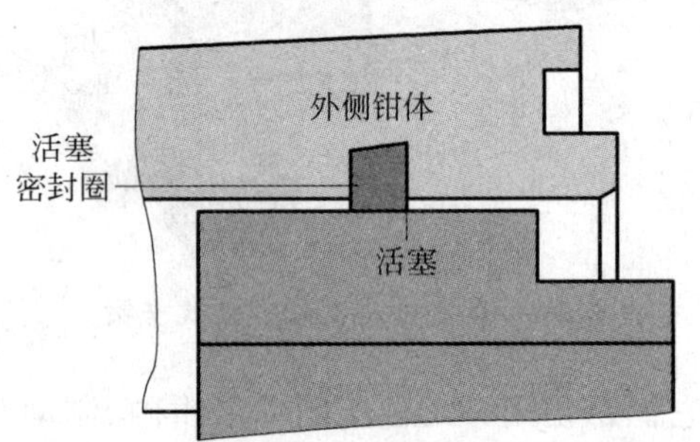

图 5-13　不制动时活塞密封圈的状态

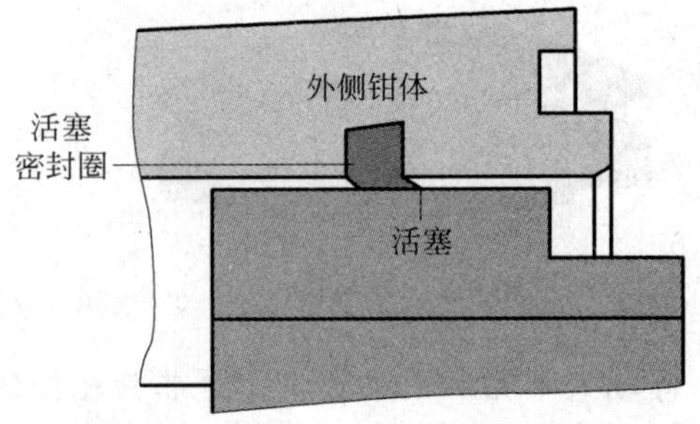

图 5-14　制动时活塞密封圈的状态

5）盘式制动器的特点

盘式制动器的优点如下。

(1) 散热效果好，热衰退、水衰退现象轻，对摩擦副摩擦系数变化不敏感，制动效能稳定。

(2) 结构简单。输出制动力矩相同情况下，尺寸和质量较小。

(3) 摩擦力矩与管路压力呈线性关系。制动器的制动平顺性好。

(4) 制动块与制动盘间隙小，管路无残余压力，无回位弹簧。制动滞后时间短，利于紧急制动。

(5) 制动盘沿厚度方向的热膨胀量小。

(6) 容易实现间隙自动调整，其他保养修理作业也较简单。

盘式制动器的缺点如下。

(1) 制动效能差，无助势作用。导致液压制动管路中油压较高，一般要用伺服装置。

(2) 兼用于驻车制动时，需要加装的驻车制动传动装置复杂，使后轮上应用受到限制。

(3) 制动盘裸露,易污染,使用寿命低。

2. 鼓式制动器

鼓式制动器过去用于汽车的所有车轮,在当今的小型车辆上,鼓式制动器通常用于后轮。鼓式制动器的主要零部件有制动蹄、制动鼓、制动分泵(轮缸)、制动器底板、调整器、复位弹簧和压紧弹簧等。其中,旋转部分是制动鼓;固定部分是制动底板和制动蹄;张开机构是轮缸;定位调整装置是偏心支承销,如图 5-15 所示。

1) 鼓式制动器的工作原理

制动蹄和回位弹簧位于固定的制动器底板上,在实施制动之前,回位弹簧使制动蹄脱离制动鼓。

制动时,总泵传送到制动分泵的制动液压力使制动蹄片张开压紧在旋转的制动鼓上,制动蹄片与制动鼓之间产生的摩擦力使制动鼓减速,安装在制动鼓上的车轮随着减速直至停止转动。

当解除制动时,制动分泵上的制动液压力消失,回位弹簧力拉动制动蹄片离开制动鼓内表面返回原位。

图 5-15　鼓式制动器

2) 鼓式制动器的主要部件

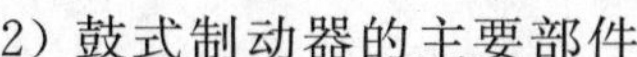

(1) 制动蹄。轿车和轻型、微型等中型以下货车的制动蹄广泛采用 T 型截面的型钢辗压或钢板冲压-焊接而制成;中型以上等大吨位货车的制动蹄则用可锻铸铁、球墨铸铁、铸钢或铸铝合金等材料而制成,断面有工字形、山字形等形式。

制动蹄的断面形状和尺寸应保证其刚度好,但小型汽车中钢制的制动蹄腹板上有时会开有 1 或 2 条径向槽,使制动蹄的弯曲刚度稍小,以便使制动蹄摩擦衬片与制动鼓的接触压力均匀,并减少制动尖叫现象。

制动蹄腹板和翼缘的厚度与车型有关,轿车的为 3～5mm,货车的为 5～8mm。摩擦衬片的厚度,轿车的为 4.5～5mm,货车的大多在 8mm 以上。

图 5-16　制动蹄

摩擦衬片可以铆接或粘接在制动蹄上,如图 5-16 所示,并在连接后,加工摩擦衬片外表面至规定尺寸和粗糙度。粘接方式可允许摩擦衬片的磨损厚度较大(可使用至仅 1～1.5mm 的极限厚度),但更新摩擦片困难,一般需要连同制动器整体更换;铆接摩擦片更换方便,制动噪声小,但可用厚度受到铆钉露头的限制,多用于厚度超过 6.5mm 的摩擦片。

当把制动液压力施加到制动分泵(轮缸)上时,制动分泵活塞推动两侧的制动蹄片至制动鼓内圆表面,使摩擦片与制动鼓表面之间产生摩擦力,摩擦力与制动鼓的旋转方向相反，产生制动。

(2) 制动鼓。制动鼓是鼓式制动器的旋转件，制动时它与制动蹄上的摩擦衬片相接触，产生摩擦力。制动鼓是由铸铁或者铸铁和钢的复合材料制成。由于制动过程中的磨损和发热等原因，摩擦面一定要是铁质的。

实心铸铁制动鼓是个一体式铁铸体，具有非常好的摩擦特性。这种制动鼓加工容易，吸热和散热效果很好，如图 5-17 所示。但实心式铸铁鼓质量大，且易碎，过热易导致制动鼓破裂。

钢与铁质制动鼓被称为复合制动鼓，制动鼓质量轻，而且制造价格便宜。然而，制动鼓吸热和散热的能力较弱，防制动衰变的能力较差，如图 5-18 所示。这种制动鼓常用于一些小型车的后轮制动器。

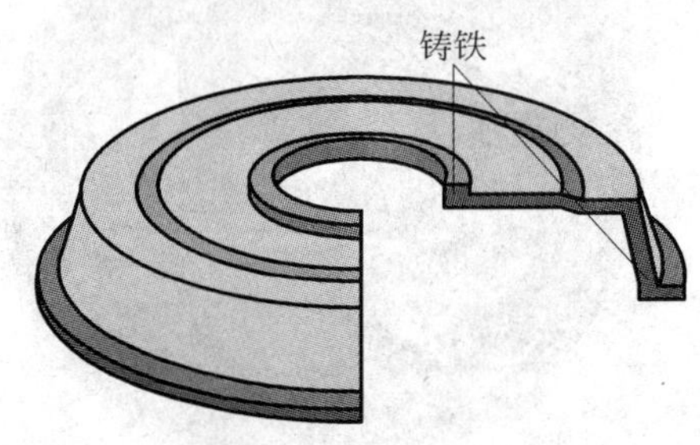

图 5-17　实心铸铁制动鼓

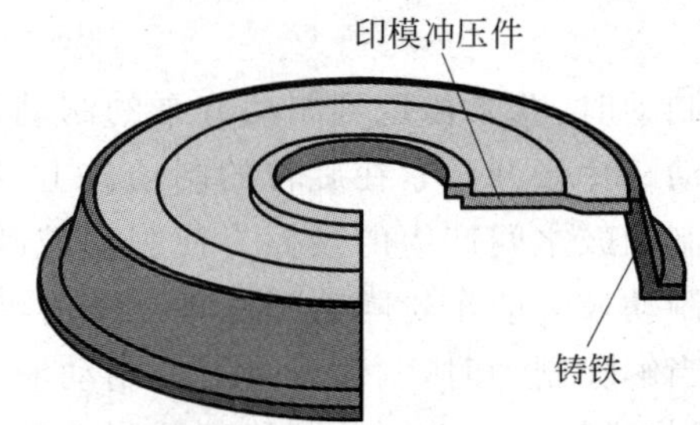

图 5-18　钢与铁质制动鼓

3) 鼓式制动器的类型

制动蹄按其张开时的转动方向与制动鼓的旋转方向是否一致，有领蹄和从蹄之分。制动蹄张开的转动方向与制动鼓的旋转方向一致时，称为领蹄，具有制动“增势”作用，也称为“助势蹄”(leading shoe)；反之，则称为从蹄，或“减势蹄”(trailing shoe)。

(1) 领从蹄鼓式制动器。领从蹄鼓式制动器的结构如图 5-19 所示。制动底板安装在后桥壳或前桥转向节的凸缘上，分泵和支承销固定在它的内侧。两制动蹄的支承点都用偏心支承销装在底板上，两蹄片用回位弹簧拉靠于调整螺钉组件上，与制动鼓保持一定的间隙。

领从蹄鼓式制动器的结构特点是两支承点都位于底板的同一端，两支承点和张开力的作用点(活塞)都是轴对称的，轮缸中的活塞直径相等。

制动时，分泵分别作用给前、后制动蹄一个相等的力，使制动蹄绕下端支承销转动，分别压向制动鼓。前蹄摩擦力绕支承销产生的力矩与该蹄张开力绕支承销产生的力矩同向，使前蹄对制动鼓的压紧力增大，产生增势作用，称为领蹄。后蹄摩擦力有使后蹄离开制动鼓的趋向，使制动蹄对制动鼓的压紧力减小，产生减势作用，称为从蹄。一般增势蹄的制动力矩为减势蹄的制动力矩的 2～2.5 倍。制动蹄对制动鼓施加的法向力不相等，其差值使轮毂轴承承受附加载荷，所以领从蹄鼓式制动器又称为简单非平衡式制动器，如图 5-20 所示。

汽车倒车时，由于制动鼓的倒转，使得后蹄产生增势作用，前蹄形成减势作用，因而汽车前进和倒车的制动力相同。

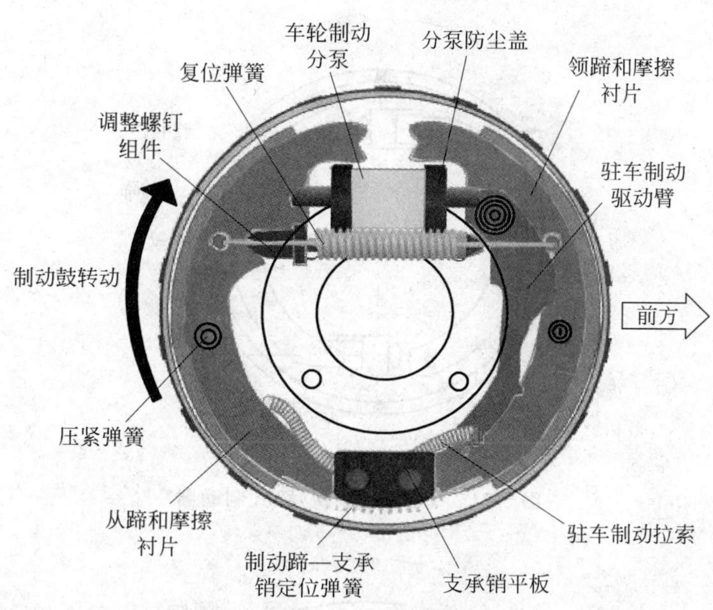

图 5-19 领从蹄鼓式制动器

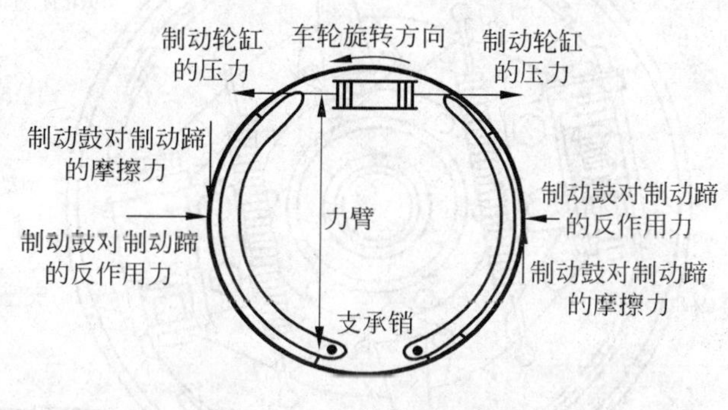

图 5-20 领从蹄受力情况

(2) 单向双领(从)蹄式制动器。两制动蹄各用一个单向活塞制动轮缸,且前后制动蹄与轮缸、调整装置等部件在制动鼓上的位置都是中心对称的,如图 5-21 所示。当汽车前进制动时,两制动蹄都是助势蹄;当汽车倒退时,两制动蹄又都是减势蹄,导致前进挡制动效能提高,倒挡制动效能降低。

从结构上看,单向双领式蹄式制动器的两个制动蹄以相同的法向力作用于制动鼓,且相互平衡,所以轮毂轴承不承受附加载荷,是平衡式制动器。单向双领式蹄式制动器有两个制动轮缸,较适宜布置双回路制动系统,由于前进时制动效能高,倒车时制动效能低,因此汽车后轮很少采用这种制动器。

(3) 双向双领式蹄式制动器。双向双领式蹄式制动器使用了两个双活塞轮缸,无论汽车是前进挡还是倒挡,都是双领式蹄式制动器,故称为双向双领式蹄式制动器,如图 5-22 所示。

从结构上看,双向双领式蹄式制动器是平衡式制动器,无论汽车是前进挡还是倒挡,

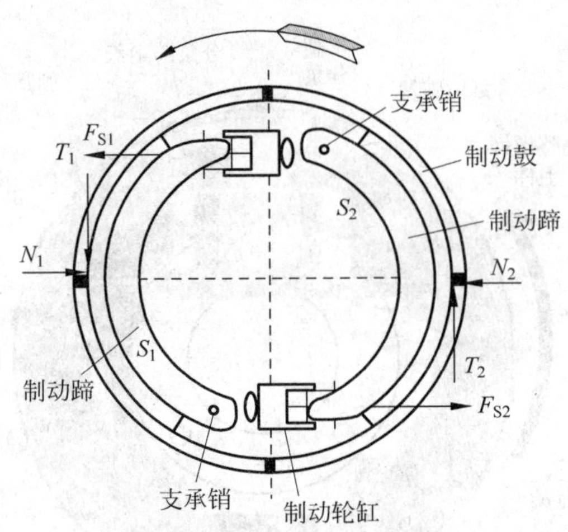

图 5-21 单向双领(从)蹄式制动器

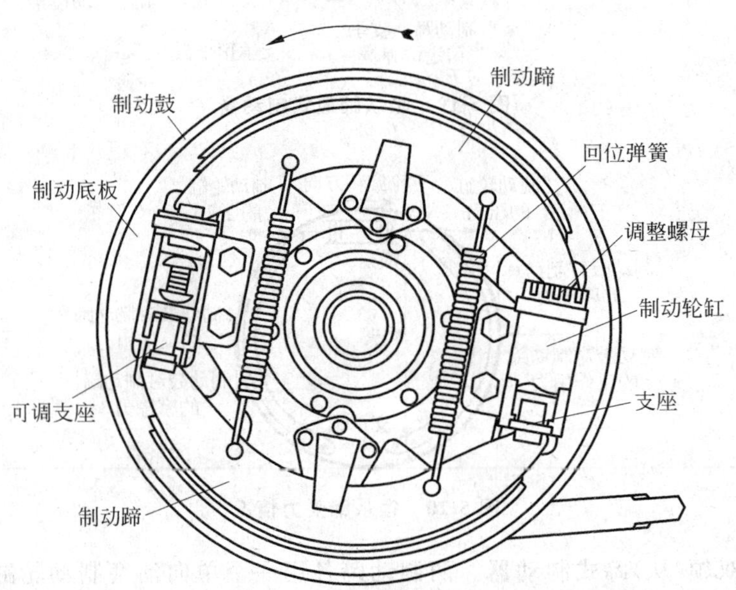

图 5-22 双向双领式蹄式制动器

制动时均得到较高的制动效能,制动稳定性、平顺性较好。

(4) 双向自动增力式制动器。双向自动增力式制动器的结构特点是两制动蹄上端用复位弹簧支承在支承销上,两制动蹄下端由连接弹簧拉靠在调整螺钉的槽内。调整螺钉是浮动的,与制动底板无直接联系,可用来调整长度。分泵放置在支销的上方,并与底板相固定,如图 5-23 所示。

制动时,分泵分别给前、后制动蹄一个张开力,使制动蹄离开支承销而压向制动鼓,此时前蹄是领蹄、后蹄为从蹄;旋转的制动鼓给前、后蹄分别作用的摩擦力,使两蹄片顺着制动鼓旋转方向转动一个角度,直至后蹄上端抵住支承销为止。这时,后蹄以支承销为支点,前蹄以调整螺钉为支点,进一步压向制动鼓。制动鼓反作用给前蹄的摩擦力和法向力

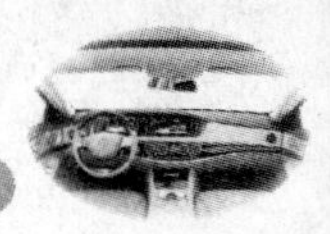

的一部分通过调整螺钉传给后蹄下端，此力比张开力约大3倍，使后蹄也成为领蹄。其压紧力比前蹄更大，即制动增力。此时，前、后蹄与调整螺钉连为一体。倒车制动时，其原理与前进制动相同，只是作用力的大小相反，故称双向自动增力式制动器。

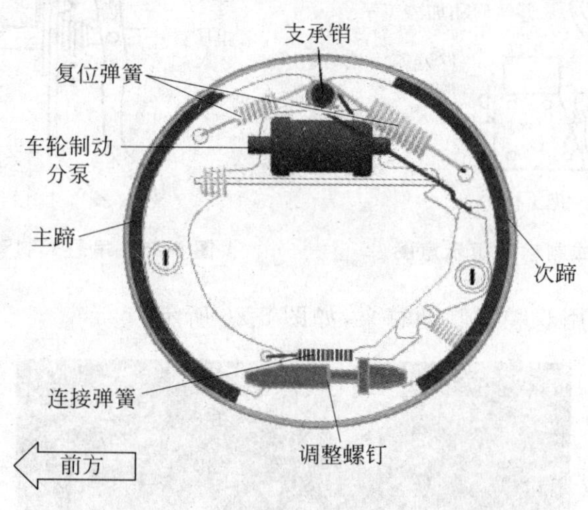

图 5-23 双向自动增力式制动器

4）鼓式制动器的特点

鼓式制动器的优点：可以与简单的驻车制动机构结合在一起；比盘式制动器的噪声小；可以实现自增力，当制动蹄一端与鼓接触后，就能像杠杆作用一样促使制动力的自动增加。

鼓式制动器的缺点：散热性能差；抗衰变能力较低；有很大的侧滑和制动咬死的倾向；需要有专门的连接杆件才能进行制动器间隙的自动调整。

5.2.4 液压制动传动装置

1. 制动踏板

制动踏板与制动总泵相连，是制动系统中的第一个零部件。当驾驶人踩下制动踏板时，作用力以机械的方式传送到踏板连杆。制动踏板总成起一个杠杆臂的作用，向制动总泵活塞施加放大的作用力。当驾驶人踩下踏板时，制动灯开关将后制动灯点亮，同时总泵活塞移动。因为制动液不能压缩，以液压力的形式传给整个制动系统的各个制动分泵，使制动分泵推动制动器中的摩擦片紧压在制动鼓或制动盘上，产生制动作用。

在一些大型车辆上，制动踏板是穿过地板安装在车架上的，如图5-24所示。大多数中、小型车辆都采用吊悬式的制动踏板，踏板安装在一个支座上，而支座被固定在座舱内隔板的内侧，如图5-25所示。

2. 制动总泵

制动总泵（主缸）用于把来自于制动踏板和助力器的机械作用力变换为液压作用力，此作用力推动被压缩的油液通过制动系统流到各个车轮上。

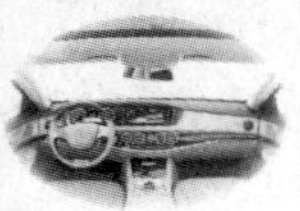

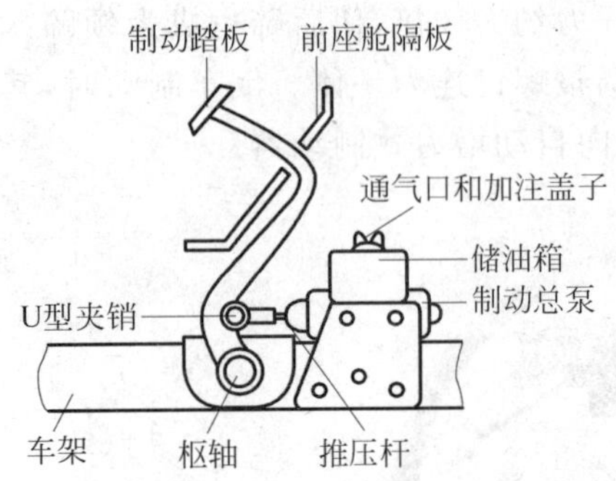

图 5-24 地板式制动踏板示意图

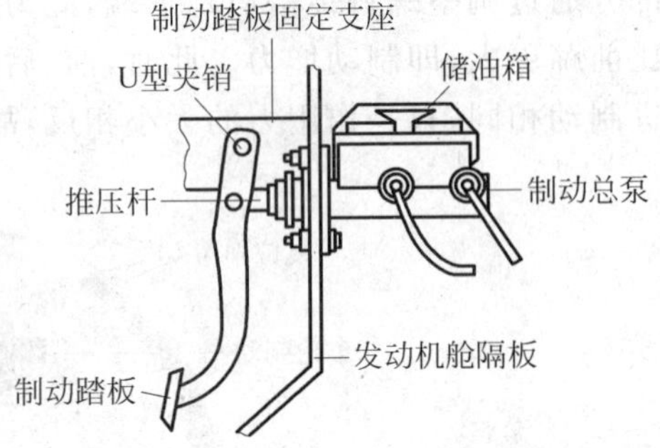

图 5-25 吊悬式制动踏板示意图

当今的汽车都采用双腔式制动总泵,如图 5-26 所示。

图 5-26 制动总泵

1) 双腔式制动总泵的结构

双腔式制动总泵由前腔储油室和后腔储油室、前后工作腔、前活塞和后活塞、两个回位弹簧、压杆等组成。

储油室在总泵顶部,里面装有一定量的制动液。储油室的盖设有通气孔,以防止液位下降造成真空,影响制动液的流动。储油室由一块隔板分成前、后两部分,保证由于一个油路泄漏发生故障时,另一个油路仍能保持一定的制动作用来停住车辆。密封垫可随着储油室中液位变化上下移动,用来补偿由油液温度变化而引起的制动油液容积的变化。制动液面传感器安装在储油室上,当储油室里的油液面低于最低液面以下时,它就会用制动警示灯向驾驶人发出警告。

双腔总泵壳体内有两个工作腔,每个工作腔内装有回位弹簧、活塞和皮碗。在储油室和工作腔之间钻有两个孔(补偿孔与进油孔)。踩制动踏板时,两个活塞都被推动,前、后腔储油室内的制动液分别进入两个工作腔,并各自使两个回路的制动分泵动作,如图 5-27 所示。

2) 双腔式制动总泵的工作过程

(1) 不踩制动踏板时。如图 5-28 所示,1 号和 2 号活塞的活塞皮碗定位在进油孔口与补偿孔口之间,总泵与储油箱之间形成一个通道。

由 2 号回位弹簧力把 2 号活塞推向右边,由一个止动螺栓限位。1 号回位弹簧力作用在 1 号和 2 号活塞之间,由于 1 号回位弹簧力较小,只能使 1 号活塞回位到右边,而不能推动 2 号活塞向前移动。

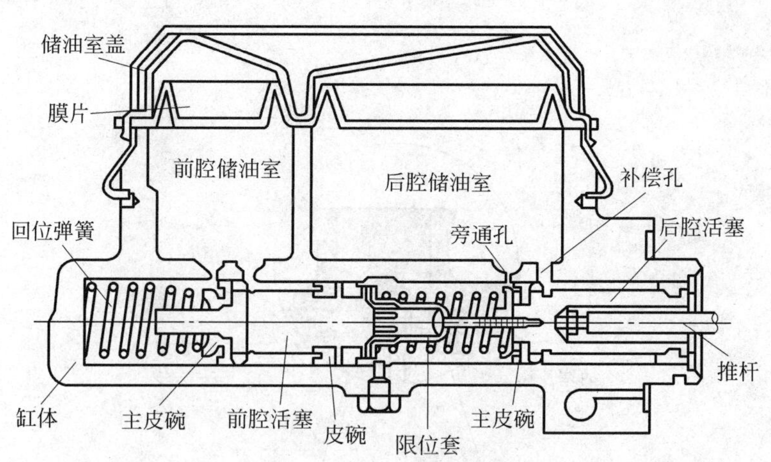

图 5-27　双腔式制动总泵的结构

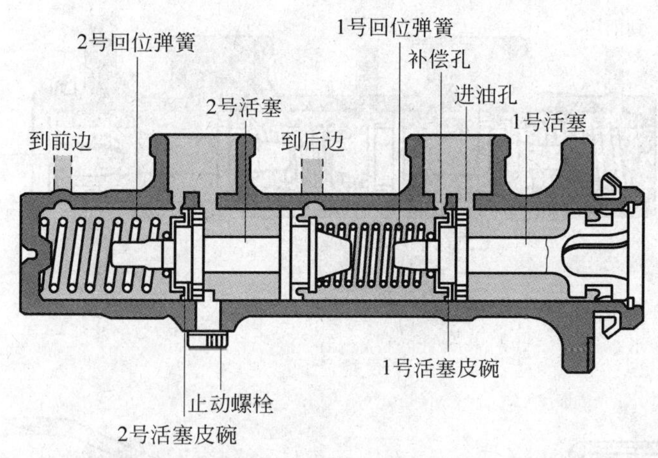

图 5-28　不踩制动踏板时双腔制动总泵示意图

(2) 踩下制动踏板时。如图 5-29 所示，1 号活塞推动皮碗前移，以封闭补偿孔，后腔液压力升高。该液压力通过出油口作用在后轮制动管路(或右前和左后制动管路)，同时此液压力推动 2 号活塞前移。

2 号活塞也是推动皮碗前移，以封闭补偿孔，前腔压力也随之提高，前腔液压力通过出油口作用在前轮制动管路(或左前和右后制动管路)。

当继续踩下制动踏板时，前、后工作腔的液压力继续升高，使前、后轮制动器制动。

(3) 松开制动踏板时。由液压力和回位弹簧力把活塞迅速返回到原位上，制动管路中的高压制动液流回制动总泵，解除制动，如图 5-30(b)所示。

当迅速松开制动踏板时，活塞迅速复位。由于制动油液的黏性和管路阻力的影响，制动液不能及时流回总泵，总泵内部的液压力会暂时下降(形成真空)。此时，储油室里的制动液通过进油口从活塞顶部上的一些小孔流入总泵工作腔，这时若再次迅速踩下制动踏板，会明显感觉踏板抬高了，如图 5-30(a)所示。

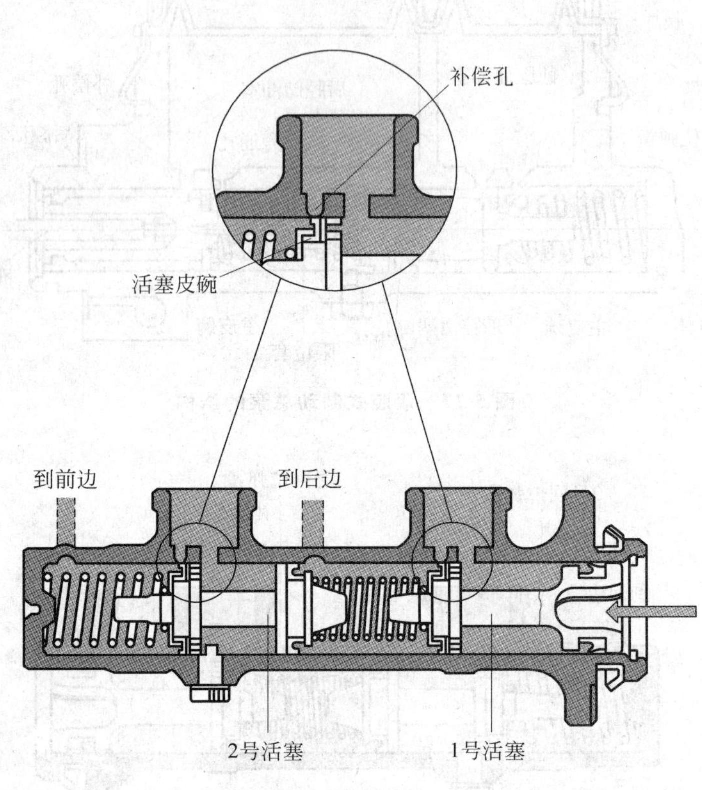

(a)

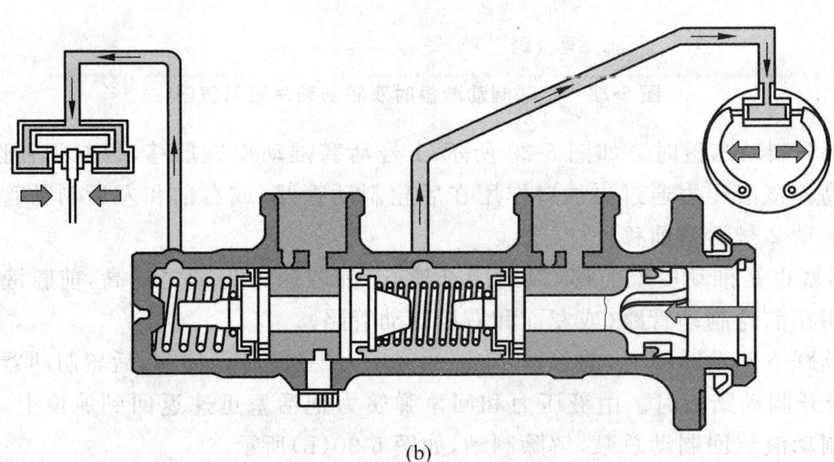

(b)

图 5-29　踩下制动踏板时双腔制动总泵示意图

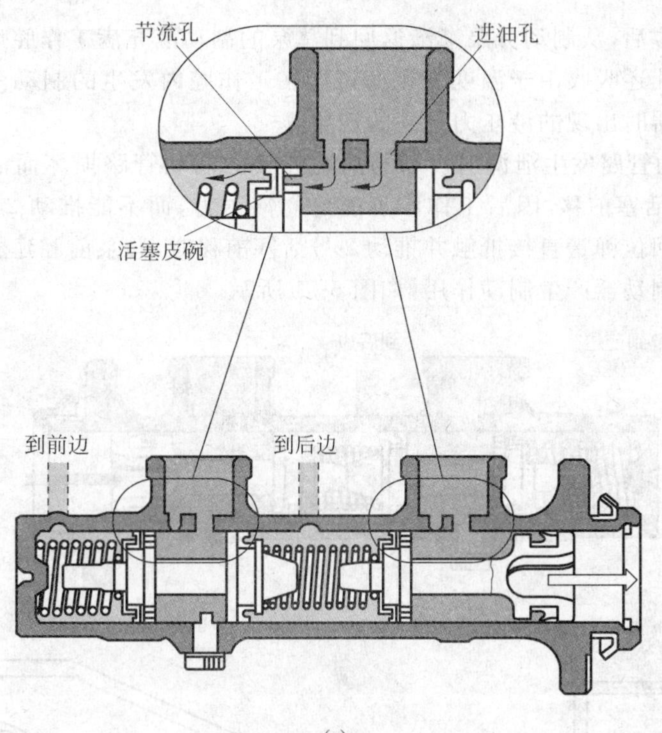

(a)

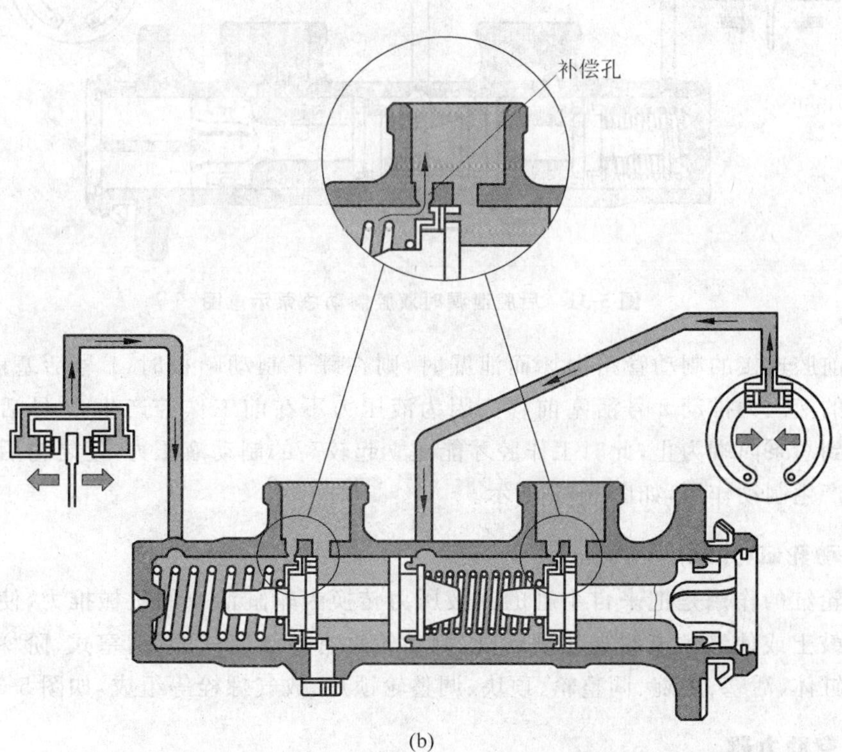

(b)

图 5-30　松开制动踏板时双腔制动总泵示意图

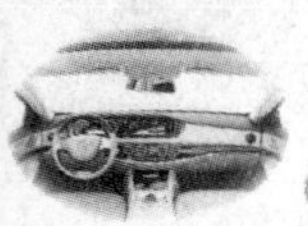

活塞返回原位后，从制动分泵渐渐返回到总泵的制动液充满工作腔后，通过补偿孔流回储油室。补偿孔还吸收由于温度变化而可能在工作腔内发生的制动液容积变化，防止了在不使用制动器时出现的液压力升高的现象。

（4）一个制动管路发生泄漏时。若与后腔连接的制动管路损坏而泄漏时，则在踩下制动踏板时，1 号活塞前移，因后工作腔不能建立液压力，而不能推动 2 号活塞。但在后腔 1 号活塞压缩回位弹簧直接抵触并推动 2 号活塞前移时，总泵前腔建立了液压力，使之与前腔连接的两制动器产生制动作用，如图 5-31 所示。

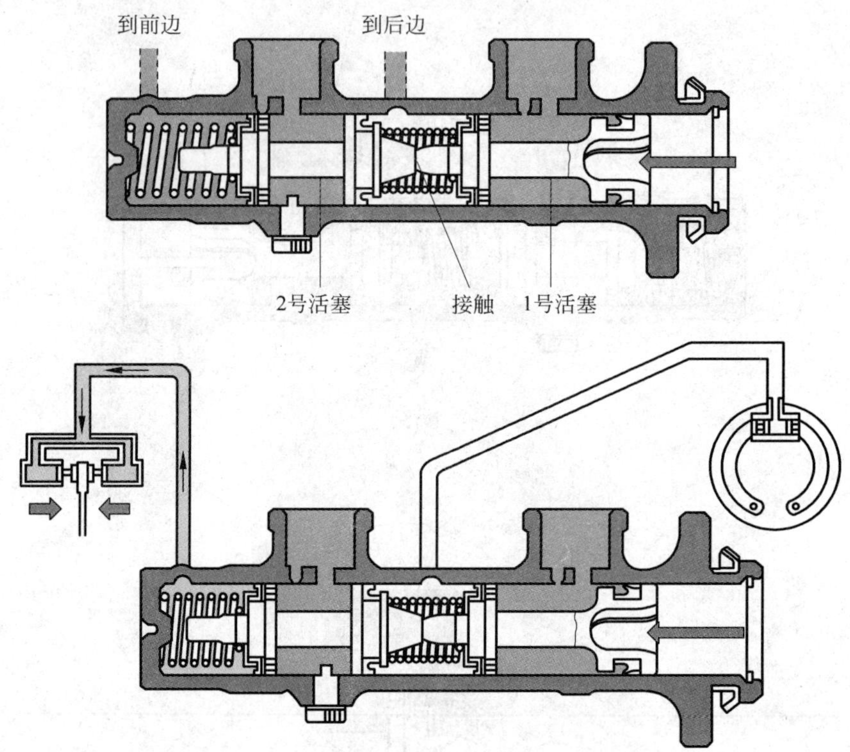

图 5-31　后腔泄漏时双腔制动总泵示意图

若与前腔连接的制动管路损坏而泄漏时，则在踩下制动踏板时，1 号活塞前移，后工作腔建立的液压力推动 2 号活塞前移。因为液压力不在前工作腔产生，2 号活塞迅速前移直到顶到总泵前端为止，此时工作腔才能建立起较高的制动液压力，使之与后腔连接的两制动器产生制动作用，如图 5-32 所示。

3. 制动轮缸(分泵)

制动轮缸的作用是把来自主缸的油液压力转换为轮缸活塞的机械推力，使制动蹄压靠在制动鼓上或使制动卡钳夹住制动盘，制动轮缸有单活塞式、双活塞式、阶梯式等。制动轮缸由缸体、活塞、皮碗、调整轮、顶块、调整轮锁片、放气螺栓等组成，如图 5-33 所示。

4. 真空助力器

制动助力器用来减轻驾驶人制动用力，协助踏板力共同推动总泵活塞，提高制动液压

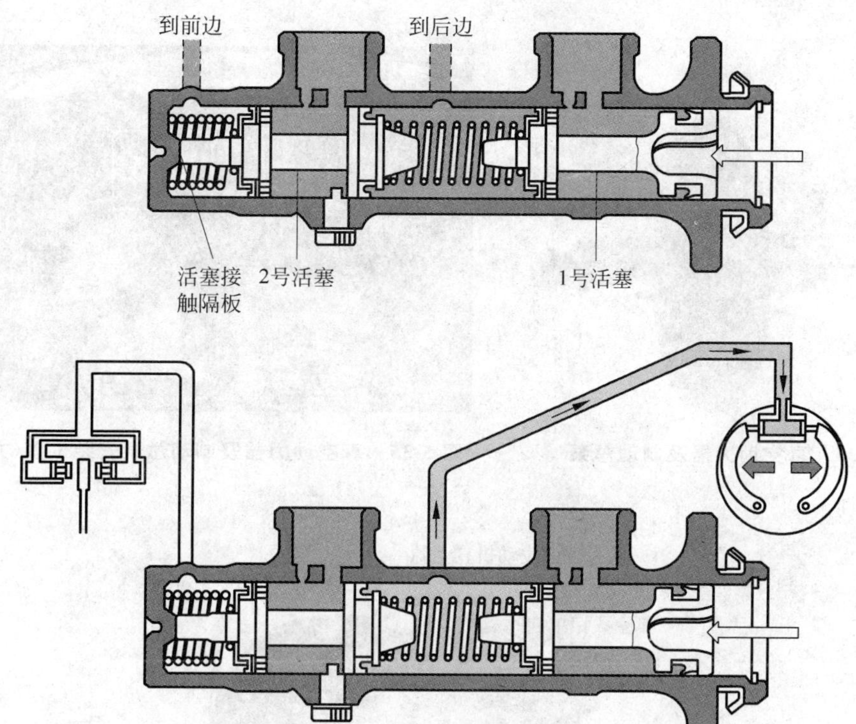

图 5-32　前腔泄漏时双腔制动总泵示意图

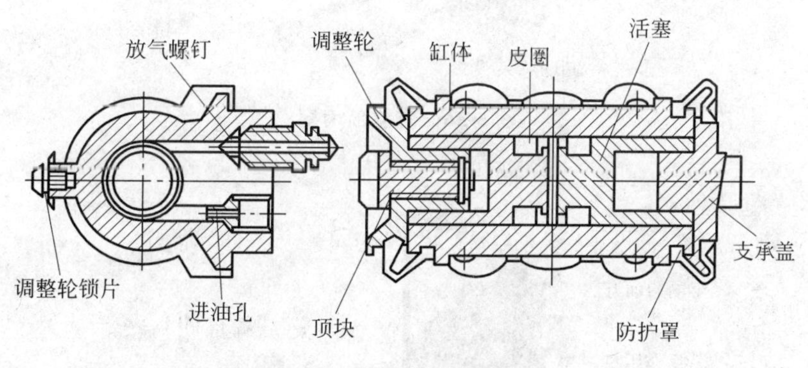

图 5-33　制动轮缸

力，一般位于汽车的发动机舱内，其外形如图 5-34 所示，其安装位置如图 5-35 所示。

真空助力器是利用发动机进气管的真空（负压）与大气压之间的压差，来增加对制动总泵的输入作用力。可使驾驶人施加较小的制动踏板力，在总泵活塞上得到较大的推力。这种装置与总泵安装在一起，使制动较简单、紧凑，广泛用于小型汽车上，如图 5-36 所示。

1）单腔式真空助力器

单腔式真空助力器由如图 5-37 所示的主要零部件组成。其中，动力活塞连接在膜片的中心处，把作用力从膜片传送到制动总泵；反作用盘把踏板的感觉反馈给驾驶人；膜片

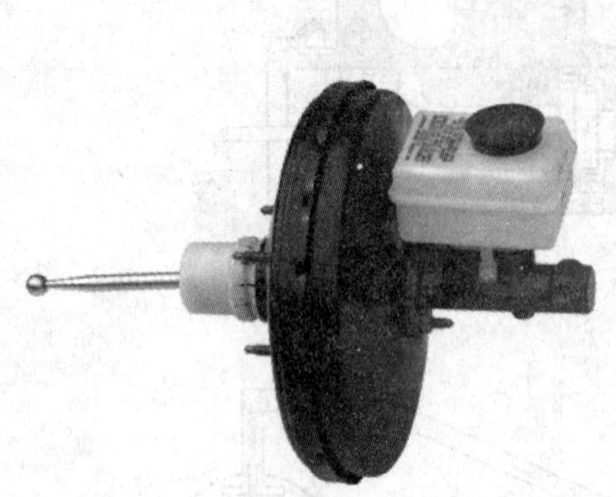

图 5-34 真空助力器及制动总泵

图 5-35 真空助力器及制动总泵安装位置(方框内)

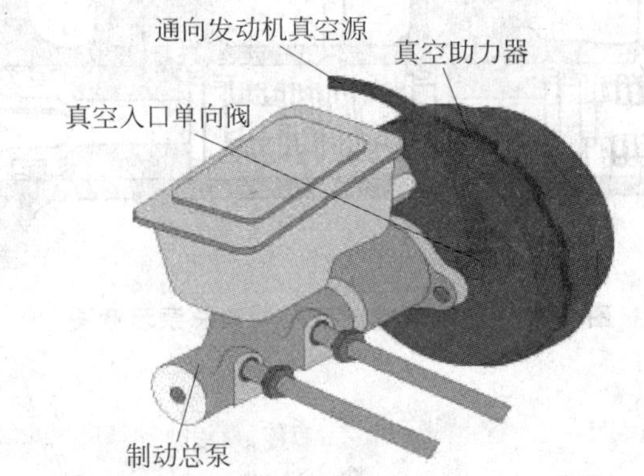

图 5-36 真空助力器

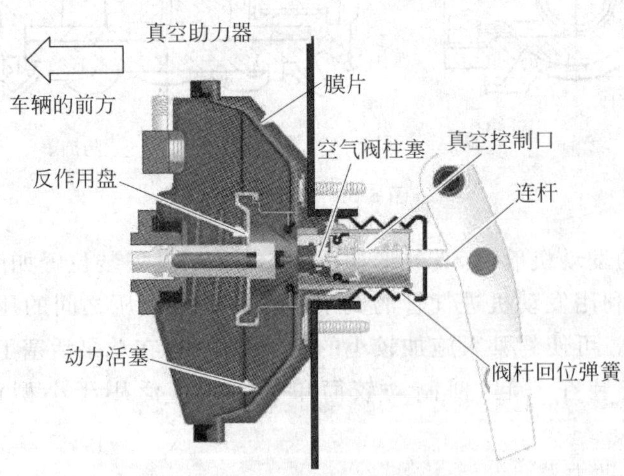

图 5-37 真空助力器的结构

是个柔性可变形的盘，把大气压与真空分隔开；空气阀柱塞允许空气进入膜片后室；真空控制口控制膜片两侧的真空度，也称真空阀；连杆传送从制动踏板到主活塞的运动；阀杆回位弹簧在制动踏板松开时，使阀杆返回初始位置。

单腔式真空助力器的工作原理如下。

不制动时，阀杆回位弹簧将连杆和空气阀活塞后推到极限位置，空气阀关闭，真空阀打开；空气不能进入助力器，膜片前、后室两侧相通，且都处于真空状态。

制动时，踩下制动踏板，连接踏板的连杆推动空气控制阀向前移动，空气控制阀关闭了膜片后室的真空口，并打开了大气口，允许空气进入后室。此时，膜片前室仍保持真空状态，前、后室的压力差使膜片和动力活塞向前移动，助力器推动总泵活塞将制动液送入分泵，获得较大的制动液压力。助力器的助力作用取决于膜片前、后室之间的压力差，如图5-38所示。

制动踏板停在某一位置时，空气阀柱塞和推杆停在某个位置上，真空阀和空气阀同时关闭，膜片前、后室处于平衡状态，此时总泵和分泵中液压力保持不变，如图5-39所示。

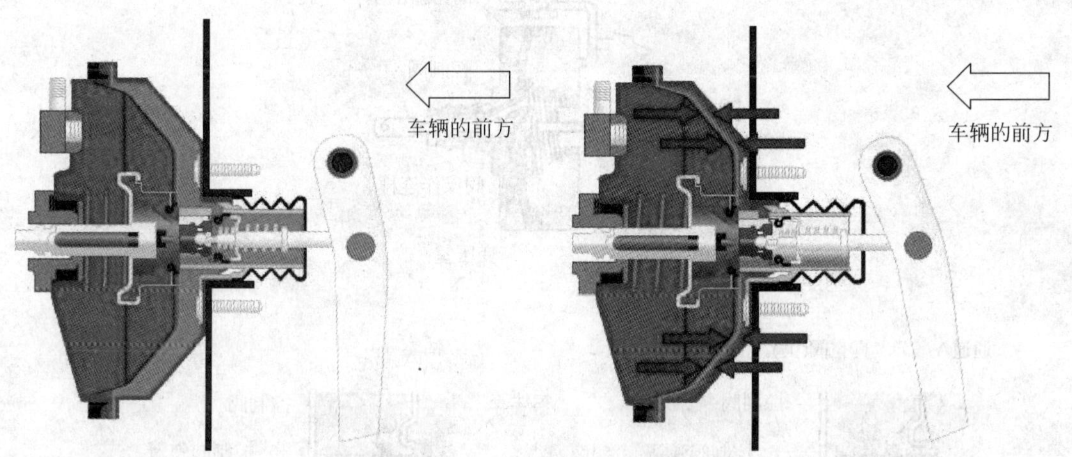

图5-38　真空助力器在制动时　　**图5-39　真空助力器处于平衡状态时**

松开踏板，在弹簧力作用下，控制阀活塞和总泵推杆一起后移到右边初始位置。在回位中，空气阀关闭，真空阀开启，助力器膜片前、后室又相通，解除助力作用。

单腔式真空助力器工作过程如下。

(1) 单腔式真空助力器不工作时。空气阀连接在阀操纵杆上，并由空气阀回位弹簧使其靠右位置。控制阀由控制阀弹簧力向左推动，使空气阀碰到控制阀而关闭，防止空气进入变压室。这时，真空阀与控制阀是分开的，在通道A与通道B之间形成一个开口。恒压室里始终是真空，所以此时变压室也是真空。由于恒压室和变压室压力平衡，所以膜片和活塞处于静止状态，如图5-40所示。

(2) 单腔式真空助力器工作时。踩下制动踏板时，阀操纵连杆推动空气阀左移，控制阀弹簧力使顶住空气阀的控制阀也向左移动，直至碰到真空阀为止，这时通道A与通道B之间的开口被阻塞。当空气阀向左移动量继续增大时，它将离开控制阀，空气便通过通道

B进入变压室。恒压室与变压室之间的压力差使得活塞向左移动，助力器推杆推动总泵活塞移动，增大制动液压力，如图5-41所示。

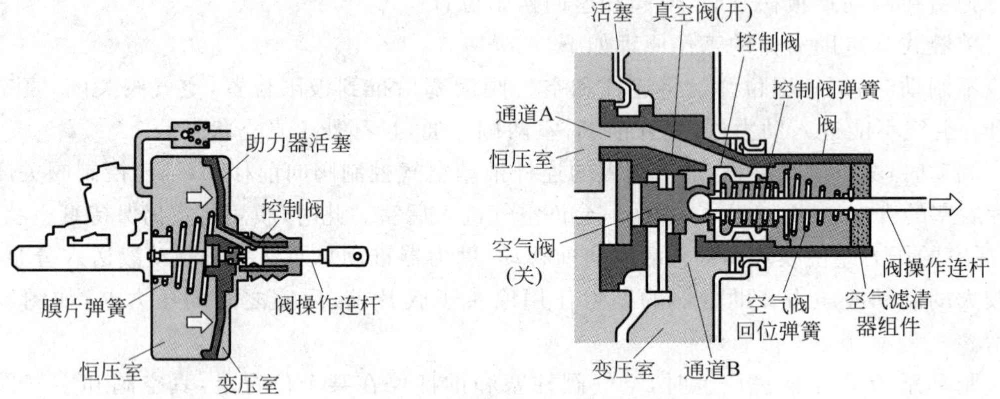

图5-40　单腔式真空助力器不工作时

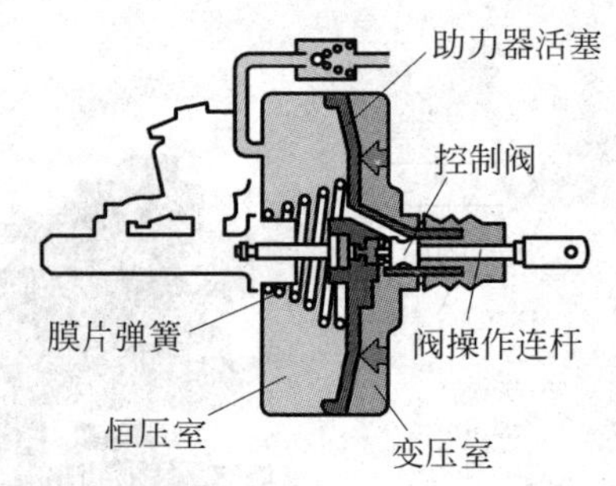

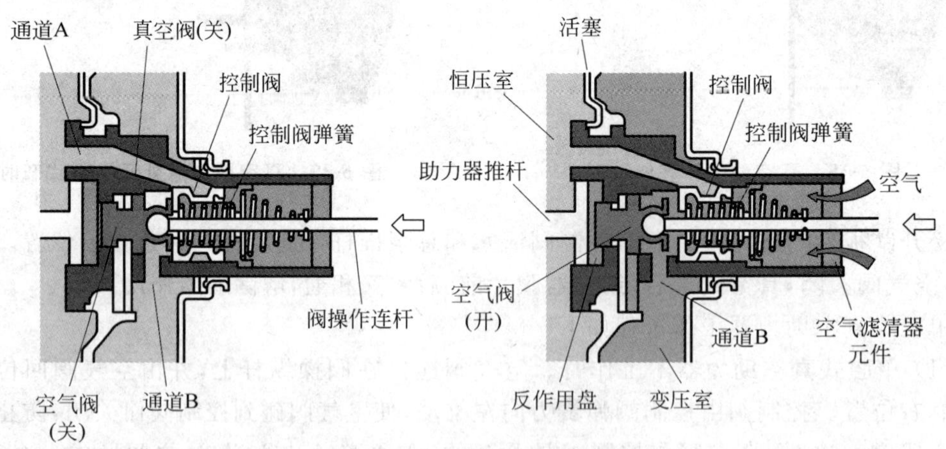

图5-41　单腔式真空助力器工作时

(3) 单腔式真空助力器保持状态。如果踩住制动踏板不动，阀操纵连杆和空气阀停止移动，但活塞在恒压室与变压室的压力差作用下，仍有一定移动量。使控制阀与真空阀接触，先关闭真空阀，随后关闭空气阀，使变压室里的压力与恒压室之间保持相对恒定。因此，活塞停止移动，保持一定的助动力不变，如图5-42所示。

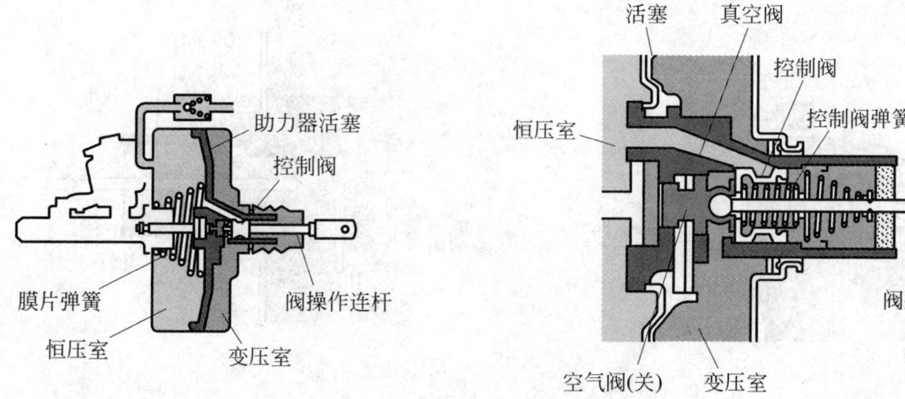

图 5-42　单腔式真空助力器保持状态时

(4) 单腔式真空助力器达到最大助动力时。如果制动踏板踩到底时，空气阀就完全移动离开控制阀。在这种情况下，变压室注满大气，这时在恒压室与变压室之间压力差变得最大。产生的最大助推力作用在活塞上，如图 5-43 所示。

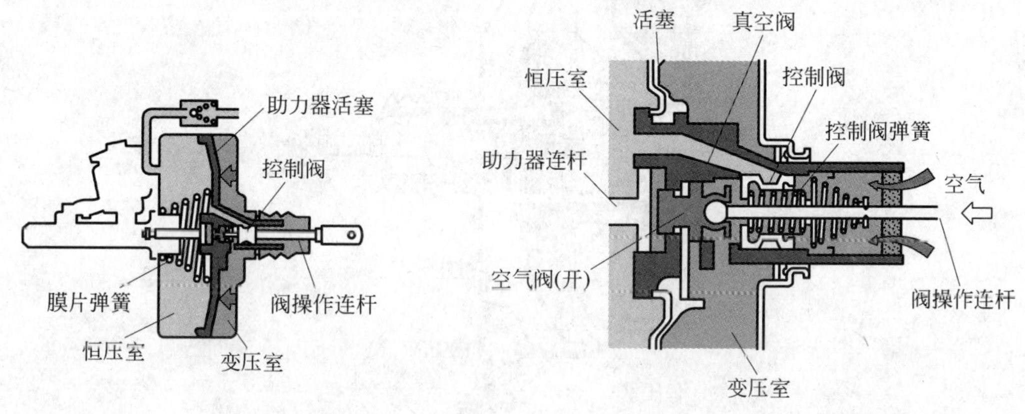

图 5-43　单腔式真空助力器达到最大助动力时

(5) 单腔式真空助力器失效时。如果由于某种原因，真空未能施加到制动助力器上，在恒压室与变压室之间(当两个都注满大气时)就不存在压力差。当制动助力器处于“断开”位置时，由膜片弹簧把活塞返回到右边，如图 5-44 所示。

尽管如此，踩下制动踏板时，阀操纵杆向左前进并推进空气阀、反作用盘和助力器推杆。这使总泵活塞把制动力施加到制动器上。同时，空气阀推动插入阀体的阀定位销。因此，活塞还克服膜片弹簧的弹力向左移动。但是，因为制动助力器不工作，制动踏板就会感到“很重”。

2) 双腔式真空助力器

双腔式真空助力器有两个串联的恒压室(真空室)和两个串联的变压室(空气室)，它不需要增加活塞尺寸就能获得较大的助动力，如图 5-45 所示。

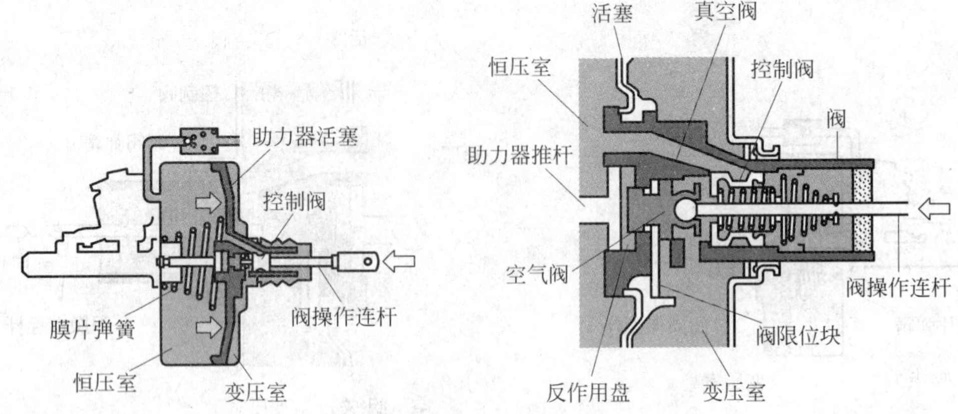

图 5-44　单腔式真空助力器失效时

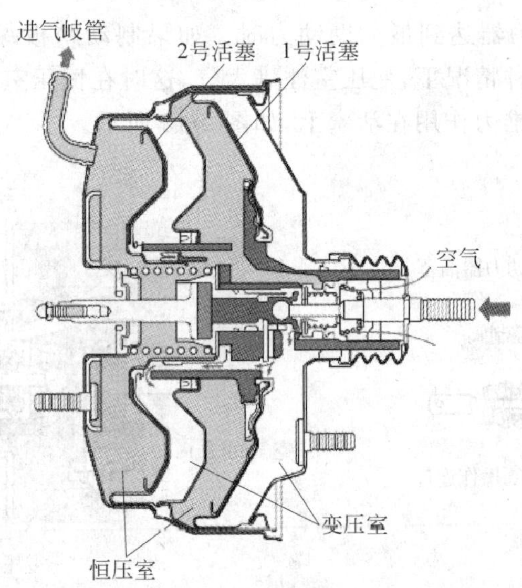

图 5-45　双腔式真空助力器的结构

5. 制动液

汽车使用的制动液是汽车液压制动系统所采用的传递压力的工作介质，它属于非石油制品，如图 5-46 所示。

图 5-46　汽车上的制动液

1）汽车制动液的作用及使用性能

（1）汽车制动液的作用及特性。在轿车和轻型汽车上广泛采用液压行车系统。汽车制动液是汽车液压制动系统中所采用的用传递压力来制止车轮转动的工作介质，在液压制动系统中肩负着重要的作用。

目前国内外车辆大多使用合成型车用制动液。合成制动液是用醚、醇等添加剂调制而成，具有凝固点低、低温流动性好、黏温特性好、闪点高、不易老化、腐蚀性小等优点，因此在全国各地的高速、大功率、重负荷、制动频繁的汽车均可使用。

（2）汽车制动液的使用性能。汽车制动液的工作温度范围很宽。当气温低时，制动液黏度会增大，低温流动性差。当代汽车的车速越来越高，汽车制动液的温度最高可达150℃以上，因此在夏天汽车液压制动系统易产生气阻。而且，制动液遇潮吸水后会使沸点下降。综上所述，汽车制动液应具有以下使用性能。

① 高温抗气阻性。如果制动液沸点过低，在高温时就会蒸发成蒸气，使液压制动系统管路中产生气阻，导致制动失灵。为保证行车安全，要求制动液具有高沸点、低挥发性，从而在夏天不易产生气阻。汽车制动液高温抗气阻性的评定指标是平衡回流沸点、湿平衡回流沸点和蒸发性。

② 运动黏度。汽车制动液应在使用温度范围内有很好的流动性，使系统内压力能随制动踏板的动作迅速上升和下降，橡胶皮碗能在制动缸中顺利地滑动。故要求制动液在很宽的温度范围内保持适当的黏度。在制动液规格中都规定了－40℃最大运动黏度和100℃等的最小运动黏度。

③ 与橡胶配伍性。汽车液压制动系统有橡胶皮碗等橡胶件，要求制动液对橡胶件不会造成显著的溶胀、软化或硬化等不良影响。制动液与橡胶配伍性通过橡胶皮碗试验评定。

④ 金属腐蚀性。汽车液压制动系统的主缸、轮缸、活塞、回位弹簧、导管和阀等主要采用铸铁、铝、铜和钢等材料制成，要求制动液不引起金属腐蚀。另外，当制动液渗入橡胶中时，会从橡胶中抽出一部分组分，抽出物对金属的腐蚀作用也要限制。制动液的金属腐蚀性通过金属腐蚀试验评定。

⑤ 稳定性。制动液的稳定性包括高温稳定性和化学稳定性，即制动液在高温与相容液体混合后的平衡回流沸点的变化。制动液的稳定性通过稳定性试验评定。

2）制动液的品种、牌号及鉴别方法

（1）制动液的品种、牌号。

汽车制动液国际上普遍采用美国汽车工程师学会（SAE）的规格，包括SAEJ1704（高温使用）、SAEJ1703（正常使用）、SAEJ1702（严寒地区使用）；或采用美国联邦机动车辆安全标准（FMVSS）的规格，包括No116 DOT3、DOT4、DOT5等。

我国GB 10830—1989将制动液分为JG0、JG1、JG2、JG3、JG4和JG5六级。1991年实施了GB 12981—1991，将合成制动液分为HZY2、HZY3、HZY4。

JG0相当SAEJ1702，代表产品有SH-2，在气温不低于－20℃的环境下使用。

JG1相当于HZY2和SAEJ1703，代表产品有4603-1型，适用于湿热及气温较高地区

各型进口货车。

JG2 相当于 HZY3、No116 DOT3 水平，产品有 4604，适用于国产或进口轿车及气阻要求苛刻的各型载货汽车。

JG3 相当于 HZY4、No116 DOT4 水平，典型产品有 4606 制动液，适用于各种高级轿车。JG 系列汽车制动液的主要特性及推荐使用范围见表 5-1。

表 5-1 JG 系列汽车制动液的主要特性及推荐使用范围

级别	制动液主要特性	推荐使用范围
JG0	具有优异的低温性能，其高温抗气阻性能差	严寒地区冬季使用，如最低月平均气温在－20℃以下的黑龙江、内蒙古、新疆等类似地区
JG1	有较好的高温抗气阻性能	高温抗气阻性能已达 SAE、1703C 水平，我国一般地区均可使用
JG2	具有良好的高温抗气阻性能和低温性能	相当于 SAE、1703 水平，我国广大地区均可使用
JG3	具有良好的高温抗气阻性能和优良的低温性能	相当于 ISO 4926—1978 和 DOT3 的水平，我国广大地区均可使用
JG4	具有优良的高温抗气阻性能和良好的低温性能	相当于 DOT4 水平，我国广大地区均可使用
JG5	具有优异的高温抗气阻性能和低温性能	相当于 DOT5 水平，我国广大地区均可使用

制动液是制动操纵和离合器操纵系统作为液压传递动力的液压油。一般在同一汽车上的离合器和制动系统使用的液压油品种、牌号相同。我国目前使用的制动液，按原料工艺和使用要求的不同，其品种分为醇型、矿油型和合成型 3 种类型。

醇型制动液是以精制蓖麻油和乙醇、甲醇、异丙醇、正丁醇等配制而成。其性能特点是有较低的凝点，润滑性能好，橡胶密封件膨胀率小，在温度低的时候变稠、分层，使制动失灵。但醇类蒸发温度较低，易产生气阻，使制动失灵，因此不适于严寒和炎热地区的车辆使用。

矿油型制动液是以精制轻柴油馏分，经深度脱蜡后，添加稠化剂、抗氧化剂制成。其性能特点是具有良好的润滑性，对天然橡胶有溶胀作用。矿油型制动液能保证温度在－50～150℃的条件下使用，但这种制动液对天然橡胶有溶胀性，使用时必须将皮碗更换为耐油橡胶，以免受到腐蚀。

合成型制动液性能优良，可适用于高速、重负荷和制动频繁的各种型号汽车，也可在我国各地区、各季节使用。合成型制动液是醚、醇、酯等物质加入抗氧剂、防锈剂、润滑剂、抗橡胶溶胀剂等多种添加剂调和而成的。其性能特点是在高温下使用不会产生气阻，在低温下使用有较好的供油性，保证液力系统工作灵活可靠，对橡胶不产生侵蚀溶胀。其牌号见表 5-2。

表 5-2　合成型制动液的牌号及工作温度范围

牌　号	工作温度范围(℃)	牌　号	工作温度范围(℃)
1#	−30～150	4604	−40～150
4603	−30～150	719	−40～150
4603-1	−30～150		

(2) 制动液的鉴别方法。机动车制动液质量的优劣，直接关系到汽车制动性能，也直接关系到车辆与人们生命财产的安全。随着我国汽车保有量的迅速增长，这一产品的重要性也越来越大。为了防止使用者误用假冒伪劣汽车制动液，这里介绍从标识和外观上鉴别制动液的方法。

① 合格品标识上应有汽车制动液生产许可证编号、产品的企业名称、规格型号、详细地址、注册商标和联系电话等信息。

② 凡是标明"醇型"或"矿物油型"的制动液均为不合格产品；凡是只标明某某汽车专用制动液，但未标明具体型号的产品应慎用。

③ 凡是标明平衡回流沸点低于 205℃的产品，均为不合格品。

④ 标识上没有中文字样的所谓"进口"产品应慎用，以免上当受骗。

⑤ 国家标准规定，制动液产品的外观应清亮透明，无悬浮物、尘埃和沉淀物质，凡是不符合该特征的均为不合格品。

⑥ 国家标准对制动液产品的气味虽无明确规定，但带有酒精气味的产品，其性能不可能达到国家标准，为不合格产品；没有任何气味的产品也不可能是合格产品。

5.3　驻车制动系统

驻车制动系统的作用是使汽车停放可靠，便于在坡道上起步，并可在行车制动器失效后应急制动或配合行车制动器进行紧急制动。

5.3.1　驻车制动器操纵机构

1. 驻车制动操纵结构的组成

如图 5-47 所示为驻车制动器操纵机构的分解图，驻车制动器操纵机构功能就是拉动后轮制动器里的拉臂，以推动杠杆将两制动蹄向外张开，胀住制动鼓，阻止汽车沿斜坡溜车。

驻车制动器操纵机构是手动机械传动机构，由操纵杆、棘轮、调整拉杆和拉线组成。其中，前三者装成一个手柄总成，装在司机座位右面。拉杆的调整部分和拉线都装在汽车底板的下面。手柄的长臂前端套有塑料操纵杆把手，杆端的按钮从把手端头的孔里露出，用于放松棘轮松开拉线，以允许汽车移动；手柄的短臂朝下，铰接着拉杆的前端。当司机拉起把手时，短臂将拉杆向前拽，通过杆持端的平衡臂两边的钩将拉线的线芯拉出，拉线线芯的另一端就会拉动后制动器里的拉臂，从而实现驻车制动功能。

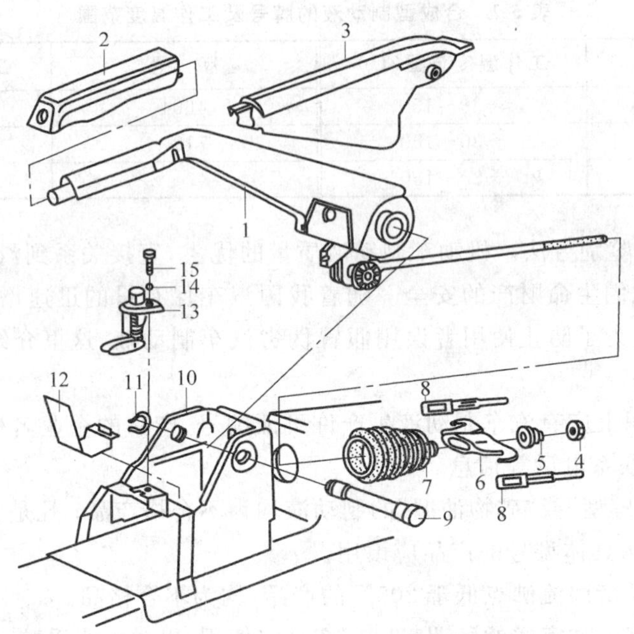

图 5-47 驻车制动器操纵机构

1—手柄总成；2—手柄把手；3—护板；4—锁紧螺母；5—调整螺母；6—平衡臂；7—防尘罩；8—驻车制动拉线；9—支承销；10—支架；11—卡环；12—弹簧片；13—驻车制动灯开前总成；14—外齿弹簧垫圈；15—十字槽自攻螺钉

2. 驻车制动操纵机构的操作

当汽车停驶后，为防止车辆溜坡，应该拉起驻车制动器。拉紧时，直接用右手握住手柄向上拉起，如图 5-48 所示。

驻车制动器手柄拉起时的状态如图 5-49 所示。

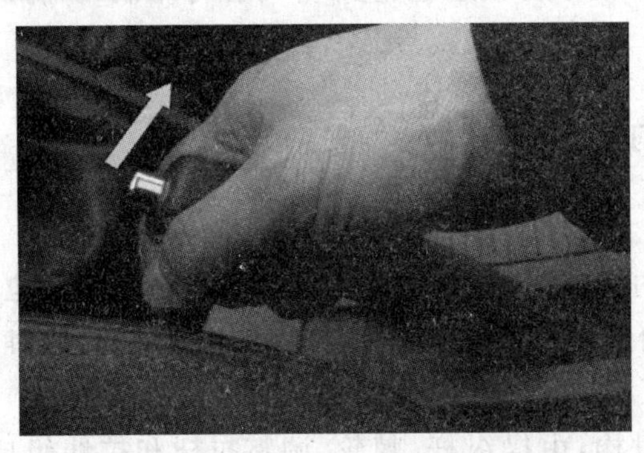

图 5-48 拉起驻车制动手柄示意图

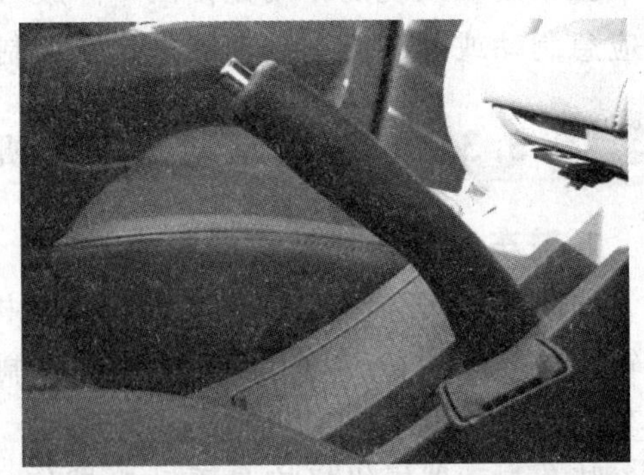

图 5-49 驻车制动手柄拉起状态示意图

释放时，先用右手大拇指按下手柄顶部的锁止按钮，再向下松开手柄，如图 5-50 所示。

驻车制动器手柄释放时的状态如图 5-51 所示。

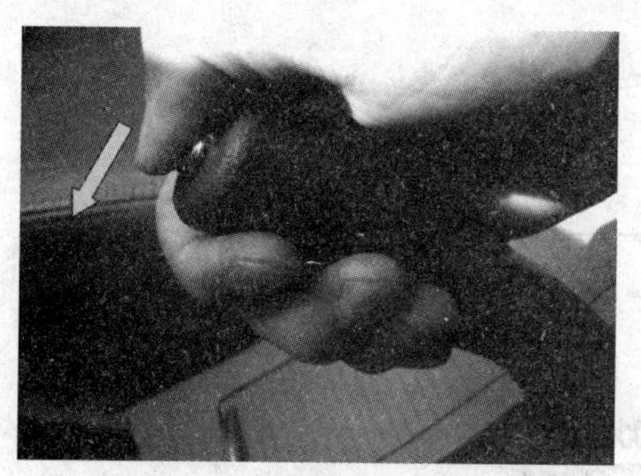

图 5-50 释放驻车制动手柄示意图

图 5-51 驻车制动手柄释放状态示意图

5.3.2 驻车制动器类型

根据驻车制动器的安装位置，可将其分为中央制动器和复合制动器两种。前者安装在变速器或分动器的后面，制动力矩作用在传动轴上；后者与车轮制动器共用一个制动器总成，只是传动机构是相互独立的。

1. 中央制动器

该类型在变速器与传动轴之间装有鼓式驻车制动器，制动鼓与变速器输出轴后端的凸缘盘通过螺栓紧固在一起，传动轴万向节叉通过螺栓紧固在制动鼓上，如图 5-52 所示。当制动蹄制动制动鼓时，就制动了传动轴，也通过驱动桥制动了左右车轮，使车辆稳定驻车。它主要用在公共汽车和卡车中。即使一个制动器也能给出足够的制动力，使左、右驱动轮制动。

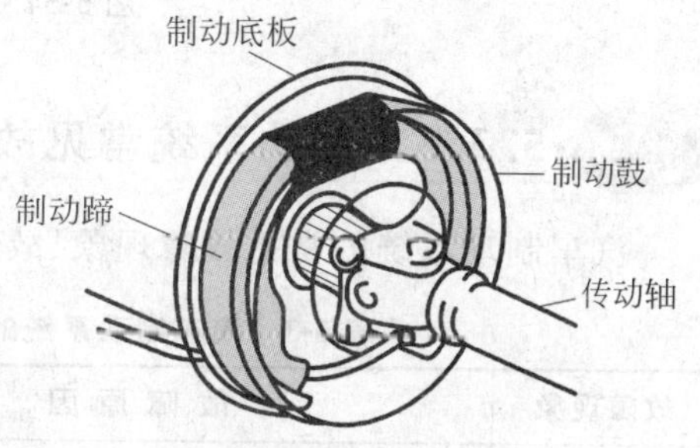

图 5-52 中央制动器

2. 复合驻车制动器

1）鼓式复合驻车制动器

当停车后需要驻车制动时，拉起驻车制动操纵杆，通过驻车制动操纵杆拉动拉索，在拉索产生的拉力作用下，驻车制动杠杆以上铰接点为传力点，将驱动力传给前制动蹄使其左移，抵靠到制动鼓上以产生制动；同时通过传力杆将驱动力传给后制动蹄使其右移，抵靠到制动鼓上产生制动。当解除驻车制动时，按下驻车制动操纵杆按钮，向下扳动驻车制动操纵杆，驻车制动杠杆上的拉索力消失，制动蹄在回位弹簧的作用下回位，则接触制动，如图 5-53 所示。

2）盘式复合驻车制动器

如图 5-54 所示为盘式复合驻车制动器，驻车制动杆穿过制动钳体深入轮缸活塞内，驻车制动杆中部有密封圈，以保证轮缸的密封，当停车需要驻车制动时，通过驻车制动拉索拉动制动器连杆摆动，使驻车制动杆产生一个向左的推力，推动轮缸活塞向右移动，活塞驱动制动块使制动块夹紧制动盘，从而产生驻车制动。当解除驻车制动时，按下驻车制动操纵杆按钮，向下扳动驻车制动操纵杆，驻车制动拉索上的拉力消失，轮缸活塞在密封

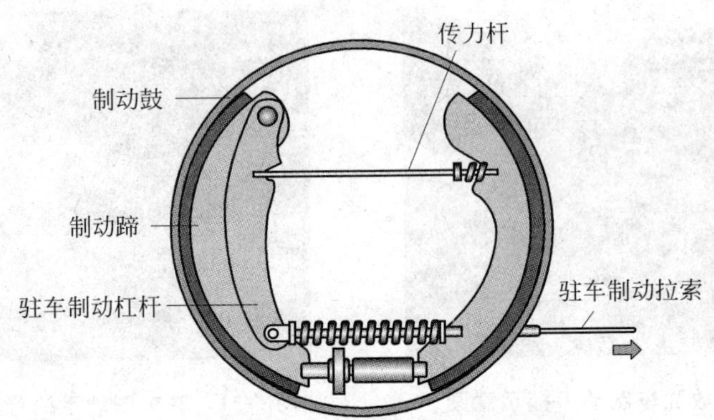

图 5-53 鼓式复合驻车制动器

圈的作用下左移，从而解除制动。

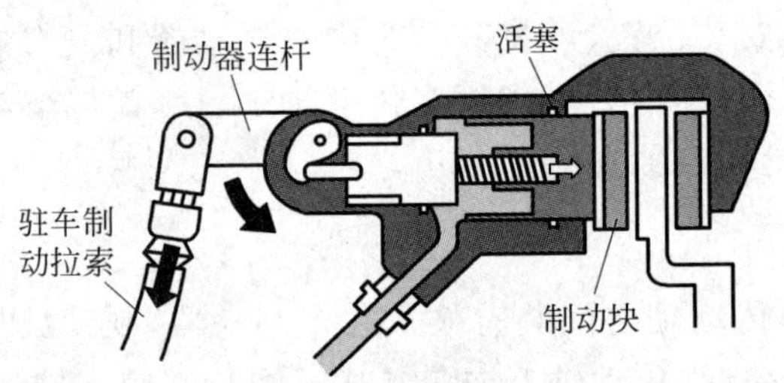

图 5-54 盘式复合驻车制动器

5.3.3 制动系统常见故障的诊断与排除

汽车制动系统的常见故障现象、故障原因及排除方法如表 5-3 所示。

表 5-3 汽车制动系统的常见故障现象、故障原因及排除方法

故障现象	故障原因	排除方法
制动踏板硬，制动不灵	真空助力器真空软管松动或软管漏气	紧定连接处或更换漏气软管
	制动蹄片质量不佳	更换制动蹄片
	制动蹄弯曲或摩擦片破碎	更换制动蹄或摩擦片
	制动钳在导向销上发卡或制动蹄在支撑座底板上发卡	更换导向销，清除支承座底板锈蚀和污垢，或更换制动底板
	制动总泵或各轮分泵活塞粘结或发卡	检查总泵和分泵，必要时进行更换
	真空助力器单向阀失灵	使发动机在 1500 转/分转速下熄火，等 2 分钟后踩制动踏板。若真空助力器的作用不到两次，说明单向阀损坏
	真空助力器内部发卡	检查真空助力器工作情况。如不正常，应更换
	制动总泵回油孔堵塞	清洗或更换制动总泵
	制动管路堵塞	用高压空气吹通管路，或更换损坏件
	制动皮碗发胀，卡住	更换皮碗和制动液

续表

故障现象	故 障 原 因	排 除 方 法
制动踏板软有弹性	液压系统中有空气	排除空气
	制动蹄弯曲变形	更换制动蹄
	前轮摩擦片与制动盘,或后轮蹄片与鼓没有完全贴合	进行修磨,使其完全贴合
	后轮制动器调整不当	重新调整
制动踏板高度低	制动间隙自动调整失灵,使蹄片与鼓间隙增大	开车前进和后倒并用制动停车,可自动调节。仍不能调整时,则应调整蹄片与鼓的间隙
	后轮制动蹄片磨损严重	更换制动蹄片
	制动蹄弯曲变形	更换制动蹄
	制动液中有空气	排除空气
	液压系统渗漏	检查总泵、分泵及管路,修理或更换损坏件
	制动总泵活塞密封圈磨损,或泵缸刮伤、磨损或锈蚀	更换总泵或密封圈
	制动钳与导向销接合面锈蚀	除锈蚀
制动器发咬	真空助力器内部发卡	更换
	驻车制动调整不当或发卡	调整手制动拉线,更换发卡拉线
	制动器回位弹簧过软或损坏	更换回位弹簧
	制动总、分泵活塞发卡	更换总、分泵
	制动总泵回油管堵塞	用高压空气吹通,严禁用金属丝通回油孔
	摩擦片破碎或松动	更换制动蹄或摩擦片
	制动钳固定螺栓松动	紧固松动的螺栓
	后轮制动底板松动	紧固底板固定螺栓
	制动踏板无自由行程	进行调整
	制动踏板回位不良	及时修复
	制动皮碗发胀或发卡	更换制动泵或皮碗
	制动摩擦片与鼓(盘)间隙过小,或没有间隙	调整间隙
	前轮制动盘变形,工作中偏摆	应予修磨
制动跑偏	左、右制动盘与摩擦片,或左、右鼓与蹄间隙不一致	进行调整
	同轴两轮摩擦片材质不同	更换同质量摩擦片
	个别车轮的摩擦片与鼓(盘)接触面不良,或有油、水	修磨接触面,清除油、水
	一侧制动钳固定支架松动	紧固松动螺栓
	一侧制动钳活动发卡	检修或更换制动钳
	车轮轴承磨损或损坏	更换车轮轴承
	左、右两车轮的气压及磨损情况不均	调整轮胎气压,更换轮胎
	前轮定位失准	调整前轮定位
	个别减振器工作不良	检修或更换减振器

续表

故障现象	故障原因	排除方法
制动时有异响	制动摩擦片严重磨损或硬化、松动	更换摩擦片
	制动蹄回位弹簧折断	更换回位弹簧
	制动盘或鼓破裂,磨出沟痕	修磨或更换制动盘或鼓
	制动蹄变形	更换制动蹄
	制动盘表面锈蚀	清洁除锈
	制动钳上有毛刺或生锈	清除毛刺和生锈
制动时发抖	制动鼓或盘变形不圆	修磨或更换制动盘或鼓
	制动蹄变形、摩擦片打滑	更换制动蹄或摩擦片
	分泵有故障	检修分泵
	制动盘摩擦片发卡	修整或更换摩擦片
	真空助力器有故障	修复或更换真空助力器

5.4 技能实训：拆装与检测制动器

1. 安全要求及注意事项

（1）不允许赤脚或穿拖鞋、高跟鞋和裙子上课,留长发者要戴工作帽。

（2）上课时要集中精神,不允许说笑、打闹。

（3）进入汽车实训场地后,未经教师批准,不得动用实训车上的各项设备。

（4）举升车辆前检查举升机有无漏电漏油状况,防止汽车举升时发生意外造成重大事故。

（5）举升车辆时,将举升臂的四个支撑点支撑在车身底盘的加强筋上。

（6）当车辆举升到工作高度,应将举升机进行机械保险,举升机保险装置没有落下之前禁止在车下作业。

（7）落下车辆时,应先解除举升机保险,降落过程中观察两侧举升臂是否同时下落。

（8）实习结束,整理、清洁工具和场地。

2. 设备、工具、耗材的要求

（1）设备：举升机及各品牌整车若干台(根据学生数配备)。

（2）工具、耗材：手电、抹布若干。

3. 盘式制动器的拆装与检测

1）盘式制动器的拆卸

（1）拆下车轮。把车辆举到合适的工作高度后锁止举升臂,用车轮专用套筒拆下车轮紧固螺栓,并拆下车轮,如图 5-55 所示。

（2）用一字起拆下制动钳上的保持弹簧,如图 5-56 所示。

（3）使用棘轮扳手和 7mm 内六角扳手拆下制动钳钳体的两个固定螺栓,如图 5-57 所示。

图 5-55 拆下车轮

图 5-56 拆下保持弹簧

(4) 把制动钳钳体和制动块从制动钳支架上取下，如图 5-58 所示，并用铁丝将制动钳钳体固定在车身上，防止损坏制动软管。

图 5-57 拆下制动钳钳体固定螺栓

图 5-58 取下制动钳钳体

(5) 从支架上取下制动器的一个制动块，再从制动钳的活塞上取下另一个制动块，如图 5-59 所示。

2) 盘式制动器的检测

(1) 制动盘端面的检查。制动盘端面应平整，不允许有凹槽、凸凹不平或裂纹现象，如图 5-60 所示。如果凹槽较深，应进行车削制动盘端面，如估算加工后的制动盘的厚度小于极限值 17.8mm，应更换新的制动盘。

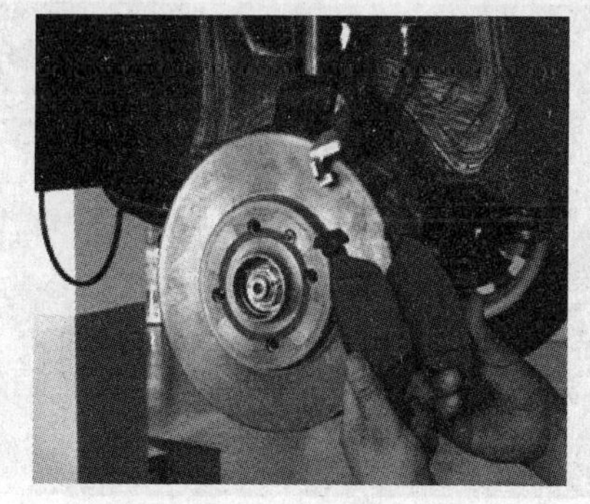

图 5-59 拆下制动块

图 5-60 制动盘端面的检查

注意：更换制动盘时，同一轴上的两个制动盘必须同时更换，以确保左、右两轮的制动力相等。

（2）制动盘端面跳动检测。将磁性表座吸在前减振器下端，调整磁力表座接杆和百分表，使百分表侧头，垂直于制动盘与制动摩擦片的配合端面，如图 5-61 所示。

将百分表归零，推动百分表测头，检查百分表指针是否转动自如，转动制动盘一圈，观察百分表长指针的摆动量。百分表指针的摆动量即为制动盘的端面跳动量，制动盘端面跳动量不大于 0.06mm。如跳动量超过 0.06mm，应进行车削加工。如估算加工后的制动盘厚度小于极限值 17.8mm，应更换新的制动盘，如图 5-62 所示。

图 5-61　安装百分表

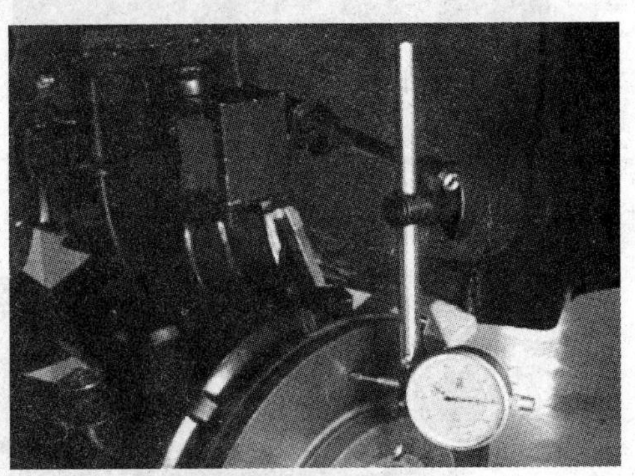

图 5-62　制动盘端面跳动检测

注意：更换制动盘时，同一轴上的两个制动盘必须同时更换，以确保左、右两轮的制动力相等。

（3）制动盘厚度的检测。制动盘使用一定里程或经过车削加工后，应使用游标卡尺测量制动盘的厚度，如图 5-63 所示。制动盘的正常厚度为 20mm。制动盘磨损或制动盘经过车削加工后，厚度不能小于 17.8mm。如果制动盘的磨损量超过标准，应更换制动盘。

注意：更换制动盘时，同一轴上的两个制动盘必须同时更换，以确保左、右两轮的制动力相等。

（4）制动摩擦片的检测。汽车作维护作业时，或者制动效能差，或制动时制动器发生尖叫，必须检查制动摩擦片。检查制动摩擦片应使用游标卡尺测量摩擦片的厚度（包括底板），如图 5-64 所示。当制动摩擦片的厚度小于 7mm 时，应更换新的制动摩擦片。

图 5-63　制动盘厚度的检测

图 5-64　制动摩擦片的检测

注意：*更换制动摩擦片时，同一轴上的两侧的制动摩擦片必须同时更换，以确保左、右两轮的制动力相等。*

3）盘式制动器的安装

（1）用制动钳活塞专用压具把制动钳活塞压回制动钳钳体内，如图5-65所示。

注意：*制动液具有毒性和腐蚀性，会损坏油漆。为避免在压回活塞时制动液外溢，损坏油漆，在压缩活塞之前应在制动液储液罐中抽出一部分制动液。*

（2）把一个制动块安装在制动钳支架上，如图5-66所示，另一个制动块安装在制动钳活塞凹槽内。

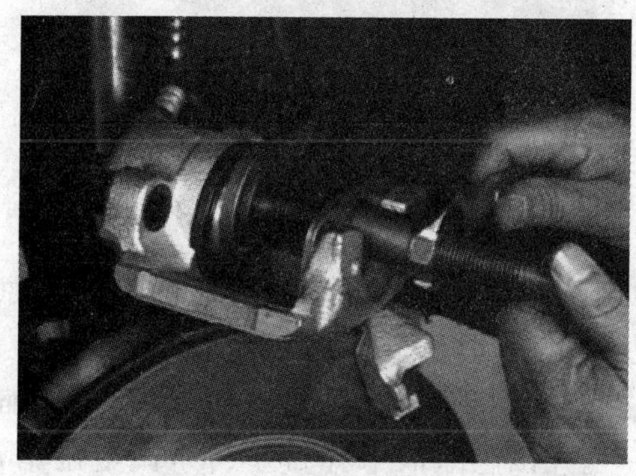

图5-65　压制动钳活塞

图5-66　安装制动块

（3）把制动钳钳体安装在制动器支架上，如图5-67所示。旋上制动钳固定螺栓，将可调扭力扳手力矩调整到70N·m，用调好的扭力扳手拧制动钳固定螺栓，听到扭力扳手发出“咔嗒”一声为止，并安装好制动块保持弹簧。

（4）把车轮安装制动盘上，对准螺栓孔，拧上螺栓，如图5-68所示。按规定力矩拧紧车轮紧固螺栓，解除举升机锁止装置，降下车辆。

图5-67　安装制动钳体

图5-68　安装车轮

4. 鼓式制动器的拆装与检测

1）鼓式制动器的拆卸

（1）把车辆举到合适的工作高度后，给举升机加上保险。用车轮专用套筒拆下车轮紧固螺栓，拆下车轮，并用专用工具拆下轮毂轴承盖，如图5-69所示。

(2) 使用扭力扳手加 24mm 套筒逆时针拧松制动鼓锁紧螺栓，如图 5-70 所示，旋出制动鼓锁紧螺栓。

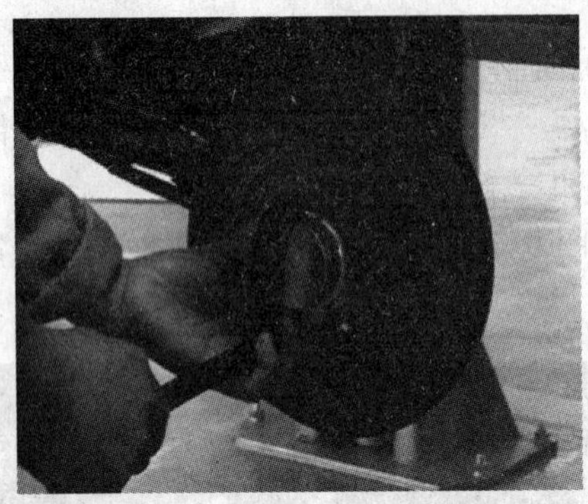

图 5-69　拆下轮毂轴承盖

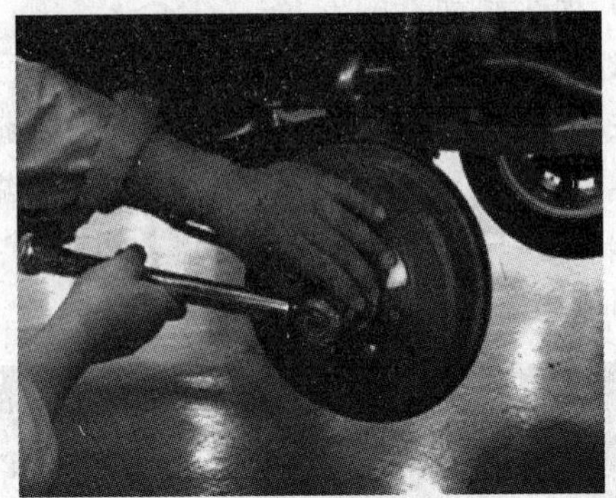

图 5-70　拧下六角螺母

(3) 用一字起子通过制动鼓螺孔向上拨动楔形块，使制动蹄与制动鼓之间的间隙变大（便于取下制动鼓），如图 5-71 所示，边旋转边拉出制动鼓，并取出外轴承。

(4) 用一只手在制动底板后抵住制动蹄保持架定位销，用尖嘴钳夹住弹簧座，压缩弹簧，旋转弹簧座 90°，使定位销的扁头与弹簧座一字槽对齐，取下弹簧座、弹簧、定位销，如图 5-72 所示。

图 5-71　拨动楔形块

图 5-72　拆下制动蹄保持架

(5) 拆下楔形块回位弹簧，把后轮毂短轴作为支点，用一字起子将制动蹄从下支架撬出，如图 5-73 所示。将两个制动蹄从制动底板中拆下。

(6) 取下两制动蹄回位弹簧，并用尖嘴钳拆下制动杆上面的驻车制动拉索，如图 5-74 所示。

(7) 取出楔形块，将前后制动蹄分解，如图 5-75 所示。

2) 鼓式制动器的检测

(1) 制动蹄摩擦片的检查。若制动时制动器发生尖叫声，则表示制动蹄摩擦片质量差、太硬，必须更换，否则会磨损制动鼓。观察制动蹄摩擦片表面有无被制动液或油脂污损，如图 5-76 所示，如有，则应更换新件。

图 5-73　拆下制动蹄

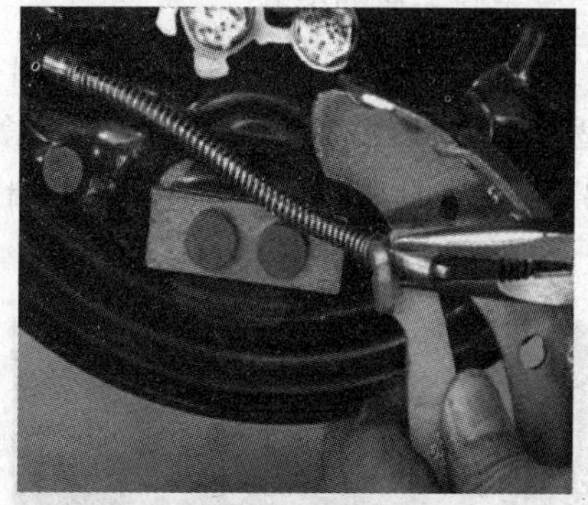

图 5-74　拆除驻车制动拉索

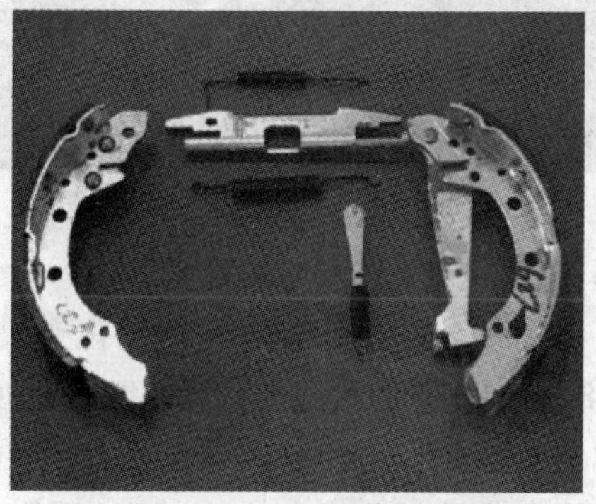

图 5-75　分解制动蹄组件

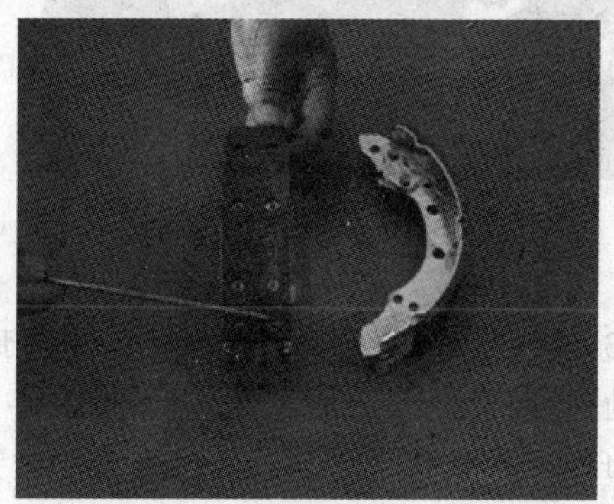

图 5-76　制动蹄摩擦片的检查

(2) 用直尺测量动蹄摩擦片厚度，如图 5-77 所示。制动蹄摩擦片厚度标准为 5.0mm，极限为 2.5mm。如超过磨损极限 2.5mm，应更换新件。更换摩擦片时，可以连同制动蹄一起更换，也可以只更换摩擦片。

注意：同一轴上的制动蹄应更换相同型号和质量等级的摩擦片。

(3) 后轮制动轮缸的检查。检查橡胶皮碗是否完好，轮缸有无泄漏。如果制动轮缸上出现划痕或者锈蚀，应调换整个制动轮缸，如图 5-78 所示。

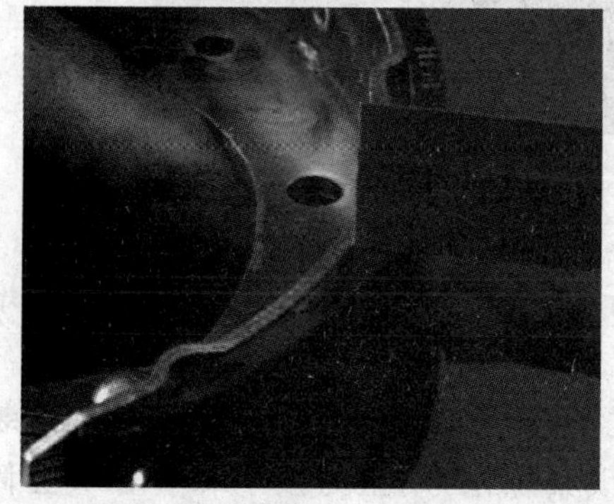

图 5-77　测量制动蹄摩擦片厚度

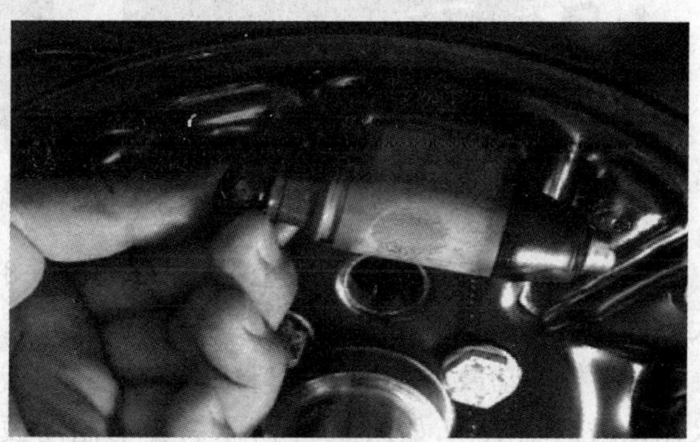

图 5-78　检查轮缸

3）鼓式制动器的安装

（1）把楔形块安装在压力杆上，凸出一边朝向制动底板，用另一弹簧拉动上回位弹簧上钩，固定压力杆，并安装楔形块回位弹簧，如图 5-79 所示。

（2）一端夹住驻车制动拉索，另一端用钳子拉出弹簧 1cm，将驻车制动拉索装在驻车制动杆上，如图 5-80 所示。

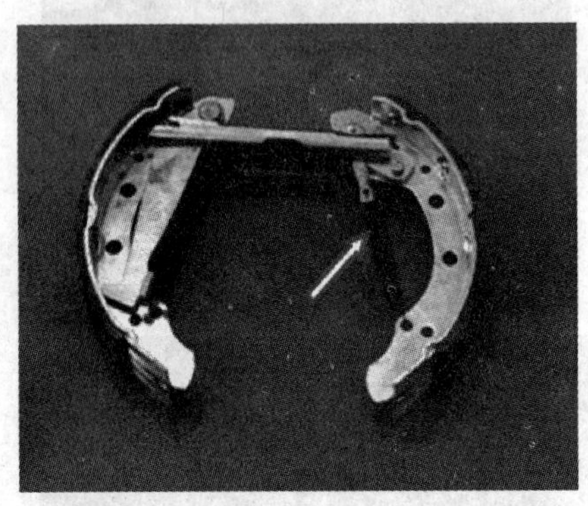

图 5-79　组装制动蹄组件

图 5-80　安装驻车制动拉索

（3）将组装好的前、后制动蹄上端装于分泵凹槽中，安装制动器下端回位弹簧，勾住两制动蹄，以后轮毂短轴作为支点，用一字起子将制动蹄撬入下支架内，如图 5-81 所示。

（4）调整两制动蹄在制动底板上的位置，使组合后的前、后制动蹄居中，将定位销从制动底板后面的安装孔安装在制动底板上，用手将定位销抵住在制动底板上，用钳子夹住弹簧座，压缩弹簧，旋转弹簧座 90°，使定位销卡在弹簧座槽内，如图 5-82 所示。

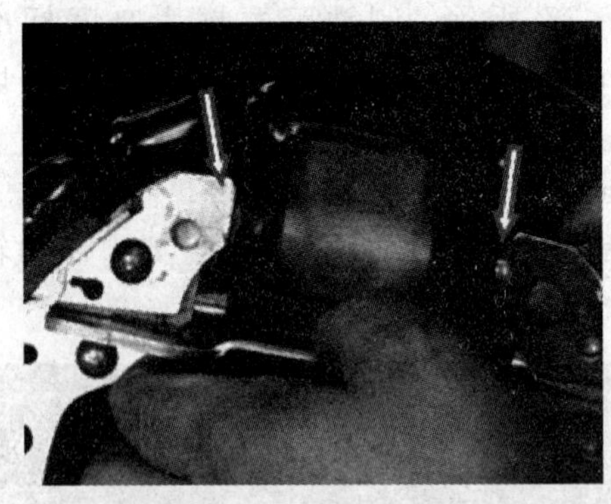

图 5-81　在底板上安装制动蹄

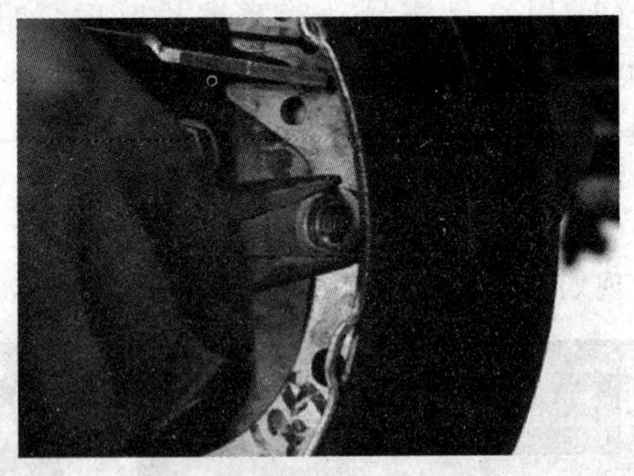

图 5-82　固定制动蹄

（5）用一字起子将楔形块上挑 1cm，如图 5-83 所示。使前后制动蹄靠近制动轮缸，增大制动蹄与制动鼓之间的间隙，便于安装制动鼓。

（6）把制动鼓装入轮毂轴，将制动鼓外轴承清洗干净，并涂上润滑脂，然后把轴承装入制动鼓的轴承孔，如图 5-84 所示。旋上制动鼓的锁紧螺帽，用扭力扳手和 24mm 套筒按规定力矩拧紧锁紧螺母。检查轮毂轴承的预紧度，轻轻转动制动鼓，感觉没有阻力即可。

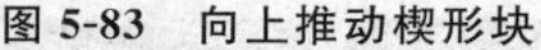
图 5-83　向上推动楔形块

图 5-84　安装制动鼓

（7）轮毂轴承预紧度调整好以后，安装开口销并上保险。装上轮毂轴承盖，如图 5-85 所示，把车轮安装制动鼓上，对准螺栓孔，拧上螺栓，按规定力矩拧紧车轮紧固螺栓，解除举升机锁止装置，降下车辆。

图 5-85　安装轴承盖

5.5　技能实训：更换制动液

1. 安全要求及注意事项

（1）不允许赤脚或穿拖鞋、高跟鞋和裙子上课，留长发者要戴工作帽。

（2）上课时要集中精神，不允许说笑、打闹。

（3）进入汽车实训场地后，未经教师批准，不得动用实训车上的各项设备。

（4）举升车辆前，检查举升机有无漏电漏油状况，防止汽车举升时发生意外，造成重大事故。

（5）举升车辆时，将举升臂的 4 个支撑点支撑在车身底盘的加强筋上。

（6）当车辆举升到工作高度，应将举升机进行机械保险，举升机保险装置没有落下之前禁止在车下作业。

（7）落下车辆时应先解除举升机保险，降落过程中观察两侧举升臂是否同时下落。

(8) 实习结束，整理、清洁工具和场地。

2. 设备、工具、耗材的要求

(1) 设备：举升机、各品牌整车若干台(根据学生数配备)。

(2) 工具、耗材：制动液一瓶、手电、抹布若干。

3. 制动液的更换

(1) 打开发动机盖并支撑好，旋开制动液储液罐盖，如图 5-86 所示。

(2) 用车轮专用套筒拧松四个车轮紧固螺栓，把车辆举升到合适高度并锁止举升臂，旋下各车轮紧固螺栓，取下四个车轮，如图 5-87 所示。

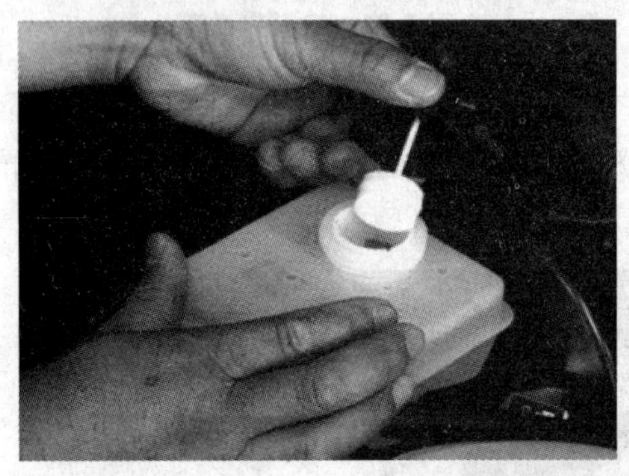

图 5-86 旋开制动液储液罐盖

图 5-87 拆卸车轮

(3) 一个人进驾驶室踩制动踏板，使制动管路形成压力，车下的人取下离制动总泵最远的放气阀螺栓(右后轮放气阀螺栓)的防尘帽，如图 5-88 所示。

(4) 先用 8mm 梅花扳手套在放气阀螺栓上，将放油软管套在放气阀上，如图 5-89 所示。

图 5-88 拆下放气阀螺栓上防尘帽

图 5-89 旋开制动液储液罐盖

(5) 放油软管接入回收制动液的放油壶中，将放气阀螺栓拧松，驾驶室的人连续踩制动踏板，放出制动液，如图 5-90 所示。

注意：在放制动液的过程中，需随时旋紧放气阀螺栓，降下车辆观察制动液储液罐中的制动液高度，不能将储液罐内的制动液全部放完，否则制动总泵里面也会有空气进入。

（6）当制动液储液罐中的制动液还剩一点的时候，加入新的制动液，然后继续排放制动液，车下的人观察右后轮放气阀上的放油软管，当看见放油软管中有新的制动液出来后，如图5-91所示，通知驾驶室的人停止踩制动踏板。

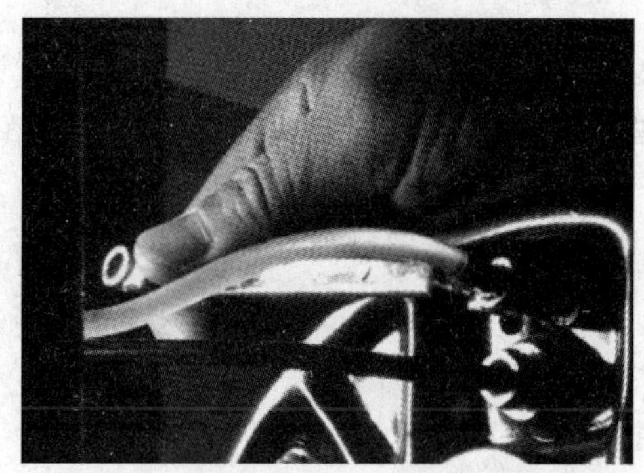

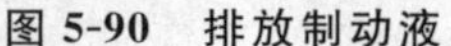
图5-90　排放制动液

图5-91　观察排出的制动液

（7）用8mm梅花扳手将放气阀螺栓拧紧，取下放油软管和放油壶，如图5-92所示。

一般是按由远到近的原则对4个轮缸逐个排放制动液，或按车辆维修手册规定的要求排放制动液。

注意：在整个排放新制动液的过程中，应随时观察储液罐制动液的液位，及时补充。

（8）制动液更换完毕后，检查储液罐液面位置，将储液罐制动液的液位加到MAX和MIN之间的正常位置，如图5-93所示。

图5-92　拧紧放气阀螺栓

图5-93　观察制动液液位

（9）把车轮安装到制动鼓上或制动盘上，对准螺栓孔，拧上螺栓，按规定力矩拧紧车轮紧固螺栓，解除举升机锁止装置，降下车辆。

5.6　技能实训：排放制动系统空气

1. 安全要求及注意事项

（1）不允许赤脚或穿拖鞋、高跟鞋和裙子上课，留长发者要戴工作帽。

(2) 上课时要集中精神,不允许说笑、打闹。

(3) 进入汽车实训场地后,未经教师批准,不得动用实训车上的各项设备。

(4) 举升车辆前,检查举升机有无漏电漏油状况,防止汽车举升时发生意外,造成重大事故。

(5) 举升车辆时,将举升臂的 4 个支撑点支撑在车身底盘的加强筋上。

(6) 当车辆举升到工作高度,应将举升机进行机械保险,在举升机保险装置没有落下之前禁止在车下作业。

(7) 落下车辆时,应先解除举升机保险,降落过程中观察两侧举升臂是否同时下落。

(8) 实习结束,整理、清洁工具和场地。

2. 设备、工具、耗材的要求

(1) 设备:举升机、各品牌整车若干台(根据学生数配备)。

(2) 工具、耗材:制动液一瓶、手电、抹布若干。

3. 制动系统空气的排放

(1) 打开发动机盖,放好发动机盖支撑竿,检查制动液储液罐液面,并将其加到 MAX 和 MIN 之间的正常位置,如图 5-94 所示。

(2) 用专用车轮套筒拧松车轮紧固螺栓,举升车辆,升至方便维修人员在车下操作处为止,锁止举升支臂,拆下车轮,如图 5-95 所示。

图 5-94　检查制动液液位

图 5-95　拆下车轮

(3) 制动系统的空气排放原则是从离制动液储液罐最远的分泵到最近的分泵(桑塔纳 GLi 乘用车是从右后轮开始)。一个人上车踩制动踏板,车下的人取下防尘帽,把 8mm 梅花扳手套在放气阀螺栓上,如图 5-96 所示。

(4) 车下的人将放油软管套在放气阀上,将放油软管接入回收制动液的放油壶中,防止制动液洒落在车桥或制动底板上腐蚀涂层,如图 5-97 所示。

(5) 车下的人通知驾驶室的人踩制动踏板,驾驶室的人迅速用力踩下并缓慢放松制动踏板,如此数次后,踩住制动踏板,如图 5-98 所示,并通知车下的人排放空气。

(6) 车下的操作人员用 8mm 梅花扳手拧松放气螺栓,管路中空气随着制动液顺着放油软管流入放油壶中,如图 5-99 所示。

图 5-96 扳手套在放气阀螺栓上

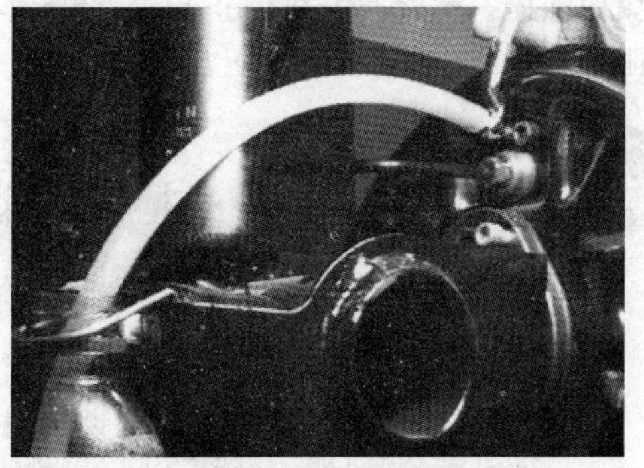
图 5-97 装上放油软管

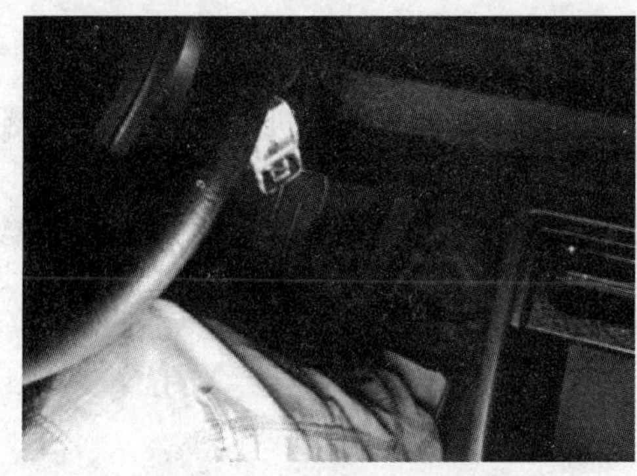
图 5-98 踩住制动踏板

图 5-99 放空气

(7) 排除空气后,用扳手将放气阀螺栓拧紧,如图 5-100 所示。当放气阀螺栓被拧紧后,通知驾驶室的人才能松开制动踏板。

图 5-100 拧紧放气阀螺栓

(8) 重复上述步骤数次,直至放气软管中的制动液里无气泡为止,取下放气软管,套上防尘罩。按照相同方法,依次旋松左后车轮制动轮缸的放气阀螺栓、右前车轮制动钳的放气阀螺栓、左前车轮制动钳的放气阀螺栓,排出制动系统中的空气。

(9) 把车轮安装到制动鼓上或制动盘上,对准螺栓孔,拧上螺栓,按规定力矩拧紧车

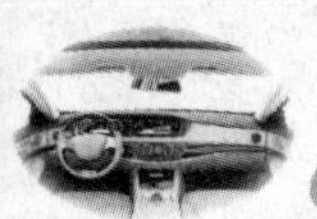

轮紧固螺栓。解除举升机锁止装置，降下车辆。检查制动液储液罐的液位，如果液位低于下限，则需要添加制动液至正常液位。

5.7 技能实训：检查与调整驻车制动系统

1. 安全要求及注意事项

(1) 不允许赤脚或穿拖鞋、高跟鞋和裙子上课，留长发者要戴工作帽。

(2) 上课时要集中精神，不允许说笑、打闹。

(3) 进入汽车实训场地后，未经教师批准，不得动用实训车上的各项设备。

(4) 举升车辆前，检查举升机有无漏电漏油状况，防止汽车举升时发生意外，造成重大事故。

(5) 举升车辆时，将举升臂的 4 个支撑点支撑在车身底盘的加强筋上。

(6) 当车辆举升到工作高度，应将举升机进行机械保险，在举升机保险装置没有落下之前禁止在车下作业。

(7) 落下车辆时，应先解除举升机保险，降落过程中观察两侧举升臂是否同时下落。

(8) 实习结束，整理、清洁工具和场地。

2. 设备、工具、耗材的要求

(1) 设备：举升机、各品牌整车若干台(根据学生数配备)。

(2) 工具、耗材：手电、抹布若干。

3. 驻车制动系统的检查与调整

驻车制动杆的自由行程为驻车制动杆移动两个齿。当放松驻车制动时，两后轮都能自由转动。如不符合要求，就按照下述方法来进行调整。

(1) 松开驻车制动杆，使驻车制动杆处在最下位置，如图 5-101 所示。

(2) 用力踩下制动踏板并保持不动，如图 5-102 所示。

图 5-101　放下驻车制动杆

图 5-102　踩下制动踏板

(3) 把驻车制动杆向上拉紧到两个齿的位置，使驻车制动系统开始产生制动力，如图 5-103 所示。

(4) 拧紧驻车制动拉杆后端部的调整螺母，如图 5-104 所示，直到用手不能旋转两个被制动的后车轮为止。

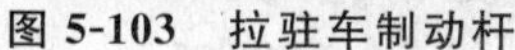
图 5-103　拉驻车制动杆

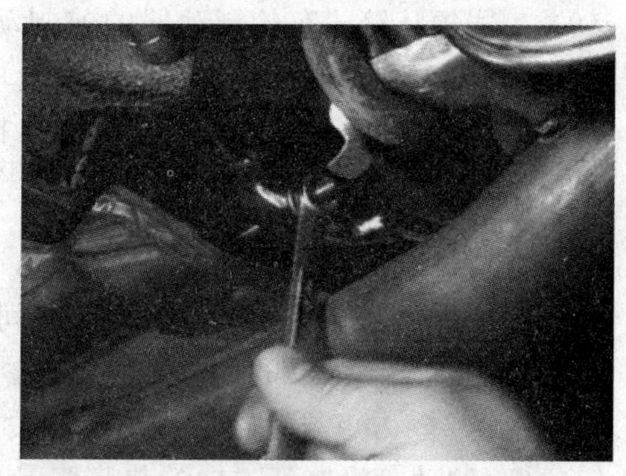
图 5-104　拧紧调整螺母

(5) 松开驻车制动杆。用手推两后轮，能旋转自如即为调整合适，如图 5-105 所示。

图 5-105　推动后轮

练习与思考题

1. 判断题(正确的打√，错的打×)

(1) 通常以制动距离来间接衡量汽车的制动性能。 (　　)

(2) 盘式制动器的抗水衰退能力比鼓式制动器强。 (　　)

(3) 制动分泵的皮碗应用汽油清洗。 (　　)

(4) 制动器是产生制动作用而使车轮减速或停转的机件，一般有盘式和鼓式两种。 (　　)

(5) 制动总泵用来产生制动力，真空助力器可以借助真空将制动力放大，一般位于汽车的发动机舱内。 (　　)

(6) 制动卡钳内部装有分泵活塞，用来推动刹车片压向刹车盘，为它们两者之间的摩擦提供正压力。 (　　)

(7) 真空增压器在不制动时,其大气阀门是开启的。 ( )

(8) 汽车左、右车轮制动蹄摩擦片的材料不同会造成制动跑偏。 ( )

(9) 一些领从蹄式车轮制动器的前制动蹄摩擦片比后蹄摩擦片长,是为了增大前蹄片与制动鼓的摩擦力矩。 ( )

(10) 车轮制动式驻车制动器在调整之前,应确保后轮制动器已被调好。 ( )

2. 不定项选择题

(1) 在对汽车的制动性能进行路试时,一般要测定汽车的( )等参数。

A. 制动距离　B. 制动时间　C. 制动减速度　D. 起始速度

(2) 汽车盘式制动器的优点是( )。

A. 摩擦力矩与管路压力呈线性关系　B. 制动效能稳定

C. 制动盘沿厚度方向的热膨胀量小　D. 使用寿命长

(3) 盘式车轮制动器的活塞密封圈的作用是( )。

A. 使制动器的间隙变大　B. 使制动器的间隙变小

C. 自动调整制动器的间隙　D. 制动解除后活塞回位

(4) 下列关于制动液的描述,错误的有( )。

A. 应选择正确的制动液型号,不能混用

B. 汽车每行驶两年或40000km应更换制动液

C. 即使是在紧急情况之下,也不可以用酒精代替制动液在汽车的制动系统中使用

D. 只要未出现浑浊和乳化,制动液可一直使用下去,但需定期检查。

(5) 中央式驻车制动器安装在( )。

A. 变速器输入上　B. 变速器输出轴上

C. 主减速器输入轴上　D. 主减速器输出轴

3. 简答题

(1) 汽车上的制动系统由哪些部件构成?各自有哪些作用?

(2) 请叙述制动液的选用与检查方法。

(3) 制动系统中一旦进入空气如何处理?

4. 知识拓展题

(1) 汽车制动器的制动间隙如何自动调整?

(2) 如何保证汽车制动效能的恒定?

作　业　单

作业单 1-1　认识底盘主要部件名称

姓名：________　班级：________　日期：________

在作业图 1-1～作业图 1-3 的方格中填入相应名称。

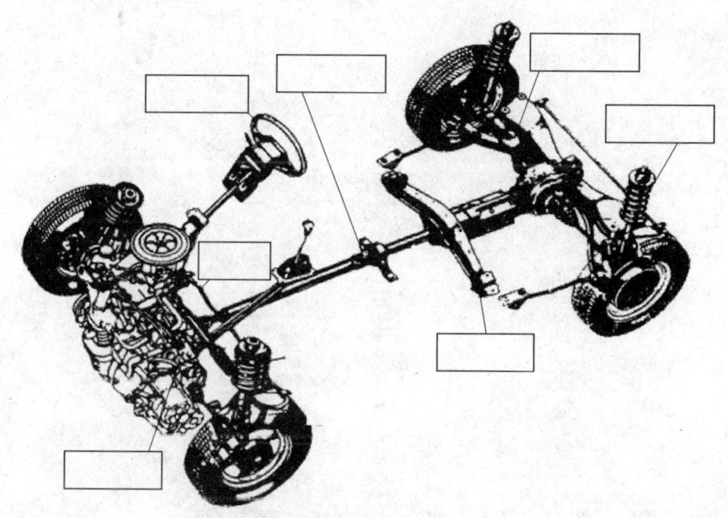

作业图 1-1　底盘的组成

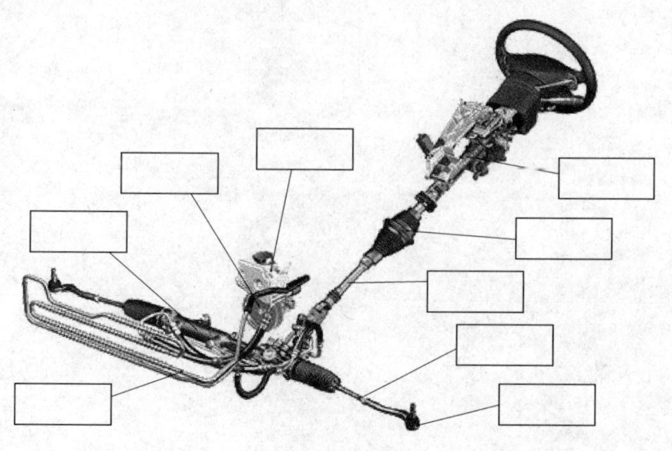

作业图 1-2　动力转向系统的组成

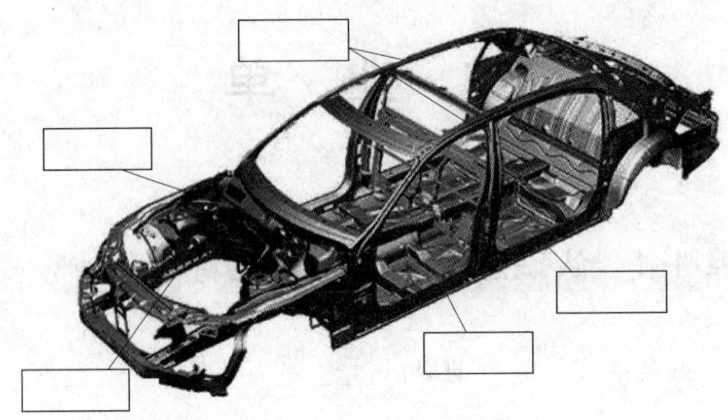

作业图 1-3　轿车车身的组成

作业单 2-1　认识与拆检离合器

姓名：________　班级：________　日期：________

1. 在作业图 2-1 的方框中写出离合器各元件的名称。

作业图　2-1

2. 写出离合器的拆装步骤与检修要点。

3. 测量离合器踏板位置，将测量结果填入作业表 2-1 内。

作业表　2-1

项　　目	离合器踏板高度	离合器踏板自由行程	离合器踏板总行程
测量值(mm)			
是否符合技术要求			

作业单 2-2　拆检手动变速器

姓名：________　班级：________　日期：________

1. 在作业图 2-2 的方框中写出同步器各元件的名称。

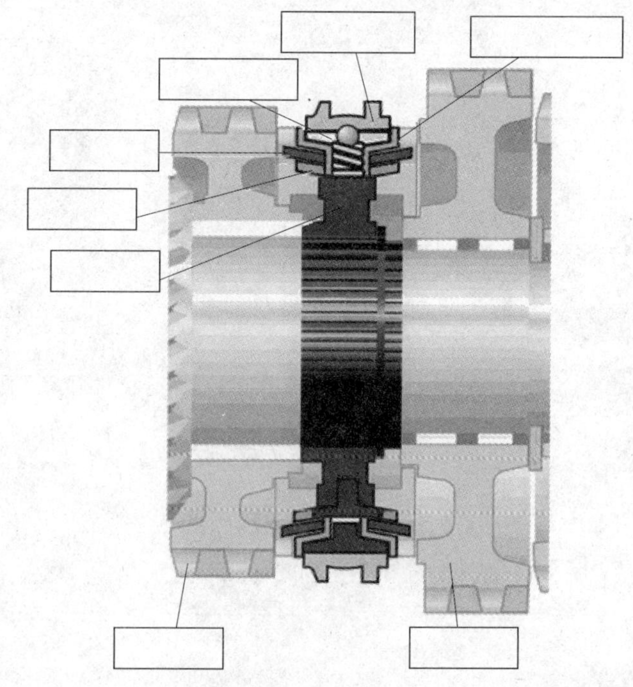

作业图　2-2

2. 写出手动变速器的拆装与检修要点。

3. 测量手动变速器同步器的间隙，填写作业表 2-2 内的信息。

作业表　2-2

项　　目	1 挡、2 挡同步器	3 挡、4 挡同步器	5 挡同步器
标准值			
测量值(mm)			
是否符合技术要求			
解决方法			

作业单 2-3　拆检传动半轴

姓名：________　班级：________　日期：________

1. 在作业图 2-3 的方框中写出万向节各元件的名称。

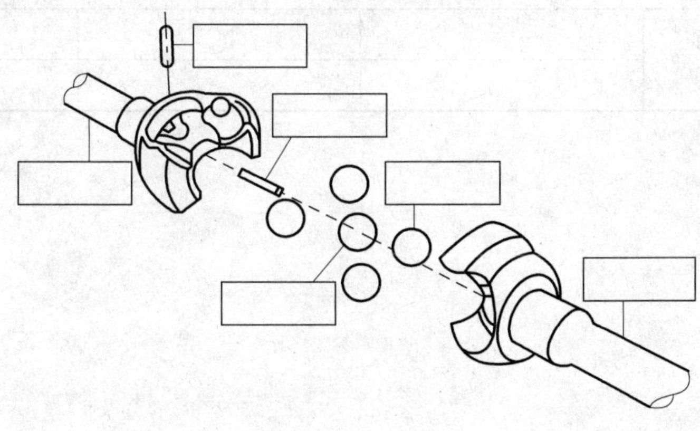

作业图　2-3

2. 写出传动半轴的拆装与检修要点。

3．在作业表 2-3 中填写相关信息。

作业表　2-3

<table>
<tr><td colspan="4">车辆一（车型名称）：</td></tr>
<tr><td rowspan="2">万向传动装置的应用场合</td><td></td><td></td><td></td></tr>
<tr><td></td><td></td><td></td></tr>
<tr><td colspan="4">车辆二（车型名称）：</td></tr>
<tr><td rowspan="2">万向传动装置的应用场合</td><td></td><td></td><td></td></tr>
<tr><td></td><td></td><td></td></tr>
<tr><td colspan="4">车辆三（车型名称）：</td></tr>
<tr><td rowspan="2">万向传动装置的应用场合</td><td></td><td></td><td></td></tr>
<tr><td></td><td></td><td></td></tr>
</table>

作业单 2-4　拆检驱动桥

姓名：________　班级：________　日期：________

1. 在作业图 2-4 的方框中写出驱动桥各元件的名称。

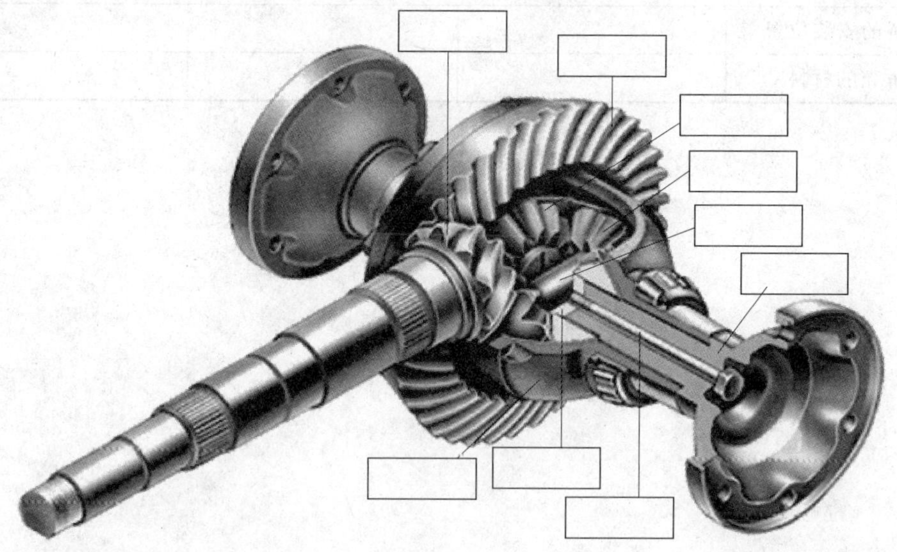

作业图　2-4

2. 写出驱动桥的拆装步骤。

3. 在作业表 2-4 中填写相关信息。

作业表　2-4

车辆一(车型名称):			
驱动桥的安装位置			
驱动桥壳的材料			
车辆二(车型名称):			
驱动桥的安装位置			
驱动桥壳的材料			
车辆三(车型名称):			
驱动桥的安装位置			
驱动桥壳的材料			

作业单 3-1　拆卸与安装车轮

姓名：________　班级：________　日期：________

1. 在作业图 3-1 方框中写出轮胎结构的名称。

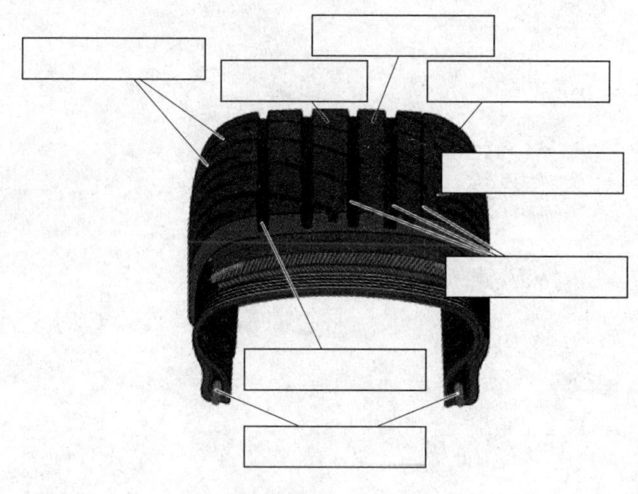

作业图　3-1

2. 写出车轮的拆装步骤及注意事项。

3. 查维修手册，找出以下标准数据，并填入作业表 3-1 中。

作业表　3-1

车轮螺栓的旋紧力矩	N・m
前轮轮胎气压	MPa
后轮轮胎气压	MPa

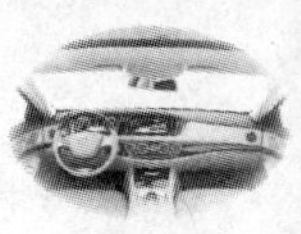

作业单 3-2　拆卸与安装轮胎

姓名：________　班级：________　日期：________

1. 在作业图 3-2 方框中写出车轮尺寸参数的名称或结构名称。

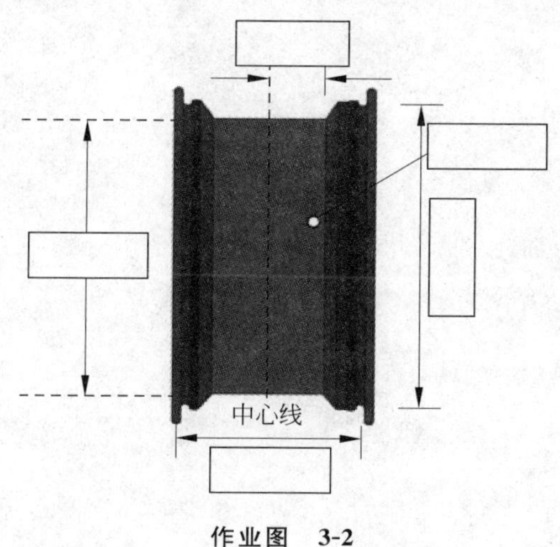

作业图　3-2

2. 写出使用剥胎机拆装轮胎的步骤及注意事项。

作业单 3-3　车轮的动平衡检测与校正

姓名：________　班级：________　日期：________

1. 在实训车辆上任选两个不同型号的轮胎，将作业图 3-3 方框内的轮胎参数填入作业表 3-2 中，并解释这些参数的含义。

作业图　3-3

作业表　3-2

车型	项目		项目	
车型 1	参数			
	轮胎类型		轮胎宽度	
	高宽比		轮辋直径	
车型 2	参数			
	轮胎类型		轮胎宽度	
	高宽比		轮辋直径	

2. 写出使用车轮动平衡检测与校正车轮的步骤及注意事项。

作业单 3-4　检查与调整车轮定位参数

姓名：________　班级：________　日期：________

1. 查找维修手册，确定作业表 3-3 中数据的标准值（或规定值）。

作业表　3-3

四轮定位使用车辆型号			
主销后倾角		主销内倾角	
前轮外倾角		前轮前束	
横拉杆固定螺栓拧紧力矩	N·m		

2. 写出使用四轮定位仪检测及调整车轮定位的步骤及注意事项。

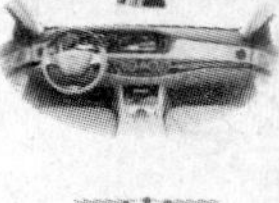

作业单 3-5　拆卸与安装悬架

姓名：________　班级：________　日期：________

1. 查找维修手册，确定作业表 3-4 中数据的规定值。

作业表　3-4

悬架拆装使用车辆型号			
螺栓（或螺母）名称	标准旋紧力矩	螺栓（或螺母）名称	标准旋紧力矩
轮毂与传动轴的紧固螺母	N·m		N·m
	N·m		N·m
	N·m		N·m
	N·m		N·m
	N·m		N·m
	N·m		N·m
	N·m		N·m
	N·m		N·m

2. 在作业图 3-4 方框中写出悬架各元件的名称。

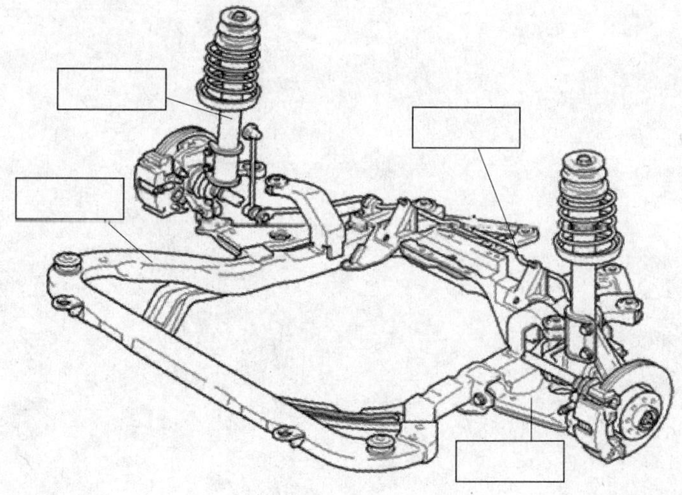

作业图　3-4

3. 写出前悬架拆装的步骤及注意事项。

4. 写出后悬架拆装的步骤及注意事项。

作业单 4-1　认识转向系统主要部件结构

姓名：________　班级：________　日期：________

在作业表 4-1 的方格中填入相应名称，并简单填写其作用。

作业表　4-1

	部　件	名　称	作　用
1			
2	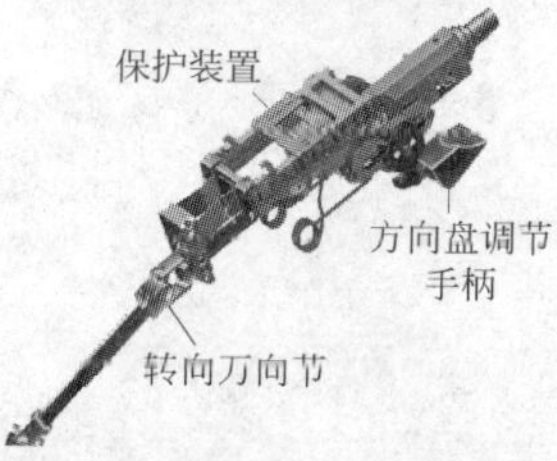 保护装置 方向盘调节手柄 转向万向节		
3			
4			

续表

	部　件	名　称	作　用
5	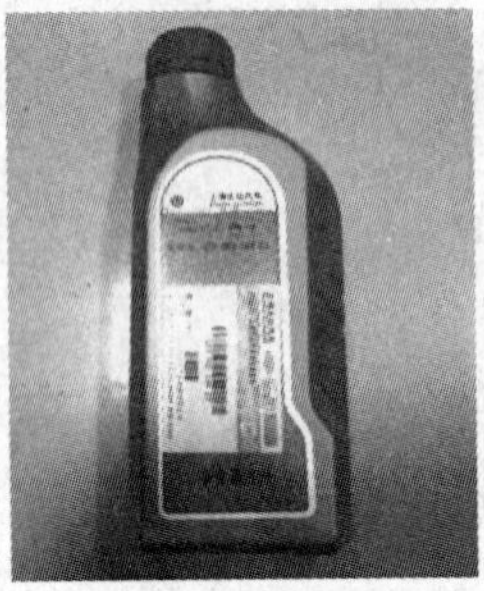		
6			

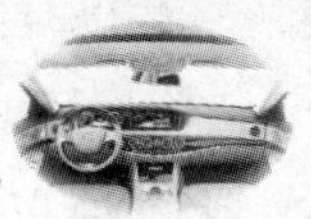

作业单 4-2　查看车辆转向系统类型及部件安装位置

姓名：________　班级：________　日期：________

根据实训车辆查找相关信息,并填写作业表 4-2 和作业表 4-3。

车辆 1

作业表　4-2

车辆品牌		转向系统类型	
主要部件	安装位置及作用		

车辆 2

作业表　4-3

车辆品牌		转向系统类型	
主要部件	安装位置及作用		

作业单 5-1　认识汽车制动系统的主要部件结构

姓名：________　班级：________　日期：________

在作业表 5-1 的方格中填入相应名称,并简单填写其作用。

作业表　5-1

	部　件	安装位置	名　称	作　用
1				
2				
3				
4				

续表

	部件	安装位置	名称	作用
5	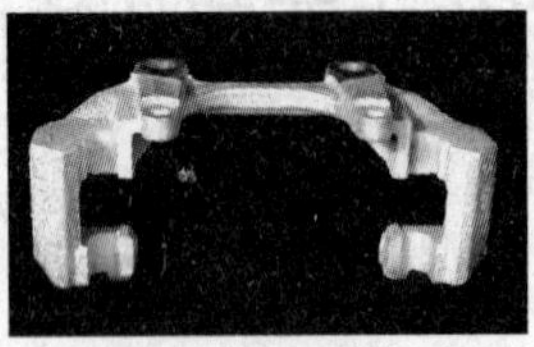			
6				

作业单 5-2 拆装与检测汽车制动系统

姓名：________ 班级：________ 日期：________

1. 检测盘式制动器、鼓式制动器，将检测结果填入作业表 5-2 中。

作业表 5-2

测量项目	标准值	测量值	处理意见
制动盘的端面跳动量(mm)			
制动盘厚度(mm)			
摩擦片厚度(mm)			
制动蹄片厚度(mm)			

2. 写出盘式制动器的拆装步骤。

3. 写出鼓式制动器的拆装步骤。

4. 写出制动系统排空气的步骤。

参考文献

[1] 陈家瑞. 汽车构造(下册)[M]. 北京：机械工业出版社，2009.

[2] 吕坚，林峦. 汽车底盘构造与检修[M]. 上海：同济大学出版社，2010.

[3] 蔡兴旺，付晓光. 汽车构造与原理(下册，底盘、车身)[M]. 北京：机械工业出版社，2015.

[4] 胡勇，娄学辉. 汽车传动系统检测与修复[M]. 北京：机械工业出版社，2014.

[5] 黄虎，夏令伟. 现代汽车维修[M]. 上海：上海交通大学出版社，2001.

[6] 余志生. 汽车理论[M]. 北京：机械工业出版社，2001.

[7] 尹燕功. 汽车轮胎的合理使用[J]. 北京工业职业技术学院学报，2007，6(1)：28-33.

[8] 中国汽车技术研究中心标准化研究所. 汽车国家标准汇编 2012[S]. 北京：中国标准出版社，2013.

[9] 张凯良. 汽车修理手册[M]. 北京：机械工业出版社，2002.

[10] 张大成，戴波男. 上海桑塔纳 2000 系列轿车维修手册[M]. 北京：北京理工大学出版社，2001.

[11] 屠卫星. 汽车底盘构造与维修[M]. 北京：人民交通出版社，2001.

[12] 王霄峰. 汽车底盘设计[M]. 北京：清华大学出版社，2010.